Beck-Wirtschaftsberater

Kulturmanagement von A–Z

dtv

Beck-Wirtschaftsberater

Kulturmanagement von A–Z

600 Begriffe für Studium und Praxis

von Prof. Dr. Werner Heinrichs
und
Prof. Dr. Armin Klein

2., völlig überarbeitete und erweiterte Auflage

Deutscher Taschenbuch Verlag

Originalausgabe

Deutscher Taschenbuch Verlag GmbH & Co. KG,
Friedrichstraße 1 a, 80801 München

Druck und Bindung: Druckerei C. H. Beck, Nördlingen
(Adresse der Druckerei: Wilhelmstraße 9, 80801 München)
Satz: primustype Robert Hurler GmbH, Notzingen
Umschlaggestaltung: Agentur 42 (Fuhr & Partner), Mainz
ISBN 3 423 05877 3 (dtv)
ISBN 3 406 46487 4 (C. H. Beck)

Vorwort zur zweiten Auflage

Während noch Mitte der neunziger Jahre der Kompetenzbereich Kulturmanagement um Anerkennung zu kämpfen hatte und auch die Berufsbezeichnung Kulturmanager mancherorts auf Vorbehalte stieß, hat sich die Situation heute grundlegend gewandelt. Ganz selbstverständlich findet man inzwischen Stellenanzeigen für Kulturmanager, und selbst solche Feuilletonjournalisten, die einem von kommerziellen Zwängen freien Kunstschaffen besonders verbunden sind, verwenden nun den ehemals gescholtenen Begriff.

Solche Veränderungen im Begrifflichen sind in aller Regel Symptome einer Entwicklung von Inhalten. Kultur wird heute mehr als je zuvor im Kontext von Rahmenbedingungen gesehen, die primär ökonomisch und allgemein politisch bestimmt sind. Nicht mehr von Kulturarbeit als einer gesellschaftspolitischen Aufgabe ist die Rede, sondern vom besucherorientierten Kulturbetrieb, dessen nutzenschaffende Intention – gemeinnützig oder kommerziell – zweitrangig geworden ist. Gemeint ist vielmehr eine Organisation (welcher Art auch immer), die kulturpolitische, kulturelle und künstlerische Ziele in einem Kontext politischer und ökonomischer Nutzenkonkurrenz operational umsetzt und die sich dazu einer managerialen Steuerung, eben des Kulturmanagements, bedient.

Diese nachhaltige Veränderung im Selbstverständnis und im Stellenwert von Kulturmanagement schlägt sich auch in zahlreichen neuen Begriffen nieder, die in diesem Nachschlagewerk zu berücksichtigen waren. Auch zum Erstaunen der Autoren mußten mehr als 100 neue Sachbegriffe aufgenommen werden, die zum Zeitpunkt der ersten Auflage für das Kulturmanagement größtenteils noch kaum von Bedeutung waren. Etwa jeder zweite Begriff bedurfte einer Aktualisierung oder sogar grundlegenden Überarbeitung. Dies zeigt nicht nur die Notwendigkeit der ständigen Aktualisierung eines solchen Standardwerks, sondern macht auch die Dynamik und Progressivität des Kulturmanagements sowohl als wissenschaftliche Disziplin als auch als praktische Profession deutlich.

Ludwigsburg, im Dezember 2000

Werner Heinrichs und Armin Klein

Vorwort zur ersten Auflage

Zu den zahlreichen neuen Berufsbildern, die in einem auf Spezialisierung ausgerichteten Dienstleistungsbereich fortwährend entstehen, gehört auch das Kulturmanagement. Hervorgegangen aus der betriebswirtschaftlichen Managementlehre widmet es sich den besonderen Steuerungsanforderungen kultureller Betriebe. Doch anders als die meisten anderen Spezialisierungen begnügt es sich nicht mit der Vertiefung eines Teilbereichs, sondern bezieht in eben solchem Maße auch Qualifikationen aus künstlerischen Disziplinen sowie aus Kulturanthropologie, Kultursoziologie, Kulturpolitik und dem Medienbereich in sein Profil mit ein. Kulturmanagement versteht sich damit als ein Berufsprofil, das zwar mit Blick auf den Gegenstand Kultur in hohem Maße spezialisiert ist, in seiner Kompetenzenvielfalt aber ausgesprochen interdisziplinär angelegt ist.

Diese Wechselseitigkeit und Vielfalt macht den besonderen Reiz, aber auch die außergewöhnliche Herausforderung von Kulturmanagement aus. Sich in betriebswirtschaftlichen Begriffen ebenso zu Hause zu fühlen wie in kultursoziologischen oder kulturpraktischen Themen, bedeutet nicht selten große Mühen der Recherche von Fachliteratur und des Versicherns bei Experten. Diese Mühe will das vorliegende Nachschlagewerk ein wenig erleichtern und gleichzeitig auch Hilfestellung geben, um Begriffe zu schärfen oder – über die angegebene weiterführende Literatur – zu vertiefen.

Ganz bewußt wurden auch viele Termini aufgenommen, die dem Betriebswirt oder dem Verwaltungswirt selbstverständlich sind, mit denen aber der kulturwissenschaftlich ausgebildete Kulturmanager – zumindest in der Anfangszeit – seine liebe Not hat. Umgekehrt finden sich aber auch kulturwissenschaftliche Begriffe oder Fachausdrücke aus kulturellen Betrieben, die wiederum dem Betriebswirt bzw. dem Verwaltungswirt fremd sein dürften. Weiter wurden auch Termini aus dem Medienbereich aufgenommen, weil die Überlagerungen von Kultur- und Medienmanagement, vor allem im Bereich der sogenannten Neuen Medien, immer dichter werden. Damit bietet das Lexikon die fehlenden Ergänzungen für die unterschiedlichen beruflichen Qualifikationsprofile, wie sie aktuell im Kulturmanagement anzutreffen sind.

Ludwigsburg, im Juli 1995 Werner Heinrichs und Armin Klein

Redaktioneller Hinweis: Die Abkürzung HKM in den Literaturhinweisen bezieht sich auf HKM, = Handbuch KulturManagement. Die Kunst, Kultur zu ermöglichen (Loseblattsammlung), Stuttgart 1992ff.

Stichwortübersicht

A

▸ Ablauforganisation

Organisation eines Produktionsprozesses unter zeitlichen und arbeitsorganisatorischen Gesichtspunkten. Die Ablauforganisation vereinigt folgende Steuerungshandlungen: (1) die Gliederung eines Produktionsprozesses in einzelne, überschaubare und ‚handhabbare' Arbeitsschritte; (2) die Abfolge der Arbeitsschritte in einem zeitlichen Rahmen und in einer sinnvollen Reihenfolge; (3) die Verknüpfung von Arbeitsschritten, soweit dies für den Gesamtprozeß notwendig ist; (4) die Berücksichtigung der personellen und räumlichen Komponente.

Die Ablauforganisation sollte mithin weit mehr aussagen als nur die terminliche Abfolge einzelner Arbeitsschritte. Sie ist vielmehr die Basis jeder Organisation und zwar sowohl mit Blick auf den Einsatz von Ressourcen als auch mit Blick auf die Organisation des Betriebsaufbaus (→ *Aufbauorganisation*). Gerade im Kulturmanagement, wo es fast immer darauf ankommt, auf einen vorgegebenen Termin hinzuarbeiten (z. B. Konzert, Theateraufführung, Ausstellungseröffnung, Vorverkaufstermin) ist die sichere Handhabung der Ablaufplanung unverzichtbar.

Folgende Techniken der Ablauforganisation bieten sich für ein Kulturmanagement an: → *Checkliste*, → *Balkendiagramm*, → *Meilenstein-Planung* und → *Netzplantechnik*. Welche Technik sich im Einzelfall empfiehlt, hängt von der Art des einzelnen Vorgangs und der Zielsetzung der Ablaufplanung ab.

Lit.: Heinrichs, W.: Kommunales Kulturmanagement. Rahmenbedingungen – Praxisfelder – Managementmethoden, Baden-Baden 1999: 209–213 und 218–225; Heinrichs, W.: Ablaufplanung im Projektmanagement. In: HKM B 4.7; Hub, H.: Aufbauorganisation. Ablauforganisation. Einführung in die Betriebsorganisation, Wiesbaden 1994; Liebelt, W. und M. Sulzberger: Grundlagen der Ablauforganisation, Gießen 2. Aufl. 1992; Weidner, Walter; Freitag, Gerhard: Organisation in der Unternehmung. Aufbau- und Ablauforganisation. Methoden und Techniken praktischer Organisationsarbeit, München 5. Aufl. 1996

▸ Abonnementsystem

Das Abonnement (auch Platzmiete genannt) beruht auf dem Anrecht auf einen festen Sitzplatz im → *Theater* bzw. in → *Konzerten.* Bereits die Senatoren und Patrizier im Dionysos-Theater in Athen saßen so gesehen auf Abonnementplätzen; diese Plätze für Bevorzugte gab es ebenso in Form der fürstlichen Mittellogen im italienischen Theater der Renaissancezeit. 1637 wurde in Venedig das erste Opernhaus mit frei übereinander gebauten Rängen und Logen errichtet und mit dieser Rangordnung für Jahrhunderte die demokratische Sitzverteilung des Kreissegment-Zuschauerraumes des antiken Amphitheaters aufgegeben. Auch die Logen gehörten den Privilegierten der Gesellschaft, etwa dem patrizischen Stadtadel, und sie blieben für Jahrzehnte in der Hand einer Familie. Erst im 18. Jahrhundert, im Zuge der Etablierung des bürgerlichen Theaters, wurden (analog zu den Logen im Adels- und Familienbesitz) auch Theaterplätze für ganze Spielzeiten vermietet. Dies war der Ursprung des Bürgerlichen Theaterabonnements: der auf Zeit mietbare Theaterplatz. Mit der Gründung der Volksbühne 1890 kam die Idee auf, daß eine wirkliche Demokratisierung des Publikumsanspruchs erst dann realisiert sei, wenn Plätze unterschiedlicher Qualität in einem ständigen Wechsel an Abonnenten vergeben werden, die dann quasi einen Mischpreis für die Theateraufführung zu zahlen haben. Jeder kam dadurch – bei gleichem Preis – in den Genuß der Plätze mit besten Hör- und Sehmöglichkeiten und mußte auch abwechselnd mit weniger guten Plätzen vorlieb nehmen.

Im modernen Theater- bzw. Konzertbetrieb sichert das Abonnement auch in ständig ausverkauften Häusern dem Besucher seine Theaterkarte. Wer bereit ist, vor Beginn einer Theatersaison eine bestimmte Anzahl von Vorstellungen zu buchen, erhält einen reservierten Platz zu einem wesentlich günstigeren Preis. Das Abonnementsystem ist somit ein wichtiges Marketinginstrument im Rahmen der → *Distributionspolitik*. Per Abonnement verkaufte Karten machten in der Spielzeit 1998/99 21,7 % der verkauften Karten aus, wobei die Tendenz seit Jahren sinkend ist. Hinzu kommen noch 14,4 % aus Kartenvergaben an → *Besucherorganisationen*, so daß rund 36 % der Theaterkarten in abonnement- bzw. abonnementähnlicher Reservierung vergeben werden. Die kaufmännischen Geschäftsführer (→ *Verwaltungsdirektor*) der Theater sehen neben dem Vorteil der dauerhaften und längerfristig vorhersehbaren Besuchssicherung auch Nachteile, wie etwa eine Verringerung der Einnahmen durch die gewährten Rabatte (→ *Preispolitik*), die für Abonnenten zwischen 20 und 30 %, für Besucherorganisationen bis zu 50 % betragen können. Gemeinsam empfindet das Theatermanagement im Abonnement und organisierten Besuch allerdings auch einen Zwang, wenig erfolgreiche Inszenierungen quasi durchzuschleppen, da die Miete (Veranstaltungsreihe für Abonnementkunden) u.U. bis zu 15 verschiedene Werke pro Spielzeit im Vertrag hat. Eine Abwandlung ist das sog. Wahl-Abo mit übertragbaren Gutscheinen, die ohne Bindung an Wochentag und Monat für alle Spielplanwerke einzeln oder zum gemeinsamen Gruppenbesuch auch gesammelt in Zahlung gegeben werden können. Da bei kommunalen und staatlichen Kultureinrichtungen (→ *kulturelle Einrichtungen*) grundsätzlich ein Rechtsanspruch des Bürgers auf Benutzung besteht, dürfen dort keineswegs alle verfügbaren Plätze in einem Abonnementsystem von vornherein vergeben werden, d. h. es darf nicht mehr als 60 bis 70 % der insgesamt verfügbaren Kapazität vorab nutzungsgebunden werden. Auf jeden Fall muß eine sachgerechte Anzahl von Karten für den freien Verkauf vorbehalten und ein sachgerechtes Verteilungssystem eingerichtet werden.

Lit.: Brauneck, M. und G. Schneilin (Hrsg.): Theaterlexikon. Begriffe und Epochen, Bühnen und Ensembles, Hamburg 3. Aufl. 1992

Absatzmarketing

Viele Jahrzehnte lang wurde → *Marketing* mit „Absatz" gleichgesetzt, wobei unter Absatz ganz allgemein die Weiterleitung (Vertrieb) von Gütern und Dienstleistungen an Nachfrager, d. h. private Verbraucher oder andere Institutionen, verstanden wurde. Im Zentrum stand dabei die Frage, wie das erstellte Produkt am günstigsten für den jeweiligen Hersteller auf den Markt gebracht wird. Die Absatzplanung umfaßt dabei die Entscheidungen über die in Zukunft zu erzielenden Absatzmengen und Umsätze auf den jeweiligen Märkten und Teilmärkten. Die spezifische Absatzmarktforschung bemüht sich um die Gewinnung von Informationen über die möglichst optimalen Absatz- und Wirkungsmöglichkeiten der absatzpolitischen bzw. → *Marketinginstrumente* von Anbietern sowie über die hiermit korrespondierenden Verhaltensweisen der übrigen Marktteilnehmer. Ein solches Verständnis von Marketing wird mehr oder weniger zum reinen „Verkaufskonzept“ (Kotler/Bliemel).

Demgegenüber setzten sich in den letzten zwei Jahrzehnten angesichts weitgehend gesättigter bzw. sog. „turbulenter“ Märkte mehr und mehr „Marketingkonzepte“ (Kotler/Bliemel) durch, die ihren Fokus sehr viel stärker auf den Markt (statt auf die eigene Herstellung) richten, die sich verstärkt an den Kundenwünschen (statt an der eigenen Produkten) orientieren (→ *Besucherorientierung*), die in der Durchführung eher den koordinierten Einsatz der → *Marketinginstrumente* (statt der bloßen Verkaufsförderung) bevorzugen und deren Erfolgsmaßstab in erster Linie der Gewinn durch zufriedene Kunden (statt der Gewinn durch genügenden Umsatz → *Besucherbindung*) ist. Insbesondere für die Entwicklung eines spezifischen → *Kulturmarketings* im öffentlichen bzw. privatrechtlich-gemeinnützigen Bereich, das nicht an Gewinnerzielung orientiert ist, sind Marketingkonzepte im letzteren Sinne von besonderer Bedeutung. Zunehmend richtet sich das Interesse der Unternehmungen und Betriebe darüber hinaus nicht nur auf den Absatz-, sondern auch den Beschaffungsmarkt (→ *Beschaffungsmarketing*).

Lit.: Kotler, Ph. und F. Bliemel: Marketing-Management. Analyse, Planung, Umsetzung und Steuerung, Stuttgart [9]1999

Abschlußschein

Branchenübliche Bezeichnung für einen Vertrag über künstlerische Leistungen im Musikbereich. Der Abschlußschein sollte Vereinbarungen enthalten über die Parteien und den Gegenstand des Vertrags, die Pflichten des Veranstalters bzw. des Künstlers/der Musikgruppe, die Vergütung einschließlich der Nebenleistungen, der Haftung und Versicherung, Werbemaßnahmen und → *Verwertungsrechte*, eventuelle Bühnenanweisungen sowie die Vertragsstrafen (vgl. auch → *Gastspielvertrag* für Theatergastspiele). Vertragsmuster für Abschlußscheine finden sich in:

Lit.: Fischer, H.J., B. Jünger und St. A. Reich: Vertragsmuster Musik. Mustervertrag für die Vertragsgestaltung im Bereich Musik. In: HKM[1], H 2.3

Abstecher

Als Abstecher werden die → *Theatergastspiele* fester Theaterhäuser mit einem eigenen Ensemble, also → *Landestheater/Landesbühnen* und → *Staats- und Stadttheater*, nicht dagegen solche von → *Tourneetheatern* oder → *freien Theatergruppen* bezeichnet. Welche Theater Abstecher durchführen, kann der jeweils aktuellen Ausgabe des → *Deutschen Bühnenjahrbuchs* entnommen werden.

Adressenpool

Begriff aus dem → *Database-Marketing*. Man versteht darunter eine systematische, vollständige und überschneidungsfreie Zusammenfassung aller relevanten Adressengruppen. Eine Adressengruppe wiederum umfaßt die Adressen einer bestimmten Zielgruppe.

Agent/Agentur

Im Kunst- und Kulturbetrieb ist der Agent ein selbständig arbeitender Unternehmer, der einzelne Künstler, Autoren, Ensembles usw. unter Vertrag hat und diese an Bühnen, Verlage (→ *Literaturagentur*), Konzertunternehmen (→ *Konzertdirektion*) oder sonstige Veranstalter, ggf. auch für längere Vertragszeiten, vermittelt. Die Mehrzahl der → *Theatergastspiele* und der Konzertgastspiele (→ *Konzertmanagement*) wird nun von Agenten bzw. Agenturen vermittelt bzw. organisiert (→ *Künstlervermittlung*). Im Kunstversteigerungsgeschäft (→ *Auktionshandel*, → *Kunstauktion*) ist der Agent ein Stellvertreter, der im Namen und für Rechnung seines Auftraggebers (bei der Kunstversteigerung des Einlieferers) agiert.

Lit.: Hasselbring, J.: Private Künstlervermittlung. Verordnungen und Voraussetzungen für die private Arbeitsvermittlung. In: HKM, H 6.1

Allgefahrenversicherung

Bezeichnung der Sachversicherungen, die nicht auf bestimmte, einzeln genannte Gefahren ausgerichtet sind, sondern grundsätzlich alle Gefahren umfassen. Dies kommt in sog. Generalklauseln zum Ausdruck, die etwa lauten können: „Der Versicherer leistet Entschädigung für unvorhergesehene und plötzlich eintretende Schäden an versicherten Sachen." Allerdings werden die Allgefahrenversicherungen regelmäßig durch zahlreiche Gefahrenausschlüsse eingeschränkt. Im Kulturmanagement spielen Allgefahrenversicherungen vor allem bei Kunstausstellungen (→ *Ausstellungen*) eine große Rolle, da beispielsweise der Transport der Ausstellungsexponate und auch die Ausstellung selbst regelmäßig über Generalklauseln abgesichert wird. Doch sollte stets davon ausgegangen werden, daß Temperatur- und Witterungseinflüsse sowie Schäden durch Krieg, Streik, Plünderung und Beschlagnahme aus dem Generalvertrag ausgeschlossen sind.

Lit.: Pöhlmann, W.: Ausstellungen von A-Z. Gestaltung, Technik, Organisation. Berliner Schriften zur Museumskunde, Band 5, Berlin 3. Aufl. 1992:235–244

All-Risk-Versicherung

Versicherungsschutz im Umfang der „Institute Cargo Clauses (All Risk)" → *Allgefahrenversicherung*

Alternativkultur

Ausgehend von neu entwickelten Kulturformen im Rahmen der Studentenbewegung von 1968/69 entwickelte sich in den siebziger Jahren eine lebendige sog. Alternativkultur, die sich in erster Linie als Alternative zur herkömmlichen Kultur (→ *Kulturbegriff*) verstand. Eine 1981 veröffentlichte Untersuchung des Bundesministeriums für Jugend, Familie und Gesundheit zur alternativen Kultur in der Bundesrepublik Deutschland unterscheidet zwischen (1) der alternativen Bewegung, in der verschiedene soziale, politische und weltanschauliche Strömungen eine Rolle spielen und in der Probleme thematisiert werden, von denen sich ein großer Teil der jüngeren Generation betroffen sieht; (2) die Alternativszene im engeren Sinne als von der übrigen Gesellschaft relativ abgeschlossenes autarkes Milieu; (3) Alternativprojekte, in denen Menschen unterschiedlichster Positionen mit dem Ziel einer praktisch-reformistischen Erprobung von Utopien arbeiten; (4) eine Alternativmentalität mit weit gespannter Vorstellung eines neuen → *Lebensstils,* einer neuen Lebensqualität und von Selbstverwirklichung; Elemente hiervon finden sich im Bewußtsein breiter, vornehmlich jüngerer und besser gebildeter Bevölkerungskreise. Viele der praktischen Ansätze flossen seit Beginn der siebziger Jahre in die theoretischen Konzeptionen der → *Soziokultur* und die praktische Arbeit der → *soziokulturellen Zentren.* Mit dem Erfolg und der kulturpolitischen Anerkennung der Soziokultur im Rahmen der sog. Neuen Kulturpolitik (→ *Kulturpolitik, Neue*), nicht zuletzt aber durch einen gesamtgesellschaftlichen Wertewandel und dem Einzug des politischen Teils der Alternativen in die Parlamente (Bündnis 90/Die Grünen) verlor die Alternativkultur zunehmend ihren alternativen Charakter als eine der offiziellen Kultur- und Gesellschaftspolitik entgegengesetzte Bewegung.

Amateurtheater

Amateurtheater sind nicht-professionelle Theater, deren Arbeit von Laien getragen und ehrenamtlich geleistet wird. Sie sind zumeist in der Rechtsform des → *Vereins* organisiert. Seit 1985 gibt es einen Verband dieser Vereine, der zunächst „Verband der Privattheatervereine Deutschlands" hieß. Aktuell nennt sich der Verband „Bund Deutscher Amateurtheater" (BDAT, Heidenheim); er hält sich strikt an die Regel, daß Amateur nur ist, wer als „Nichtfachmann" eine Kunst oder Fähigkeit (hier das Theaterspielen) aus Liebhaberei, also nicht berufsmäßig, ehrenamtlich und unbesoldet ausübt.

Lit.: Bund Deutscher Amateurtheater Hrsg.): Handbuch Amateurtheater, Heidenheim 1992; Bund Deutscher Amateurtheater (Hrsg.): Chronik. 100 Jahre Bund Deutscher Amateurtheater, Heidenheim 1993

Animation

(1) Im Film- und Videobereich die Aneinanderreihung von technisch erzeugten Einzelbildern mit geringfügigen Veränderungen, so

daß sich beim Abspielen des → *Films* der Eindruck einer Bewegung ergibt. Filmanimationen findet man vor allem in Trickfilmen und Computerspielen, aber auch – in dreidimensionaler Form – in sog. virtuellen Welten (→ *virtuelle Realität*). (2) In der Touristikindustrie bezeichnet man als Animation die Gestaltung von Freizeit und Unterhaltung durch angestellte Animateure. Zu solchen Animationen zählen auch kulturelle Darbietungen wie Besichtigungen oder Begegnungen mit der Volkskunst. Da hier die Kultur ausschließlich der touristischen Unterhaltung dient, ist der übrige Kulturbetrieb sehr bemüht, sich vom Image des Animateurs abzusetzen.

▶ Ankaufsmittel

Finanzmittel eines → *Museums* oder einer Galerie (→ *Kommunale Galerie*) zum Kauf von Sammlungsexponaten; Investitionen in eine Sammlung.

▶ Annexliste

Das „Gesetz zum Schutz deutschen Kulturgutes gegen Abwanderung“ (→ *Kulturgutschutzgesetz*) bestimmt, daß Kulturgüter, die vor einer Ausfuhr ins Ausland geschützt werden sollen, nach dem → *Enumerationsprinzip* in einem „Verzeichnis national wertvollen Kulturgutes“ zu erfassen sind. Die Eintragung in dieses Verzeichnis ist öffentlich bekanntzumachen. Da diese Liste gleichsam dem Kulturgutsicherungsgesetz angehängt ist, spricht man von einer Annexliste.

▶ Anstalt des öffentlichen Rechts

Die Anstalt des öffentlichen Rechts ist eine Verwaltungseinrichtung, die der Erfüllung bestimmter öffentlicher Aufgaben dient. Sie ist kein Personenverband, sondern ein zur Rechtsperson des öffentlichen Rechts erhobener Bestand von sächlichen und persönlichen Verwaltungsmitteln, welcher in der Hand eines Trägers öffentlicher Verwaltungen einem besonderen Zweck dauernd zu dienen bestimmt ist. Zu unterscheiden sind (1) rechtsfähige Anstalten des öffentlichen Rechts (z. B. öffentlich-rechtliche Rundfunkanstalten) und (2) nicht-rechtsfähige Anstalten des öffentlichen Rechts (z. B. Bibliotheken, Theater). Nicht-rechtsfähige Anstalten sind Teil der staatlichen bzw. kommunalen Organisation und damit nicht selbst Träger von Rechten und Pflichten; sie werden häufig als → *Regiebetriebe* bezeichnet, weil sie in ihrem Handeln der unmittelbaren „Regie" des übergeordneten Trägers unterliegen.

▶ Anteilsfinanzierung

Im Rahmen der Anteilsfinanzierung wird ein Anteil der zuwendungsfähigen Ausgaben finanziert. Dabei legt der Zuschußgeber einen bestimmten, in aller Regel prozentualen Anteil (meist in → *Kulturförderungsrichtlinien* fixiert) fest, der dem Zuschußempfänger auf die Gesamtkosten des Projektes gewährt wird. Die Höhe richtet sich dabei nach den entsprechenden Gesamtkosten und ist gewöhnlich auf einen Höchstbetrag begrenzt (→ *Zuwendung*).

▶ Antworthilfen

Begriff aus dem → *Database-Marketing*. Als Antworthilfen bezeichnet man alle Arten von Bestell- und Anforderungsfomularen, die die Reaktion auf eine Werbesendung erleichtern: separate Antwortkarten, eingeklebte Antwortkarten in Zeitungsanzeigen (sog. Tip-on-cards), Gutscheine, Coupons, Bestellkarten und -scheine, Reservierungskarten, Fax-Bestellformulare. Fehlt die Antworthilfe in einer Direktwerbesendung, sinkt die Rücklaufquote.

▶ Arbeitsmarktfaktor Kultur

Als Mitte der achtziger Jahre Kultur als → *Wirtschaftsfaktor* entdeckt wurde, zeigte sich auch sehr deutlich, daß die → *Kulturwirtschaft* in ihrer Gesamtheit in nicht unerheblichem Umfang Arbeitsplätze bereitstellt. Die erste umfassende Untersuchung des *Ifo-Instituts* von 1988 (Hummel/Berger 1988) konnte nachweisen, daß 1984 insgesamt 682 800 Erwerbstätige in West-Deutschland im Kunst- und Kulturbereich beschäftigt waren; das entsprach einem Anteil von etwa 2,7 % am Arbeitsplätzepotential in West-Deutschland. In der *Ifo*-Studie von 1992, der letzten großen Studie, die sich auf die Situation vor der Deutschen Einheit bezog, wurden für 1988 insgesamt 788 200 Erwerbstätige im Kunst- und Kultursektor ermittelt.

Weitere Untersuchungen haben gezeigt, daß die Kulturwirtschaft zu den expandierenden Arbeitsmärkten zu rechnen ist, daß dieser Bereich aber auch in sehr hohem Maße von den Rahmenbedingungen abhängig ist. Dazu zählen nicht nur die aktuelle Wirtschaftskonjunktur, sondern auch „kultur- und künstlerfreundliche Regelungen im Urheberrecht, Steuerrecht und im Arbeits- und Sozialrecht" (Hummel/Brodbeck 1991:30).

Wegen gewisser statistischer Verzerrungen, die nach der Deutschen Einheit wegen des Zusammenführens zweier unterschiedlicher Systeme vorübergehend zu berücksichtigen waren, wurden in den neunziger Jahren keine ähnlich umfangreichen Untersuchungen zur → *Kulturökonomik* durchgeführt wie die genannten Studien der achtziger Jahre. Doch kann aus dem 3. Kulturwirtschaftsbericht Nordrhein-Westfalen: Kultureller Arbeitsmarkt und Verflechtungen (1998) geschlossen werden, daß zumindest in den alten Bundesländern die Zahl der Arbeitsplätze im öffentlichen und privatwirtschaftlichen Kulturbereich zwischen 1987 und 1996 um etwa 10 % zugenommen hat (S. 13).

Lit.: Hummel, M. und C. Waldkircher: Wirtschaftliche Entwicklungstrends von Kunst und Kultur. Schriftenreihe des Ifo-Instituts für Wirtschaftsforschung Nr. 132, Berlin/München 1992; Hummel, M. und K.-H. Brodbeck: Längerfristige Wechselwirkungen zwischen kultureller und wirtschaftlicher Entwicklung. Schriftenreihe des Ifo-Instituts für Wirtschaftsforschung Nr. 128, Berlin/München 1991; Kulturwirtschaft in Nordrhein-Westfalen: Kultureller Arbeitsmarkt und Verflechtungen (3. Kulturwirtschaftsbericht), hrsg. vom Ministerium für Wirtschaft und Mittelstand, Technologie und Verkehr des Landes Nordrhein-Westfalen, Düsseldorf 1998

▸ Arbeitspakete → Projektstrukturplan

▸ Arbeitsteilung

Zuordnung von Teilleistungen in einem Wirtschaftsprozeß an verschiedene Wirtschaftseinheiten (Personen, Regionen, Länder). Die Arbeitsteilung führt zu einer fachlichen Spezialisierung, zu einer Arbeitszerlegung oder zu einer räumlichen Arbeitsteilung (Standortfrage). Sie steigert in der Regel die Produktivität eines Betriebs, kann allerdings in letzter Konsequenz (z. B. am Fließband) auch zu einer stumpfsinnigen Routine führen.

Da → *Management* sich immer auf die Steuerung von arbeitsteiligen Prozessen bezieht, ist auch Kulturmanagement nur in arbeitsteiligen Prozessen möglich, d. h. eine Steuerung im managerialen Sinne kann nur in kulturellen Betrieben erfolgen, in denen Güter und Leistungen arbeitsteilig erbracht werden. Damit scheidet die künstlerische Produktion im engeren Sinne, die ein einzelner Künstler allein erbringt – etwa die Arbeit des Schriftstellers – für ein Kulturmanagement aus. Dagegen ist die Produktion eines Buches – vom Satz über den Druck bis zum Vertrieb und Verkauf – Gegenstand des Kulturmanagements, weil diese Produktion arbeitsteilig erfolgt.

Archiv

Ein Archiv ist eine Behörde zur systematischen Erfassung, Ordnung, Verwahrung, Verwaltung und Verwertung von Schrift-, Bild- oder Tonschriftgut. Archivähnliche Einrichtungen gibt es in allen Kulturen, sobald der schriftliche Verwaltungsakt gebräuchlich wird. Archive existieren allerdings nicht ausschließlich im öffentlichen Bereich; auch private Einrichtungen (wie z. B. Firmen, Vereine, Verbände usw.) archivieren relevantes Material aus ihrer jeweiligen Vergangenheit. Archive unterscheiden sich durch das spezialisierte Sammeln von Schrift- und Bildgut insofern von → *Museen*, als diese vorrangig materielle Güter von kunst- bzw. kulturhistorischem Wert (z. B. Bilder, Kult- und Gebrauchsgegenstände usw.) sammeln. Kommunale Archive werden auch als „Gedächtnisse der Stadt“ bezeichnet, d. h. sie sammeln Quellen zur Geschichte ihrer Stadt (z. B. Nachlässe, Autographen, Bücher, Zeitschriften und Zeitungen, Bilder, Fotografien, Plakate usw.). Archive haben als wesentliche Funktionen: (1) das Sammeln, d. h. das Aussondern von relevantem Material aus ausgeschiedenen Akten, die sinnvolle Ergänzung des anfallenden Aktenmaterials (z. B. durch Handzettel, Broschüren, Zeitungen usw.), die Erfassung von relevanten Nachlässen usw.; (2) das Ordnen, d. h. die Sortierung des anfallenden Materials nach festgelegten Kategorien (z. B. nach der Herkunft, nach Sachgebieten), die für die Nutzer eine rasche Erschließung des gesuchten Materials ermöglicht, das Anlegen von Verzeichnissen, Bestandsübersichten und Inventaren; (3) das Vermitteln, d. h. eine entsprechende Veröffentlichungstätigkeit sowie eine allgemeine Zugänglichkeit des Archivs.

Der 1947 gegründete Verein deutscher Archivare ist der Fachverband für das deutsche Archivwesen und umfaßt rund 2000 Mitglieder aus allen archivischen Sparten. Er ist in acht Fachgruppen gegliedert: (1) Archivare an staatlichen Archiven, (2) an Stadtarchiven und sonstigen Gebietskörperschaften, (3) an kirchlichen Archiven, (4) Herrschafts-, Familien- und Hausarchiven, (5) an Archiven der Wirtschaft, (6) an Archiven der Parlamente, der politischen Parteien, Stiftungen und Verbänden, (7) an Presse-, Rundfunk- und Filmarchiven sowie (8) Hochschularchiven und Archiven wissenschaftlicher Institutionen. Er fördert laut Satzung das Archivwesen durch fachwissenschaftliche Forschung, Erfahrungsaustausch und fachliche Weiterbildung und vertritt das deutsche Archivwesen im internationalen Bereich. Darüber hinaus veranstaltet er alljährlich den Deutschen Archivtag; die dort gehaltenen Referate wurden bislang in der Fachzeitschrift „Der Archivar“ veröffentlicht und erscheinen in Zukunft in eigenen Tagungsbänden.

Lit.: Strauch, D.: Das Archivalieneigentum, München 1998; Verein Deutscher Archivare (Hrsg.): Archive in der Bundesrepublik Deutschland, Österreich und der Schweiz, Münster 1995; Renger, C.: Die Archive der Hochschulen und wissenschaftlichen Institutionen, Köln/Weimar/Wien 1995

▸ Art consulting

Beratung von Wirtschaftsunternehmen in kulturellen Fragen. Die Beratung bezieht sich (1) auf Kunstankäufe des Unternehmens, auch zum Zweck der Vermögensanlage, (2) auf den Aufbau und die Pflege unternehmenseigener Kunstsammlungen, beispielsweise auch in der Form von Ausstellungen sowie (3) auf die Entwicklung und Umsetzung eines Kultursponsoring-Konzepts. Art consulting bildet damit eine wichtige Vermittlerposition zwischen Kultur und Wirtschaft. Wer im Art consulting tätig ist (der Art consultant), benötigt deshalb einerseits fundierte Kenntnisse in allen Belangen von Kunst und Kultur, sollte andererseits aber auch etwas von Marketing verstehen und in der Lage sein, sich mit den Unternehmenszielen seines Kunden zu identifizieren.

Lit.: Wöllert, A.: Kulturconsulting. In: Rauhe, H. und Ch. Demmer (Hrsg.): Kulturmanagement. Theorie und Praxis einer professionellen Kunst, Berlin, New York 1994:391–402

ARTE

Association relative à la télévision européenne – europäisches Fernsehen betreffende Vereinigung; Europäischer Kulturkanal, der in deutsch-französischer Kooperation produziert wird und seinen Sitz in Straßburg und Baden-Baden hat. Gegründet wurde der Kulturkanal 1992 vom staatlichen französischen Sender La Sept sowie von ARD und ZDF, die auch gemeinsam die Finanzierung übernommen haben (die deutschen und der französische Sender tragen je 50 %). In Deutschland ist ARTE über das Kabelnetz sowie über die Satelliten Kopernikus und Astra 1 D zu empfangen.

Im Mittelpunkt des Programms, das täglich von 17.00 Uhr bis 1.00 Uhr ausgestrahlt wird, stehen Themenabende, die sich mit ausgewählten Schwerpunkten zur europäischen Kultur, Kunst, Gesellschaft und Geschichte beschäftigen. Weitere Programmteile widmen sich aktuellen Dokumentationen, dem Fernsehspiel und Kinofilm, dem Musik- und Theaterleben sowie der Bildenden Kunst.

Arte 24

Datenbank der Schweizer Kunstmuseen, Galerien und Kunsthändler sowie der Schweizer Kulturgüter im Internet (www.arte24.ch). Diese 1998 erstmals freigeschaltete Datenbank entstand aus der Datenbank Schweizerischer Kulturgüter (DSK) und wird durch die Art & Media Consulting (AMC), Kreuzlingen, betreut.

Artothek

Artotheken sind (analog zu → *Bibliotheken*, die Bücher ausleihen), Ausleihstellen für Graphiken und andere Kunstwerke, die meist von → *Kommunalen Galerien* oder von → *Kunstvereinen* betrieben werden. Gegen eine zumeist geringe Leihgebühr kann ein

Kunstwerk für einen bestimmten Zeitraum zur privaten Hängung oder Aufstellung entliehen werden und muß dann entweder zurückgegeben oder gegen einen entsprechenden Preis gekauft werden. Das Ziel von Artotheken liegt in erster Linie in der → *kulturellen Bildung*, hier speziell die Bildenden Künste, insbesondere die zeitgenössische Kunst, zu fördern und für sie Verständnis zu verbreiten.

Atelierversicherung

→ *Allgefahrenversicherung* für Ateliers Bildender Künstler, um im Falle von Brand, Diebstahl oder Vandalismus die Existenzgrundlage des Künstlers wieder herstellen zu können.

Aufbauorganisation

Die Aufbauorganisation gliedert einen Betrieb in Teileinheiten und koordiniert die Teileinheiten zueinander. Sie ist auf Dauer angelegt und stellt die organisatorischen Strukturen bereit, die in einem Betrieb für die ständige Wahrnehmung von Aufgaben erforderlich sind. Grundlage der Aufbauorganisation ist die Definition von Arbeitsplätzen, die zu sinnvollen Einheiten (Sachgebiete, Abteilungen) zusammengefaßt werden. Des weiteren sind die solchermaßen gebildeten betrieblichen Einheiten gegeneinander abzugrenzen (Kompetenzabgrenzung, Differenzierung) und wiederum durch Kommunikationsbeziehungen miteinander zu verknüpfen (Koordination).

Je nach Art der Differenzierung und Koordination ergeben sich unterschiedliche Organisationsstrukturen. Im Kulturmanagement sind vorrangig vier verschiedene Strukturmodelle anzutreffen, nämlich die → *Linienorganisation*, die → *Stab-Linienorganisation*, die → *Mehrlinienorganisation* sowie die → *Matrixorganisation*.

Lit.: Heinrichs, W.: Kommunales Kulturmanagement. Rahmenbedingungen – Praxisfelder – Managementmethoden, Baden-Baden 1999:205–209 und 215–218; Weidner, W.; Freitag, G.: Organisation in der Unternehmung. Aufbau- und Ablauforganisation. Methoden und Techniken praktischer Organisationsarbeit, München 5. Aufl. 1996; Hub, H.: Aufbauorganisation. Ablauforganisation. Einführung in die Betriebsorganisation, Wiesbaden 1994; Isselburg, K.; Lohre, W.: Grundlagen der Aufbau- und Ablauforganisation, Bad Homburg 1992

Aufführungsrecht

Nach § 19 des Urheberrechtsgesetzes (UrhG) (→ *Urheberrecht*) ist das Aufführungsrecht „das Recht, ein Werk der Musik durch persönliche Darbietung öffentlich zu Gehör zu bringen oder ein Werk öffentlich bühnenmäßig darzustellen". Dies betrifft auch das Recht, ein Werk mit technischen Mitteln (Bildschirm, Lautsprecher) außerhalb des Raumes wahrnehmbar zu machen, in dem die persönliche Darbietung stattfindet. Sofern die Betreffenden das Aufführungsrecht nicht besitzen, müssen sie an den Inhaber der Rechte (Verlag, Künstler) → *Tantiemen* bzw. an die von den Inhabern der Rechte beauftragte → *Verwertungsgesellschaft* Gebühren zahlen.

Aufzeichnungspflicht

Zu den Pflichten eines Zuwendungsempfängers (→ *Zuwendung*) gehört die im → *Zuwendungsbescheid* festgelegte Aufzeichnungspflicht, um den in dem → *Verwendungsnachweis* geforderten „zahlenmäßigen Nachweis" von Einnahmen und Ausgaben erbringen zu können. Die Aufzeichnungspflicht umfaßt (1) die Aufzeichnung der laufenden Einnahmen und Ausgaben, (2) das Verbuchen aller Zahlungsvorgänge in voller Höhe und in zeitlicher Reihenfolge, (3) das Belegen aller Einnahmen und Ausgaben (Grund und Tag der Zahlung; Name des Auszahlenden; Name des Zuwendungsempfängers) sowie schließlich (4) die Jahres- (→ *Zuwendung, institutionelle*) oder Endabrechnung (→ *Projektzuwendung*) aus den Aufzeichnungen.

Auktionshandel

Versteigerung von Waren an den Meistbietenden. Im Kulturbereich ist der Auktionshandel vor allem in Form von → *Kunstauktionen* von Bedeutung. Hier hat der Auktionshandel sich in den letzten Jahren sehr gut etablieren und zum Teil bereits dem traditionellen → *Kunsthandel* Geschäftsfelder streitig machen können. Durch → *Internet-Auktionen* gewinnt der Auktionshandel zunehmend an Bedeutung.

Ausbildung und Weiterbildung

Seit einigen Jahren werden auch im deutschsprachigen Raum Aus- und Weiterbildungsmöglichkeiten zum Kulturmanagement angeboten. Zu unterscheiden sind dabei innerhalb der Ausbildung grundständige Studiengänge, Aufbaustudiengänge und Zusatzstudien sowie als Fortbildung Kontaktstudien und Weiterbildungsstudien. Darüber hinaus bieten zahlreiche öffentliche und privatwirtschaftliche Veranstalter themengebundene Kompaktseminare an (Dateien jeweils in alphabetischer Reihenfolge nach Ortsnamen).

(1) Grundständige Studiengänge: Sie können unmittelbar nach Erlangen der Hochschulzugangsberechtigung besucht werden und führen nach einem Regelstudium von mindestens acht Semestern zu einem berufsqualifizierenden Abschluß.

Fachhochschule Potsdam — Abschluß: Diplom
Studiengang Kulturarbeit
Friedrich-Ebert-Str. 4
14467 Potsdam
Tel. 0331/2884–0

Nur zum Teil auf Kulturmanagement ausgerichtet sind zwei grundständige Studiengänge in Hildesheim und Lüneburg:

Universität Hildesheim — Abschluß: Diplom
Institut für Kulturpolitik
Marienburger Platz 22
31141 Hildesheim
Tel. 05121/883–0

Universität Lüneburg — Abschluß: Diplom
Angewandte Kulturwissenschaften
Wilschenbrucher Weg 84
21335 Lüneburg
Tel. 04131/714–0

(2) Aufbaustudiengänge: Hier ist eine Immatrikulation nur nach einem abgeschlossenen Erststudium möglich; die Aufbaustudiengänge führen in der Regel nach vier Semestern zu einem Diplom-, Magister- oder Master-Abschluß.

Universität Basel Weiterbildungszentrum Nachdiplomstudium Kulturmanagement Postfach 732 CH-4003 Basel Tel. 00 41 61/2 67 30 08	Abschluß: Master
Hochschule für Musik und Theater Kulturmanagement Harvestehuder Weg 12 20148 Hamburg Tel. 0 40/4 41 95–0	Abschluß: Diplom
Pädagogische Hochschule Institut für Kulturmanagement Reuteallee 46 71634 Ludwigsburg Tel. 0 71 41/1 40–0	Abschluß: Magister, Master oder Dr.phil.
Hochschule für Musik und darstellende Kunst Institut für Kulturmanagement Karlsplatz 2/2/9 A-1010 Wien Tel. 0 04 31/5 05 20 61	Abschluß: Diplom
Zürcher Hochschule Winterthur Nachdiplomstudium Kulturmanagement Postfach 958 CH-8401 Winterthur Tel. 00 41 52/2 67 79 72	Abschluß: Master

(3) Zusatzstudien (auch Ergänzungs- oder Vertiefungsstudien): Zusatzstudien können Studierende innerhalb einer Hochschule als Ergänzung zu einem Hauptstudium belegen; Zusatzstudien kennen keinen selbständigen Studienabschluß, bieten aber die Möglichkeit, entweder ein Zertifikat oder eine gesondert ausgewiesene Note im Abschlußzeugnis zu erwerben.

Hochschule für Musik „Hanns Eisler“
Zusatzstudiengang Kulturmanagement
Charlottenstr. 55
10117 Berlin

Universität Bremen
Studiengang Kulturwissenschaft
Bibliotheksstraße GW 2, FB 9
28359 Bremen

Fachhochschule Gelsenkirchen
Studienschwerpunkt
Kultur-, Medien- und Freizeitmanagement
Bergmannsglückstraße 75
45877 Gelsenkirchen

Fachhochschule Heilbronn, Standort Künzelsau
Kultur- und Freizeitmanagement
Daimlerstraße 35
74653 Künzelsau

Universität Karlsruhe
Institut für Angewandte Kulturwissenschaften
Kaiserstr. 12
76128 Karlsruhe

Christian-Albrechts-Universität
Institut für Neuere Deutsche Literatur und Medien
Fach Kulturmanagement-Literaturvermittlung
Briefpost
24098 Kiel

Donau-Universität Krems
Abteilung für Kulturwissenschaften
Dr. Karl Dorrek Straße 30
A-3500 Krems

Universität Leipzig
Institut für Kulturwissenschaften
Augustusplatz 9
04109 Leipzig

Fachhochschule für Wirtschaft und Kultur
Fachbereich Buch und Museum
Studiengang Museologie
Käthe-Kollwitz-Straße 70
04109 Leipzig

Universität Münster
Arbeitsstelle Wissenschaft und Praxis
Angewandte Kulturwissenschaft
Scharnhoststraße 100
48151 Münster

(4) Weiterbildende Studienangebote/Kontaktstudien: Diese Studienangebote richten sich an Berufspraktiker und sind folglich auf die Aktualisierung und den Ausbau bereits vorhandener Kulturmanagement-Kenntnisse ausgerichtet. Die Studienveranstaltungen finden in der Regel an Wochenenden statt und sind entgeltpflichtig; das Studium ist auch als Zusatzstudium möglich.

FernUniversität Hagen
Studiengang Kulturmanagement -
Kulturwissenschaftliche Weiterbildung
Altenhagener Str. 99
58084 Hagen

Hochschule für Wirtschaft und Politik
Kontaktstudium Kultur- und Bildungsmanagement
Von-Melle-Park 9
20146 Hamburg

Pädagogische Hochschule
Institut für Kulturmanagement
Reuteallee 46
71634 Ludwigsburg

(5) Studienangebote privater Anbieter: Hier ist der Markt kaum noch zu überschauen. Neben privatwirtschaftlichen Instituten, die nahezu ausschließlich im Kulturmanagement tätig werden (z. B. Salzburg), gibt es auch zahlreiche Anbieter, die nur vereinzelt Weiterbildung im Kulturmanagement bereitstellen (vor allem Verlage und Unternehmensberater). Letztere sind in der folgenden Liste nicht aufgeführt.

Institut für Sprachen und Wirtschaft
Internationales Kulturmanagement
Salzstraße 12–16
79098 Freiburg im Breisgau

Para-SOL e.V.
Weißenburgstraße 1
93055 Regensburg
Tel. 0941/791593

Internationales Zentrum für Kultur & Management
Jakob Harlinger Straße 5a
A-5020 Salzburg

Ausfallgarantie

Die Gewährung einer Ausfallgarantie ist ein effizientes Instrument der öffentlichen → *Kulturellen Förderung*. Im Gegensatz zum Zuschuß, der in aller Regel eine vorab einkalkulierte → *Fehlbedarfsfinanzierung* darstellt, wird eine Ausfallgarantie nur gewährt, wenn das zu fördernde Projekt in der vorab vorgelegten Kalkulation (→ *Projektzuwendung*) im Prinzip kostenneutral veranschlagt ist, d. h. die zu erwartenden Ausgaben durch die zu erwartenden Einnahmen gedeckt sind. Die Ausfallgarantie wird also nur dann wirksam, wenn unvorhersehbare bzw. unkalkulierbare Ereignisse (z. B. Gewitter bei Freilichtaufführung) die vorgesehene Durchführung des Projektes unmöglich machen. Die Höhe der vom Gewährer beabsichtigten Ausfallgarantie ist sinnvollerweise vorab zu fixieren und sollte nicht die Gesamtkosten umfassen, sondern nur einen bestimmten Teilbereich derselben.

Ausländersteuer

Für ausländische Künstler und Ensembles, die in der Bundesrepublik Deutschland auftreten, hat der Veranstalter Einkommens- und Umsatzsteuer (branchenüblich als „Ausländersteuer" bezeichnet) zu zahlen. Diese Regelung wurde getroffen, weil das Finanzamt den nicht im Inland wohnenden Ausländer nicht zur Steuerpflicht heranziehen kann, andererseits aber eine steuerliche Bevorzugung solcher Personen ungerecht und wettbewerbsverzerrend wäre gegenüber deutschen Künstlern und Künstlergruppen.

Mit dem Jahressteuergesetz 1990 wurde die Ausländersteuer von 15 % auf 25 % angehoben. Dadurch wurde das Veranstalten von Konzerten mit ausländischen Künstlern in Deutschland in vielen Fällen unbezahlbar. Nach massiven Protest aller Betroffenen lenkte das Bundesfinanzministerium 1996 ein und verfügte, daß neben den Möglichkeiten des § 163 Abgabenordnung (abweichende Festsetzung von Steuern aus Billigkeitsgründen) ein weiteres Verfahren eingeführt wird, durch welches Überbesteuerungen vermieden werden können. Das sogenannte „vereinfachte Erstattungsverfahren" wurde mit dem Jahressteuergesetz 1997 verabschiedet und ist in § 50 Abs. 5 Nr. 3 Satz 3 EStG geregelt. Die Erstattung setzt voraus, daß die

Steuer die Differenz zwischen Einnahmen und in unmittelbarem wirtschaftlichen Zusammenhang stehenden Werbungskosten bzw. Betriebsausgaben einer Veranstaltung bzw. Veranstaltungsreihe um mehr als 50 % übersteigt. Damit soll sicher gestellt werden, daß der Steuerbetrag 50 % des Gewinns nicht überschreitet.

Mit zahlreichen Staaten hat die Bundesrepublik Deutschland ein Doppelbesteuerungsabkommen vereinbart, um zu vermeiden, daß für eine von Ausländern erbrachte Leistung Steuern sowohl in Deutschland als auch im Heimatland zu zahlen sind. Im Falle solcher Doppelbesteuerungsabkommen entfällt die Ausländerlohnsteuer oder wird auf 5 % bzw. 10 % reduziert. Allerdings ist es selbst in solchen Fällen erforderlich, dem Finanzamt Meldung zu erteilen und durch eine sog. Freistellungsbescheinigung nachzuweisen, daß eine Steuerbefreiung gegeben ist. Diese Freistellungsbescheinigung ist vorher beim Bundesamtes für Finanzen, Bonn (Tel.0228/4060) zu beantragen.

Sofern es sich um Künstler und Ensembles handelt, die von deutschen → *Agenturen* vertreten werden und die sich in Deutschland auf Tournee befinden, wird in aller Regel der Agent die Freistellungsbescheinung für die gesamte Tournee beantragen und für die Zahlung der Ausländerlohnsteuer und der Ausländerumsatzsteuer sorgen.

Lit.: Hahn-Joecks, G.: Zur Problematik der Besteuerung ausländischer Künstler und Sportler, Baden-Baden 1999; Bundesvereinigung sozio-kultureller Zentren (Hrsg.): Besteuerung ausländischer KünstlerInnen – 50a EstG, Bonn 1996

Ausschuß für Kultur und Medien

Im Zusammenhang mit der Berufung zunächst eines Beauftragten für die Angelegenheiten der Kultur und der Medien, dann seit Februar 1999 des → *Staatsminister für die Angelegenheiten der Kultur und der Medien im Bundeskanzleramt* durch den Bundeskanzler, richtete der Deutsche Bundestag als legislatives Kontrollorgan in der 14. Wahlperiode einen Ausschuß für Kultur und Medien ein, nachdem in vorhergehenden Legislaturperioden nur ein Unterausschuß bzw. gar kein Ausschuß existierte.

▸ Ausstattungsschutz

Begriff aus dem Warenzeichenrecht; jede Kennzeichnung einer Ware (Warenausstattung) oder Dienstleistung (Dienstleistungsausstattung), die geeignet ist, sie nach ihrer Herkunft und Eigenart als aus einem bestimmten Betrieb stammend zu unterscheiden. Handelt es sich nicht um eingetragene Zeichen, tritt dieser Schutz nur ein, wenn sich die Ausstattung innerhalb des beteiligten Verkehrskreises durchgesetzt hat. Ausstattungsschutz kann evtl. geltend gemacht werden für eingeführte Namen, Logos, Schriftzüge und Broschüren von Kulturangeboten oder Namen von Festivals und Veranstaltungsreichen.

Rechtsgrundlage bildet das Warenzeichengesetz (WZG) in der Fassung vom 2.11968 (BGBl I 29) mit späteren Änderungen.

▸ Ausstellungen

Als Ausstellung bezeichnet man die vorübergehende Präsentation von Ausstellungsexponaten (Kunstwerken, Archivalien, Verkaufsobjekten, Demonstrationsobjekten usw.). Durch das Merkmal „vorübergehend" unterscheidet sich die Ausstellung vom → *Museum*, das seine jeweilige Schausammlung auf Dauer präsentiert. Ein weiteres Merkmal der Ausstellung ist es, daß Exponate gezeigt werden, die normalerweise nicht oder nicht in dieser Form der Zusammenstellung zu sehen sind (z. B. Werke der Bildenden Kunst, die sonst nur im Atelier des Künstlers oder im Privatbesitz des Sammlers oder in verschiedenen Museen der Öffentlichkeit zugänglich sind).

Unterschieden werden kann nach dem Inhalt des Ausgestellten: (1) Ausstellungen Bildender Kunst mit Werken eines einzelnen Künstlers oder einer Künstlergruppe machen den Großteil von Ausstellungen aus. (2) Bei thematischen Ausstellungen öffnet sich ein nahezu unbegrenzbares Feld inhaltlich-thematischer Ausstellungsgebiete: historische, politische, technische, kulturgeschichtliche, naturkundliche, ökologische, soziologische, literarische usw. Themen können in Form von Ausstellungen präsentiert werden.

Differenziert werden kann auch nach der Form der Ausstellung: (1) Einzelausstellungen befassen sich mit einem Thema an einem

Ort, d. h. sie sind jeweils nur für einen Ausstellungsort und -zweck konzipiert; (2) Wanderausstellungen sind von vornherein zur Präsentation an mehreren Orten vorgesehen.

In den letzten Jahren haben sich auch in der Bundesrepublik Deutschland zunehmend freie Ausstellungsbüros etabliert, die entweder im Auftrag Dritter (z. B. Kommunen, Länder, Verbände usw.) oder auf eigene Initiative Ausstellungen hängefertig (zumeist inklusive Katalog, Einladungskarten, Plakat usw.) erstellen und verkaufen (→ *Outsourcing*, → *Privatisierung*). Da die Ausstellungstätigkeit in den letzten beiden Jahrzehnten ungeheuer zugenommen hat und in der Folge eine Vielzahl von rechtlichen, organisatorischen, finanziellen usw. Problemfeldern entstanden sind, hat sich ein spezifisches Ausstellungsmanagement herausgebildet.

Lit.: Pöhlmann, W.: Ausstellungen von A – Z. Gestaltung, Technik, Organisation. Berliner Schriften zur Museumskunde. Band 5. Berlin 3. Aufl. 1992

▶ Ausstellungsvertrag

Vertrag zwischen einem Künstler oder einer Künstlergruppe und einem Aussteller (privatwirtschaftliche Galerie, → *kommunale Galerie*, → *Kunstverein* oder → *Museum*) über das Recht des Ausstellers, Werke des Künstlers in seinem Auftrag öffentlich auszustellen und gegebenenfalls auch zu veräußern. Es handelt sich um einen Vertrag besonderer Art, der sowohl Elemente der Geschäftsbesorgung als auch der Miete enthält und der sich auf § 18 des Urheberrechtsgesetzes (→ *Urheberrecht*) stützt. Die Ausgestaltung des Ausstellungsvertrags hängt sehr von den jeweiligen Vertragspartnern ab; ein namhafter Künstler wird für sich andere Rechte in Anspruch nehmen als ein unbekannter, wie andererseits bekannte Galerien oder renommierte Museen ihrerseits den Vertragsinhalt diktieren werden.

Folgende Fragen sollte der Ausstellungsvertrag in jedem Falle regeln: (1) Vertragsgegenstand, (2) Pflichten des Leihgebers, also in der Regel der ausstellenden Künstler, (3) Pflichten des Ausstellers, (4) Kosten und Ausstellungshonorar (und Übernahme der Beträge durch Leihgeber oder/und Aussteller), (5) Verkaufregelungen, Abrechnung und Zahlung, (6) Sorgfaltspflichten, Haftung, Versicherung, (7) Kündigung des Vertrags sowie (8) Rückgabe der Exponate. In der Form sind beide Vertragspartner frei; es kann sowohl eine mündliche Vereinbarung als auch eine gegenseitige schriftliche Bestätigung in einem Briefwechsel erfolgen. In der Regel wird man allerdings mit Blick auf eventuelle Rechtsstreitigkeiten immer die vollständige Schriftform wählen.

Lit.: Fischer, H.J. und St.A. Reich: Der Ausstellungsvertrag. In: HKM, H 2.1

B

Balkendiagramm

Relativ einfache und überschaubare Form der Ablaufplanung (→ *Ablauforganisation*). Das Balkendiagramm entsteht auf der Grundlage eines zweidimensionalen Koordinatensystems, in dem entlang der senkrechten Koordinate die Arbeitsvorgänge und entlang der waagerechten Koordinate die Zeitabläufe (in Tagen, Wochen oder Monaten) eingetragen werden. Entsprechend der x/y-Funktion werden für jeden Arbeitsvorgang waagerechte Balken entlang der Zeit-Koordinate eingezeichnet. Jeder Balken gibt damit Auskunft über die zeitliche Dauer sowie über Anfang und Ende eines Vorgangs (vgl. Abb. 1).

Die Vorteile des Balkendiagramms sind vor allem darin zu sehen, daß es sehr leicht erstellt werden kann, daß es übersichtlich ist und daß es auch von unerfahrenen Mitarbeitern problemlos gelesen werden kann. Gerade wegen dieser Vorteile hat sich diese Ablaufplanung im Kulturmanagement sehr bewährt. Als nachteilig erweist sich, daß man im Balkendiagramm keine logischen Abhängigkeiten erkennen kann (welcher Vorgang muß zwingend erledigt sein, bevor mit einem weiteren Vorgang begonnen werden kann?), daß nicht immer deutlich wird, welche Folgen die zeitliche Verschiebung eines Vorgangs für die Zeitplanung der gesamten Produktion hat und daß Verzweigungen (Und-Oder-Verzweigungen) nicht angezeigt werden können. Ist man in der Ablaufplanung auf diese fehlenden Aussagen angewiesen, wird man zu differenzierten Planungstechniken wie der → *Meilenstein-Planung* oder der → *Netzplantechnik* greifen müssen.

Lit.: vgl. → Ablaufplanung

Baumol's Disease

Von den amerikanischen Wirtschaftswissenschaftlern *W.Baumol* und *W. Bowen* entdeckte Gesetzmäßigkeit, nach der die Produktivi-

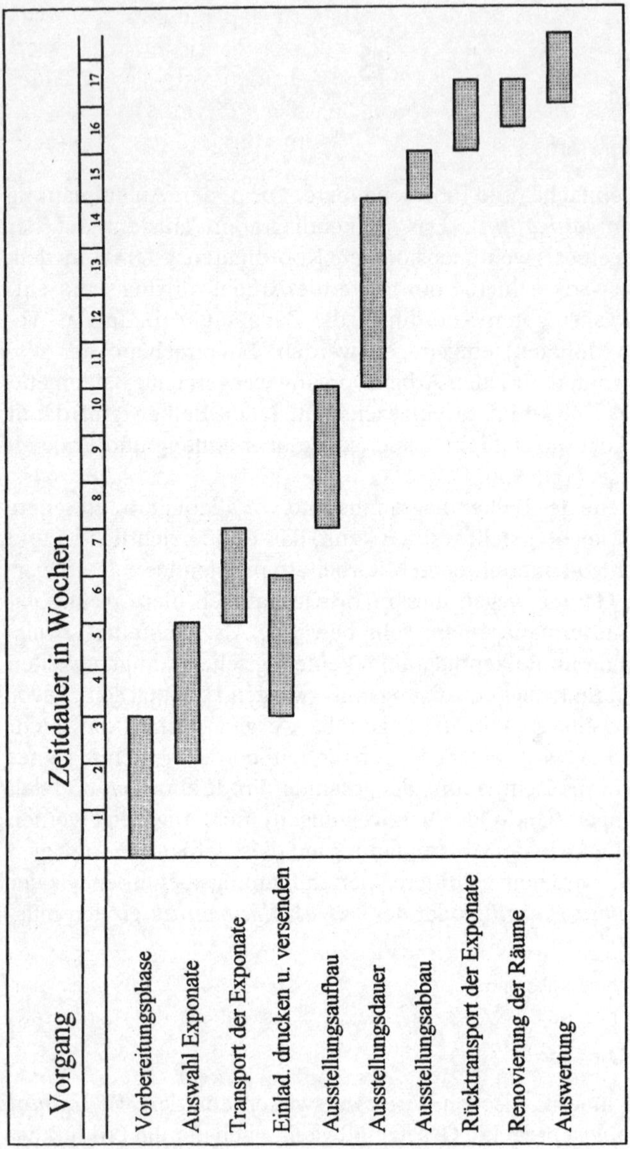

Abb. 1: Balkendiagramm (Ablaufplanung einer Ausstellung)

tät der Arbeit in der gesamten Volkswirtschaft durch den Einsatz neuer Technologien ständig steigt und sich damit auch der Wert (Preis) der Arbeit fortwährend erhöht. In den vorwiegend handwerklich produzierenden Künsten aber bleibt die Produktivität der Arbeit konstant, obwohl auch dort der Preis für die Arbeit (Lohnkosten) im gesamtwirtschaftlichen Maße gestiegen ist. Die sich zwischen Arbeitsproduktivität und Arbeitskosten bildende Scherenöffnung kann nur durch steigende öffentliche Zuschüsse geschlossen werden.

Lit.: Baumol, W. und W. Bowen: Performing Arts – The Economic Dilemma, Cambridge, M.A. 1966

Beleuchtungsmeister

Der Beleuchtungsmeister im → *Theater* hat im wesentlichen drei Aufgaben zu erfüllen: (1) er ist zuständig für die Überprüfung und Bedienung der vorhandenen beleuchtungstechnischen Anlagen, (2) er hat für die ordnungs- und fristgerechte (ggf. Neu-)Einrichtung und Bedienung der Beleuchtung für die Proben und Aufführungen zu sorgen und einen reibungslosen Ablauf der einzelnen sog. Lichtstimmungen zu garantieren. (3) Zudem obliegt ihm die Überwachung der Einhaltung der entsprechenden Sicherheitsvorschriften im Beleuchtungsbereich. Er muß eine entsprechende Meisterprüfung absolviert haben.

Lit.: Deutscher Bühnenverein: Berufe am Theater, Köln 1997

Benchmarking

Angesichts der Konkurrenz (→ *Konkurrenzanalyse*) innerhalb des → *Kulturbetriebs* ist es für die jeweilige Kulturorganisation wichtig, sich nicht mit den traditionellen Standards im eigenen Betrieb zufriedenzugeben, sondern sich an den sog. „best practices“ der jeweiligen Konkurrenz bzw. am sog. „Klassenbesten“ zu messen. Der Fachbegriff hierfür ist Benchmarking (aus engl. >bench< = >Werkbank< und >mark< = >Markierung<, also: Bezugspunkt, Standard, an dem etwas gemessen werden soll). Die Kernfrage lautet, wie sich welche Formen der Unternehmenssteuerung von einer anderen Kultureinrichtung (Konkurrenzbenchmarking), z. B. auch von einer kommerziell orientierten Kultureinrichtung (Branchenbenchmarking), vielleicht sogar aus völlig kulturfremden Unternehmen (Best-in-Class-Benchmarking) auf die eigene übertragen lassen. Benchmarking meint also die systematische Suche nach übertragbaren Lösungen aus anderen Bereichen. Allerdings sollte der Lern- bzw. Anpassungseffekt im Vordergrund stehen: „Kapieren statt kopieren", denn bloßes Kopieren ersetzt keine Innovation.

Lit.: Siebert, G. und S. Kempf: Benchmarking. Leitfaden für die Praxis, München/Wien 1998; Leibfried, K. und C. McNair: Benchmarking. Von der Konkurrenz lernen, die Konkurrenz überholen, Freiburg 1993

▶ Berufshaftpflichtversicherung

Künstler, die ein eigenes Atelier unterhalten, benötigen – wie alle Selbständigen – eine Berufshaftpflichtversicherung, da die private Haftpflichtversicherung für Schäden, die in der „Betriebsstätte" entstehen (z. B. Verletzung eines Besuchers oder eines Modells), nicht aufkommt.

▶ Beschaffungsmarketing

Unter Beschaffungsmarketing versteht man die Ausdehnung des ursprünglich absatzmarktorientierten Marketingskonzeptes (→ *Absatzmarketing*) auf die Gesamtheit aller auf die Beschaffungsmärkte gerichteten Aktivitäten von Organisationen mit dem Ziel ihrer Beeinflussung. Der Beschaffungsmarkt umfaßt den der Produktion vorgelagerten Markt, von dem ein Betrieb oder Unternehmen seine Vorprodukte (etwa Rohstoffe, aber auch Dienstleistungen) bezieht, d. h. sich beschafft. Da kein Betrieb nur beschafft, sondern stets auch absetzt, umgekehrt kein Betrieb nur absetzt, sondern immer auch beschaffen muß, ergeben sich hieraus interessante Durchdringungen von Märkten. Die zur Beeinflussung dieser Märkte eingesetzten Instrumente können analog der absatzmarktpolitischen → *Marketinginstrumente* entwickelt werden.

Für ein effizientes Kulturmanagement sind die Beschaffungsmärkte (und ihre mögliche) Beeinflussung von ganz besonderer Bedeutung. In der Regel sind für die eigentlichen Kunst- und Kulturschaffenden die Veranstaltungen planenden und durchführenden Kulturbetriebe (Theater, Museen, Agenturen, Kulturämter usw.) Absatzmärkte (weniger der direkte Endnachfrager, d. h. das Publikum), während für diese Veranstalter die Kunst- und Kulturschaffenden ganz wesentliche Beschaffungsmärkte darstellen. Qualität und Herstellungskosten der von Kulturbetrieben hergestellten Dienstleistungen und Sachgüter sind von diesen Märkten abhängig. Hierbei geht es zum einen um Personalbeschaffung (z. B. Kosten und Qualität von Musikern, Schauspielern, Bildenden Künstlern, Autoren usw.), zum anderen aber auch um Sachmaterialien (etwa Stoff, Holz, Leinwand für das Theater, Musikinstrumente und Noten für Musikschulen usw.) sowie schließlich um Rechte und Lizenzen (z. B. die Aufführungsrechte für Theaterstücke und Musicals; Literaturstoffe für Verfilmungen usw.). Aufgrund dieser Durchdringung von Absatz- und Beschaffungsmärkten und den Möglichkeiten ihrer Beeinflussung ergeben sich für ein kreatives Kulturmanagement sehr interessante Handlungsmöglichkeiten. Aus der Perspektive einer → *Kommunalen Galerie*, eines → *Kunstvereins* bzw. eines → *Museums* sind z. B. die Angebote von Beleuchtungsfirmen (zur adäquaten Ausleuchtung der Galerieräume bzw. von Sonderausstellungen) ein wichtiger Beschaffungsmarkt; da diese Beleuchtungsfirmen ihrerseits ein Interesse haben, ihre Produkte nicht nur für den öffentlichen, sondern auch für den privaten Gebrauch anzubieten, werben diese gerne mit der besonders gelungenen Ausstattung von Galerien, Kunstvereinen usw.

Lit.: Koppelmann, U.: Beschaffungsmarketing, Berlin 2000; Koppelmann, U.: Beschaffungsmarketing für die Praxis, Berlin 1997

Beschwerdemanagement

Der Begriff des Beschwerdemanagement wurde aus der amerikanischen Marketingliteratur (Complaint Management) übernommen und meint sämtliche Maßnahmen der Analyse, Planung, Durchführung und Kontrolle, die eine Organisation im Zusammenhang mit Beschwerden von Kunden oder sonstigen Anspruchsgruppen ergreift. Es handelt sich dabei also um ein aktives Handeln der Kulturorganisation zur zielgerichteten Gestaltung der Kundenbeziehung und Erhöhung der Kundenzufriedenheit und -bindung. Ergebnisse der kommerziellen Kundenforschung haben u. a. folgende „Faustregeln" entdeckt, die ebenso auf den Kulturbetrieb übertragen werden können: Es ist fünf- bis sechsmal teurer, einen neuen Kunden zu gewinnen, als einen Stammbesucher zu halten; jeder zufriedene Kunde bringt mindestens drei weitere neue Kunden; mindestens jeder vierte unzufriedene Kunde wechselt sofort den Anbieter, wenn er eine bessere Alternative hat; ein den Besucher verletzendes Verhalten führt wesentlich häufiger zum Geschäftsabbruch als fehlerhafte Produkte; ein unzufriedener Kunde erzählt sein Negativerlebnis zehn weiteren potentiellen Besuchern; die Wiederverkaufsrate steigt, je vertrauter und zufriedener Kunden mit den gebotenen Leistungen sind; Stammkunden weisen eine geringere Preisempfindlichkeit auf als Neukunden; kundenfreundliche Unternehmen können sogar höhere Preise verlangen als die Wettbewerber.

Vor diesem Hintergrund entwickelte das aktive Beschwerdemanagement das Ziel, auf die artikulierte Unzufriedenheit durch den Kunden so zu reagieren, daß diese schrittweise abgebaut und nach Abschluß des Beschwerdemanagementprozesses die Besucher- bzw. Nutzerzufriedenheit wiederhergestellt ist. Dabei lassen sich zwei Basisstrategien unterscheiden: zum einen die Prävention (vorbeugende Schadensbegrenzung) und zweitens das Recovery (Aufdecken von Beschwerdegründen). Dabei steht die Wiederherstellung der Besucherzufriedenheit in unmittelbarem Zusammenhang mit dem Ziel der Steigerung der → *Besucherbindung*.

Lit.: Klein, A.: Professionelles Beschwerdemanagement im Kulturbetrieb. In: HKM, E 4.5

Bestuhlungsplan

Die Bestuhlungspläne legen die Zahl und Anordnung der zur Verfügung stehenden Sitzplätze in Versammlungsstätten, z. B. in → *Theatern* fest. Nach § 120 der Betriebsvorschriften der Muster-→ *Versammlungsstättenverordnung* ist eine Ausfertigung des für die jeweilige Nutzung genehmigten Bestuhlungsplanes in der Nähe des Haupteinganges eines jeden Versammlungsraumes gut sichtbar anzubringen. Die hierin festgelegte Ordnung darf nicht geändert und in dem Plan nicht vorgesehene Plätze dürfen nicht geschaffen werden. Rettungswege sind darin farblich zu markieren. Sämtliche Tisch- und Bestuhlungsvarianten werden, einmal angelegt, baubehördlich genehmigt und stehen somit dem Nutzer permanent zur Verfügung (vgl. → *Sicherheitsregelwerke*).

Besucher/Besuche

In der → *Kulturstatistik* bzw. Besucherstatistik (etwa des Deutschen Bühnenvereins oder des Instituts für Muesumskunde) verbirgt sich eine oft übersehene Fallgrube für Verwechslungen und Fehldeutungen: Besucher sind Einzelpersonen, die zu einer Veranstaltung kommen oder eine Einrichtung nutzen (z. B. die Besucher eines Konzerts oder die eingeschriebenen Leser der Stadtbibliothek). In der Regel aber nennt die Statistik die *Besuche*, beispielsweise die Museumsbesuche eines Jahres. Damit ist aber noch längst nichts darüber gesagt, wieviele *Personen* dies wirklich waren, denn wenn jemand zehnmal in einem Jahr das Museum besucht, verzeichnet man zehn Besuche, obwohl es jeweils nur *ein* Besucher war.

Besucherbindung

Besucherbindung ist das Ergebnis eines freiwilligen Entscheidungsprozesses des Besuchers und sollte gekennzeichnet sein durch dessen Verbundenheit gegenüber der jeweiligen Kundeneinrichtung (→ *Verbundenheitsstrategien* vs. → *Gebundenheitsstrategien*). Sie umfaßt von Seiten der Kulturorganisation alle Maßnahmen, die bisherigen und zukünftigen Verhaltensabsichten des Besuchers ihr gegenüber positiv zu gestalten, um die Beziehung zu diesem Kunden für die Zukunft zu stabilisieren bzw. noch auszuweiten. Eine entsprechende → *Besucherorientierung*, zu der jede einzelne Mitarbeiterin und jeder einzelne Mitarbeiter der Kultureinrichtung aktiv beitragen können, sowie daraus resultierende Besucherzufriedenheit sind die Grundvoraussetzungen für eine langfristige Besucherbindung. Gerade angesichts der zunehmenden Wettbewerbsaktivitäten auch im Kulturbereich gewinnt die Kundenbindung immer mehr an Bedeutung. Sinnvollerweise sollte unterschieden werden zwischen Besucherbindungsinstrumenten, die aktuell eingesetzt werden und

Besucherbindungsprogrammen, die den Besucher möglichst langfristig an die jeweilige Kultureinrichtung binden. Besucherbindungsmanagement läßt sich dementsprechend definieren als die systematische Analyse, Planung, Durchführung und Kontrolle aller auf den aktuellen Besucherstamm gerichteten Maßnahmen einer Kultureinrichtung mit dem Ziel, mit diesen Besuchern auch in Zukunft Austauschbeziehungen aufrechtzuerhalten und/oder diese noch intensiver zu pflegen.

Hierbei kann unterschieden werden zwischen offenen und geschlossenen Besucherbindungsprogrammen (beispielhaft: → *Fördervereine*, → *Kundenclubs*); dabei haben geschlossene Besucherbindungsprogramme eine ganze Reihe von Vorteilen: deren Mitglieder sind eher bereit, Informationen über sich preiszugeben, da sie eine höhere Affinität und ein größeres Vertrauen zu dem Produkt oder der Kulturorganisation haben; durch den Beitritt in das Programm erlauben die Mitglieder implizit oder erwarten sogar, daß über sie bestimmte Informationen gesammelt werden, was vorhandene Bedenken über Datenschutz und Eingriff in die Privatsphäre reduziert; die Affinität zeigt sich auch in einer eher emotionalen Beziehung mit dem Produkt oder der Kulturorganisation insgesamt. Daher brauchen die Daten in diesem Falle nicht allein auf soziodemographische Fakten beschränkt zu bleiben, denn Mitglieder von geschlossenen Kundenbindungsprogrammen sind eher bereit, ihre Einstellungen und persönlichen Präferenzen mitzuteilen, wenn sie gefragt werden. Die Mitglieder solcher Programme sind in der Regel auch Nutzer der Produkte, so daß Daten über Produktwahrnehmung und -nutzung, Kauffrequenz usw. über einen längeren Zeitraum hinweg verfolgt werden können; schließlich haben die Daten aus geschlossenen Kundenbindungsprogrammen auch eine höhere Zuverlässigkeit und Qualität; dadurch, daß die Besucher immer wieder in Kontakt mit der Kultureinrichtung stehen, lassen sich Fehler (z. B. falsche Angaben zu Alter und Wohnort, Umzug usw.) sehr viel schneller korrigieren, weil der Kunde in der Regel von sich aus darauf aufmerksam macht.

Lit.: Bruhn, M.: Kundenorientierung. Bausteine eines exzellenten Unternehmens, München 1999

Besucherforschung

Mit Besucherforschung bezeichnet man die spezifische Form der → *Marktforschung* im Bereich der → *Museen* und → *Ausstellungen*. Grundlagen hierfür sind die Besucherstatistik (Erfassung der → *Besuche*), die Erfragung bzw. Erfassung der Besucherstruktur mit Hilfe der soziodemographischen Merkmale (z. B. Alter, Geschlecht, Beruf, Einkommen, Bildungsabschluß usw.), die Beobachtung des Verhaltens der Besucher in der Ausstellung bzw. im Museum sowie des Besuchsverlaufs (Zeitpunkt, Dauer, Besuchszufriedenheit, Verweilzeiten vor Exponaten, an bestimmten Orten, das Bewegungsverhalten im Raum).

Lit.: Schäfer, H.: Museen und ihre Besucher. In: Heinrichs, W.; Klein, A. (Hrsg.): Deutsches Jahrbuch für Kulturmanagement 1997, Baden-Baden 1998 S. 29–53

Besucherorganisationen

Besucherorganisationen, insbesondere im Theaterbereich, sind wichtige Kulturvermittler, die immer wieder neue Schichten und Gruppen von Theaterbesuchern erschließen. Mit ihrem Service der Vermittlung deutlich ermäßigter Theaterkarten, der inszenierungsbegleitenden Vor- und Nachbereitung von Theaterbesuchen, Diskussionen in Mitgliederrundbriefen, vereinseigenen Zeitschriften, Gesprächskreisen sowie Theaterreisen wird für ein breiteres Interesse am und um Verständnis für Theater geworben. Darüber hinaus verstehen sie sich auch als kulturpolitische Initiativen, die beispielsweise theaterpolitisch relevante Entwicklungen kommentieren und ggf. zu beeinflussen suchen. Ab 1890 wurden die ersten sog. Volksbühnen mit dem Ziel „Die Kunst dem Volke" gegründet. Ihnen ging es vor allem um eine Erschließung des Theaters für die Arbeiter sowie um den Abbau von Bildungs- und Besitzstandsprivilegien in der Kulturrezeption. Nach dem ersten Weltkrieg kamen dann die Theatergemeinden hinzu, die weltanschaulich aus der christlich-sozialen Bewegung kamen.

Volksbühnenvereine und Theatergemeinden in der Bundesrepublik Deutschland sind fast ausschließlich als eingetragene → *Vereine* organisiert und wegen ihrer → *Gemeinnützigkeit* im Sinne der Abgabenordnung steuerbefreit. Die 92 Volksbühnenvereine zählen z. Zt. etwa 230 000 Mitglieder und sind jeweils in Landesverbänden organisiert und im 1920 gegründeten Bundesverband der deutschen Volksbühnenvereine zusammengeschlossen; die 36 Theatergemeinden (mit Gruppen in über 400 Städten und Gemeinden) zählen rund 180 000 Mitgliedern, die ebenfalls in Landesverbänden bzw. im 1919 gegründeten „Bühnenvolksbund" zusammengeschlossen sind. Zusammen mit dem Abonnement bilden die Besucherorganisationen ein wichtiges absatzpolitisches Instrument für die Theater. Die Theaterkarten bzw. -plätze werden den Mitgliedern nach einem demokratischen „Rollsystem" zugewiesen, das feste Platzmieten (→ *Abonnementssystem*) ausschließt.

Für die Theater stellen die Besucherorganisationen ein wichtiges, aber leider viel zu wenige genutztes Marketinginstrument innerhalb der Distributionspolitik dar. So kann es kaum verwundern, daß die Zahl der über Besucherorganisationen abgesetzten Karten in den letzten Jahren permanent rückläufig waren; in der Spielzeit 1998/1999 betrugen sie gerade noch 14,4 %. Die Zusammenstellung von durchschnittlich zehn Vorstellungen für jedes Mitglied pro Spielzeit wird bei den meisten Organisationen von den Vorständen oder von den jeweiligen Fachausschüssen aus dem Spielplanangebot (→ *Spielplan*) ausgewählt und verbindlich vorgegeben. In manchen Organisationen gibt es auch Wahlangebote, mit deren Hilfe sich die Mitglieder ihren eigenen Spielplan aus dem Gesamtangebot zusammenstellen können. Die dabei von den Theatern angebotenen bzw. mit ihnen vereinbarten Kartenermäßigungen sind angesichts der von den Besucherorganisationen erbrachten Werbe-, Service- und Vermittlungsleistungen größer als beim Abonnement.

Besucherorientierung

Der Begriff der Besucherorientierung im weiteren Sinne bezeichnet die Übernahme des Konzepts der Kundenorientierung aus dem allgemeinen Marketing durch Kulturorganisationen. Aufgrund ihrer (notwendigerweise) ausgeprägten Orientierung an inhaltlichen Zielen bzw. entsprechenden künstlerischen und kulturellen → *Produkten* geraten allerdings speziell Kulturorganisationen sehr leicht in die Gefahr, sich eher an diesen denn an den Vorstellungen ihrer Besucher zu orientieren. Hinzu kommt oftmals aber auch die „Organisationszentrierung" (Kotler/Scheff), die in jedweder Institution, Unternehmung oder Betrieb weitverbreitet und daran schuld ist, daß der Kunde resp. Besucher mit seinen Bedürfnissen mehr oder weniger aus den Augen verloren wird (→ *Gebundenheitsstrategien*). Demgegenüber hält die besucherorientierte Kulturorganisation zwar beharrlich an ihren inhaltlichen Zielen (Produkt- und Programmpolitik) fest, konzentriert sich aber vor allem im Rahmen ihres entsprechenden → *Kulturmarketings*, insbesondere beim Einsatz der anderen → *Marketinginstrumente* → *Servicepolitik*, → *Preis- und Konditionenpolitik*, → *Distributionspolitik* und auch der → *Kommunikationspolitik* auf die entsprechende Kundenorientierung. Diese läßt sich daher bestimmen als kontinuierliche und umfassende Ermittlung und Analyse der Besucherinteressen (→ *Besucherforschung*) mit dem langfristigen Ziel, stabile Austauschbeziehungen zwischen der jeweiligen Kulturorganisation und ihren Besuchern zu organisieren; wesentliche Elemente sind dabei die → *Besucherbindung*, die Entwicklung von → *Verbundenheitsstrategien*, der Aufbau von → *Kundenclubs* sowie ein professionelles → *Beschwerdemanagement*.

Besucherorientierung im engeren Sinne meint als Maxime innerhalb des Museums- und Ausstellungswesens bei der Ausstellungsgestaltung im weitesten Sinne, d.h. einschließlich aller Dienstleistungsangebote, den Bedürfnissen der unterschiedlichen → *Zielgruppen* und Individuen so weit wie möglich gerecht zu werden. Ziel ist es, die Museen in lebendige Kulturdienstleistungsbetriebe zu verwandeln, mit verschiedensten Kenntnissen und Motivationen ausgestattete Besucher anzusprechen und zufriedenzustellen sowie neue Zielgruppen für die Museen zu erschließen. Voraussetzung hierfür ist eine möglichst differenzierte → *Besucherforschung*.

Lit.: Bruhn, M.: Kundenorientierung, München 1999; Schäfer, H.: Wie besucherorientiert darf/muß ein Museum sein? Das Beispiel des Hauses der Geschichte der Bundesrepublik Deutschland. In: Das besucherorientierte Museum, hrsg. vom Landschaftsverband Rheinland, Rheinisches Archiv- und Museumsamt, Köln 1997 S. 91–97; Kommunale Gemeinschaftsstelle für Verwaltungsvereinfachung: Die Museen. Besucherorientierung und Wirtschaftlichkeit, Köln 1989

▶ Betreibergesellschaft

In jüngster Zeit sehr verbreitetes Modell der Finanzierung von Investitionen. Dazu errichtet, finanziert und betreibt ein privates Unternehmen nach den Vorgaben der Kommune eine öffentliche Aufgabe zu einem festgesetzten Pauschal- oder Einheitspreis. Die Finanzierung beruht dabei auf einem Verkauf zukünftiger Entgelte, die dem Betreiber zustehen, zum heutigen Barwert an eine Bank. Will beispielsweise eine Stadt ein Stadttheater bauen, so könnte sie nach dem Betreibermodell die Einnahmen aus dem Theaterbetrieb an den Investor bzw. an dessen Bank abtreten, haftet allerdings für gleichbleibende → *Erlöse*, d. h. im Falle sinkender Einnahmen müßte sie eine Differenz aus allgemeinen Deckungsmitteln aufbringen.

Der Vorteil des Betreibermodells besteht darin, daß der Kreditrahmen der Gemeinde und damit der Vermögenshaushalt nicht berührt wird. Die Gebühren oder Entgelte aus dem Objekt fließen als durchlaufende Posten in den Verwaltungshaushalt und von dort direkt an die Betreibergesellschaft. Auch besteht hier die Möglichkeit der zeitlichen Entzerrung von finanziellen Belastungen, wenn beispielsweise – wie bei → *Leasing* und → *Immobilienfonds* – eine Heimfallregelung mit Zahlung eines Restwerts vereinbart wird. Allerdings bleiben alle Risiken bei der Kommune; für evtl. Ausfälle bei den Einnahmen aus dem finanzierten Objekt hat sie in vollem Umfang aufzukommen.

Lit.: Rau, Th.: Betriebswirtschaftslehre für Städte und Gemeinden, München 1994; Heinrichs, W.: Private Finanzierung von Investitionen in die kulturelle Infrastruktur der Kommunen. In: HKM F 1.5.

▶ Betriebsbüro, Künstlerisches

Das Künstlerische Betriebsbüro (KBB) ist an → *Theatern* zuständig für alles, was Planung, Disposition, Terminabstimmungen, kurzfristige Änderungen usw. des laufenden Vorstellungs- und Probenbetriebes betrifft, soweit es nicht zu den laufenden Geschäften anderer Abteilungen, etwa der → *Dramaturgie* gehört. Die Leitung des KBB arbeitet dabei eng mit dem Intendanten zusammen und nimmt beratend an der Spielplangestaltung teil, in der in Zusammenarbeit mit Intendanz und Dramaturgie die langfristige künstlerische Linie des

Theaters festgelegt wird. Zu den eher mittelfristig orientierten Aufgaben gehört die Detailplanung einer Spielzeit, während die kurzfristig ausgerichteten Aktivitäten folgende sind: (1) Aufstellung der täglichen Probenpläne, (2) Aushang der Besetzungslisten, (3) Organisation von Umbesetzungen und Vorstellungsänderungen, (4) interne und externe Bekanntmachungen und Plakatierungen der Spielpläne, (5) Vorbereitung und Abwicklung von fremden Gastspielen im Hause und der eigenen → *Theatergastspiele* außer Haus. Diese Aufgaben können auch einem oder mehreren → *Disponenten* übertragen werden. Je nach Größe des Theaters arbeiten im Betriebsbüro bis zu drei Disponenten. Das KBB ist daher die zentrale Anlaufstelle vor allem für die Ensemblemitglieder, die sich über ihre Proben- bzw. Auftrittspflichten zu informieren haben..

Lit.: Deutscher Bühnenverein (Hrsg.): Berufe am Theater, Köln 1997

Bewertung von Kunstgegenständen

Im Falle einer beabsichtigten Veräußerung, einer Beleihung, bei Versicherungsschäden und bei der Veranlagung zur Vermögenssteuer (z. Zt. ausgesetzt) kann es erforderlich sein, den Wert eines Kunstgegenstandes feststellen zu lassen.

Grundsätzlich wird der Verkaufswert mit Hilfe von Vergleichsgrößen ermittelt, beispielsweise aus den Ergebnislisten (nicht den taxierten Werten) anerkannter Auktionshäuser (→ *Auktionshandel*). Dazu werden „öffentlich bestellte Kunstsachverständige" von Auktionshäusern, seriöse und angesehene Kunsthändler oder Kustoden von größeren Museen herangezogen, die zur Bewertung entsprechende Gutachten (→ *Expertise*) erstellen. Die Berufsbezeichnung „öffentlich bestellter Kunstsachverständiger" wird von den Industrie- und Handelskammern verliehen. Fachliche Voraussetzungen sind eine zehnjährige Berufserfahrung im Kunsthandel, ein abgeschlossenes Kunstgeschichtsstudium sowie ein Mindestalter von 30 Jahren. (Ein Verzeichnis der in Deutschland tätigen Kunstsachverständigen ist beim Deutschen Industrie- und Handelstag erhältlich: www.svv.ihk.de).

Von erheblicher Bedeutung kann die Bewertung von Kunstgegenständen im Zusammenhang mit Kunstausstellungen sein, da die zu zahlende Versicherungsprämie vom Wert eines Exponats bzw. vom Gesamtwert der → *Ausstellung* abhängig gemacht wird. In der Regel wird man die Bewertung des Leihgebers bzw. des ausstellenden Künstlers übernehmen, da sonst kaum eine Bereitschaft vorhanden sein wird, ein Ausstellungsexponat zur Verfügung zu stellen. Bei auffälliger Diskrepanz zwischen der Bewertung von Leihgebern und Ausstellern sollte man allerdings einen Dritten als Gutachter hinzuziehen, auf den sich die beteiligten Personen vorher verständigt haben (→ *Kunstversicherung*).

Bei Schadensfällen benennt die Versicherung einen Havariekommissar, der eine entsprechende Bewertung des Schadens vornimmt. Dazu bedient er sich gegebenenfalls der Einschätzung weiterer Fachleute.

Die Finanzbehörden nehmen eine Bewertung vor, wenn Kunstgegenstände bei der Erbschaftssteuer berücksichtigt werden müssen. Dazu legen die Finanzämter grundsätzlich den aktuellen Marktwert zugrunde, der durchaus den Einstandswert übersteigen kann. In der Sache gehen sie ähnlich vor wie in den oben geschilderten Fällen, d. h. sie ziehen Verkaufslisten von renommierten Auktionshäusern oder gutachterliche Stellungnahmen von Fachleuten heran. Von der Bewertung ausgenommen sind seit 1986 Kunstgegenstände von lebenden Künstlern im In- oder Ausland.

Gesetzliche Grundlage für die Bewertung von Kunstgegenständen im Rahmen der Betriebs- und Vermögensbewertung ist das Bewertungsgesetz (BewG) in der Fassung vom 1.21991 (BGBl I 230) mit den entsprechenden Änderungen und Durchführungsverordnungen.

▸ Bezugsdisziplin

Begriff aus der → *Kulturmanagementlehre*. Damit soll zum Ausdruck gebracht werden, daß die Theorie des Kulturmanagements sich nicht auf eine einfache Übernahme betriebswirtschaftlicher Methoden beschränken darf, sondern immer auch den Kontext berücksichtigen muß, in dem kulturelles Handeln stattfindet. Das gilt vor allem für die Frage nach der Qualität und dem Erfolg von Kulturmanagement. Gerade in nicht-kommerziellen Kulturbetrieben läßt sich der Erfolg eben nicht allein mit betriebswirtschaftlichen Methoden messen (z. B. mit Hilfe einer Gewinn- und Verlustrechnung), sondern muß immer auch im Kontext von Bezugsdisziplinen gesehen werden. (Das spricht nicht-kommerzielle Kulturbetriebe allerdings nicht von der Verpflichtung frei, wirtschaftlich zu handeln; → *Wirtschaftlichkeitsprinzip*.)

Solche Bezugsdisziplinen können vorrangig eine Kunstlehre, die Kultursoziologie oder Kulturanthropologie sowie die Kulturpolitik sein. Wird der Erfolg von Kulturmanagement an der Realisierung von Kunst gemessen, sollte eine Kunstlehre (z. B. Musikwissenschaft) die vorherrschende Bezugsdisziplin sein. Versteht man dagegen Kulturmanagement als eine Steuerungshandlung für soziale Prozesse (Kultur findet immer in einem sozialen Kontext statt), so bietet sich die Kultursoziologie als Bezugsdisziplin an. Andererseits kann man Kulturmanagement aber auch – gerade in öffentlichen Kulturbetrieben – als Umsetzung kulturpolitischer Ziele verstehen. In einem solchen Verständnis würde sich die Kulturpolitik als Bezugsdisziplin anbieten.

Für die Lehre des Kulturmanagements bedeutet dies, daß sich ein Studienangebot nie allein auf das Kulturmanagement im engeren Sinne (Steuerung von arbeitsteiligen Prozessen in kulturellen Betrieben) beschränken darf, sondern immer auch das Studium einer Bezugsdisziplin anbieten muß. Für den Studieninteressenten kommt es deshalb darauf an, sich schon im Vorfeld einer Bewerbung zu erkundigen, welche Bezugsdisziplin am jeweiligen Studienort vorherrschend ist (→ *Aus- und Weiterbildung*).

▸ Bibliothek

Bibliotheken sind planmäßig angelegte Büchersammlungen, die der Öffentlichkeit (oder Teilen von ihr) zur Verfügung stehen. Kulturpolitisch gesehen sind sie Einrichtungen der → *kulturellen Bildung*, weil sie sowohl der Förderung der Bildung als auch der der Kultur dienen. Zu unterscheiden sind (1) öffentliche Bibliotheken, die von den Kommunen (Stadtbibliothek oder Gemeindebücherei) oder den Kirchen getragen werden und (2) wissenschaftliche Bibliotheken, die vom Staat, selten auch von Anstalten und Stiftungen, unterhalten werden. Zu den wissenschaftlichen Bibliotheken in staatlicher Trägerschaft zählen beispielsweise die Landesbibliotheken, die Universitäts- und sonstigen Hochschulbibliotheken sowie Spezialbibliotheken der großen Museen und Archive.

Nach Angaben des Statistischen Bundesamtes wurden 1997 in Deutschland 12442 Öffentliche Bibliotheken gezählt mit einem Bestand von 130 Mill. Medien. Hinzu kommen etwa 7000 wissenschaftliche Bibliotheken, so daß von etwa 20000 Bibliotheken in Deutschland ausgegangen werden kann. Da in den neuen Bundesländern nach der Deutschen Einheit zahlreiche Bibliotheken geschlossen wurden, ist vor allem bei den öffentlichen Bibliotheken ein ständiger Rückgang in der Anzahl der Einrichtungen festzustellen (von 18174 im Jahr 1991 auf 12442 im Jahr 1997). Dagegen nahm die Zahl der Entleihungen von etwa 280 Mill. im Jahr 1991 auf 316 Mill. im Jahr 1997 zu, was für eine zunehmende Akzeptanz der Bibliotheken und eine größere Effizienz der Bibliotheksarbeit spricht.

Die Effizienz der Bibliotheksarbeit wird an einer Reihe von → *Kennzahlen* gemessen. Folgende Kennziffern werden regelmäßig erfaßt: (1) Medienbestand pro Einwohner (Gesamtbestand aller Medieneinheiten dividiert durch die Anzahl der Einwohner der Trägergemeinde; diese Kennziffer sagt etwas aus über die Quantität des Angebots); (2) Entleihungen pro Einwohner (Gesamtzahl der jährlichen Entleihungen dividiert durch die Anzahl der Einwohner der Trägergemeinde; diese Kennziffer sagt etwas aus über die Quantität der Nachfrage); (3) Umsatz (Gesamtzahl der jährlichen Entleihungen dividiert durch den Gesamtbestand aller Medieneinheiten; mit dieser Kennziffer erfährt man etwas über die „Wirtschaftlichkeit" des Bestandes: ein guter und aktueller Bestand wird häufiger ausgeliehen als ein veralteter, andererseits führt ein häufiges Entleihen auch zu schnellerer Abnutzung der Medien und damit zu einem erhöhten Bedarf an Ersatzbeschaffungen); (4) Gesamtausgaben in DM je Einwohner (Bruttoausgaben der Einrichtung dividiert durch die Anzahl der Einwohner der Trägergemeinde; mit dieser Kennziffer wird der Aufwand verdeutlicht, den eine Kommune für ihre Bibliothek betreibt).

Ein Vergleich dieser Kennziffern für die 16 Bundesländer zeigt, daß es selbst innerhalb Deutschlands erhebliche Unterschiede in der Bibliotheksversorgung gibt (Deutsche Bibliotheksstatistik des Deutschen Bibliotheksinstituts, 1995 S. 481)

Bundesländer	Medien-einheiten pro Einw.	Entlei-hungen pro Einw.	Um-satz	Brutto-ausgaben je Einw.
Baden-Württemberg	1,99	5,72	2,87	30,96
Bayern	2,06	5,71	2,77	31,42
Berlin	2,25	7,80	3,47	30,74
Brandenburg	3,12	5,23	1,68	36,00
Bremen	1,66	3,65	2,20	25,50
Hamburg	1,16	5,60	4,82	32,40
Hessen	1,60	3,92	2,45	27,85
Mecklenburg-Vorpommern	1,81	5,41	2,99	25,77
Niedersachsen	1,95	5,16	2,65	26,41
Nordrhein-Westfalen	1,54	3,86	2,50	22,34
Rheinland-Pfalz	1,56	3,88	2,48	20,34
Saarland	2,14	2,79	1,30	25,47
Sachsen	1,98	5,24	2,65	26,24
Sachsen-Anhalt	2,76	5,09	1,84	30,99
Schleswig-Holstein	3,11	5,44	1,75	31,17
Thüringen	2,82	4,61	1,63	30,29

Waren die Bibliotheken viele Jahr nur ein Hort von Kultur und (gehobener) Bildung, verstehen sie sich heute in viel stärkerem Maße als Informations- und Kommunikationszentren. Dementsprechend hat der Anteil der Sachbücher im Medienangebot in den vergangenen Jahren kontinuierlich zugenommen, aber auch der der Fachzeitschriften, Fachlexika und aktuellen Broschüren. Zudem bieten nicht wenige Bibliotheken in sog. → *Mediotheken* auch elektronische Medien an, seien es Videos, Musikkassetten (MC) oder Musikdisketten (CD). Auch Lesegeräte für Mikrofiches, für CD-ROM-Dateien oder Zugänge zu Datenbanken über → *Online-Anschlüsse* sind inzwischen in vielen Bibliotheken zu finden. Dagegen haben sich die ehemals so lebhaft propagierten → *Arthotheken* nicht durchsetzen können; sie wurden sinnvollerweise eher den Kunstvereinen oder Kommunalen Galerien angegliedert. Unter dem Stichwort „Angebotserweiterung“ sind auch zu nennen die verschiedensten Wechselausstellungen, Infotheken im Eingangsbereich sowie zahlreiche Veranstaltungen von der traditionellen Autorenlesung bis zum Bücher-Flohmarkt.

Lit.: Hacker, R.: Bibliothekarisches Grundwissen, München 6.Aufl. 1992; Mittler, E.; Windau, B. (Hrsg.): Die Krise zum Umdenken nutzen – Zukunftsperspektiven Öffentlicher Bibliotheken. Ein Symposium der Bertelsmann Stiftung, Gütersloh 1995; Umlauf, K.: Bestandsaufbau an öffentlichen Bibliotheken. Das Bibliothekswesen in Einzeldarstellungen, Frankfurt am Main 1997.

▶ Bibliothekstantieme

Früher als „Büchergroschen" bezeichnete Abgabe der Bibliotheken an die → *Verwertungsgesellschaften*, um die Urheberrechte der Autoren zu verwerten, deren Bücher in öffentlichen Bibliotheken ausgeliehen werden. Zur Vereinfachung des Verfahrens wird diese Bibliothekstantieme nicht von jeder Bibliothek einzeln gezahlt, sondern vom Bund und den Ländern auf der Grundlage der Bibliotheksstatistik pauschal an die zuständige Verwertungsgesellschaft Wort (VG Wort) überwiesen. 1998 betrug die Bibliothekstantieme insgesamt 17,92 Mill. DM. Da die Bibliothekstantieme seit Jahren ständig sinkt (1993 waren es noch 20,8 Mill. DM), wurden seitens des Bundes und der Länder für die Jahre zwischen 1999 und 2001 Steigerungen von jährlich etwa 2–4 % zugesichert.

▶ Book-on-demand

Neue Form der Buchproduktion und des Buchvertriebs über das → *Internet*. Während der elektronische Handel (→ *E-Commerce*) noch von einer normalen Buchproduktion ausgeht, die lediglich via Internet vertrieben wird, umfaßt book-on-demand auch die Buchproduktion. Dazu werden Bücher nicht mehr gedruckt, sondern nur noch als Datei im Internet vorgehalten. Möchte ein Kunde ein solches Buch erwerben, begibt er sich dazu in eigens dafür eingerichtete Buchhandlung und läßt sich das Buch über einen Schnelldrucker ausdrucken. Hat er das Buch gelesen oder gefällt es ihm doch nicht, wirft er es einfach zum Altpapier.

Dieses Verfahren, das zur Zeit in den USA sehr erfolgreich anläuft, hat erhebliche Vorteile: es senkt die Produktionskosten, macht eine

Lagerhaltung überflüssig und spart den materiellen Transport. Zudem bietet es die Möglichkeit, auch Bücher in kleinsten Auflagen zu verlegen, was beispielsweise für experimentelle Literatur, aber auch für wissenschaftliche Werke von Interesse wäre. Ein Nachteil besteht zur Zeit noch darin, daß die Hochleistungsdrucker noch recht teuer sind und damit weder für viele Buchhandlungen noch für den privaten Gebrauch rentabel sind. Daß mit dem book-on-demand allerdings auch die Buchkultur verabschiedet und der Bibliophile endgültig zu einem Relikt der Vergangenheit werden würde, mag manchem die Vorfreude auf die neue Errungenschaft vielleicht doch etwas trüben.

▸ Brainstorming

Die wohl bekannteste → *Kreativitätstechnik* wurde schon in den dreißiger Jahren in den USA entwickelt. Sie ist inzwischen auch in Deutschland weit verbreitet, wird aber häufig ohne Beachtung wichtiger Verfahrensregeln angewendet, was ihren Nutzen erheblich einschränkt. Ziel dieser intuitiven Methode ist es, innerhalb einer vorgegebenen Zeit zu einem klar umgrenzten Problem in einer Gruppe möglichst viele Ideen zu entwickeln; im Unterschied zu anderen Techniken hat beim Brainstorming die Quantität zunächst Vorrang vor der Qualität der Ideen. Für ein Brainstorming sollten unbedingt folgende Verfahrensregeln beachtet werden:

(A) Vorbereitungsphase: (1) Das Problem, das es zu lösen gilt, ist klar und eng zu beschreiben. (2) Es ist eine Gruppe von Teilnehmern auszuwählen; diese Gruppe sollte aus mindestens sechs und höchstens fünfzehn Personen bestehen. Hinsichtlich ihrer Kompetenz sollte die Gruppe durchaus interdisziplinär zusammengesetzt sein, doch sollten allzu große Kompetenzferne (Beurteilungsfähigkeit, vgl. → *Kreativitätstechniken*) und allzu deutliche hierarchische Unterschiede vermieden werden. (3) Aus der Mitte der Gruppe sind ein Moderator (nicht der Vorgesetzte) und ein Protokollführer zu wählen.

(B) Ideenfindungsphase: (4) Nach der Eröffnung der Ideenfindungsphase durch den Moderator äußern die Gruppenmitglieder möglichst spontan ihre Ideen zur Lösung des anstehenden Problems. Alle Ideen werden ohne Nennung des Urhebers vom Protokollführer stichwortartig schriftlich festgehalten. (5) Es werden Assoziationsketten gebildet, indem Gruppenmitglieder Ideen anderer Teammitglieder durch eigene Ideen ergänzen. Eine Bewertung der Ideen ist während der Ideenfindungsphase streng untersagt; es gibt keine schlechten Ideen! (6) Nach einiger Zeit faßt der Protokollführer eventuell die bisher gefundenen Ideen zu einem Zwischenergebnis zusammen. (7) Bei unbefriedigendem Zwischenergebnis beschreibt und analysiert der Moderator das Problem erneut und regt einen weiteren Durchgang zur Ideenfindung an. (8) Nach spätestens 30 Minuten wird die Ideenfindungsphase abgebrochen.

(C) Ideenbewertungsphase: (9) In einem zeitlichen Abstand von mindestens einem und höchsten acht Tagen folgt die Ideenbewertung. Dazu werden die Ideen nach ihrer Verwertbarkeit in drei Kategorien aufgeteilt (→ *Kreativitätstechniken*). (10) Die Entscheidung darüber, welche Idee verwirklicht werden soll, sollte möglichst nicht mehr Aufgabe des Teams sein, sondern einer anderen Person/ Gruppe/Instanz überlassen werden.

Das zeitweilig äußerst populäre Brainstorming wird heute weitaus kritischer gesehen als noch in den siebziger Jahren. Vor allem wird kritisiert, daß die Verwertungsquote der Ideen mit 5–10 % außerordentlich gering ist, daß die Problemlösung in der Regel recht oberflächlich verläuft und daß das Team zu häufig in irrelevante Gebiete abzudriften droht. Dem stehen aber unbestreitbare Vorteile gegenüber wie beispielsweise die Förderung von Teamarbeit und Motivation bei den Mitarbeitern, das Erlebnis von Kreativität und das Durchbrechen von Hierarchien und verkrusteten Zuständigkeiten durch den interdiziplinären Ansatz. Zudem ist der relativ geringe Zeit- und Organisationsbedarf als Vorteil zu nennen.

Lit.: Heinrichs, W.: Kommunales Kulturmanagement. Rahmenbedingungen – Praxisfelder – Managementmethoden, Baden-Baden 1999:188–193; Knieß, M.: Kreatives Arbeiten. Methoden und Übungen zur Kreativitätssteigerung. Beck-Wirtschaftsberater im dtv, München 1995:53–65

▶ Branchenportal

Zentrale Homepage im → *Internet*, über die unterschiedlichste Dienstleistungen für eine homogene Zielgruppe abgerufen werden können. Z.B. bietet das Branchenportal www.musikdatenbank.de jede Menge Dienstleistungen und Informationen rund um das Thema Musik, einschließlich der Möglichkeit, eigene Informationen einzugeben. Andere Branchenportale wie www.callasong.de oder www.peoplesounde.de stellen gezielt Musiktitel ihrer Kunden in → *MP3*-Format ins Netz (je nach Vereinbarung gegen Gebühr oder kostenlos) und betreiben gleichzeitig Öffentlichkeitsarbeit für ihre Kunden. Dabei werden zum Teil sogar Vorschüsse an die Bands gezahlt; allerdings muß sich die Band dann verpflichten, künftige Gewinne mit dem Internet-Unternehmen zu teilen. Vor allem das letzte Beispiel zeigt, daß Branchenportale nicht nur Dienstleister und Händler für kulturelle Produkte sind, sondern auch einen unkonventionellen Einstieg in eine berufliche Karriere bieten können. Sie übernehmen damit Aufgaben, die früher ausschließlich den → *Konzertdirektionen* und Konzertagenturen vorbehalten waren.

▸ Break-even-Analyse

Gewinnschwellen-Analyse; Analyseverfahren zur Ermittlung des sog. Deckungsumsatzes, d. h. des Umsatzes, dessen Unterschreiten zu Verlusten und dessen Überschreiten zu Gewinnen führt. Dieses Verfahren läßt sich im Kulturmanagement auch gut zur Analyse des Verhältnisses von → *Kosten* und → *Erlösen* einsetzen. In einem Koordinatensystem mit den Kosten auf der y-Koordinate und der Ausbringungsmenge (z. B. Anzahl der verkauften Karten) auf der x-Koordinate läßt sich feststellen, an welchem Punkt die Erlöse die Summe der fixen und variablen Kosten erreichen; diesen Punkt nennt man den Break-even-Punkt.

Im folgenden Beispiel (Abb. 2) sei angenommen, der Druck eines Ausstellungskatalogs verursache fixe Kosten (Satz, Einrichtungen, Maschinennutzung usw.) von 5000 DM und variable Kosten (Papier, Buchbindung, Verpacken und Versenden) je Exemplar von 1,50 DM.

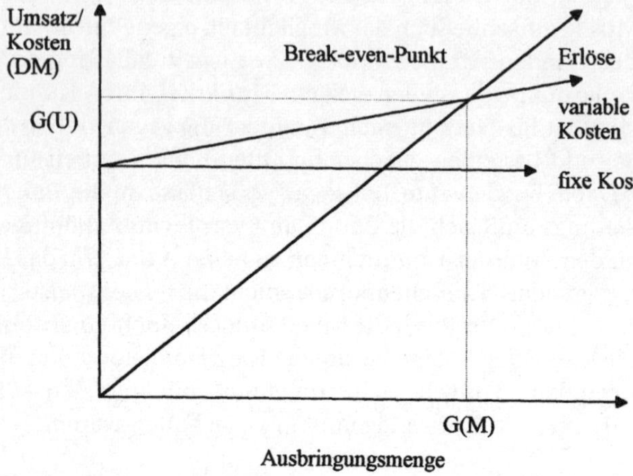

p = Preis
Kf = fixe Kosten
Kv = variable Kosten
G(U) = Gewinnpunkt (Umsatz)
G(M) = Gewinnpunkt (Menge)

Abb. 2: Break-even-Analyse

Die Break-even-Analyse kann hier Antwort geben auf folgende Fragen:

(1) Nach wie vielen verkauften Exemplaren werden die fixen Kosten gedeckt sein, wenn man einen Verkaufspreis von 10 DM je Exemplar zugrunde legt?

zu (1) $G_M = \frac{K_f}{p-K_v} \qquad G_M = \frac{5.000}{10-1{,}50} \qquad G_M = 588,23$ Expl.

(2) Wie hoch muß der Verkaufspreis je Katalog sein, um nach 800 verkauften Exemplaren in die Gewinnzone zu kommen?

zu (2) $p = \frac{K_f}{G_M} + K_v \qquad p = \frac{5.000}{800} + 1,5 \quad p = 7,75$ DM

(3) Bei welchem Umsatz wird man in die Gewinnzone kommen, wenn ein Verkaufspreis von 8 DM je Exemplar zugrunde gelegt wird.

zu (3) $G_U = \frac{K_f}{1 - \frac{K_v}{p}}$ $G_U = \frac{5.000}{1 - \frac{1,50}{8}}$ $G_U = 6153,85$ DM

Der Vorteil dieses Verfahrens besteht vor allem darin, daß auf diese Weise die Finanzierung der fixen Kosten aus Erlösen der Ausbringungsmenge gesichert werden kann, bei allen weiteren verkauften Exemplaren also nur noch die variablen Kosten anfallen. Gegenüber einer einfachen Division der Gesamtkosten der vollständigen Auflage durch die Gesamtzahl der aufgelegten Exemplare minimiert die Break-even-Analyse damit erheblich die Risiken einer Finanzplanung.

Lit.: Steinmann, H. und G. Schreyögg: Management. Grundlagen der Unternehmensführung. Konzepte, Funktionen und Praxisfälle, Wiesbaden 4. Aufl. 2000

▸ Breitenkultur

Kulturangebote, die sich an breite Bevölkerungsschichten wenden und weniger die herausragende kulturelle Leistung als vielmehr das kulturelle Erleben auf einer für jedermann erreichbaren Ebene anstreben. Die Unterscheidung von Spitzenkultur (*→ Highlights, → Events)* einerseits und Breitenkultur andererseits erfolgt in Anlehnung an Kriterien des Sports, wobei man hofft, daß – wie im Sport – die Spitzenleistungen die Leistungen in der Breite motivieren werden und umgekehrt eine Förderung der Breitenkultur zu einer Ausbildung von einzelnen Spitzenleistungen führen wird.

Die Förderung der Breitenkultur ist vor allem eine kulturpolitische Zielsetzung, weshalb sich gerade öffentliche Kultureinrichtungen wie Musikschulen, Volkshochschulen, Museen und Bibliotheken dieser Interessentengruppe annehmen. Während Spitzenkultur – trotz hoher Kosten – sich fast problemlos aus Eintrittsgeldern und Sponsoring finanzieren läßt, bedarf die Breitenkultur einer ganz erheblichen finanziellen Unterstützung durch die öffentliche Hand.

▸ Bruttowertschöpfung

→ *Produktionswert* einer Volkswirtschaft abzüglich der Vorleistungen; die Bruttowertschöpfung kann deshalb auch als Nettoproduktionswert bezeichnet werden. Die Bruttowertschöpfung ist (wegen der ausgeklammerten Vorleistungen) die entscheidende Meßgröße für die wirtschaftliche Leistung eines Bereichs. Sie eignet sich auch am ehesten als wirtschaftliche Vergleichsgröße, wenn man Leistungen der kommerziellen Kulturwirtschaft und öffentlicher oder gemeinnütziger Nonprofit-Einrichtungen bewerten will. (Im öffentlichen Sektor bleiben die Einkommen aus Unternehmertätigkeit und Vermögen unberücksichtigt.) Deshalb wird bei Untersuchungen zur wirtschaftlichen Bedeutung des Kulturbereichs in aller Regel die Bruttowertschöpfung zugrunde gelegt; vgl. → *Wirtschaftsfaktor Kultur.*

Lit.: Hummel, M. und C. Waldkircher: Wirtschaftliche Entwicklungstrends von Kunst und Kultur. Schriftenreihe des Ifo-Instituts für Wirtschaftsförderung, Band 132, Berlin/München 1992:31 ff.; Hummel, M. und M. Berger: Die volkswirtschaftliche Bedeutung von Kunst und Kultur. Schriftenreihe des Ifo-Instituts für Wirtschaftsförderung, Band 122, Berlin/München 1988:53 ff.;

▸ Buchpreisbindung

Die in Deutschland, Österreich und der Schweiz geltende Buchpreisbindung geht zurück auf eine Vereinbarung aus dem Jahr 1883 zwischen den Verlagen und dem Buchhandel, nach der Bücher innerhalb des deutschen Sprachraums nur zu fest vereinbarten Preisen gehandelt werden dürfen. Von dieser Regelung gibt es nur wenige Ausnahmen wie beispielsweise der Verkauf von Büchern über Buchclubs oder Preisnachlässe im Zusammenhang mit dem sogenannten Verramschen (Verkauf von Restbeständen einer Auflage bei geringer Nachfrage). Die Buchpreisbindung führt dazu, daß Verlage und Buchhandel eine sogenannte Mischkalkulation aufstellen können, d. h. Bestseller werfen bei konstantem Ladenpreis einen hohen Gewinn ab, mit dessen Hilfe auch weniger nachgefragte Bücher zu verträglichen Preisen angeboten werden können. Deshalb wird die Buchpreisbindung auch immer kulturpolitisch begründet, weil allein auf diese Weise wenig nachgefragte Lyrikbände oder wissenschaftliche Publikationen dennoch in den Buchhandel gelangen können.

Allerdings ist die Buchpreisbindung ein Eingriff in den Markt, weil der Preis eines Buches nicht mehr über Angebot und Nachfrage, sondern über eine Vereinbarung zwischen Produktion und Handel bestimmt wird. Die damit einhergehende Wettbewerbsverzerrung war deshalb schon häufiger Gegenstand politischer und juristischer Erörterungen. Doch haben sich sowohl der Deutsche Bundestag als auch die deutschen Gerichte bisher stets für eine Beibehaltung der Buchpreisbindung ausgesprochen, weil sie die Einschränkung des Wettbewerbs zugunsten einer Förderung des „Kulturgutes Buch" stets in Kauf nahmen.

1996 hat die österreichische Medienkette Libro bei der Europäischen Kommission eine Beschwerde gegen die grenzüberschreitende Buchpreisbindung eingelegt, die zu heftigen Auseinandersetzungen zwischen deutschen und österreichischen Kulturpolitikern einerseits und dem zuständigen EU-Wettbewerbskommissar andererseits führte. Dabei ging es nur um den grenzüberschreitenden Buchhandel zwischen Deutschland und Österreich, weil nur dieser internationale Handel in die Zuständigkeit der EU fällt. Nicht berührt waren in dem Streit der Handel mit der Schweiz (nicht EU-Mitglied) und der jeweilige Handel innerhalb Deutschland bzw. Österreichs. Nach langen Verhandlungen kam es im Februar 2000 zu einem Kompromiß zwischen dem Wettbewerbskommissar der Europäischen Kommission und den deutschen bzw. österreichischen Verlegern und Buchhändler. Dieser Kompromiß sieht vor, daß statt der bisher einheitlichen Buchpreisbindung nun in Deutschland und Österreich zwei getrennte nationale Preisbindungssysteme eingeführt werden. Dies wurde in Deutschland durch eine privatrechtliche Vereinbarung und in Österreich per Erlaß zum 1. Juli 2000 geregelt. Von dieser Regelung betroffen sind auch Reimporte, d. h. es ist nicht möglich, Bücher, die in Deutschland verlegt wurden, über ein österreichisches Vertriebssystem zu günstigeren Preisen wieder in Deutschland zu verkaufen. Damit dürfte in den bei weitem meisten Fällen die Buchpreisbindung in Deutschland und Österreich unverändert bleiben. Ob dies angesichts der kontroversen Diskussion auch auf lange Sicht gelten wird, ist allerdings im Augenblick nur schwer vorauszusehen.

Buchwertprivileg

Der Buchwert besagt, daß Vermögens- und Schuldteile in der Bilanz eines Wirtschaftsbetriebs nach den Anschaffungs- bzw. Herstellungskosten bewertet werden, korrigiert um die Abschreibungen bzw. Zuschreibungen. Ein solcher Buchwert kann damit vom Zeitwert eines Vermögensgegenstandes abweichen, wenn etwa die Abschreibungen höher gewählt wurden als durch den tatsächlichen Verschleiß zu erwarten ist. Kommt es nun zu einer Veräußerung des Gegenstandes zum Zeitwert, so entsteht gegenüber dem Buchwert ein Gewinn, der in der Bilanz entsprechend auszuweisen ist (sog. stille Reserve).

Bei Sachspenden (→ *Spenden*) und → *Stiftungen* ist nun ein Buchwertprivileg eingeführt worden, das von besonderem Interesse ist. Nach den neueren Regelungen zur steuerlichen Behandlung von Spenden und von Stiftungen können sowohl Sachspenden als auch Sachbeiträge an Stiftungen aus dem Betriebsvermögen nach dem Buchwert steuerlich geltend gemacht werden. Das bedeutet, daß ein Vermögensgegenstand, dessen Buchwert wegen hoher Abschreibungen deutlich geringer ist als sein Zeitwert, für den Spendenempfänger bzw. die Stiftung wesentlich wertvoller ist, als es die Bilanz des Stifters bzw. Spenders ausweist. Dies gilt umgekehrt auch bei fehlenden Zuschreibungen, wenn beispielsweise ein Kunstwerk im Betriebsvermögen nicht mit dem (höheren) Zeitwert, sondern nur mit dem (niedrigeren) Buchwert aufgeführt wird und nun als Sachspende einem Museum überlassen wird. Während der Spender bzw. Stifter diesen Unterschiedsbetrag früher als (stillen) Gewinn versteuern mußte, ist dies seit dem 1. 1. 2000 nicht mehr erforderlich. Allerdings darf der Stifter bzw. Spender seinerseits nur eine Spendenbescheinigung bis zur Höhe des Buchwerts (ggf. zuzüglich Umsatzsteuer) steuerlich geltend machen.

Budget

Das Budget ist die Grundlage jeder Finanzplanung, sowohl in der betriebswirtschaftlichen wie auch in der kameralistischen Rechnungsführung. Es ist definiert als die schriftliche Zusammenfassung, durch welche den Aufgabenträgern (insbesondere den Führungskräften) für einen abgegrenzten Zeitraum fixierte Sollgrößen (im Sinne von Soll-Ergebnissen) geplanter Aktivitäten in wertmäßiger und eventuell auch mengenmäßiger Form vorgegeben werden. Für den Kulturmanager legt das Budget somit den finanziellen Handlungsspielraum fest, innerhalb dessen er aktiv werden und planen kann. Je nach Rechtsform kann das Budget als Haushaltsplan (→ *Regiebetrieb*) oder als Wirtschaftsplan (→ z. B. *Eigenbetrieb*, → *GmbH* usw.) fixiert sein.

Lit.: Steinmann, H. und G. Schreyögg: Management. Grundlagen der Unternehmensführung. Konzepte, Funktionen und Praxisfälle, Wiesbaden 4.Aufl. 2000

▶ Budgetierung

Die sog. Budgetierung ist ein Kernelement innerhalb des neuen Steuerungsmodelles öffentlicher Verwaltungen, der sog. → *Dezentralen Ressourcenverantwortung*. Das → *Budget* ist die Geldmenge, die einem Fachbereich in einem Kontraktjahr (→ *Kontraktmanagment*) zur Verfügung steht, um die im Kontrakt vereinbarten Leistungen (sowohl in der vereinbarten Menge als auch Qualität) zu produzieren. Die Budgetverantwortlichen in den jeweiligen Fachämtern entscheiden - anders als in der herkömmlichen Rechnungsführung der Kameralistik - somit selbst, wie sie die Finanzmittel ihres jeweiligen Budgets einsetzen, um am effizientesten und wirtschaftlichsten das jeweils vereinbarte Leistungsziel zu erreichen. In der angestrebten Idealform sollen nicht nur Sachkosten, sondern vor allem auch Personalkosten sowie Kosten der Gebäudeunterhaltung in die jeweilige Fachverantwortung abgegeben werden. Für den Kulturmanager in der öffentlichen Verwaltung bringt die Budgetierung vor allem große Vorteile hinsichtlich einer flexiblen und effizienten Finanzführung. So kann z. B. ein Theater, das in der Rechtsform → *Regiebetrieb* geführt wird, mit Hilfe der Budgetierung etwa eingesparte Personalkosten im Verwaltungsbereich in den künstlerischen Bereich fließen lassen und umgekehrt sowie evtl. Mehreinnahmen unmittelbar für Mehrausgaben nutzen.

Lit.: Richter, R. u. a. (Hrsg.): „Unternehmen Kultur". Neue Strukturen und Steuerungsformen in der Kulturverwaltung, Essen 1995

▸ Bühnen

Der Sammelbegriff Bühne sagt noch wenig aus über Größe und Ausstattung einer Bühne. Um Aussagen über die Eignung einer Bühne für Kleinkunst, Konzerte oder gar eine große Opernaufführung machen zu können, benötigt man deshalb mindestens zwei Kriterien, nämlich einerseits die Bühnengrundfläche und andererseits die Höhendifferenz zwischen dem oberen Bühnenportal (der Öffnung zum Zuschauerraum hin) und der inneren Höhe des Bühnenturms bzw. der Unterkante des Schnürbodens (der sogenannte Sturz).

Aus diesen beiden Kriterien ergeben sich vier Gruppen von Bühnengrößen: (1) Podium (bis zu 100 m^2 Grundfläche, aber ohne Bühnenportal und ohne Sturz); (2) Kleinbühne (bis zu 100 m^2 Grundfläche; Sturz bis max. 1 m über der Oberkante des Bühnenportals); (3) Mittelbühne (bis zu 150 m^2 Grundfläche und 100 m^2 Bühnenerweiterung; Sturz bis zum Zweifachen der Höhe des Bühnenportals); (4) Vollbühnen (größer als Mittelbühnen). Die Vollbühne zeichnet sich in der Regel durch eine größere Grundfläche und erheblich größere Bühnenerweiterungen aus (in der Regel mindestens die Größe der Grundfläche); dagegen ist der Sturz selten höher als bei Mittelbühnen.

Mit der Höhe des Sturzes ist eine wichtige Aussage gemacht über die technischen Möglichkeiten eines Bühnenbetriebs. Ist der Sturz mindestens so hoch wie das Bühnenportal, so wird auch ein Schnürboden vorhanden sein, weil es dann möglich ist, Prospekte (Rückwände), Seitenwände, Plafonds (Decken) und Kulissen über einen Schnürboden nach oben zu ziehen. Fehlt dieser Raum oder ist er kleiner als die Bühnenöffnung, müssen alle Teile des Bühnenbildes zur Seite hin bewegt werden.

Die Bühnengröße hat aber auch erhebliche Auswirkungen auf die personelle Ausstattung des Bühnenbetriebs und damit auch auf die Betriebskosten. Während für Podien und Kleinbühnen kein Fachpersonal vorgeschrieben ist, muß auf Mittelbühnen ein geprüfter Bühnenmeister tätig sein. Für Vollbühnen ist sogar die Beschäftigung von Bühnenmeister und Beleuchtungsmeister obligatorisch (→ *Versammlungsstättenverordnung*).

Bühnenanweisung

Die (technische) Bühnenanweisung ist Bestandteil von → *Gastspielverträgen* (→ *Theatergastspiele*, → *Abstecher*) und fixiert alle technischen und organisatorischen Rahmenbedingungen, die einen reibungslosen Ablauf gewährleisten. Hierzu zählen insbesondere Angaben zu: (1) → *Bühne* (Mindestgröße/Höhe, Bühnenhintergrund, Vorhänge, Zugänge usw.); (2) Licht (Bühnenausleuchtung, Computersteuerung bzw. Stellwerk, Verfolger, Farbfolien, detaillierter Lichtplan usw.); (3) Ton (Beschallungsanlage mit entsprechenden Mikrofonen/Mikroports, Kassettendecks usw.); (4) Allgemeine Ausstattung (→ *Bestuhlungsplan*; Garderobe, Ausschank, Nacheinlaß, Bewirtung für Künstler und Techniker, ggf. Flügel auf Bühne usw.); (5) Aufbau/Ablauf/Abbau (Ankunft der Technik/Künstler, Tonprobe, Bühnenprobe, Lichtprobe, zusätzlich benötigtes Hilfspersonal usw.) (6) besondere sicherheitsrelevante Erfordernisse (offenes Feuer auf der Bühne, zusätzliche Installationen etc.).

Bühnenbräuche

Die sog. Bühnenbräuche sind eine Rechtsfigur des Arbeitsrechts, die so nur in der Welt des Theaters existiert. Die Pflichten und Rechte eines Bühnenkünstlers sind auf der Basis von Werkverträgen, freien Dienstverträgen (→ *Normalvertrag* Solo) und Arbeitsverträgen (unselbständiger Dienstvertrag) festgelegt. Diese Tarifverträge enthalten ihrerseits bereits eine Vielzahl von Regelungen, die im Laufe der Jahrzehnte entwickelte Bühnenbräuche festschreiben. So werden im allgemeinen Arbeitsrecht Arbeitsverträge in der Regel auf unbestimmte Zeit abgeschlossen; im Theater entspricht es jedoch lang geübtem Bühnenbrauch, Verträge zwischen den Bühnenkünstlern und der Bühne nur befristet abzuschließen.

Die Bühnenbräuche sind somit einerseits recht häufig Vorläufer späterer tarifrechtlicher Vereinbarungen. Sie bestehen andererseits auch neben dem bereits vereinbarten und festgelegten Tarifrecht. Als Bühnenbräuche werden das im Bühnenleben herrschende Gewohnheitsrecht (Observanzen) und die dort üblichen Verkehrssitten bezeichnet. Rechtlich gesehen ist der Bühnenbrauch somit eine Tarifübung im Bereich der Bühne; diese liegt jedoch nur dann vor, wenn sie in Kenntnis und mit Billigung der Tarifpartner praktiziert wird. Da diese Materie ausgesprochen differenziert und kompliziert ist, existiert im Bühnenarbeitsrecht eine eigene Schiedsgerichtsbarkeit (→ *Bühnenschiedsgericht*).

▸ Bühnenjahrbuch → Deutsches Bühnenjahrbuch

▸ Bühnenmeister (Theatermeister)

Die Tätigkeit des Bühnenmeisters (auch: Theatermeister) umfaßt im wesentlichen drei Aufgabenfelder: (1) Er kümmert sich um die reibungslose technische Abwicklung der Vorstellungen und Proben im → *Theater*, d. h. die erforderlichen Auf-, Um- und Abbauten, Verwandlungen und sonstigen szenisch-technischen Vorgänge bei laufendem Bühnenbetrieb. (2) Er ist zuständig für die fristgerechte Einrichtung der Dekorationen für Proben und Vorstellungen sowie schließlich (3) für die Überwachung der Einhaltung bestehender Sicherheitsvorschriften (vgl. → *Sicherheitsregelwerke*).

▸ Bühnenschiedsgerichtsbarkeit

Die beiden Tarifpartner innerhalb des öffentlichen Theaters, der → *Deutsche Bühnenverein* und die → *Genossenschaft Deutscher Bühnenangehörigen* haben in einem eigenen Tarifvertrag (Tarifvertrag über die Bühnenschiedsgerichtsbarkeit/Bühnenschiedsgerichtsordnung [BschGO]) vereinbart, daß über bürgerliche Rechtsstreitigkeiten im Sinne von § 2 des Arbeitsschiedsgesetzes zwischen Theaterveranstaltern und Bühnenmitgliedern statt der Arbeitsgerichte die sog. ständigen Schiedsgerichte entscheiden sollen. Diese Schiedsgerichte sind gemeinsame Einrichtungen beider Tarifpartner und werden von diesen unterhalten. Sie kennen zwei Rechtszüge: (1) Bezirksschiedsgerichte (in Berlin, Hamburg, Köln, Frankfurt am Main, München und Chemnitz) und (2) das Bühnenoberschiedsgericht in Frankfurt am Main. Sie setzen sich paritätisch aus Mitgliedern der Theaterveranstalter und der Bühnenangestellten sowie einem Obmann, der die Befähigung zum Richteramt haben muß, zusammen. So soll gewährleistet werden, daß die spezifischen Bedingungen innerhalb von Theaterbetrieben, die sehr häufig auf Gewohnheitsrecht und sog. → *Bühnenbräuchen* basieren, möglichst optimal berücksichtigt werden. Erst wenn es in diesen beiden Instanzen zu keiner Einigung kommt, ist gegen einen rechtskräftigen Schiedsspruch die Klage auf Aufhebung nach § 110 des Arbeitsgerichtsgesetzes, und zwar ausschließlich beim Arbeitsgericht Köln (Sitz des Deutschen Bühnenvereins), zulässig.

Lit.: Kurz, H.: Praxishandbuch Theaterrecht, München 1999 Kap. 10

C

▸ CAD

Computer aided design – rechnerunterstützter Entwurf; in der Industrie entwickeltes Computerprogramm, das Entwürfe und Konstruktionen technischer Produkte auf einem Bildschirm ermöglicht. Dabei ist das Programm so ausgelegt, daß ein Produkt auf dem Bildschirm dreidimensional erscheint und nach Belieben bewegt werden kann.

Die CAD-Technik findet auch in Kulturbetrieben Anwendung. So werden beispielsweise Bühnenbilder in großen Theatern zunächst auf einem CAD-Bildschirm entworfen, bevor man an die (weit teurere) Realisierung von Entwürfen geht. Auch in Film- und Fernsehstudios werden Kulissen zunächst auf dem Bildschirm entwickelt, um beispielsweise auch prüfen zu können, ob die großen Film- bzw. Fernsehkameras noch innerhalb der Kulissen bewegt werden können. Aber auch in der Museums- und Ausstellungstechnik wird heute CAD eingesetzt; beispielsweise wurde die Museumsgestaltung im „Haus der Geschichte der Bundesrepublik Deutschland" in Bonn zunächst als CAD-Programm entwickelt und dann per Bildschirm optimiert. Wie weit die Möglichkeiten von CAD gehen, zeigt das Beispiel der Dresdner Frauenkirche, wo eine international bekannte Computerfirma ein CAD-Programm der wiederaufgebauten Frauenkirche erarbeitet hat, das erfolgreich im → *Sponsoring* und → *Fund raising* eingesetzt wurde.

▸ Catering

Versorgung von Personengruppen und Einrichtungen mit verzehrfertigen Speisen und Getränken. Catering hat in den letzten Jahren im Kulturmanagement zunehmend an Bedeutung gewonnen. War es noch in den siebziger Jahren üblich, Gäste einer Premierenfeier oder einer Ausstellungseröffnung mit belegten Brötchen zu versorgen, die von Mitarbeitern des Theaters oder der Galerie selbst zubereitet worden waren, so sind die Standards heute wesentlich höher. Um potente Sammler einer kommerziellen Galerie, Förderer von Kunstvereinen, Theatern und Museen (→ *Fund raising*) oder Sponsoren eines Festivals oder → *Kultur-Events* bei entsprechender Gelegenheit mit Speisen und Getränken zu versorgen, bedient man sich heute eines Catering-Services oder eines Party-Dienstes. Catering ist deshalb mit erheblichen Kosten verbunden, ist aber - zumal wenn man professionell Fund raising oder → *Sponsoring* betreiben will - unverzichtbar geworden.

▸ CCP (Cultural Contact Points)

Die Europäische Kommission hat 1998 zur professionelleren Abwicklung der Vergabe von Fördermitteln im Rahmen der Europäischen Kulturpolitik in den Mitgliedsstaaten der EU sog. Cultural Contact Points eingerichtet. Sie arbeiten als europäisches Netzwerk zusammen und sind bei Trägerorganisationen angesiedelt, die auf nationaler Ebene bereits über Kulturförderung beraten. Sie sind auch bei der Vermittlung internationaler Kooperationspartner behilflich und bilden eine ständige Schaltstelle der Europäischen Kommission zu den jeweiligen nationalen Fördereinrichtungen.

Entsprechende Ausschreibungen werden zunächst im Amtsblatt der Europäischen Union veröffentlicht; darüber hinaus unterhält die Generaldirektion X der Europäischen Kommission eine Homepage speziell zur Kulturförderung. Hier können Interessierte alle wesentlichen Informationen zur Kulturpolitik und Kulturförderung der Europäischen Gemeinschaft unter (http://europa.eu.int/comm/dg10/culture/indexe.html) in den Amtssprachen abrufen. Neben offiziellen Texten zur Kulturpolitik sind hier auch Zugänge zu Kulturnetzwerken und Kultur-Kontaktstellen zu finden. Weitere Informationen gibt es bei der Kultur-Kontaktstelle Cultural Contact Point Germany (CCP) (http://europa.eu.int/comm/dg10/culture/contact-point.html); Kontaktadresse für Deutschland: Haus der Kultur, Weberstraße 59a, 53113 Bonn; Tel: 0228/2013527, Fax: 0228/2013529; e-mail: ccpkulturrat.de (http://www.kulturrat.de/ccp/).

▸ Checkliste

Besonders einfache Form der Ablaufplanung (→ *Ablauforganisation*), die sich ausschließlich für lineare Vorgänge empfiehlt, bei denen sich ein Arbeitsschritt an den anderen anschließt (also ohne Verzweigungen und Überlagerungen). Dazu werden alle Arbeitsschritte in ihrer zeitlichen Abfolge aufgelistet und anschließend vom Endtermin her rückwärts terminiert. Die Checkliste leistet damit zwei wichtige Planungshilfen: Sie sichert die Vollständigkeit der Arbeitsschritte in einem Produktionsprozeß oder in einem Projekt und sie dient der terminlichen Überwachung der Abfolge von Vorgängen. Dagegen kann die Checkliste keine logischen Abhängigkeiten aufzeigen (welcher Vorgang muß zwingend erledigt sein, bevor mit dem nächsten Vorgang begonnen werden kann?) und auch nicht deutlich machen, welche Konsequenzen sich aus der zeitlichen Verschiebung eines einzelnen Vorgangs für die Terminierung des Gesamtprojekts ergeben.

In der Praxis empfiehlt es sich sehr, zu allen gleichartigen Aufgaben mit linearem Charakter (z. B. Konzert- und Vortragsveranstaltungen, Wechselausstellungen usw.) Checklisten anzulegen, die als Aktenvorblatt geführt werden. Dadurch kann sichergestellt werden, daß schon in der Planungsphase kein Arbeitsschritt vergessen wird. Zweitens kann durch Erledigungsvermerke zu den einzelnen Arbeitsschritten jeder Mitarbeiter erkennen, welche Arbeiten erledigt bzw. noch zu tun sind, so daß sich im Falle der Abwesenheit des Sachbearbeiters (wegen Urlaub oder Krankheit) die Checkliste auch als ein wichtiges Informationsinstrument erweist. Muster-Cecklisten zu den verschiedensten Aufgaben im Kulturmanagement finden sich in:

Lit.: HKM, (an verschiedenen Stellen)

▸ Controlling

Soll-Ist-Vergleich im → *Managementprozeß*; Controlling ist nicht zu verwechseln mit einer auf Sanktionen ausgerichteten → *Kontrolle*, sondern ist zu verstehen als ein eigenständiges Steuerungsinstrument im managerialen Handeln.

Controlling steht in einem engen Zusammenhang mit → *Zielsetzung* und → *Planung*. Durch das betriebswirtschaftliche Controlling soll sichergestellt werden, daß die Unternehmensziele stets im Auge behalten werden und daß die Planung auf die Umsetzung der

Unternehmensziele ausgerichtet wird. Controlling kann deshalb nie losgelöst von der Funktion Zielsetzung/Planung gesehen werden: Eine Zielsetzung/Planung zu betreiben, ohne ständig zu kontrollieren, ob sie tatsächlich auch umgesetzt wird, wäre sinnlos, wie umgekehrt jedes Controlling unmöglich wäre, gäbe es nicht eine nachvollziehbare Zielsetzung/Planung. Man spricht deshalb auch von der „Planungs- und Kontrollorientierung“ des Controllings oder von den „Zwillingsfunktionen“ Planung und Controlling.

Im Verständnis einer Planungs- und Kontrollorientierung wird ein Controlling immer folgende Ziele verfolgen: (1) die Unternehmensziele müssen eindeutig definiert und meßbar vorliegen; (2) zu den Unternehmenszielen müssen in allen Bereichen Handlungsalternativen (→ *Planung/Alternativensuche*) formuliert sein, deren Ergebnisse/Nutzen ebenfalls prognostiziert wurden; (3) im laufenden Betrieb muß sichergestellt werden, daß die Planungen tatsächlich eingehalten werden; (4) im Falle einer nicht beabsichtigten Abweichung von Zielsetzung/Planung muß sichergestellt werden, daß entweder mit geeigneten Maßnahmen gegengesteuert wird oder daß neue Planwerte erarbeitet werden.

In einem → *Theater* beispielsweise wäre es folglich Aufgabe des Controllings, vor allem die Einhaltung des Spielplans zu verfolgen. Dazu gehört auch die Prüfung, ob die Realisierung des Spielplans unter wirtschaftlichen Gesichtspunkten möglich ist und ob es nicht beispielsweise zu Überbelastungen der Werkstätten kommen kann. Auch ist darauf zu achten, daß frühzeitig Handlungsalternativen entwickelt werden, damit es im Falle einer Planabweichung (z. B. durch Ausfälle im Ensemble) nicht zu panikartigen ad-hoc-Lösungen kommt, die in aller Regel sehr kostenträchtig sind. Sofern der Spielplan im Laufe der Saison korrigiert werden muß, hat das Controlling darauf zu achten, daß neue Planwerte erarbeitet werden, die sich innerhalb des vorgegebenen Rahmens (künstlerische und finanzielle Zielsetzung) bewegen.

Das Controlling wird sich immer gleichzeitig auf drei Bereiche konzentrieren: (1) Prämissenkontrollen, d. h. es wird geprüft, ob und inwieweit die Entscheidungsgrundlagen, wie sie der Zielsetzung/Planung zugrunde gelegt wurden, noch zum gegenwärtigen Zeitpunkt gelten oder ob nicht inzwischen andere Prämissen von

Bedeutung sind, so daß eine Korrektur von Zielsetzung/Planung erforderlich wird. (2) Ergebniskontrollen, d. h. es wird ein ständiger Soll-Ist-Vergleich vorgenommen, um etwaige Abweichungen (Abweichungsanalyse) frühzeitig zu erkennen. Diese Ergebniskontrollen beziehen sich einerseits auf meßbare Plandaten (z. B. Stand der Kosten und Erlöse bzw. der Ausgaben und Einnahmen), andererseits aber auch auf formulierte Planziele. (3) Verfahrens- und Verhaltenskontrolle, d. h. es wird überprüft, ob bei der Führung und Steuerung des Betriebs Methoden und Techniken eingesetzt werden, die eine wirtschaftliche Umsetzung von Zielsetzung/Planung sicherstellen.

Wichtigste Grundlage des Controllings ist die → *Kosten-/Leistungsrechnung*, die alle Kosten nach Kostenarten, Kostenträger und Kostenstellen sowie die Erlöse erfaßt. Sie bildet den Kern eines → *Managementinformationssystems*, das der Leitung des Kulturbetriebs jederzeit entscheidungsrelevante Informationen an die Hand gibt und auch prognostisch zu sogenannten Wenn-Dann-Beziehungen (was geschieht, wenn sich bestimmte Faktoren ändern?) Auskunft geben kann. Gerade als Managementinformationssystem unterscheidet sich Controlling deutlich von einer nachgeordneten Kontrolle. Während die Kontrolle rückwärtsgewandt ist (was wurde falsch gemacht? wer hat etwas falsch gemacht?), ist das Controlling zukunftsorientiert, d. h. es will jene Informationen bereitstellen, die für einen zukünftigen Unternehmenserfolg erforderlich sind.

Das Controlling wurde in den letzten Jahren auch in kulturellen → *Nonprofit-Organisationen* entscheidend vorangetrieben; sowohl für Theater und Orchester als auch für Museen und Einrichtungen der kulturellen Bildung wie Volkshochschulen und Musikschulen gibt es inzwischen vielversprechende Ansätze, die auch ihre ersten Bewährungsproben in der Praxis erfolgreich bestanden haben. Doch handelt es sich nach wie vor um eine → *Managementfunktion*, zu der Kulturmanager oft nur schwer Zugang finden, weshalb die Einbeziehung von (externen) Fachkräften hier besonders geraten erscheint.

Lit.: Horváth, P.: Controlling, München 6.Aufl. 1996; Fabel, M.: Kulturpolitisches Controlling. Ziele, Instrumente und Prozesse der Theaterförderung in Berlin, Frankfurt am Main 1998; Hartung, A.: Controlling in öffentlichen Kulturbetrieben. Sinnvolle Steuerung vorhandener Mittel unter Berücksichtigung des kulturpolitischen Auftrags, Bonn 1998; Schneidewind, P.: Kosten sind nicht gleich Kosten. Controlling am Beispiel einer Musikschule. In: HKM, F 5.2; Schugk, M.: Betriebswirtschaftliches Management öffentlicher Theater und Kulturorchester, Wiesbaden 1996; Schneidewind, P.: Entwicklung eines Theatermanagementinformationssystems, Frankfurt am Main 2000.

▸ Corporate Communication

Durch die Corporate Communication wird eine bestimmte Kommunikationsstrategie innerhalb eines Betriebes bzw. einer Unternehmung (→ *Public Relations*, → *Öffentlichkeitsarbeit*) verbindlich festgelegt. Hierzu zählen alle sprachlichen, graphischen, aber auch akustischen Kommunikationselemente. Durch eine möglichst einheitliche Gestaltung aller nach außen, aber auch nach innen gerichteten Kommunikationsaktivitäten des jeweiligen Betriebes soll ein möglichst klar strukturiertes Erscheinungsbild von den Zielen und Aktivitäten dieser Organisation sowohl in der Öffentlichkeit als auch bei den Mitarbeitern erreicht werden. Sie ist ein Kernelement der → *Corporate Identity.*

▸ Corporate Culture → Unternehmenskultur

▸ Corporate Design

Unter dem Begriff Corporate Design wird das möglichst unverwechselbare visuelle Erscheinungsbild einer Organisation bzw. eines Betriebes verstanden. Zur Unterstützung der → *Corporate Identity* soll die Organisation – vor allem durch die konstante Verwendung visueller Gestaltungsmerkmale (→ *Logo*, Schriftzeichen, Farbverwendung) – nach außen wie nach innen als automatisch (wieder-)erkennbare Einheit erscheinen. In sog. Gestaltungsrichtlinien (bzw. Gestaltungshandbüchern) wird deshalb exakt festgelegt, in welcher Form die einzelnen Gestaltungsmerkmale in den unterschiedlichsten Zusammenhängen der Außen- wie Innenkommunikation (Briefkopf, Plakat, Programmheft, aber auch Innenarchitektur, Produkt- und Verpackungsgestaltung usw.) zu verwenden sind. Gerade angesichts einer ständig steigenden Zahl von Anbietern innerhalb des Kulturbetriebs mit einer kaum noch überschaubaren Vielzahl von Publikationen ist der rasche visuelle Wiedererkennungswert eines unverwechselbaren Corporate Design aus Marketinggesichtspunkten unabdingbar.

Corporate Identity

Unter der Corporate Identity (auch als C.I. abgekürzt) wird die Art und Weise der Selbstdarstellung eines Unternehmens verstanden. Sie soll als Zielvorstellung einen überzeugenden Zusammenhang von Erscheinung, Worten und Taten eines Unternehmens, ein Unternehmensprofil, eine Unternehmensidentität bzw. Unternehmenspersönlichkeit darstellen. Sie wirkt nach innen und außen, d. h. betrifft sowohl die Binnen- als auch die Außenkommunikation. Angesichts einer ständig wachsenden Zahl von Produzenten von „Erlebnisangeboten" (→ *Erlebnisgesellschaft*) gerade im Kulturbereich ist es bereits aus Marketinggesichtspunkten für den einzelnen Kulturbetrieb unabdingbar, eine entsprechende C.I. zu entwickeln. In Form eines die Ziele des jeweiligen Kulturbetriebes repräsentierenden Leitbildes hat die C.I. aber auch eine wichtige Orientierungsfunktion nach innen. Da gerade das Management eines Kulturbetriebs ein hohes Maß an Flexibilität und Kreativität von allen Mitarbeitern fordert, wird die Betriebssteuerung hier sinnvollerweise weniger über detaillierte Anweisungen und Regelungen als über eine Verpflichtung auf eine gemeinsame C.I. organisiert (→ *Unternehmenskultur*).

Cyberspace → Virtuelle Realität

D

Database-Marketing

Im allgemeinen → *Marketing* setzt sich zunehmend – nicht zuletzt auf der Grundlage der neuen Möglichkeiten der interaktiven Medien, insbesondere des Internets – ein kundenorientiertes „One-to-One"-Marketing durch, das ganz gezielt auf individuelle Kundenwünsche eingeht und entsprechende Produkte und Leistungen entwickelt und in seiner allgemeineren Form als → *Direkt-Marketing* bezeichnet wird. Voraussetzung ist hier, daß die entsprechenden Kundeninformationen nicht nur erfaßt, gesammelt, sondern auch aufbereitet und entsprechend rasch zugänglich bzw. problemlos bearbeitbar sind. Die hierfür aufzubauende Datenbank (Database) geht dabei in Inhalt und Umfang weit über die in den meisten Kultureinrichtungen vorhandene, mehr oder weniger gut gepflegte bloße Adressenkartei hinaus; sie hat vielmehr das Ziel, den Besuchern von Kultureinrichtungen spezifische Angebote zu unterbreiten, die Reaktionen von Einzelbesuchern und Zielgruppen zu erfassen und langfristig ergiebige Besucherbeziehungen (→ *Besucherbindung*) herzustellen.

Um ein funktionierendes Database-Marketing für eine Kultureinrichtung aufzubauen sind zunächst die technischen Voraussetzungen (PC und entsprechende Datenbank-Software) zu schaffen. Die zu sammelnden Daten sind in drei große Kategorien einzuteilen: (1) Grunddaten (hierzu zählen vor allem die sog. soziodemographischen Daten wie Name, Titel, Geschlecht, Adresse, Beruf, Alter, Bildung, Familienstand usw., soweit sie für das Marketing relevant sind); (2) Reaktionsdaten (in erster Linie die verhaltensorientierten Merkmale des Besucher wie: Zeitpunkt der Buchung, Zeitpunkt Beitritt zum Abonnement bzw. eventuell Kündigung, Änderungen der Mitgliedschaft, Langfristigkeit der Buchung, Beschwerden oder Lob an die Kulturorganisation, gegebene Spenden usw.) und schließlich (3) Aktionsdaten (hierunter fallen alle von der Kulturorganisation an die jeweiligen Interessenten gerichteten Aktivitäten, wie Telefonanrufe (Telefon-Marketing), Briefe (Mailing-Aktionen) ggf. sogar Kundenbesuche und vor allem feststellbare Reaktionen hierauf). Entsprechend dieser Daten lassen sich dann langfristige → *Marketingstrategien* entwickeln. (Siehe auch → *Adressenpool*, → *Antworthilfen*, → *Dead-List*, → *Kaltansprache*, → *Lettershop*, → *List-Test*, → *Listbroking*, → *Mail-order-advertising*, → *Postkäufer* und → *Rücklaufquote*).

Lit.: Link, J. und Chr. Schleuning: Das neue interaktive Direktmarketing, Ettlingen 1998; Link, J. u. a. (Hrsg.): Handbuch Database-Marketing, Ettlingen 1997

▶ Dead-List

Begriff aus dem → *Database-Marketing*. Diese Liste umfaßt jene Kunden, deren letzte Bestellung oder Reservierung mehr als zwei Jahre zurückliegt.

▶ Deckungsfähigkeit

Die der öffentlichen Rechnungsführung zugrundeliegenden → *Haushaltsgrundsätze* fordern die jeweilige Einzelveranschlagung von Ausgaben und Einnahmen auf jeweils einer spezifischen → *Haushaltsstelle*. Eine Saldierung (→ *Nettoprinzip*) ist von der Systematik der Kameralistik her nicht möglich. Um allerdings eine größere Flexibilität in der öffentlichen Haushaltsführung zu ermöglichen, wurden die Möglichkeiten der unechten und echten Dekkungsfähigkeit eingeführt. Die sog. (1) unechte Deckungsfähigkeit besagt, daß Mehreinnahmen bei einer Einnahme-Haushaltsstelle zu Mehrausgaben bei einer entsprechend zugeordneten Ausgabe-Haushaltsstelle verwendet werden dürfen. Die (2) echte Deckungsfähigkeit gestattet, Mehrausgaben auf einer bestimmten Haushaltsausgabestelle durch Minderausgaben auf einer bestimmten anderen Haushaltsausgabestelle zu decken. Die Anwendung solcher Dekkungsvermerke kann die Flexibilität des Finanzmanagements auch in öffentlichen Kulturbetrieben erheblich verbessern.

▶ Deduktion

Zentraler Begriff der Logik und der Wissenschaftsmethodik. Die Deduktion gewinnt Erkenntnisse durch das logische Schließen aus anderen, allgemeinen Erkenntnissen; das Besondere wird aus dem Allgemeinen geschlossen (Gegensatz: → *Induktion*).

Die Deduktion steht in engem Zusammenhang mit dem Normativen, weil hier Erkenntnis nicht aus der Erfahrung heraus und mithin auch nicht deskriptiv, sondern durch Ableitung aus einem Übergeordneten, dem Normen setzenden, gewonnen wird. Dies hat für die → *Kulturpolitik* und für das Kulturmanagement erhebliche Bedeutung. Der → *Kulturbegriff* (das Besondere) der Kulturpolitik wird gleichsam aus einer übergeordneten gesellschaftspolitischen Zielsetzung (das Allgemeine) in Form einer Deduktion abgeleitet und damit normativ bestimmt. Das Gegenteil wäre eine deskriptive Bestimmung des Kulturbegriffs, d. h. man würde das als Kultur definieren, was sich beispielsweise aus einer Befragung der Bevölkerung zum Kulturbegriff ergeben würde. Weil dies aber politisch nicht gewollt ist, ist unser Kulturbegriff der Kulturpolitik deduktiv bestimmt, was man letztlich in der nach wie vor praktizierten Trennung von E- und U-Kultur nachvollziehen kann.

Lit.: Seiffert, H.: Einführung in die Wissenschaftstheorie Bd. 1. München 1991

▸ Deklarierter Wert

Wertangabe für die Versicherung beispielsweise von Ausstellungsexponaten. In der Regel wird beim Abschluß einer Versicherung die deklarierte Wertangabe des Eigentümers (beispielsweise eines Leihgebers) zugrunde gelegt. Allerdings muß dieser Wert im Versicherungsfall nachgewiesen werden können (beispielsweise durch vergleichbare Verkaufspreise oder durch Gutachter) (vgl. auch → *Bewertung von Kunstgegenständen*).

▸ Delphi-Methode

Qualitative → *Prognosetechnik*, die in Form einer gesteuerten Gruppenbefragung zu → *Prognosen* über zukünftige Entwicklungen oder Ereignisse zu gelangen versucht. Eine Verbindung zu quantitativen Prognosetechniken besteht insofern, als die Delphi-Methode ausschließlich von meßbaren Größen ausgeht (im Gegensatz zur → *Szenario-Technik*), mit diesen Daten aber weitaus freier umgeht als die streng mathematische → *Trendextrapolation*.

Das Verfahren sieht vor, daß eine Gruppe von etwa drei bis zehn (internen und/oder externen) Experten ausgewählt wird, die mit der Materie nachweislich vertraut sind. Dieses Team von Experten wird einzeln zu einer quantifizierbaren Größenordnung (z. B. Prognose der jährlichen Kinobesuche in Deutschland in 10 Jahren) schriftlich befragt; dabei bleiben die Experten untereinander anonym (daher auch der Name, denn auch die Pythia im Orakel von Delphi blieb ja dem Ratsuchenden unsichtbar). Die schriftlichen Ergebnisse der ersten Expertenbefragung werden vom Leiter der Befragungsaktion schriftlich ausgewertet, wobei aus den ermittelten Werten folgende Kennzahlen errechnet werden: (1) der Median (Mittelwert der numerischen Reihe), (2) das arithmetische Mittel, (3) die Quartile (je 25 % von den oberen und unteren Extremen) und (4) die Quartilsspanne (der Unterschied zwischen den beiden Quartilen, hier als maximale Streuung zu interpretieren) sowie (5) die Spannweite zwischen den beiden Extremwerten. Mit dieser kontrollierten Rückkoppelung und der Aufforderung, alle Werte außerhalb der Quartile schriftlich (aber anonym) zu begründen, geht die Aufgabe erneut an die Expertenrunde. Das Verfahren wiederholt sich, wobei in der dritten Runde den Experten auch die schriftlichen Begründungen für die Werte außerhalb der Quartile zugänglich gemacht werden. Nach dem dritten Durchlauf erfolgt die endgültige Auswertung und damit der Abschluß der Prognosetechnik. In der Regel zeigt sich dann, daß sich die Experten auch ohne unmittelbare Rückkoppelung einem bestimmten Wert gemeinsam angenähert haben, selbst wenn zu Beginn die Werte sehr extrem auseinander gelegen haben sollten.

Die Vorteile dieses Verfahrens bestehen darin, daß zwar mehrere Experten befragt werden, die unmittelbare gegenseitige Beeinflussung im direkten Gespräch aber ausgeschlossen bleibt. Jeder Experte ist anonym und damit gleich stark in seiner Argumentation. Dennoch haben die Experten durch die Rückkoppelung mehrmals Gelegenheit, ihre Einschätzung zu überprüfen; die Methode ist deshalb erheblich aussagekräftiger als beispielsweise das arithmetische Mittel aus einer einmaligen Schätzung mehrerer Experten. Gerade für die Entwicklung von Besucherzahlen (z. B. in Kinos, in Theatern, in Museen), aber auch beispielsweise für die Entwicklung einer bestimmten Zielgruppe unter den Bibliotheksnutzern, läßt sich die Delphi-Methode mit großem Gewinn einsetzen.

Lit.: Franke, R. und M.P. Zerres: Planungstechniken. Instrumente für zukunftsorientierte Unternehmensführung, Frankfurt/Main 3.Aufl. 1992:151–160; Mattern, K.H.: Planungsmethoden in Verwaltung und Wirtschaft, Bonn 1981; Wechsler, W.: Delphi-Methode, München 1978

Denkmalpflege

Denkmalpflege und Denkmalschutz (im englischen Sprachraum wird für diese umfassende Sichtweise der Begriff >heritage< verwendet und schließt auch entsprechende kulturhistorische Museen mit ein) sind Bestandteil eines umfassenden Kulturgutschutzes, d. h. des Schutzes und der Pflege der kulturellen Werte der Umwelt. Kulturgutschutz in diesem umfassenden Sinne (→ *Kulturbegriff*) widmet sich jedem Kulturgut, vom Weltkulturgut bis zum Alltagskulturgut. Gegenstand der Denkmalpflege ist somit das gesamte Spektrum des Kulturgutes, soweit es nicht im Rahmen von → *Museen* oder → *Archiven* Berücksichtigung findet. Denkmalschutz richtet sich dabei vorrangig auf die Sicherung und Erhaltung von Kulturgut in baulicher oder bodengebundener Gestalt.

Als Schwerpunkte in der Aufgabenstellung speziell der kommunalen Denkmalpflege haben sich im Laufe der Zeit herausgebildet: (1) die Dokumentation zum Stadtbild und zur Stadtstruktur; Überprüfung und Ergänzung der örtlichen Denkmalliste; (2) Beratung von Denkmaleigentümern bei der Restaurierung; (3) Intensivierung der → *Öffentlichkeitsarbeit* zur Steigerung des Denkmalbewußtseins; (4) Erarbeitung von Nutzungskonzepten für gemeindliche Denkmäler; (5) Zusammenfassung der Aufgabenstellung und Belange der Denkmalpflege in einem Denkmalpflegeplan; (6) Intensivierung der Zusammenarbeit mit den der örtlichen Denkmalpflege verpflichteten Persönlichkeiten, Vereinen und Initiativen; (7) Entwicklung übergreifender musealer Konzepte; (8) Verdeutlichung der Finanzierungs- und steuerlichen Abschreibungsmöglichkeiten von Denkmalpflegemaßnahmen gegenüber privaten und öffentlichen Denkmaleigentümern.

Lit.: Kiesow, G.: Denkmalpflege in Deutschland. Eine Einführung, Darmstadt 4. Aufl. 2000

Desktop Publishing

Elektronisches Publizieren (vom Schreibtisch aus); Entwurf und Bearbeitung des Seitenlayouts beispielsweise von Broschüren, Büchern, Katalogen, Flugblättern. Texte, Tabellen, Bilder und Grafiken können am Bildschirm (auch über einen Scanner) so montiert werden, daß eine weitere Montage von Hand für die Drucklegung entfällt. Über einen Laserdrucker oder einen elektronischen Filmbelichter kann das am Bildschirm entwickelte Layout druckfertig ausgeworfen werden. Die bekanntesten Software-Programme für Desktop Publishing sind PageMaker und QuarkXPress.

Für das Kulturmanagement bietet Desktop Publishing interessante, weil zeit- und kostensparende Möglichkeiten. Theater- und Konzertprogramme, Handzettel, Einladungen und selbst Kunstkataloge können nun direkt (bei entsprechenden Vorkenntnissen) von Mitarbeitern des Kulturbetriebs erarbeitet und an die Druckerei gegeben werden. Dadurch kann nicht zuletzt auch die → *Presse-* und → *Öffentlichkeitsarbeit* erleichtert und beschleunigt werden.

Deutscher Bühnenverein

Der Deutsche Bühnenverein, Bundesverband deutscher Theater, ist der Arbeitgeber- und Interessenverband der deutschen → *Theater* und seiner künstlerischen Leiter (→ *Intendanten*) sowie der → *Kulturorchester*. Er ist der älteste und größte Theaterverband seiner Art auf der Welt und als → *Verein* organisiert. Gemäß § 2 seiner Satzung verfolgt er den Zweck, das deutsche Theater und die Kulturorchester zu erhalten, zu festigen und fortzuentwickeln. Unter Theater im Sinne seiner Satzung werden selbständig betriebene → *Bühnen* verstanden, die überwiegend mit von ihnen angestellten Künstlern dramatische, musikalische oder choreographische Bühnenwerke aufführen und eine eigene Spielstätte unterhalten. Unter Kulturorchestern versteht man selbständig betriebene Orchester, die regelmäßig Operndienst versehen oder Konzerte ernst zu wertender Musik spielen (§ 3).

Der Deutsche Bühnenverein will die Theater und Kulturorchester bei der Erfüllung ihrer Aufgaben fördern, ihre Gesamtinteressen wahrnehmen, den Erfahrungsaustausch unter ihnen pflegen, sowie der Gesetzgebung und Verwaltung mit Rat und Gutachten dienen. Dem Verein obliegt die Wahrnehmung der gemeinsamen Interessen der Unternehmermitglieder auf arbeitsrechtlichem Gebiet. Zu diesem Zweck kann er für diese Tarifverträge abschließen und sie bindende Beschlüsse fassen. Der Verein kann ferner, soweit gesetzlich zulässig, Vereinbarungen treffen und Beschlüsse fassen über die Regelungen der Beziehungen des Vereins und seiner Mitglieder zu einschlägigen in- und ausländischen Verbänden oder Organisationen (Vereinigungen von Theatern, Hörfunk- und Fernsehanstalten, Autoren-, Verleger- und Filmverbänden usw.) und deren Mitgliedern.

Der Bühnenverein kennt fünf verschiedene Mitgliedsformen: (1) Unternehmermitglieder, d. h. Gebietskörperschaften oder andere juristische Personen des öffentlichen Rechts (→ *Regiebetrieb*, → *Eigenbetrieb*) oder eine Person des privaten Rechts (z. B. → *Verein*, → *GmbH* usw.), die ein Theater oder ein Kulturorchester betreiben. (2) Subventionsmitglieder, d. h. Gebietskörperschaften oder andere juristische Personen des öffentlichen Rechts, wenn sie einem oder mehreren Theatern oder Kulturorchestern ständig wesentliche Zuschüsse gewähren. (3) Persönliche Mitglieder, z. B. Leiter von Theatern oder Kulturorchestern (wenn dessen Rechtsträger Unternehmermitglied ist). (4) Außerordentliche Mitglieder (z. B. die Rundfunkanstalten ARD und ZDF). (5) Ehrenmitglieder, d. h. Persönlichkeiten, die sich um das deutsche Theater große und bleibende Dienste erworben haben. Diese Mitglieder bilden sechs Gruppen: (1) Die Gruppe der → *Staatstheater*, (2) die Gruppe der → *Stadttheater*, (3) die Gruppe der → *Landestheater*, (4) die Gruppe der → *Privattheater*, (5) die Gruppe der → *Intendanten* und schließlich (6) die Gruppe der außerordentlichen Mitglieder.

Partner des Deutschen Bühnenvereins auf der Arbeitnehmerseite ist die 1871 gegründete → *Genossenschaft Deutscher Bühnenangehöriger*; bereits 1874 kam der erste → *Normalvertrag* über die Anstellung von Bühnenmitgliedern zustande. Heute gelten an den Theatern der Bundesrepublik insgesamt rund vierzig Tarifverträge und weitere Abkommen, die der Bühnenverein mit der Bühnengenossenschaft, der Vereinigung Deutscher Opernchöre und Bühnentänzer und der Deutschen Orchester-Vereinigung geschlossen hat. 1919 errichtete der Bühnenverein mit der Bühnengenossenschaft und später auch der Vereinigung Deutscher Opernchöre und Bühnentänzer eigene Schiedsgerichte, die eine Rechtsprechung unter Wahrung der besonderen Belange der Theater ermöglichen sollen (→ *Bühnenschiedsgerichtsbarkeit*). Er war 1925 an der Gründung der Münchner Versorgungsanstalt der deutschen Bühnen entscheidend beteiligt, die zusammen mit der Versorgungsanstalt der deutschen Kulturorchester allen Bühnenangehörigen und Orchestermusikern eine Berufsunfähigkeits-, Alters- und Hinterbliebenenversorgung gewährt. Er gibt die Zeitschrift „Die deutsche Bühne" heraus; regelmäßige Publikationen sind darüber hinaus die jährliche Theaterstatistik (die umfassendste → *Kulturstatistik* überhaupt) sowie die Werkstatistik mit den Daten über das → *Repertoireangebot* der Saison und den Besuch der einzelnen Stücke in Deutschland, Österreich und der Schweiz.

Lit.: Lennartz, K.: Theater, Künstler und die Politik. 150 Jahre Deutscher Bühnenverein, Berlin 1996; Kurz, H.: Praxishandbuch Theaterrecht, München 1999

▸ Deutscher Kulturrat

Der Deutsche Kulturrat wurde 1982 als eine politisch unabhängige Arbeitsgemeinschaft von kultur- und medienpolitischen Organisationen und Institutionen gegründet, der sich 1996 die Rechtsform eines eingetragenen Vereins gab. Er besteht aus acht nach fachlichen Gesichtspunkten gegliederten Sektionen (→ *Deutscher Musikrat* mit 82 Mitgliedsorganisationen, → *Rat für darstellende Künste* mit 30 Mitgliedsorganisationen, → *Deutsche Literaturkonferenz* mit 25 Mitgliedsorganisationen, → *Kunstrat* mit 20 Mitgliedsorganisationen, → *Rat für Baukultur* mit 10 Mitgliedsorganisationen, → *Rat für Soziokultur* mit 13 Mitgliedsorganisationen, Sektion Film/Audiovision mit 26 Mitgliedsorganisationen und die Sektion Design mit 9 Mitgliedsorganisationen), die dem Deutschen Kulturrat als Mitglieder angehören und die somit ihrerseits weit mehr als 200 selbständige Verbände und Einrichtungen (mit über neun Millionen Einzelmitgliedern) repräsentieren. Jede dieser selbständigen Dachorganisationen ist im Sprechergremium und in der Delegiertenversammlung des Deutschen Kulturrates, dem jährlich tagenden Plenum, vertreten. Zuständig für die Planung kulturpolitischer Aktivitäten und die Durchführung von Beschlüssen des Plenums und des Sprechergremiums ist der Generalsekretär.

Gemeinsames Ziel der Verbände ist es laut Satzung, „der Kultur und den Künsten die gebührende Geltung zu verschaffen und die Voraussetzungen für ihre Entwicklung verbessern“ zu helfen. Dies soll u. a. geschehen durch das konsequente Eintreten für Kunst- und Informationsfreiheit. Hierzu nimmt der Verein selbst und unmittelbar bundesweit folgende Aufgaben wahr: (1) Die Durchführung von Kongressen und Modellprojekten zu kulturpolitischen Fragen. (2) Die Information seiner Mitglieder und die Aktivierung der Öffentlichkeit im Hinblick auf kulturelle Entwicklungen und kultur- und bildungspolitische Entscheidungen. (3) Die Diskussion, Erarbeitung und öffentliche Verbreitung von Analysen, Konzepten, Empfehlungen und Forderungen und deren Durchsetzung im kulturellen Bereich. (4) Die Einwirkung auf Vorhaben und Entscheidungsprozesse von politischen Instanzen und Behörden. (5) Das Eintreten für Kunst-, Publikations- und Informationsfreiheit. (6) Die Förderung der demokratischen Gestaltung und der Transparenz kulturpolitischer Entscheidungsvorgänge sowie die Stärkung des Prinzips der Selbstverwaltung im kulturellen Bereich. (7) Verbesserung der Kooperation in den internationalen Kulturbeziehungen.

Lit.: Zimmermann, O. und G. Schulz: Lobbyarbeit für Kultur. Der Deutsche Kulturrat e.V. In: HKM, A 1.9; Wer ist was in der Kulturpolitik – Handbuch des Deutschen Kulturrats, Bonn 1999

▶ Deutscher Literaturfonds e.V.

Der Deutsche Literaturfonds wurde 1980 durch den Verband deutscher Schriftsteller, die Deutsche Akademie für Sprache und Dichtung, das P.E.N-Zentrum, den Deutschen Bibliotheksverband, den Börsenverein des Deutschen Buchhandels, die Verwertungsgesellschaft Wort und vom Freien Deutschen Autorenverband gegründet. Er ist Bestandteil der → *Kulturstiftung der Länder*. Der deutsche Literaturfonds hat es sich zur Aufgabe gesetzt, zeitgenössische Literatur zu fördern. Neben der direkten Unterstützung literarischer Arbeiten soll das allgemeine gesellschaftliche Klima für die Literatur in Deutschland verbessert werden. Gefördert werden Einzelpersonen oder Gruppen; 80 % aller Anträge beziehen sich auf eine direkte Autorenförderung. Förderschwerpunkte sind: (1) Autorenförderung (Werkstipendien zur Förderung eines bestimmten literarischen Projektes); (2) Vermittlungsförderung (Zuschußfinanzierung von Druck und Verbreitung deutschsprachiger zeitgenössischer Literatur; Mit-/ Finanzierung von Übersetzungsprojekten; Förderung überregional periodisch erscheinender Publikationen; Mit-/ Finanzierung von Symposien und Tagungen usw.).

▶ Deutscher Musikrat

Der Deutsche Musikrat wurde 1953 unter Mitwirkung der Deutschen UNESCO-Kommission und der Arbeitsgemeinschaft Musikerziehung und Musikpflege als Deutsche Sektion des Internationalen Musikrates gegründet und als Nationalkomitee der Bundesrepublik Deutschland in den Internationalen Musikrat aufgenommen. Er bildet eine Sektion innerhalb des → *Deutschen Kulturrates*. Die Rechtsform ist die eines eingetragenen → *Vereins*. Als Dachverband für die Musikorganisationen in Deutschland wird er aus 86 länderübergreifenden Musikverbänden und Institutionen, den 16 Landesmusikräten sowie Persönlichkeiten des deutschen Musiklebens gebildet. Er wird überwiegend aus → *Zuwendungen* des Bundes und der Länder sowie aus Mitteln privater Stiftungen, insbesondere der Deutschen Stiftung Musikleben, finanziert. Als Dachverband für alle Bereiche der Musik will er auf die öffentliche Meinung, die Erziehung und die Gesetzgebung einwirken, um der Musik die ihrer gesellschaftlichen Bedeutung entsprechende Stellung zu sichern und Beiträge für die Weiterentwicklung der Musikkultur zu leisten. Sein besonderes Interesse gilt der Förderung des musikalisch-künstlerischen Nachwuchses (Jugend musiziert – Wettbewerb für das instrumentale Musizieren, Bundesjugendorchester, Bundesjazzorchester, Bundesauswahl Konzerte Junger Künstler, Deutscher Musikwettbewerb usw.).

▶ Deutsches Bühnenjahrbuch

Handbuch für Bühnenbetriebe, hrsg. von der → *Genossenschaft Deutscher Bühnenangehöriger (GDBA)*. Die jährlich aktuell im

Bühnenschriftenverlag Hamburg erscheinende Publikation enthält detaillierte Angaben über alle Bühnenbetriebe (auch Stadthallen mit Mittel- und Vollbühnen) in Deutschland, einschließlich der wichtigsten technischen Angaben (Bühnenmaße, technische Ausstattung), des aktuellen Personals (Intendanz, Ensemble, Verwaltung, Technik) sowie der Abstecherorte (→ *Abstecher*).

Deutsches Jahrbuch für Kulturmanagement

Herausgegeben von Werner Heinrichs und Armin Klein; erscheint jährlich seit 1997 (Band 1) in der Nomos-Verlagsgesellschaft Baden-Baden mit wissenschaftlichen Beiträgen zu den Schwerpunktbereichen Theorie und Lehre, Projekte und Innovationen, sowie Praxis der Kulturarbeit.

Dezentrale Ressourcenverantwortung

Unter dem Oberbegriff der Dezentralen Ressourcenverantwortung werden seit Beginn der neunziger Jahre aus der Kritik an der herkömmlichen öffentlichen Finanzführung (→ *Kameralistik*) und in Anlehung an Erfahrungen aus dem niederländischen Kommunalbereich (Tilburger Modell) verschiedene Elemente eines neuen Steuerungsmodells für die öffentlichen Haushalte, insbesondere in den Kommunen, entwickelt und in der Praxis erprobt. Kerngedanke dieses neuen Steuerungsmodells ist seine prinzipielle „Output-Orientierung" (d. h. die Orientierung an der Leitfrage: welche Leistungen werden erwartet?) im Gegensatz zur herkömmlichen kameralistischen Input-Orientierung (d. h. welche Ressourcen stehen zur Verfügung?)

Ziele dieses neuen Steuerungsmodells sind die Entwicklung der Verwaltung zu einem modernen Dienstleistungsunternehmen, die verstärkte Orientierung am Bedarf der Bürger, die Verbesserung der Arbeitssituation der Menschen in der öffentlichen Verwaltung sowie die Konzentration der Politik auf die wesentlichen Führungsaufgaben. Grundlegend ist dabei der Gedanke, die bisherige Trennung von Fachverantwortung (die bislang bei den einzelnen Fachämtern liegt) und Ressourcenverantwortung (d. h. die Verfügung über die finanziellen und personellen Ressourcen, die bislang noch bei den sog. → *Querschnittsämtern* wie Kämmerei, Personal- und Organisationsamt liegt) aufzuheben und die Fachämter mit weitreichender Verfügungsgewalt und Verantwortung für die sie betreffenden Ressourcen auszustatten.

Wesentliche Elemente des neuen Steuerungsmodelles sind die Steuerung über Ziele (→ *Managment by objectives)*, die Neugestaltung des Verhältnisses von Politik und Verwaltung (→ *Kontraktmanagement*), die vorrangige Produktorientierung, der Aufbau unternehmensähnlicher Organisationsstrukturen („Konzern Stadt"), eine weitreichende Wettbewerbsorientierung („make or buy"), die Einführung einer → *Kosten-/Leistungsrechnung,* die → *Budgetierung,* die Entwicklung aussagekräftiger Steuerungsdaten sowie eines effektiven Informationssystems und eines entsprechenden → *Controllingsystems* sowie schließlich ein leistungsorientiertes Personalmanagement.

In den Diskussionen um diese neuen Steuerungsmodelle spielt das öffentliche Kulturmanagement insofern eine Vorreiter- bzw. Pionierrolle als in diesem Tätigkeitsfeld der Verwaltung Dienstleistung und Kundenorientierung stets eine wichtige Rolle spielten und spielen – schon aus der permanenten Konkurrenzsituation gegenüber privaten Kulturanbietern. In vielen Städten werden diese Steuerungsmodelle im Kulturbereich bereits praktisch erprobt.

Lit.: Richter, R., N. Sievers und H.-J. Siewert (Hrsg.): „Unternehmen Kultur". Neue Strukturen und Steuerungsformen in der kommunalen Kulturverwaltung, Hagen/Essen 1995; KGSt für Verwaltungsvereinfachung: Dezentrale Ressourcenverantwortung: Überlegungen zu einem neuen Steuerungsmodell, Köln 1991.

▸ Dienst

Unter Dienst versteht man im Tarifvertrag für die Musiker in → *Kulturorchestern* (TVK) die spezifische Arbeitszeitregelung für Orchestermusiker, d. h. mit Dienst wird die Mitwirkung des Musikers in Aufführungen und Proben bezeichnet (§15 TVK). Die Anzahl der zu leistenden Dienste des Musikers richtet sich nach der Größe und den Aufgaben des Kulturorchesters. Der Musiker ist verpflichtet, im Durchschnitt von acht Kalenderwochen (bzw. bei Konzertorchestern von 16 Kalenderwochen) – „Ausgleichszeitraum" genannt – wöchentlich höchstens acht Dienste zu leisten. Enthält ein Ausgleichszeitraum zahlenmäßig überwiegend Aufführungen von Werken, die nach der Partitur als schwierig zu beurteilen sind, muß der Musiker in diesem Zeitraum durchschnittlich nur sieben Dienste leisten. Dabei soll die Dauer einer Orchesterprobe mit Bühnengeschehen im allgemeinen drei Stunden, die Dauer einer Orchesterprobe ohne Bühnengeschehen im allgemeinen zweieinhalb Stunden nicht überschreiben (wobei die Regelung nicht für die Haupt- und Generalprobe eines Bühnenwerkes gilt). Der Musiker ist zudem verpflichtet, je Neuinszenierung an einer weiteren zeitlich unbegrenzten Probe mit Bühnengeschehen und je Neuinszenierung an einer weiteren Probe, die im allgemeinen vier Stunden nicht überschreiten soll, mitzuwirken. Die Dauer einer Konzertprobe soll im allgemeinen zweieinhalb Stunden, die Dauer der letzten zwei Proben vor der ersten Aufführung eines Konzerts im allgemeine drei Stunden nicht überschreiten.

In sog. Protokollnotizen zum § 15 TVK heißt es u. a.: „Überschreitet die reine Spielzeit einer Aufführung (ausschließlich der Pausen und Unterbrechungen) die o.a. Zeiten, so wird diese Aufführung als zwei Dienste gerechnet. (...) Bei einem auswärtigen Gastspiel mit einer Fahr- oder Flugzeit von mehr als vier Stunden wird die Reisezeit als Dienst gerechnet. (...) Die Teilnahme an einer im Einvernehmen mit dem Arbeitgeber angeordneten Orchesterversammlung wird als ein Dienst gerechnet. (...) In der Zeit vom Ende der Theater- bzw. Konzertferien bis zum Ablauf der darauf folgenden zweiten Kalenderwoche wird die erfolgte Vorbereitung des Musikers auf seinem Instrument als zwei Dienste gerechnet." Die aufgeführten Punkte machen bereits deutlich, daß aus kulturmanagerialer Sicht die Dienstregelungen des TVK die Einsatzplanung nicht nur sehr kompliziert machen, sondern auch den künstlerischen Spielraum stark einengen. Plant ein kleineres Theater z. B. die Aufführung einer Oper, die die vorgegebenen Zeiträume überschreitet, werden umgehend zwei Dienste veranschlagt, so daß innerhalb des jeweiligen Ausgleichzeitraums ab einem bestimmten Termin das theatereigene Orchester nicht mehr zur Verfügung steht; entweder wird dann auf Musiktheateraufführungen verzichtet oder es muß auf auswärtige Musiker zurückgegriffen werden.

Lit.: Der Tarifvertrag für Musiker in Kulturorchestern. In: Bühnen- und Musikrecht, Darmstadt (aktuelle Ergänzungslieferung)

▶ Dienstleistungen

Im ökonomischen Sinne versteht man darunter immaterielle Güter, bei denen Produktion und Verbrauch zusammenfallen (z. B. die Dienstleistungen eines Friseurs). Daraus ergibt sich, daß Dienstleistungen im Gegensatz zu materiellen Gütern (→ *Sachgütern* (z. B. ein Auto) oder Sachleistungen (z. B. die Auszahlung einer Lebensversicherung) weder übertragbar noch lagerfähig oder transportabel sind.

Im Kulturbereich hat man es vorwiegend mit Dienstleistungen zu tun wie beispielsweise einer Konzert- oder Theaterveranstaltung, aber auch einem Volkshochschulkurs oder einer Unterrichtsstunde der Musikschule. Andererseits kennt man im Kulturbereich aber auch Sachgüter (materielle Güter) wie z. B. Werke der Bildenden Kunst oder Bücher. Oberbegriffe für Sachgüter und Dienstleistungen sind Gut oder → *Produkt*.

▶ Direct-Mailing → Mailing

▶ Direkt-Marketing

(auch Direct-Marketing); Marketingaktivitäten, bei denen Medien und Kommunikationstechniken eingesetzt werden, um zu einer ausgewählten Zielperson in Kontakt zu treten und diese Person zu einer individuellen, meßbaren Reaktion zu veranlassen. Da gut sortierte und aktuelle Daten die unverzichtbare Grundlage des Erfolgs von Direkt-Marketing bilden, spricht man heute vorwiegend von → *Database-Marketing*.

Lit.: Bruns, J.: Direktmarketing, Ettlingen 1998; Geller, L. K.: Response. Die unbegrenzten Möglichkeiten des Direktmarketing, Ettlingen 1997

▶ Disponent

Der Disponent ist im Theater zuständig für die Abstimmung der künstlerischen, technischen und administrativen Abteilungen im

Zusammenhang mit dem Spiel- und Probenbetrieb. Er regelt sowohl die langfristigen wie die kurzfristigen Planungen; dies betrifft beispielsweise die Teilnahme an Proben, kurzfristige Umbesetzungen innerhalb des Abendspielplans (z. B. bei Erkrankungen) sowie die Planung von → *Abstechern*, Gastspielen oder Sonderveranstaltungen. Vor allem in größeren Theatern führt der Disponent auch die Bezeichnung Künstlerischer Betriebsdirektor und ist damit gleichzeitig Leiter des Künstlerischen → *Betriebsbüros*.

Lit.: Deutscher Bühnenverein (Hrsg.): Berufe am Theater, Köln 1997

◆ Distributionspolitik

Die Distributionspolitik umfaßt als eines der → *Marketinginstrumente* alle Entscheidungen und Handlungen, die im Zusammenhang mit dem Weg eines → *Produktes* oder einer → *Dienstleistung* vom Hersteller zum Abnehmer stehen (z. B. der Vertrieb von Büchern, Tonträgern wie CDs und Kassetten, Filmen usw.).

Im Kunst- und Kulturbereich ist die Situation indes häufig umgekehrt: hier holt sich der Besucher in aller Regel die künstlerische oder kulturelle Dienstleistung direkt an einer bestimmten Stelle, z. B. im Theater, im Museum, in der Bibliothek oder der Musikschule usw. ohne die Zwischenschaltung eines Großhändlers ab. Daher spielt hier die Erreichbarkeit der Kultureinrichtungen eine hervorgehobene Rolle (z. B. ÖPNV, Parkplätze, Öffnungszeiten usw.). Wichtige Absatzmittler im Distributionsprozeß sind vor allem → *Besucherorganisationen*, → *Kundenclubs* und nicht zuletzt zufriedene Besucher, die durch entsprechende Anreizsysteme motiviert werden können, ihrerseits neue Besucher zu werben. Zur Distribution im weiteren Sinne gehört aber auch die Frage, wie die Kunden zu Informationen über ein Angebot oder zu ihren Eintrittskarten gelangen (Vorverkaufsservice, Abonnentensysteme usw.).

Von zunehmender Bedeutung für die Distribution kultureller Güter ist das → *Internet* und zwar sowohl für den Vertrieb von Gütern (etwa im Bereich des Buchversands bzw. des Tonträgervertriebs, vgl. → *E-Commerce*) als auch für die Buchung von Dienstleistungen.

▸ Doppelbesteuerungsabkommen → Ausländersteuer

▸ Dramaturgie

Der Begriff Dramaturgie ist abgeleitet vom Griechischen *dramaturgein* >dramatisch darstellen< und bezeichnet: (1) die Lehre vom Wesen, Wirkung und den Formgesetzen des Dramas (z. B. die Dramaturgie eines bestimmten Theaterstückes); (2) die Tätigkeit des mit der Bühnenpraxis vertrauten literarischen Beraters am Theater. Der Dramaturg wirkt in dieser Funktion in der Theaterleitung (→ *Intendant*, → *Verwaltungsleiter*, Regisseur) vor allem an der → *Spielplangestaltung* mit. Er arbeitet im Prinzip in zwei Richtungen: zum einen nach innen, d. h. er erarbeitet mit dem Regisseur die gewünschte Bühnenfassung eines bestimmten Theater- oder Musikstücks; zum anderen arbeitet er nach außen, d. h. er ist zuständig für die → *Öffentlichkeitsarbeit* am Theater, hält den Kontakt zu den Journalisten, bemüht sich um die adäquate Vermittlung der künstlerischen Vorstellungen der Regisseure und Choreographen und erstellt die Programmhefte.

▸ Dritter Sektor

Bezeichnung für → *Nonprofit-Organisationen*, durch die zum Ausdruck kommen soll, daß der gemeinnützige und zum Teil ehrenamtlich geführte Bereich künftig an Bedeutung zunehmen und damit einen gleichberechtigten dritten Platz neben dem staatlichen Sektor und dem Sektor der Wirtschaft einnehmen wird.

Lit.: Strachwitz, R. Graf: Dritter Sektor – Dritte Kraft. Versuch einer Standortbestimmung, Stuttgart 1998

▸ Droit de suite → Folgerecht

▸ DRTV

Direkt-Response-Fernsehen; ein Begriff aus dem → *Direkt-Marketing*. Werbespots, bei denen Telefon- oder Faxnummer eines Call-Centers für eine Direktbestellung eingeblendet werden.

Durchlaufspendenverfahren

Früher war die Förderung kultureller Zwecke nur dann spendenbegünstigt, wenn der Empfänger der → *Spende* eine juristische Person des öffentlichen Rechts war. Das bedeutete, daß beispielsweise die Spende an einen Kulturverein an die örtliche Gemeindeverwaltung zu zahlen war, die ihrerseits dann die Spenden an den Begünstigten weiterleitete und dem Spender eine Spendenbescheinigung ausstellte. Die Spende mußte also erst eine Kasse des Fiskus durchlaufen, weshalb man vom Durchlaufspendenverfahren sprach.

Dieses Verfahren wurde nicht zuletzt auf Drängen der Kommunen mit Wirkung vom 1. Januar 2000 durch eine Änderung der Einkommensteuer-Durchführungsverordnung (EstDV) zur steuerlichen Behandlung von Spenden aufgehoben. Es gilt nun das vereinfachte Verfahren einer Zuwendungsbestätigung (→ *Spendenbescheinigung*).

DVD

(Digital Versatile Disk), eine Compact Disk (CD) mit digitalisierten Filmen, die durch zahlreiche Zusatzangebote wie Orginalton neben mehreren Synchronisationsfassungen, Untertitel in verschiedenen Sprachen, Zusatzinformationen wie Interviews oder Dokumentationen usw. ergänzt werden. DVDs benötigen einen leistungsfähigen Rechner und werden deshalb über den Bildschirm des PC gezeigt; um sie in einem Fernsehgerät zeigen zu können, sind zusätzliche technische Voraussetzungen zu erfüllen. Die Bildqualität der DVDs ist wesentlich besser als die eines Videos. Der besondere Reiz der DVD aber besteht in der Vielseitigkeit und Interaktivität.

E

▸ E-Commerce

Elektronischer Handel via → *Internet*. Angebot und Nachfrage treffen im elektronischen Handel nur noch auf einem digitalisierten, virtuellen Markt zusammen, der zwei Voraussetzungen erfüllen muß: Erstens ist eine weitreichende Vernetzung erforderlich und zweitens muß diese Vernetzung weitgehend standardisiert sein, damit eine weltweite Kommunikation möglich wird. Da sowohl die Vernetzung als auch die Standardisierung in den letzten Jahren erstaunlich schnell vorangeschritten sind, ist der elektronische Handel innerhalb kürzester Zeit zu einem bemerkenswerten volkswirtschaftlichen Faktor geworden, weshalb man inzwischen sogar von „Network Economy" spricht.

Weltweit werden im Jahr 2000 etwa 400 Mrd. $ im Internet-Handel umgesetzt und dies bei rasant steigenden Zuwachsraten. Das renommierte Marktforschungsinstitut Forrester Research rechnet für 2004 bereits mit weltweiten Umsätzen von 2,7 Billionen $. Auch in Deutschland wurden 1999 etwa 2,5 Mrd. DM Umsätze aus dem E-Commerce erzielt, bei Wachstumsraten in einer Größenordnung von 200 %. Dabei werden die sogenannten Elektronischen Marktplätze, auf denen wie in einer virtuellen Warenbörse bestimmte Produktgruppen gehandelt werden, eine entscheidende Rolle einnehmen. Zwar werden 90 % der E-Commerce-Umsätze im Handel zwischen Unternehmen erwirtschaftet, doch sind auch die restlichen 10 %, die den Handel mit dem Endverbraucher betreffen, wegen der Gesamtgröße der Umsätze keinesfalls zu unterschätzen.

Der Vorteil von E-Commerce besteht vor allem in der Standortungebundenheit. Angesichts der Geschwindigkeit, mit der auch große Datenmengen per Internet bewegt werden, ist es völlig unerheblich, wo sich Anbieter und Kunde jeweils befinden; einer Kommunikation und damit auch einem Handel steht keine auch noch so große Entfernung im Wege. Folglich sind für das E-Commerce auch neue Managementstrukturen entstanden, die man als → *Management by wire* bezeichnet. Damit ist die Tatsache gemeint, daß auch Mitarbeiter des am elektronischen Handel beteiligten Unternehmens nicht notwendigerweise am Sitz der Unternehmung arbeiten müssen, sondern ihren Job auch von zu Hause aus erledigen können. Ein weiterer Vorteil besteht darin, daß Kunden durch zusätzliche Informationen sowie durch Geschenke (z. B. Testversionen) geworben werden können, ohne daß sie zuvor die Hemmschwelle eines Verkaufsladens überschreiten müssen. Dies macht es allerdings erforderlich, weite Teile des konventionellen → *Marketings* neu zu überdenken. Nicht zuletzt ergibt sich der wirtschaftliche Vorteil, daß der Einzelhandel weitgehend ausgeschaltet werden kann und es damit also zu Kostenersparnissen kommt. Allerdings sind auch im elektronischen Handel bestimmte Formen der Kundenbetreuung und Kundenpflege erforderlich, so daß die durch Umgehen des Einzelhandels eingesparten Kosten zum Teil an anderer Stelle wieder entstehen. Letzteres dürfte künftig noch an Bedeutung gewinnen, da sich schon jetzt durch die ständig steigenden Anbieter eine gewisse Unübersichtlichkeit im Internet zeigt.

Für den Kulturbereich ist in diesem Zusammenhang dreierlei bemerkenswert: Zunächst einmal hat innerhalb aller E-Commerce-Segmente für den Direktverbraucher der Dienstleistungsbereich „Buchungen und Reservierungen", der für den Kulturbereich besonders interessant ist, den höchsten Zuwachs. Da der Kunde auch bei einer direkten Buchung von Urlaub oder Theatervorstellung das Produkt nicht sehen kann, fällt ihm hier der Umstieg auf die Online-Buchung besonders leicht. Zudem ist das Segment „Buchungen und Reservierungen" mit einem Kosteneinsparungspotential von 90 % gegenüber dem konventionellen Bestellverfahren für den Anbieter auch wirtschaftlich besonders lukrativ. Und drittens darf nicht übersehen werden, daß nach einer Umfrage der typische Online-Konsument „vorwiegend aus städtischen Regionen stammt sowie einkommenstärker und formal besser gebildet als der Bundesdurchschnitt" ist. Er entspricht damit dem Profil der überwiegenden Zahl der Nutzer kultureller Angebote.

Edutainment

Begriffsbildung, die durch die Zusammenziehung von „Education“ (Erziehung, Bildung) und „Entertainment“ (Unterhaltung) entstanden ist (vg. auch Infotainment). Der Begriff spielt vor allem im Ausstellungs- und Museumsbetrieb eine wichtige Rolle, da diese in zunehmender Konkurrenz zu kommerziellen Museen, sog. → *Science Centern* und nicht zuletzt zu Erlebnisparks stehen, die ihrerseits versuchen, Bildung und Unterhaltung in spielerischer Weise zu verbinden.

Eigenbetrieb

Unter den möglichen → *Rechtsformen* öffentlicher kultureller Einrichtungen zeichnet sich der Eigenbetrieb durch eine vermögensrechtliche und organisatorische Verselbständigung aus; er ist deshalb die typische Rechtsform für wirtschaftliche Unternehmen der Gemeinden und ermöglicht ein kaufmännisches Geschäftsgebahren. Der Eigenbetrieb ist allerdings keine eigene Rechtspersönlichkeit. Es handelt sich bei ihm immer um ein sog. Sondervermögen der Gemeinde, d. h. eine abgegrenzte Vermögensmasse, die rechtlich ihrem Eigentümer zugerechnet wird. Für den Eigenbetrieb gelten viele → *Haushaltsgrundsätze* sinngemäß. Als Rechtsform wird er bevorzugt für Theater und Orchester gewählt; in jüngster Zeit gibt es allerdings auch Kommunen, die den gesamten Kulturbereich in dieser Form führen (z. B. Kulturbüro Dortmund).

Nach dem Eigenbetriebsgesetz hat der Eigenbetrieb folgende Organe: (1) die politische Vertretungskörperschaft des Trägers; in ihre Zuständigkeit fallen das Satzungsrecht, d. h. die Aufstellung der Betriebssatzung, die Aufstellung des Wirtschaftsplanes und die Feststellung des Jahresabschlusses, die Bestellung der Werksleitung und die Wahl der Mitglieder des Werksausschusses, die Personalplanung, die Festlegung der Tarife, die Aufnahme von Krediten, Beschlüsse über Investitionsmaßnahmen sowie über Erweiterung und Auflösung des Eigenbetriebs; (2) die Werksleitung; in ihre Zuständigkeit fallen die laufende Betriebsführung, d. h. regelmäßig wiederkehrende Geschäftsvorfälle, sowie Aufgaben, die in der Gemeindeordnung und der Betriebssatzung keinem anderen Organ zugewiesen sind; sie ist verantwortlich für die wirtschaftliche Führung des Betriebs; (3) der Hauptverwaltungsbeamte der Gemeinde (z. B. der Oberbürgermeister/Oberstadtdirektor); er bestimmt die Geschäftsverteilung innerhalb der Werksleitung, ist Dienstvorgesetzter der Dienstkräfte und weisungsbefugt im Sinne der Einheitlichkeit der Verwaltung und hat schließlich die Kompetenz für eilbedürftgie Maßnahmen von grundsätzlicher Bedeutung; (4) der Werksausschuß; dieser ist ein mit besonderer Sachkunde ausgestatteter Sonderaussschuß der Gemeindevertretung, der für deren Beratungen Beschlußvorlagen erarbeitet, die Arbeit der Werksleitung überwacht und begleitet und in dringenden Angelegenheiten entscheidet.

Lit.: Deutscher Städtetag: Neue Rechtsformen für Kultureinrichtungen, Köln 1996

▶ Eigenware

Begriff des → *Auktionshandels,* vgl. auch → *Kunstauktion.* Bezeichnet werden damit solche Waren, die der Auktionator nicht als Kommissär, sondern als Eigentümer in eine Versteigerung einbringt. Eigenware ist sowohl im Katalog als auch während der Besichtigungstermine deutlich als solche zu kennzeichnen.

Die Versteigerung von Eigenware ist nach § 34b Abs. 6 Nr. 4 der Gewerbeordnung grundsätzlich verboten. Eine Ausnahme ist nur zulässig, wenn (1) beispielsweise bei Haushaltsauflösungen ein Erwerb von Waren unumgänglich ist, (2) es sich um Waren zur Vervollständigung oder Ergänzung einer Sammlung handelt oder (3) wenn eine Auktion durch „Zugpferde" attraktiv gestaltet werden muß.

▶ E-lance-Economy

Vom Massachusetts Institute of Technology (MIT) geprägtes Kunstwort in Anlehnung an Freelancer-Economy. Gemeint ist damit eine moderne Form von Unternehmen, bei der ein großer Teil der Mitarbeiter nur noch über das elektronische Netz mit der Unternehmenszentrale verbunden ist, ansonsten aber seine Arbeit von zu Hause aus verrichtet. Man spricht in diesem Zusammenhang auch von Virtuellen Unternehmen.

E-Lance-Economy gewinnt auch im Kulturbereich zunehmend an Bedeutung. Beispielsweise werden schon heute viele Aufträge an Grafiker und Drucker nur noch per elektronischer Post erledigt; der früher mühsame Versand von Druckfahnen entfällt dadurch weitgehend. Handelt es sich dabei aber vorwiegend um eine technische Erleichterung, so gehen andere Formen von E-lance-Economy wesentlich weiter. So beschäftigen heute viele Verlage ihre Lektoren nur noch als freie Mitarbeiter, die ausschließlich außerhalb des Unternehmens arbeiten und nur noch via E-mail mit dem Verlag verbunden sind. Der (hauptamtliche) Cheflektor des Verlags nimmt dann organisationstechnisch gesehen nur noch die Funktion eines Projektmanagers wahr, der die von den freien Mitarbeitern außer Haus bearbeiteten Buchprojekte steuert und koordiniert. Ein ähnliches Verfahren zeichnet sich zunehmend auch im → *Ausstellungsmanagement* ab, wo freischaffende Ausstellungsmacher und Ausstellungsdesigner den größten Teil ihrer Arbeit zu Hause erledigen, aber ständig per E-mail mit dem Museum oder der Galerie in Kontakt stehen. Diese Formen des → *Outsourcings* und des dezentralen → *Projektmanagements* bieten erhebliche finanzielle und arbeitsrechtliche Vorteile, weshalb damit zu rechnen ist, daß sich E-lance-Economy in den nächsten Jahren auch im Kulturbereich weiter durchsetzen wird.

▸ Elektronische Bibliothek

In einer elektronischen Bibliothek können Bücher, die digitalisiert wurden, über eine Datenautobahn abgerufen werden. In den USA besteht das ehrgeizige Ziel, bis zum Jahr 2000 5 Mill. Bände der mehr als 100 Mill. Bände umfassenden Library of Congress in Washington zu digitalisieren und über die elektronische Bibliothek anzubieten. Nach einem Beschluß der G7-Konferenz von 1995 soll diese elektronische Bibliothek auch international ausgebaut und zugänglich gemacht werden. Ob diese Entwicklung irgendwann einmal unsere traditionellen → *Bibliotheken* obsolet werden läßt, ist heute noch nicht abzusehen.

Da die Nutzung der elektronischen Bibliothek urheberrechtlich problematisch ist, wird jedes Buch mit einem sog. elektronischen

Schloß versehen. Das bedeutet, daß der Nutzer zwar den Titel mit allen bibliographischen Angaben und auch das Inhaltsverzeichnis unmittelbar einsehen kann, für die elektronische Öffnung des Buches aber eine Gebühr zahlen muß, die dann an den Buchautor (ähnlich der → *Bibliothekstantieme)* weitergeleitet wird.

▸ Elektronisches Buch

Digitalisierte Publikation auf CD-ROM oder im Internet; als elektronisches Buch werden neben Büchern auch Zeitungen und Zeitschriften (häufig in geschlossenen Jahrgängen), Lexika und Kataloge angeboten. Kataloge oder Telefonbücher beispielsweise können so vielfältiger genutzt werden, weil man das Verzeichnis nach verschiedenen Suchbegriffen (nicht nur nach dem Namen, sondern auch nach einer bestimmten Telefonnummer) abfragen kann. In multimedialer Form (→ *Multimedia*) können neben Texten auch Abbildungen, Grafiken, Karten usw. aufgerufen und durch kurze Video-Filme sowie Musik- und Sprech-Sequenzen ergänzt werden. Soweit plastische Abbildungen dreidimensional digitalisiert sind, kann der Nutzer die Abbildung nach Belieben drehen und wenden. Dadurch ergeben sich für technische Darstellungen, aber auch für Architektur und Kunstobjekte interessante neue Möglichkeiten. Ein weiterer Vorteil des elektronischen Buchs ist die Möglichkeit, unmittelbar per → *Internet* Update-Versionen herunterladen zu können.

Erfolgreiche elektronische Bücher sind beispielsweise die Encyclopädia Britannica, das Bertelsmann Universallexikon, die Microsoft Encarta Enzyclopädie, der Brockhaus multimedial sowie einige Speziallexika wie z. B. Kindlers Neues Literatur Lexikon oder Die Religion in Geschichte und Gegenwart. Für die wissenschaftliche Arbeit besonders hilfreich sind elektronische Buchfassungen etwa der Bibel oder philosophischer Primärtexte (z. B. Philosophie von Platon bis Nietzsche), weil dadurch das Finden von Textstellen erheblich erleichtert wird. Aber auch Jahrgänge von Zeitschriften oder Magazinen (Der Spiegel oder TIME), ergänzt durch O-Ton-Einspielungen und Video-Filme stoßen auf großes Interesse.

Dagegen herrscht Skepsis hinsichtlich der Chancen für nicht-multimedialen Texte im Internet, wie beispielsweise Romane. Stephen

King nahm seinen Roman „The Plant" nach nur fünfmonatiger Testphase im Dezember 2000 wieder aus dem Netz.

Empirische Kulturforschung

Die empirische Kulturforschung bedient sich weitgehend der Methoden, die in der empirischen Sozialforschung entwickelt wurden. Diese meint die systematische und methodenorientierte Erfassung und Interpretation von Daten, Fakten und Entwicklungen im sozialen bzw. kulturellen Bereich, die einerseits der Überprüfung von Hypothesen bzw. Theorien über soziale bzw. kulturelle Zusammenhängen, andererseits der Entwicklung neuer Theorien in diesen Bereichen dienen. Zu unterscheiden ist dabei zunächst zwischen der sog. Primärforschung (field research) und der sog. Sekundärforschung (desk research). Im Rahmen der Primärforschung („Feldforschung") werden die Daten originär, quasi aus erster Hand, mit unterschiedlichen Methoden erhoben. Die Sekundärforschung („Schreibtischforschung") hat die Beschaffung, Zusammenstellung und Analyse anderweitig bereits vorhandener Daten (z. B. Statistiken, Untersuchungen etc.) zur Aufgabe.

Im Rahmen der Primärforschung erheben die Kultureinrichtung selbst bzw. von ihr beauftragte Forschungseinrichtungen die notwendigen Daten. Als Grundregel für alle empirische Forschung gilt, daß nur die Daten tatsächlich erfaßt werden sollten, die unmittelbar relevant für die Fragestellung sind (und nicht, wie in der Praxis leider viel zu häufig üblich, eine Vielzahl von Daten abgefragt werden, die im Nachhinein nicht ausgewertet werden – sei es auf Grund der schieren Menge, sei es, weil ihre Bedeutung doch nicht so wichtig ist, wie man ursprünglich glaubte).

Am Anfang jeder Primärforschung steht die möglichst genaue Beschreibung der Fragestellung bzw. des Problems. Hiernach richtet sich die Auswahl der geeignetsten Methode; dabei kommen die unterschiedlichen Methoden der empirischen Sozialforschung (vor allem die Befragung, die Beobachtung, die Inhaltsanalyse, sowie ggf. der Test bzw. das Experiment) zum Einsatz. Grundsätzlich kann dabei zwischen quantiativen (bei denen es in erster Linie auf Meßungen bzw. quantiative Größen ankommt) und qualitativen Methoden (bei denen inhaltliche Fragen im Mittelpunkt stehen) unterschieden werden. Zweitens stellt sich die Frage, ob eine Vollerhebung angestrebt wird (d. h. sollen alle zu untersuchenden Fälle in die Untersuchung einbezogen werden) oder eine Teilerhebung ausreicht (d. h. genügt es, wenn nur eine gewisse Anzahl von Fällen herausgegriffen werden)? Eine Vollerhebung ist auf die Grundgesamtheit ausgerichtet, d. h. auf diejenige Menge von Individuen, Fällen oder Ereignissen, auf die sich die Aussagen der Untersuchung beziehen sollen und die vor Untersuchungsbeginn klar abgegrenzt werden muß. Eine solche Grundgesamtheit wären z. B. alle Besucher einer bestimmten Theateraufführung, alle Mitglieder eines bestimmten Volkshochschulkurses, alle Schüler eines Musikschulensembles usw. Der große Vorteil einer Vollerhebung liegt darin, daß sich nur durch sie wirklich exakte Aussagen machen lassen; der große Nachteil, daß sich die einzelnen Fälle nicht immer alle erfassen lassen. Darüber hinaus ist eine Vollerhebung nur bei überschaubaren Grundgesamtheiten möglich, weil ansonsten der finanzielle und personelle Aufwand zu groß würde.

Entscheidet man sich für eine Teilerhebung, so gibt es wiederum eine Reihe von Folgeentscheidungen. Die Auswahl der einzelnen zu untersuchenden Elemente („Stichprobe") muß nach ganz bestimmten, festgelegten Regeln erfolgen; die willkürliche Auswahl einzelner Elemente würde die Stichprobe unzulässig verzerren, weshalb diese Form der Auswahl strikt untersagt ist. Die einzelnen Elemente müssen also bewußt (d. h. nicht willkürlich) ausgewählt werden. Eine Auswahlmöglichkeit ist die reine Zufallsstichprobe; „Zufall" ist dahingehend definiert, daß jedes einzelne Element der Grundgesamtheit exakt die gleichen Chancen wie alle anderen haben muß, in der Stichprobe aufzutauchen. (Beispiele hierfür sind die Lottokugeln; die umfassende Kartei des Einwohnermeldeamtes, aus der z. B. jede zehnte Adresse gezogen wird; jeder zwölfte Museumsbesucher u.ä.). Neben der Stichprobenauswahl gibt es noch weitere Möglichkeiten der bewußten Auswahl; hierzu zählen die bewußte Auswahl typischer oder extremer Fälle oder die sog. „Quotierung". Hier erfolgt die Auswahl danach, daß bestimmte Merkmale in der Stichprobe möglichst eben so häufig vorkommen, wie in der Grundgesamtheit. Bevor die eigentliche Untersuchung beginnt, muß ein sog. Pretest durchgeführt werden. Ziel des Pretestes ist es festzustellen, ob die entsprechende Methode tatsächlich das mißt, was sie messen soll (z. B.: Werden die Fragen richtig verstanden? Sind sie zu kompliziert? Antworten alle mit derselben Antwort, d. h. ist die Frage also überflüssig usw.)

Die Sekundärforschung wertet bereits vorhandene Daten, die aus bestimmten Gründen von anderen erhoben wurden oder quasi „nebenbei" angefallen sind, gezielt aus. Dabei kann unterschieden werden zwischen innerbetrieblichen und außerbetrieblichen Daten. Innerbetriebliche Daten sind solche Fakten, die innerhalb des jeweiligen Kulturbetriebs gezielt erhoben werden oder im Zuge der allgemeinen Betriebsabläufe (wie Ticketverkauf, Buchführung, Kostenrechnung usw.) quasi nebenbei „anfallen" und entsprechend aufbereitet werden müssen. Dies sind zunächst quantitative Daten; hierzu zählen z. B. alle Arten von eigenen Statistiken: Besucherstatistiken in Museen, Abonnementstatistiken im Theater; Teilnehmerstatistiken in Musikschulen usw. Ziel der Auswertung dieser Statistiken ist es, zum einen Regelmäßigkeiten festzustellen, zum anderen auffällige Unregelmäßigkeiten bzw. „Brüche" zu erkennen und Erklärungen hierfür zu finden. Im täglichen Betriebsablauf fallen aber auch jede Menge qualitativer Daten an, wie z. B. Gäste- bzw. Besucherbücher in Museen, in denen Besucher ihre Kommentare oder Anregungen festhalten; diese bieten, richtig ausgewertet, gewöhnlich eine Vielzahl von überlegenswerten Hinweisen. Auch die Beschwerdeeingänge, die im Rahmen des → *Beschwerdemanagements* bearbeitet werden, bilden wichtige quantitative Daten, die auf Schwachstellen innerhalb der Kultureinrichtung hinweisen, die erfaßt und entsprechend verbessert werden müssen. Außerbetriebliche Daten sind solche, die von Dritten gezielt erhoben, aufbereitet und allgemein zur Verfügung gestellt werden. Auch hier kann wiederum zwischen quantitativen und qualitativen Daten unterschieden werden. An erster Stelle bei den quantiativen Daten stehen wiederum die Statistiken, vor allem die allgemein, d. h. in öffentlichen Bibliotheken ohne großen Aufwand zugänglichen Statistiken, etwa von Bund, Länder und Gemeinden, wie das Statistische Jahrbuch für die Bundesrepublik Deutschland, die Veröffentlichungen der entsprechenden Statistischen Ämter der einzelnen Bundesländer oder das Statistische Jahrbuch Deutscher Gemeinden, die alle eine Vielzahl von relevanten Statistiken für den Kulturbereich enthalten.

Neben diesen auf Zahlen beruhenden Daten gibt es auch hier eine Vielzahl von qualitativen Darstellungen, Untersuchungen und Fallstudien. Hier spannt sich der Bogen von allgemeiner soziologischer und psychologischer Literatur bis hin zum engeren Bereich kultursoziologischer Untersuchungen. Beispielhaft seien hier nur genannt Albrecht Göschels „Ungleichzeitigkeit in der Kultur. Wandel des Kulturbegriffs in vier Generationen" oder die kultursoziologische Studie von Gerhard Schulze zur „Erlebnisgesellschaft".

Lit.: Hitzler, R. und A. Honer (Hrsg.): Sozialwissenschaftliche Hermeneutik, Opladen 1997; Atteslander, P: Methoden der empirischen Sozialforschung, Berlin/New York, 1995; Flick, U.: Qualitative Forschung, Reinbek bei Hamburg 1995; Diekmann, A: Empirische Sozialforschung. Grundlagen, Methoden, Anwendungen, Reinbek bei Hamburg 1995; Kromrey, H.: Empirische Sozialforschung, Opladen 1994; Bohnsack, R.: Rekonstruktive Sozialforschung. Einführung in die Methodologie und Praxis qualitativer Forschung, Opladen 1993; Friedrichs, J.: Methoden empirischer Sozialforschung, Opladen 1990;

Empirische Sozialforschung → Empirische Kulturforschung

E-Musik und U-Musik

Traditionellerweise wird im Musikbereich zwischen dem E-Bereich (ernste Musik) und dem U-Bereich (Unterhaltungsmusik) unterschieden. Diese Unterscheidung resultiert aus der Praxis der → *GEMA* (→ *Verwertungsgesellschaften*), die seit Beginn des 20. Jahrhunderts über die Aufführungs- und Vervielfältigungsrechte wacht und auch heute noch E-Musik-Werke hinsichtlich der Abgaben höher bewertet als Werke der Unterhaltungsmusik. In der kulturellen Praxis ist dies allerdings keine grundsätzliche Frage mehr, da die Grenzen in Produktion wie Rezeption zunehmend fließend geworden sind.

En-Bloc

Gestaltungsprinzip des → *Spielplans* im Theater, bei dem ein bestimmtes Stück einige Tage hintereinander (also „im Block") gespielt wird. Das En-Bloc-System steht somit zwischen dem → *En-Suite-System* und dem → *Repertoiretheater* und versucht die Vorteile beider (regelmäßiger Programmwechsel beim Repertoiretheater und geringere Umbaukosten beim En-Suite-System) zu vereinen.

▸ En-Suite

Gestaltungsprinzip des → *Spielplans* im Theater, bei dem lediglich ein einziges Stück über einen mehr oder weniger langen Zeitraum gespielt wird. Dies ist beispielsweise bei Musicals bzw. Broadway-Stücken oder in vielen Londoner East-End-Theatern der Fall (den Rekord hält hier wohl Agatha Christie's „The mouse trap", das jahrzehntelang jeden Abend aufgeführt wurde). Der große Vorteil ist die Preisgünstigkeit, da Dekorationen, Lichteinrichtungen, technische Einrichtungen usw. unverändert bleiben können; andererseits wird ein entsprechendes Einzugsgebiet benötigt, um das Theater jeden Abend mit Publikum füllen zu können; das Gegenteil ist das → *Repertoiretheater*, das jeden Abend ein anderes Stück auf dem Spielplan hat.

▸ Entgelt/Entgeltordnung

In der betrieblichen Kostenrechnung jedes geldliche Äquivalent für beschaffte Waren, Dienst- oder Arbeitsleistungen. In öffentlichen Haushalten das geldliche Äquivalent für Leistungen, die auf privatrechtlicher Basis zustande gekommen sind. Da die öffentliche Hand im Kulturbereich niemals öffentlich-rechtlich tätig wird (schließlich handelt es sich nicht um eine hoheitliche Aufgabe), erhebt sie in ihren Museen, Volkshochschulen, Musikschulen usw. Entgelte, nicht aber → *Gebühren*. Die Zahlungspflicht und die Höhe der Entgelte werden in einer Entgeltordnung festgelegt, die in der Kommune durch einfachen Ratsbeschluß mit anschließender Veröffentlichung zustande kommt.

▸ Entscheidung

→ *Managementfunktion*, die nach Abschluß der → *Planung* in die Realisierungsphase überleitet. Die Entscheidung erweist sich als eine Auswahl aus einer Menge verfügbarer und bewerteter Alternativen.

Für Entscheidungen in komplexen Zusammenhängen hat die Managementlehre verschiedene Techniken entwickelt, von denen der Entscheidungsbaum wohl die bekannteste ist. Demnach werden Entscheidungsprobleme in mehrstufige Prozesse gegliedert, in denen Aktionen mit den zu erwartenden Umweltzuständen abgestimmt werden. Im Kulturbereich spielen solche Entscheidungstechniken nur eine geringe Rolle, da sie in hohem Maße von meßbaren Größenordnungen abhängen, die aber im Kulturbereich nur relativ selten zur Verfügung stehen. Das gilt besonders für den öffentlichen Kulturbetrieb, wo Entscheidungen zumeist als politische Entscheidungen getroffen werden und damit häufig außerhalb der Rationalität der Betriebswirtschaftslehre liegen. Die Sicherheit der Entscheidung muß hier in erster Linie durch die Qualität der Planungsphase gewährleistet werden.

Enumerationsprinzip

Dem „Gesetz zum Schutz deutschen Kulturgutes gegen Abwanderung" (→ *Kulturgutschutzgesetz*) ist ein „Verzeichnis national wertvollen Kulturgutes" angehängt (→ *Annexliste*), das nach dem Enumerationsprinzip erstellt wurde. Dieses Prinzip besagt, daß nur die Kulturgüter (vorwiegend Kunstwerke und Archivalien) gegen Abwanderung geschützt sind, die namentlich in dieser Liste aufgeführt sind. Damit widerspricht das in Deutschland geltende Enumerationsprinzip dem in anderen Ländern häufig geltenden Wertprinzip. Das Wertprinzip besagt, daß grundsätzlich alle Kunstwerke und Archivalien geschützt sind, die eine bestimmte Wertgrenze überschreiten.

Erlebnisgesellschaft

Zu Beginn der neunziger Jahre prägte der Soziologe Gerhard Schulze in seiner „Kultursoziologie der Gegenwart" den Begriff der „Erlebnisgesellschaft" als (komparativ zu verstehende) Bezeichnung für eine Gesellschaft, in der (sowohl im historischen als auch im interkulturellen Vergleich) „innenorientierte" Lebensauffassungen eine relativ große Rolle für den Aufbau der Sozialwelt spielen. Ästhetisierung und Psychologisierung der Alltagswelt sind demnach Kennzeichen einer Gesellschaft, deren existentielle Kernprobleme nicht mehr darin bestehen, physisch oder sozial zu überleben, sondern ein „schönes" Leben zu führen, d. h. Leben wird zum Er-Leben.

Während in eher außenorientierten Gesellschaften die Ziele des Handelns immer nach außen, d. h. auf die jeweilige Situation, gerichtet sind, konzentrieren sie sich im Gegensatz dazu bei der Innenorientierung immer auf das Subjekt selbst. In der Erlebnisgesellschaft vollzieht sich demnach eine Wendung des Denkens von außen nach innen, von der Situation zum Subjekt, im Konsumbereich von objektiven Nutzendefinitionen von Produkten (z. B. die Brille als Mittel, um besser sehen zu können) zum Nutzen als subjektivem Erlebnis (die Brille als neues Seherlebnis). Während beispielsweise beim außenorientierten Konsum die Qualität von Produkten unabhängig vom Konsumenten definiert wird, haben beim innenorientiert-erlebnisrationalen Konsum Waren und Dienstleistungen den Status eines Mittels für innere Zwecke. Man wählt sie aus, um sich selbst in bestimmte Zustände zu versetzen, d. h. Erlebnisrationalität ist Selbstmanipulation des Subjekts: Jeder ist für seine Erlebnisse selbst verantwortlich. Die Absichten der Konsumenten richten sich dabei auf psychophysische Kategorien, wie z. B. Ekstase, Spannung/Entspannung, sich wohl fühlen, Gemütlichkeit, sich ausagieren usw. Beim erlebnisorientierten Handeln richtet sich der Anspruch ohne Zeitverzögerung auf die aktuelle Handlungssituation. Als Handlungstypus entgegengesetzt ist das Handlungsmuster der aufgeschobenen Befriedigung (Sparen, langfristiges Liebeswerben, der zähe politische Kampf usw.); bei Handlungsmustern dieses Typs wird die Glückshoffnung in eine ferne Zukunft projiziert.

Obwohl subjektiv-innenorientiert ist das Handeln in der Erlebnisgesellschaft keineswegs individualistisch-unvorhersagbar. Im Gegenteil: auf dem sog. „Erlebnismarkt" treffen Erlebnisnachfrager und Erlebnisanbieter aufeinander und bilden in Form von Ziel-Mittel-Schemata eine routinisierte „Erlebnisrationalität" aus. Mit ihren Handlungsmustern formt und und stabilisiert so jede Seite die andere. Gemeinsam treiben beide die Eigendynamik des Erlebnismarktes voran. Allerdings konsumieren die Einzelnen in der Erlebnisgesellschaft nicht die gleichen Erlebnisse in gleicher Weise, sondern sie wählen aus dem Erlebnisangebot bestimmte Schemata aus. Diese „ästhetischen Beziehungswahlen“ erfolgen nicht beliebig, sondern werden vorrangig durch physische und psychische Dispositionen beeinflußt, wobei Lebensalter und Bildung zentrale Bestimmungsfaktoren sind. Diese Beziehungswahlen (d. h. diejenigen Schemata, auf die sich der/die Einzelne jeweils bezieht) werden für Schulze nun unmittelbar struktur-, d. h. „milieubildend“. Soziale Milieus bilden sich demnach in der Erlebnisgesellschaft nicht länger durch schichtbezogene Beziehungsvorgaben (wie Einkommen, Berufsprestige und formaler Bildungsabschluß), sondern durch Beziehungswahl. Milieus werden den Menschen in Gesellschaften mit einem hohen Lebensstandard nicht einfach vom Schicksal verordnet, sondern man kann wählen bzw. man muß wählen, wenn man überhaupt noch irgendwo dazugehören möchte. (Hier zeigt sich eine deutliche Nähe zur soziologischen → *Lebensstil*-Diskussion). Schulze unterscheidet insgesamt fünf Erlebnismilieus: drei „ältere“ (Niveau-, Integrations- und Harmoniemilieu) und zwei „jüngere“ (Selbstverwirklichungs- bzw. Unterhaltungsmilieu), wobei seiner Auffassung nach die Trennungslinie beim vierzigsten Lebensjahr verläuft.

Kulturproduktion, Kulturrezeption und Kulturpolitik haben im Rahmen der Erlebnisgesellschaft einen zentralen Stellenwert, da vorwiegend über kulturelle Güter und Dienstleistungen Erlebnisse stimuliert werden. Folgt man Schulze, so sind öffentliche wie private Kulturanbieter den gleichen Mechanismen des Erlebnismarktes ausgesetzt und können sich diesen kaum entziehen. Anders als in explizit gesellschaftspolitisch orientierten kulturpolitischen Konzeptionen, wie etwa dem der → *Neuen Kulturpolitik* in den siebziger und achtziger Jahren, kann, so Schulze, in der Erlebnisgesellschaft Kulturpolitik keineswegs nach Belieben steuern; sie ist lediglich ein Vektor in einem sozialen Zusammenhang. Durch die Gleich-Gültigkeit der Erlebnisnachfrage gegenüber der Herstellung des Erlebnisangebots, sei die Produktion privatwirtschaftlich organisiert oder öffentlich gefördert, rückt das Publikum nun in eine strategische Position auf dem Erlebnismarkt: Der Gestaltungsspielraum der Kulturpolitik wird nämlich durch das definiert, was den Erlebnisnachfragern Spaß macht. Schulzes Prognose für die Kulturpolitik: Je mehr der Erlebnismarkt ausufert, je mehr Publikum zum knappen Gut wird, desto eher sind die Anbieter auch im kulturpolitischen Handlungsfeld bereit, ihre offizielle Anspruchshaltung durch eine inoffizielle Bereitschaft zu unterlaufen, sich dem Geschmack des Publikums anzupassen. Es ergibt sich eine wachsende Diskrepanz zwischen manifester Ambitioniertheit der Kulturpolitik und latenter Bequemlichkeit der ästhetischen Praxis öffentlicher Kulturarbeit.

Lit.: Schulze, G.: Die Erlebnisgesellschaft. Kultursoziologie der Gegenwart, Frankfurt/New York 1992; Schulze, G.: Die Zukunft des Erlebnismarktes. Ausblicke und kritische Anmerkungen. In: Nickel, O. (Hrsg.): Grundlagen und Erfolgsbeispiele, München 1999 S. 303–316

▶ Erlös

Gegenwert aus Verkauf, Vermietung und Verpachtung von Produkten, Waren und Dienstleistungen (Umsatzertrag, → *Umsatzerlös*). Erlös ist der Gegenbegriff zu → *Kosten*; er hat heute weitgehend den älteren Begriff Leistung ersetzt.

In kommerziellen Kulturbetrieben (→ *privatrechtlich-kommerzieller Kulturbetrieb)* sind die Erlöse die wichtigste Einnahmequelle, während sie in → *privatrechtlich-gemeinnützigen* und → *öffentlichen Kulturbetrieben* von sehr unterschiedlicher Bedeutung sind. (Beispielsweise erzielen öffentliche → *Theater* durchschnittlich nur etwa 10 – 15 % ihrer Einnahmen aus Umsatzerlösen.) Da die Zuschüsse an Kulturbetriebe aus öffentlichen Haushalten in den letzten Jahren stagnierten bzw. zurückgegangen sind, ist es seit Mitte der neunziger Jahre eines der vorrangigen Managementziele in öffentlichen oder gemeinnützigen Kulturbetrieben, neben den → *sonstigen betrieblichen Erträgen* verstärkt auch umsatzabhängige Erlöse (z. B. Eintrittsentgelte, Erlöse aus → *Merchandising*) als → *Finanzierungsinstrumente* einzusetzen.

▶ Erstaufführung

Mit Erstaufführung wird im Theater die erste Aufführung eines bereits uraufgeführten Werkes (→ *Uraufführung*) in einer anderen Sprache oder in einem anderen Land bezeichnet.

Europäische Kulturförderung und Förderprogramme

Die europäische Kulturförderung ist Teil der europäischen Kulturpolitik (→ *Kulturpolitik, europäische*); seit dem Vertrag von Maastricht hat sie erstmals eine gesicherte rechtliche Grundlage (Artikel 128). In der Praxis erfolgt die Umsetzung der europäischen Kulturförderung in Form von Förderprogrammen.

Bis zum Inkrafttreten des 1. Rahmenprogramms der Europäischen Union zur Kulturförderung (2000–2004) gab es eine Übergangsregelung. Das Förderprogramm Kaleidoskop, das sich mit der Förderung künstlerischer und kultureller Aktivitäten im Bereich der darstellenden, musischen oder Bildenden Künste befaßt hatte, ist ebenso wie das Programm Ariane, das die Förderung im Bereich Buch und Lesen zum Ziel hatte, 1998 ausgelaufen, jedoch 1999 verlängert worden. Bis zum Jahr 2000 lief auch das Förderprogramm Raphael: Gemäß den Zielen des Programms wurden hier Projekte gefördert, die das gemeinsame kulturelle Erbe und die grenzübergreifenden Strömungen herausstellten, die zur Entstehung eines gemeinsamen kulturellen Erbes beitragen. Nach Auslaufen der Programme Kaleidoskop, Ariane und Raphael ersetzt seit März 2000 das einheitliche Programm Kultur 2000 die bisherigen Programme. Kultur 2000 gilt zunächst bis 2004 und fördert internationale künstlerische Kooperationsprojekte aller Sparten, Buch und Lesen (in gewissem Umfang auch literarische Übersetzungen) und den Erhalt des kulturellen Erbes sowie kulturelle Aus-, Fort- und Weiterbildung. Wesentlich ist in allen Fällen die europäische Relevanz des Projektinhalts sowie besonders innovative Methoden, die gegebenenfalls als Modell auf andere Länder übertragbar sind. Die Projekte müssen von kulturell tätigen Trägerorganisationen (also nicht von Einzelpersonen) aus mindestens drei europäischen Ländern durchgeführt werden; ihr Gesamtetat sollte nicht weniger als 170 000 DM betragen.

Die Europäische Union fördert auch Kulturprojekte über ihre Strukturfonds. So wurden von 1993 – 1999 aus den EU-Strukturfonds über 400 Millionen Euro (784 Millionen DM) ausgegeben. Noch 1999 gab es zwei Pilotprogramme: Dabei handelt es sich einerseits um die Erprobung des neuen Rahmenprogramms „Kultur

2000", andererseits um ein neues Programm namens CONNECT, das an der Schnittstelle zwischen Kultur, Aus-, Weiter- und Fortbildung im kulturellen Bereich steht.

Um sich über diese Förderprogramme zu informieren, empfiehlt es sich an die Vertretungen der Europäischen Kommission in Deutschland zu wenden. Diese sind das Bindeglied bzw. die Schnittstelle zwischen der Kommission in Brüssel und der deutschen Öffentlichkeit. Die Organe der EU sitzen also nicht nur in weiter Ferne, sondern auch im Berliner Regierungsviertel, in München und in Bonn. Die Vertretung der Europäischen Kommission in der Bundesrepublik Deutschland hat seit Anfang September 1999 ihren Sitz in Berlin. Außerdem gibt es in den einzelnen Mitgliedsländern der EU sog. → *CCP (Cultural Contact Points)*, die beratend tätig sind..

Lit.: Klein, A.: Europäische und bundesdeutsche Fördertöpfe für Kulturprojekte. In: HKM, E 1.2

▸ Event

Von Event spricht man, wenn ein ursprünglich singuläres Ereignis in ein inszeniertes Umfeld gestellt wird, das sich aus verschiedenen Event-Komponenten zusammensetzt, die optional genutzt werden können und die in ihrer kulturellen Wertigkeit nicht weiter differenziert werden.

▸ Event-Creation

Entwicklung von unternehmenseigenen → *Events*, um ein Produkt zu vermarkten; häufig bezieht sich die Event-Creation auf kulturelle oder sportliche Aktionen (vgl. → *Event-Marketing*).

▸ Event-Marketing

Neuere Entwicklung in der → *Kommunikationspolitik* innerhalb des → *Marketings*. Dabei wird davon ausgegangen, daß es immer schwerer wird, Kunden mit traditionellen werblichen Mitteln (z. B. Anzeigen, Werbe-Spots) anzusprechen, weshalb nur noch das außergewöhnliche Ereignis (→ *Event*) Aufmerksamkeit erregen kann.

Solche Events werden vor allem veranstaltet, um neue Produkte am Markt zu positionieren. So ließ beispielsweise der italienische Autohersteller FIAT zur Präsentation seines Cinquecento eigens eine Oper komponieren. Aber auch für Produktjübiläen oder zur langfristigen Positionierung bereits eingeführter Produkte wird Event-Marketing eingesetzt. So zeigte beispielsweise die Schweizerische Gesellschaft für Mikroelektronik und Uhrenindustrie (SMH) zur hundertmillionsten Swatch-Uhr eine Multi-Media-Illumination des Matterhorns, und der Sportartikelhersteller Adidas führte in etlichen deutschen Städten ein Streetball-Turnier zu Techno-Musik durch.

Event-Marketing ist häufig gekoppelt mit sportlichen oder kulturellen Events, wobei aber der Kulturbetrieb nur Zuträger oder Lieferant einer Dienstleistung ist; die eigentliche → *Event-Creation* findet nicht im Kulturbetrieb, sondern in eigens darauf spezialisierten Event-Agenturen statt. Eine Kulturförderung, etwa im Sinne von → *Kultursponsoring*, ergibt sich dadurch nicht, d. h. auch die kulturellen Inhalte werden ausschließlich nach Kriterien der übergeordneten Marketing-Strategien ausgewählt und gestaltet.

Lit.: Nickel, O.: Eventmarketing. Grundlagen und Erfolgsbeispiele, München 1998

Exklusiv-Sponsoring

Von Exklusiv-Sponsoring spricht man, wenn ein Sponsor allein alle Sponsorengelder zur Verfügung stellt und damit auch alle Rechte an der werblichen Nutzung einer Veranstaltung für sich in Anspruch nehmen kann (→ *Sponsoring*).

Expertise

Gutachten eines Sachverständigen über den Wert bzw. die Echtheit eines Kunstwerks oder einer Antiquität (→ *Bewertung von Kunstgegenständen*). Durch die Expertise entsteht lediglich eine Vertragsbeziehung zwischen dem Auftraggeber (z. B. dem Eigentümer oder Kunsthändler) und dem Auftragnehmer (Gutachter), nicht aber zwischen dem Gutachter und dem Erwerber des begutachteten

Objekts. Das bedeutet, daß sich der neue Besitzer nicht am Gutachter schadlos halten kann, wenn sich herausstellen sollte, daß dieser sich geirrt hat, es sei denn, dem Gutachter ist sittenwidriges Verhalten oder absichtliche Täuschung nachzuweisen. Der Auftraggeber aber kann den Gutachter gegebenenfalls 30 Jahre lang für seine Expertise zur Rechenschaft ziehen.

F

▸ Fehlbedarfsfinanzierung

Unter der sog. Fehlbedarfsfinanzierung wird die Übernahme von Kosten bzw. Ausgaben, die durch den Zuwendungsempfängers nicht gedeckt werden können, durch einen (oder mehrere) Zuwendungsgeber verstanden. Die → *Zuwendung* kann sich dabei auf eine bestimmte Kostenart (z. B. Personal-, Sach- bzw. Betriebskosten) oder auf die gesamten zuwendungsfähigen Kosten beziehen. Ebenso kann die Höhe des Fehlbedarfszuschusses (etwa durch die Angabe einer Maximalhöhe oder durch einen prozentualen Anteil) festgelegt sein. Sollten die Eigeneinahmen des Zuwendungsempfängers höher als ursprünglich geplant sein, so ist gewöhnlich von der Rückzahlung der überzahlten Zuwendungen an den Zuschußgeber auszugehen. Im Bereich der → *kommunalen Kulturpolitik* ist die Fehlbedarfsfinanzierung ein häufig eingesetztes Instrument, um vor allem innovative und experimentelle → *Projekte* zu fördern, die von vornherein nicht auf Dauer angelegt sind.

▸ Fernsehen → Rundfunk

▸ Festbetragsfinanzierung

Im Rahmen der Festbetragsfinanzierung werden von einem (oder mehreren Zuwendungsgebern) bestimmte Festbeträge entweder zu den Gesamtkosten bzw. Gesamtausgaben oder zu bestimmten Kostenarten (etwa Personal-, Sach- bzw. Betriebskosten) eines Zuschußempfängers gezahlt. Die Gewährung von Festbeträgen steht nur in indirektem Zusammenhang mit der Einnahmen-/Ausgabensituation des Empfängers, d. h. in aller Regel werden Festbetragszuschüsse zwar auf der Grundlage eines vorgelegten → *Budgets* des Zuwendungsempfängers gewährt, um bei geringeren Einnahmen die entstehende Finanzierungslücke zu schließen, damit ist aber noch keine Regelung darüber getroffen, was mit den Zuschüssen geschieht, wenn die Erlöse bzw. Einnahmen unerwartet hoch sind, d. h. der

Empfänger einen gewissen Überschuß erzielt. Für solche Fälle ist dringend vorab zu klären, ob gewährte Festbeträge beim Zuwendungsempfänger verbleiben oder an den Zuwendungsgeber zurückfließen.

→ *Zuwendungen* von öffentlichen Zuschußgebern an Dritte finden ihren Niederschlag in entsprechenden → *Haushaltsstellen* bzw. Haushaltstiteln. Die Vergabe von Festbeträgen ist häufig an bestimmte → *Kulturförderungsrichtlinien,* an die Ausstellung eines Bewilligungsbescheides sowie an die Führung eines entsprechenden → *Verwendungsnachweises* gebunden. Da die Festbetragsfinanzierung in aller Regel eine dauerhafte und wenig flexible Finanzierungsmethode ist, wird sie in der → *kommunalen Kulturpolitik* weitestgehend im Rahmen der institutionellen Förderung, weniger dagegen in der sog. Projektförderung (→ *Projektzuwendung*) eingesetzt.

▸ Festspiele

Der Begriff Festspiel bezeichnet (1) das zu einem bestimmten festlichen Anlaß verfaßte Theaterstück selbst (z. B. Festspiele in der Art des allegorischen Festspiels von Gryphius oder Shakespeares Sommernachtstraum als Hochzeitsfestpiel; Goethes Weimarer Maskenzüge, z. B. Des Epimenides Erwachen usw.); (2) Aufführung von Dramen, Opern, Musikwerken bei festlichem Anlaß (kirchliche oder weltliche Feste) oder als Festspiele/Festivals im Rahmen von periodisch wiederkehrenden Tagen/Wochen. Festspiele (vor allem im zweiten Sinne des Wortes) sind so alt wie die Geschichte des abendländischen Theaters; bereits die Dionysien in der griechischen Antike waren theatrale Festlichkeiten und Veranstaltungen, die, durch ihre Feierlichkeit herausgehoben, den Arbeitsalltag unterbrachen. Richard Wagner, der 1876 die Bayreuther Festspiele gründete, definierte Festspiele kurz und prägnant: „Ein besonderer Ort, eine besondere Zeit, ein besonderes Werk, eine besondere Aufführung und nicht zu vergessen, ein besonderes Publikum, das zu diesem Zweck eigens anreisen muß."

In der Gegenwart gibt es Festspiele und Festivals der unterschiedlichsten Art: von den traditionellen Bayreuther (1870) und Salzburger Festpielen (1920) oder den Ludwigsburger Schloßfestspielen

(1933) bis zu Nachkriegsgründungen wie den Festpielen in Bad Hersfeld und den Ruhrfestspielen in Recklinghausen und zu aktuellen Neugründungen wie das Schleswig-Holstein Musik Festival oder das Rheingau Musikfestival, von den Karl-May-Festpielen, den Schloßfestspielen Ettlingen, den Burgfestspielen in Jagsthausen zu den Festivals der → *Freien Theater* (z. B. Dortmunder „Theaterzwang"), von der landesweiten „Leistungsschau" der regionalen → *Staats- und Stadttheater* bzw. → *Landestheater/Landesbühnen* (z. B. Hessische Theatertage) bis hin zum jährlichen Berliner Theatertreffen mit den wichtigsten deutschsprachigen Inszenierungen, den Mülheimer Theatertagen mit den deutschsprachigen → *Uraufführungen* der Saison oder die auf Initiative des deutschen Zentrums des internationalen Theaterinstituts organisierten Festspiele „Theater der Welt". Viele Festspiele sind ein wichtiger, wenn nicht gar zentraler Tourismus- und → *Wirtschaftsfaktor*, die auf dem Wege der → *Umwegrentabilität* nicht nur die entstehenden Kosten einspielen, sondern darüber hinaus der gesamten Region wirtschaftliche Gewinne bringen, häufig vor allem in einer Jahreszeit, zu der sonst z. B. das Hotelgewerbe rote Zahlen schreibt.

Feuilleton

(1) Redaktionsressort einer Tages- oder Wochenzeitung, das kulturelle Nachrichten, Kritiken des kulturellen Lebens, Rezensionen sowie literarische Unterhaltung in Form von Kurzgeschichten und Fortsetzungsromanen redaktionell bearbeitet. (2) Gleichzeitig auch Bezeichnung für das von der Feuilleton-Redaktion erarbeitete Zeitungsprodukt. Ursprünglich nur als Beilage konzipiert (daher der Name von franz. *feuillet* – ein einzelnes (Buch)Blatt), wurde das Feuilleton im 19.Jahrhundert „unter dem Strich" veröffentlicht, d. h. es erschien im unteren Teil der zweiten Seite, unter einem Strich, der die Kulturnachrichten von den politischen Nachrichten trennte. Heute sind fast alle Zeitungen dazu übergangen, ein eigenständiges Feuilleton (von ein oder mehreren Seiten Umfang) anzubieten.

Für Kulturmanager ist die Feuilleton-Redaktion ein wichtiger Ansprechpartner, doch darf sich die → *Pressearbeit* keineswegs nur auf das Feuilleton beschränken. Feuilleton-Redakteure sind häufig hervorragende Kenner des Kulturlebens, die nicht selten einen erheblichen Einfluß auf kulturpolitische Entscheidungen oder künstlerische Erfolge ausüben können (→ *Multiplikatoren*). Unter den Redakteuren kann man grob zwei verschiedene Grundhaltungen erkennen: Ein Teil der Redakteure beschreibt jedes kulturelle Ereignis ausschließlich aus der Sicht des Zuschauers, d. h. diese Redakteure lehnen es ab, Zusatzinformationen (beispielsweise über eine Theaterinszenierung) in einen Bericht einfließen zu lassen. Die zweite Gruppe von Feuilleton-Redakteuren versucht demgegenüber, den Weg zum fertigen Kunstwerk zu rekonstruieren, um das Ergebnis in seiner Gesamtheit beurteilen zu können. Deutlich erkennbar ist, daß die zweite Gruppe, also die „journalistisch" arbeitenden Feuilletonisten, in letzter Zeit zunimmt. Zu den besten Feuilletons im deutschsprachigen Raum zählen die der Frankfurter Allgemeinen Zeitung, der Süddeutschen Zeitung und der Neuen Zürcher Zeitung sowie – als Wochenzeitung – das Feuilleton der ZEIT.

▸ Figurentheater

In den letzten Jahren hat sich der Oberbegriff Figurentheater für → *Theater* mit „materiellen" Ausdrucksmitteln wie Puppen, Marionetten, Masken, Schatten- und Schemenfiguren in all ihren Sonderformen und Spielarten durchgesetzt. In Deutschland gehörten – anders als etwa in osteuropäischen Ländern – die „Puppenspieler" lange zu den Schaustellern und hatten um soziale Achtung und Eingliederung zu kämpfen. Überwiegend sind die etwa 100 im Verband der deutschen Puppentheater organisierten Figurentheater noch im Privat- bzw. Familienbesitz, während die Puppentheater in den neuen Bundesländern entweder ebenfalls selbständig oder in Anbindung an ein Stadttheater arbeiten.

▸ Film

Als Film bezeichnet man (1) das belichtungsfähige Material und (2) das Filmwerk, also die mit fotografischen oder elektronischen (Video) Mitteln erzeugte Abfolge von Einzelbildern, die bei einer entsprechenden Projektion in schneller Folge den Eindruck einer Bewegung wiedergeben.

Man unterscheidet mehrere Gattungen von Filmen: (1) Der Spielfilm zeigt eine von Schauspielern umgesetzte fiktive Handlung, die vorher in einem Drehbuch festgelegt wird. (2) Der Dokumentarfilm zeigt mit Dokumentaraufnahmen einen Ausschnitt aus der Realität. (3) Der Animationsfilm (Trickfilm) gibt eine fiktive Handlung oder einen Sachbericht wieder durch Verwendung von technischen Hilfsmitteln; dabei kann es sich um Zeichnungen (Zeichentrickfilm) oder um Computer-Animationen handeln (→ *Animation*). Darüber hinaus unterscheidet man je nach Länge Kurz- (unter 60 Minuten) und Langfilme (60 bis 90 Minuten) sowie Filme mit Überlänge (mehr als 90 Minuten). Hinsichtlich der Technik des filmischen Materials ist zu differenzieren zwischen Stummfilmen (bis Ende der zwanziger Jahre), Tonfilmen, Schwarz-Weiß-Filmen und Farbfilmen (ab Anfang der dreißiger Jahre). (Vgl. auch → *Filmwirtschaft,* → *Filmförderung,* → *Kino,* → *Kommunales Kino,* → *Multiplex-Kino.)*

Lit.: Noelle-Neumann, E. u. a. (Hrsg.): Fischer Lexikon Publizistik/ Massenkommunikation, Frankfurt am Main 2. Aufl. 1994; Faulstich, W. und H. Korte (Hrsg.): Fischer Filmgeschichte. 100 Jahre Film, 5 Bde., Frankfurt am Main 1995; Sachlexikon Film, hrsg. von R. Rother, Reinbek bei Hamburg 1997; Schnell, R.: Medienästhetik. Zur Geschichte und Theorie audiovisueller Wahrnehmungsformen: Film, Fernsehen, Video, Stuttgart 1999

Filmförderung

Förderung der → *Filmwirtschaft* durch staatliche Subventionen, staatliche Schutzmaßnahmen und durch Selbsthilfemaßnahmen. Grundlage der Filmförderung ist das Filmförderungsgesetz vom 6.8.98 (BGBl. I S. 2046). Es sieht in § 2 für die Filmförderungsanstalt in Berlin, einer Einrichtung des Bundeswirtschaftsministeriums, folgende Aufgaben vor: (1) Steigerung der Qualität des deutschen Films, (2) Unterstützung internationaler Co-Produktionen, (3) Beratung der Bundesregierung bei der EU-Harmonisierung des Filmrechts, (4) Verbesserung der Struktur der Filmwirtschaft, (5) Förderung der Zusammenarbeit zwischen Film und Fernsehen sowie (6) Förderung der Verbreitung des deutschen Films im Ausland.

Zur Finanzierung ihrer Aufgaben erhält die Filmförderungsanstalt einerseits Zuschüsse aus Bundesmitteln und erhebt anderseits eine

Filmabgabe. Sie beträgt für alle Filmtheater mit mehr als 130 000 DM Jahresumsatz 1,5 bis 2,5 % des Umsatzes (nach Umsatzgrößen gestaffelt). Zahlungspflichtig sind auch Videotheken bzw. die Lizenzinhaber von Spielfilm-Videos.

Die Filmförderungsanstalt zahlt eine Grundförderung (Referenzfilmförderung) für Filme, die innerhalb eines Jahres mindestens 100 000 Besucher verzeichnen konnten (bzw. bei Prädikaten der Filmbewertungsstelle oder bei preisgekrönten Filmen 50 000 Besucher). Daneben zahlt sie Projektfilmförderung in Form von zinslosen Darlehen, wenn ein Filmprojekt erwarten läßt, daß es zur Steigerung des Qualitätsstandards deutscher Filme beitragen wird. Von den 98,68 Mill. DM, die 1999 von der Filmförderungsanstalt zur Förderung von Spielfilmen gezahlt wurden, entfielen etwa 19 Mio. DM auf die Projektfilmförderung und der Rest auf die Referenzfilmförderung.

Neben der Filmförderungsanstalt sind auch der Bund und einige Länderanstalten in der Filmförderung (einschl. Kino- und Künstlerförderung) aktiv. 1999 verteilten sich deren Fördersummen wie folgt: Filmförderungsanstalt (98,68 Mio. DM), Beauftragter der Bundesregierung für Angelegenheiten der Kultur und der Medien (30,55 Mio. DM), FilmFernseh-Fonds Bayern GmbH (53,78 Mio. DM), Filmstiftung Nordrhein-Westfalen GmbH (64,73 Mio. DM), Filmboard Berlin-Brandenburg GmbH (39,11 Mio. DM), Film-Förderung Hamburg GmbH (21,26 Mio. DM), Medien- u. Filmgesellschaft Baden-Württemberg GmbH (12,40 Mio. DM), Mitteldeutsche Medienförderung GmbH (28,53 Mio. DM). Insgesamt ergab sich damit 1999 eine Filmförderung von 349,04 Mio. DM.

Neben dieser wirtschaftlichen Filmförderung gibt es auch eine kulturelle Filmförderung, die dem Bundesminister des Innern untersteht. Im Mittelpunkt steht der Deutsche Filmpreis (Filmband in Gold bzw. Silber), der jährlich für die besten Filme und für herausragende filmische Leistungen (Regisseure, Schauspieler, Kameraführung) vergeben wird. Ausgezeichnet werden auch herausragende Jahresfilmprogramme der Filmtheater sowie die Arbeit von Filmprogrammgestaltern.

Lit.: Bundesminister des Innern (Hrsg.): Kulturelle Filmförderung, Bonn o.J. (erscheint jährlich)

▸ Filmwirtschaft

Als Filmwirtschaft bezeichnet man den etwa 1900 entstandenen Wirtschaftszweig, der die Produktion, den Verleih und die Aufführung von Filmen umfaßt.

Die Filmproduktion beginnt mit (1) dem Exposé, das die Grundzüge der Handlung (den Plot) enthält. Es folgt (2) ein Treatment, das die Charaktere der Handlung und die wichtigsten Schauplätze beschreibt. Mit (3) dem Rohdrehbuch liegen die wesentlichen Angaben für die praktischen Filmaufnahmen fest. Erst danach erarbeiten Drehbuchautoren zusammen mit dem Regisseur (4) das Drehbuch, das alle Sequenzen des Films hinsichtlich des Schauplatzes und der Requisiten, der Arbeit der Schauspieler (einschließlich der Texte) sowie der Kameraführung und Beleuchtung festhält. (5) Der Drehplan setzt das Drehbuch terminlich um; es handelt sich also um den Ablaufplan (→ *Ablauforganisation*) der Filmproduktion. Die fertigen Filmteile werden anschließend in (6) der Filmmontage (Filmschnitt) zusammengefügt und mit Ton und Musik unterlegt. Die Herstellung eines Film wird gesteuert von Produktionsfirmen, die die Verpflichtung des Regisseurs, der Schauspieler und des technischen Teams übernehmen, die Drehorte (im Freien oder in Filmstudios) auswählen bzw. anmieten sowie die Finanzierung des Filmprojekts sicherstellen. Die Produktionsfirma (der Filmproduzent) ist auch für das Management des Ablaufs verantwortlich. Der Produzent übernimmt damit in weitem Umfang die Aufgaben eines nicht-künstlerischen → *Intendanten* am Theater, arbeitet aber – im Unterschied zum Intendanten – in der Regel auf eigenes Risiko.

Der Verleih bildet das Bindeglied zwischen Filmproduktion und Filmtheater. Im internationalen Filmgeschäft befindet sich der Verleih weitgehend in US-amerikanischer Hand. Dazu gehören vor allem die „Verleih-Giganten" United International Pictures (UIP), Warner Brothers, Columbia/TriStar und 20th Century Fox (seit 1994 Thiermeyer), die etwas mehr als 80 % des Umsatzes des deutschen Marktes unter sich aufteilen (1985 betrug der Marktanteil amerikanischer Filme in den alten Bundesländern nur 59 %; dank „Titanic" waren es 1998 sogar 85,4 %, 1999 aber wieder 78,6 %). Den Rest des deutschen Marktes teilen sich die deutschen Verleiher Tobis/Neue

Constantin, Pandora (seit 1998 Kinowelt Medien AG), Senator, Concorde, Scotia, Impuls, Jugendfilm, NIL und einige andere, die aber zum Teil nur einen einzigen Film pro Jahr produzieren. Davon erreicht lediglich Tobis/Constantin eine Größenordnung von internationaler Bedeutung. Der Verleihumsatz aller Verleiher aus anderen Ländern als USA und Deutschland erreicht auf dem deutschen Markt zusammen nicht mehr als 5 % Marktanteil. Über den Verleih werden neue Filmproduktionen häufig mit 300 bis 400 Kopien auf den Markt gebracht, selbst Spitzenwerte von 1000 Kopien allein in Deutschland (z. B. „Godzilla" von Roland Emmerich) werden vereinzelt gezählt. Durch die große Zahl der Kopien ist es möglich, einen Film gleichzeitig flächendeckend starten zu lassen, was wirtschaftlich besonders interessant ist, denn allein die Ur- und Erstaufführungen erbringen 80 bis 90 % der Einnahmen aus Aufführungen („Star Wars – Episode I: Die dunkle Bedrohung" spielte im September 1999 allein in der ersten Woche in Deutschland 23,3 Mio. DM ein). Es kann deshalb nicht verwundern, wenn die meisten Filme nach etwa 6 Monaten wieder aus den Kinoprogrammen verschwinden, um dann als Video, DVD oder im Fernsehen zweitverwertet zu werden.

Rechtlich gesehen handelt es sich beim Filmverleih um eine Vermietung, für die der Mieter, das Filmtheater, an den Verleiher einen Mietzins zu zahlen hat. Dieser Mietzins beträgt etwa 50 % der eingespielten Einnahmen eines Kinos nach Abzug der Filmabgabe (→ *Filmförderung*) und der Vergnügungssteuer. Davon wiederum behält der Verleiher etwa 35 % ein und führt den Rest von 15 % der Einnahmen an den Produzenten ab. Bei einem Durchschnittspreis der Kinokarte von 10,61 DM (1999) bleiben damit dem Kinobesitzer nur etwas mehr als 5 DM.

Zur Aufführung von Filmen vgl. → *Kinos*, → *Kommunales Kino* und → *Multiplex-Kino*.

Lit.: Thiermeyer, M.: Internationalisierung von Film und Filmwirtschaft, Köln, Weimar, Wien 1994; zu aktuellen Daten der Filmwirtschaft siehe die Fachzeitschrift „FFA intern"

▶ Finanzierungsinstrumente

Finanzmittel, die zur Finanzierung eines Projekts, einer Einrichtung oder Investition herangezogen werden (engl. Fund raising). In

Kulturbetrieben sind dies: (1) → *Erlöse* aus dem Verkauf von Waren und Dienstleistungen, (2) staatliche → *Zuwendungen* (aus Bundes-, Landes- oder kommunalen Mitteln), (3) → *Spenden* und → *Sponsorenmittel* von Dritten (Mäzene, Wirtschaftsunternehmen), (4) → *sonstige betriebliche Erträge* wie Kapitalerträge, Stiftungserträge oder Mitgliederbeiträge von Trägervereinen oder Fördervereinen, (5) Kreditfinanzierungen über Finanzmärkte sowie (6) - im Falle öffentlicher Einrichtungen - Verlustabdeckungen (sog. → *Subventionen)* aus allgemeinen Deckungsmitteln des Trägers einer Einrichtung oder Veranstaltung. Welche Finanzierungsinstrumente vorrangig herangezogen werden, hängt von der konkreten Aufgabe und der Art des Betriebs bzw. des Trägers ab. In öffentlichen Kulturbetrieben stehen Zuschüsse aus den allgemeinen Deckungsmitteln (in der Form vorgezogener Verlustabdeckungen) nach wie vor im Vordergrund (in kommunalen Theatern durchschnittlich 85 % der Einnahmen), während in kommerziellen Betrieben die Finanzierung in aller Regel über Erlöse aus Umsätzen erfolgt. Die zu erwartenden Finanzierungsinstrumente werden in einem Finanzierungsplan zusammengefaßt; die Steuerung und Überwachung des Einsatzes der Finanzierungsinstrumente und aller betrieblichen Zahlungsströme bezeichnet man als Finanzmanagement.

Lit.: Scheibe-Jaeger, A.: Finanzierungshandbuch für Non-Profit-Organisationen. Fundraising – der Weg zu neuen Geldquellen, Regensburg 2. Aufl. 1998

▸ Finanzierungsplan

Während der Kaufmann die Finanzierung seiner Aufwendungen durch die Kalkulation voraussichtlicher Erträge und hier vor allem der aus dem Absatz seiner Produkte zu erwartenden Umsatzerlöse berechnet, arbeitet eine Nonprofit-Organisation mit einem Finanzierungsplan. Dieser Plan enthält alle Finanzierungsmittel, die zur Deckung der voraussichtlichen Ausgaben eingesetzt werden können. Da die Nonprofit-Organisation in der Regel kaum davon ausgehen kann, daß alle Ausgaben durch Einnahmen aus dem Verkauf von Waren und Dienstleistungen gedeckt werden können, wird man sich einer ganzen Reihe weiterer → *Finanzierungsinstrumente* bedienen müssen. Es sind dies im wesentlichen Drittmittel der öffentlichen Hand (→ *Zuwendungen*), Drittmittel von privater Seite (→ *Sponsoring*, → *Fund raising* bzw. → *Spenden*, Zuschüsse aus → *Stiftungen* usw.) sowie → *sonstige betriebliche Erträge* (z. B. → *Merchandising*, Einnahmen aus Vermietung und Verpachtung, Erträge aus betriebsnahen Stiftungen usw.).

Ein Kosten- und Finanzierungsplan ist zwingend Teil des → *Zuwendungsantrags* und empfiehlt sich auch sehr bei der Akquisition im → *Sponsoring*.

▶ Finanzmanagement

Planung und Umsetzung aller Maßnahmen zur Finanzierung von Kosten bzw. Ausgaben. Während man im kommerziellen Bereich den Begriff des Finanzmanagements nur im Zusammenhang mit der Finanzierung des Betriebskapitals und der Finanzierung von Investitionen kennt, ist der Begriff im Nonprofit-Bereich auch für die Finanzierung des laufenden Betriebs gerechtfertigt, weil dort andere → *Finanzierungsinstrumente* zum Einsatz kommen müssen als dies in der Privatwirtschaft der Fall ist und damit eine gewisse Steuerung des Einsatzes dieser Finanzierungsinstrumente notwendig ist. Das Finanzmanagement umfaßt im wesentlichen den → *Finanzierungsplan*; nur in Ausnahmefällen wird darunter auch der → *Kostenplan* einbezogen.

▶ Flußdiagramm (Flow-Chart)

Technik der Ablaufplanung (→ *Ablauforganisation*), die ausschließlich auf logische Abfolgen und Entscheidungsvorgänge abgestellt ist, sich aber nicht für zeitliche Abfolgen und damit für eine Terminplanung eignet. Die Flußdiagramm-Technik arbeitet allein mit Ja/Nein-Entscheidungen, d. h. jeder markierte Punkt im Diagramm muß so formuliert sein, daß eine Ja/Nein-Entscheidung getroffen werden kann. Das verweist auf die Entstehungsgeschichte der Flußdiagramm-Technik; sie wurde ursprünglich entwickelt, um Vorgänge so zu strukturieren, daß sie in das binäre System der elektronischen Datenverarbeitung umgesetzt werden können.

Die Flußdiagramm-Technik kennt eine normierte Darstellungsweise (DIN 66001) mit Symbolen für Operation/Bearbeitungsfeld

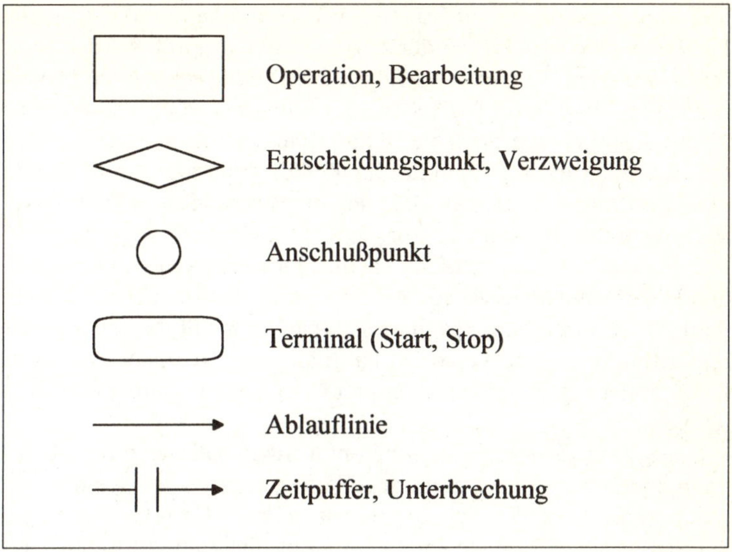

Abb. 3: Symbole im Flußdiagramm

(Rechteck), Entscheidungspunkt (Raute), Anschlußpunkt (Kreis), Terminale für Start und Stop (Oval), Ablauflinie (Pfeil in Verlaufsrichtung) und Zeitpuffer/Unterbrechung (unterbrochene Linie).

Bearbeitungsfelder nennen in sehr reduzierter Form (möglichst nur in einem Wort) die einzelnen Arbeitsschritte. Entscheidungspunkte enthalten Fragen, die mit einem Ja oder einem Nein beantwortet werden können. Ergibt sich eine Und-Teilung, können auch Vorgänge parallel weitergeführt werden. Anschlußpunkte werden dann eingesetzt, wenn ein Arbeitsablauf an anderer Stelle wieder aufgegriffen wird. Solche Anschlußpunkte werden mit Zahlen oder Buchstaben gekennzeichnet, so daß sogleich erkennbar ist, welcher Vorgang wieder aufgenommen wird. Die Ablauflinie symbolisiert den logischen Handlungsverlauf, wobei es sich empfiehlt, den primären Handlungsstrang in einer Senkrechten verlaufen zu lassen.

Das Flußdiagramm eignet sich besonders für solche Prozesse, in denen (1) Entscheidungen anstehen, zu denen (2) andere Institutionen oder Personen herangezogen werden müssen, und (3) für die Planung von Vorhaben, bei denen Alternativen geprüft werden müssen. Durch den Einbau von Prüfschleifen (nach einer Ja/Nein-Verzweigung) können die logischen Konsequenzen, die sich aus einer Alternativenprüfung ergeben, veranschaulicht werden. Damit zeigen sich deutlich die Vorteile der Flußdiagramm-Technik, gerade auch im Kulturmanagement: (1) der zu erwartende Ablauf wird systematisch und logisch strukturiert, (2) Probleme im logischen Ablauf werden frühzeitig erkannt, (3) die Notwendigkeit von Entscheidungen, die möglicherweise schwerwiegende Konsequenzen haben, wird schon in der Planungsphase sichtbar, (4) die Einbeziehung dritter Institutionen und Personen kann angezeigt werden, (5) wegen der Normierung ist das Flußdiagramm leicht überschaubar und Dritten vermittelbar.

Dagegen muß immer wieder betont werden, daß sich das Flußdiagramm nicht für eine terminliche Ablaufplanung eignet; es empfiehlt sich deshalb ausschließlich für innovative Projekte und Prozesse, die in ihrer logischen Abfolge und in ihren Entscheidungskonsequenzen noch nicht absehbar sind.

Lit.: Liebelt, W. und M. Sulzberger: Grundlagen der Ablauforganisation, Gießen 2.Aufl. 1992:103–146

▶ Folgerecht

Rechtsanspruch aus dem Urheberrecht, der die Ansprüche von Künstlern aus Werken der Bildenden Kunst regelt, wenn ein Werk an einen Dritten weiter veräußert wird. Damit will man die Künstler vor allem am Zugewinn von Jugendwerken beteiligen, die ehemals zu sehr niedrigen Preisen verkauft wurden, jetzt aber vielleicht zu wesentlich höheren Preisen gehandelt werden. Dieses Folgerecht gilt allerdings nur für Verkäufe von Kunsthändlern und Versteigerern, nicht aber für private Verkäufe. Da sich die Wertsteigerungen im Einzelfall häufig nur schwer festmachen lassen, haben sich die Verbände der Kunsthändler und Kunstversteigerer mit der → *Verwertungsgesellschaft* Bild-Kunst darauf verständigt, daß die Folgerechte in Form einer Pauschale abgegolten und über die Verwertungsgesellschaft an die Künstler weitergeleitet werden.

Das Folgerecht galt ursprünglich nur in wenigen europäischen Staaten, was zur Folge hatte, daß in Staaten ohne Folgerecht (z. B. in Großbritannien) die Veräußerung von Kunstwerken an Dritte für den Verkäufer wesentlich attraktiver war als beispielsweise in Deutschland. Dies war sicherlich eine der Ursachen dafür, weshalb vor allem der Kunstauktionshandel (z. B. mit den Aktionshäusern Christie's und Sotheby's) besonders in Großbritannien so florieren konnte.

Nach zähen Verhandlungen einigten sich die EU-Staaten im März 2000 auf eine Neuregelung und Harmonisierung des Folgerechts, allerdings mit sehr langen Übergangsfristen. In den Ländern, die noch kein Folgerecht kennen, wird das Folgerecht erstmals 2006 eingeführt, allerdings zunächst nur für den Weiterverkauf von Werken noch lebender Künstler. Erst ab 2016 gilt dann das Folgerecht auch für Werke bereits verstorbener Künstler; bis zu 70 Jahre nach dem Tod des Künstlers haben die Erben einen Anspruch aus dem Folgerecht. Die Höhe der Künstlerbeteiligung am Verkaufserlös ist gestaffelt: bei einem Verkaufspreis bis zu 50 000 Euro beträgt sie 4 % und sinkt dann schrittweise bis auf 2,5 % bei einem Verkaufspreis von 500 000 Euro. Dieser Anteil von 12 500 Euro ist gleichzeitig auch der Maximalbetrag; eine weitere Steigerung des Künstleranteils ist nicht möglich.

▸ Fonds Darstellende Künste

Der Fonds Darstellende Künste gehört zu den → *Kulturfonds des Bundes* und wird über den Haushalt des Bundesinnenministers finanziert. Sein Hauptziel ist es, künstlerisches Schaffen und Initiativen im Bereich der darstellenden Kunst zu unterstützen. Gefördert werden einzelne Künstler und innovative Modellvorhaben freier Künstlergruppen, die sich über die Region hinaus einen Namen gemacht haben. Schwerpunkte der Arbeit sind: (1) Künstlerförderung (Arbeitsstipendien für darstellende Künstler, Förderprogramme für Gemeinschaftsarbeiten von deutschen und ausländischen Künstlern); (2) Vermittlungsförderung (Förderung innovativer und experimenteller Projekte; Förderung → *freier Gruppen*; Erweiterung künstlerischer Arbeitsfelder; Unterstützung von wissenschaftlichen

Publikationen und Dokumentationsprojekten, die außergewöhnliche Leistungen analysieren; Förderung von Festivals, Tagungen, Workshops und Kolloquien).

Fonds Soziokultur e.V.

Der Fonds Soziokultur wurde 1987 als e.V. gegründet; seine Mitglieder sind der Bund Deutscher Kunsterzieher e.V., der Bundesverband der Jugendkunstschulen und kulturpädagogischen Einrichtungen e.V., der Bundesverband Studentische Kulturarbeit e.V., die Bundesvereinigung Kulturelle Weiterbildung e.V.; die Bundesvereinigung soziokultureller Zentren e.V. und die → *Kulturpolitische Gesellschaft e.V.* Aufgabe des Fonds ist die Förderung einer kulturellen Praxis, die die alltägliche Lebenswelt in die Kulturarbeit einbezieht und zugleich eine Rückwirkung der so entstehenden Formen von Kunst und Kultur in unsere Gesellschaft anstrebt. Ziel ist die Entwicklung der kulturellen Bildung von Kindern, Jugendlichen und Erwachsenen durch Vermittlung und Aneignung kultureller und künstlerischer Ausdrucksformen sowie Ermutigung und Befähigung zur aktiven Teilnahme am gesellschaftlichen Leben. Arbeitsschwerpunkte sind die (1) Förderung qualifizierter, innovativer Projekte, die eine aktive Beteiligung von Kindern, Jugendlichen und Erwachsenen beinhalten; (2) Bezuschußung von soziokulturellen Modellvorhaben im Bildungs- und Sozialbereich und in der Arbeitswelt; (3) Förderung langfristig stabiler Strukturen in der Kulturarbeit durch die Erstellung von Beratungs- und Vernetzungsmodellen, Zusammenarbeit auf lokaler, regionaler bzw. Bundesebene; (4) Fort- und Weiterbildungsmaßnahmen auf soziokulturellem Gebiet; (5) Förderung von wissenschaftlichen Dokumentationen soziokultureller Modelle und Projekte.

Förderverein

Organisation, die nicht unmittelbar kulturell tätig wird, sondern nur indirekt das kulturelle Handeln einer anderen Institution (öffentliche Einrichtung, Stiftung, Verein usw.) fördert. Denkbare Rechtsformen und Strukturen sind rechtlich selbständige Vereine (z. B. Förderverein des Stadtmuseums e.V.), rechtlich unselbständige

Freundeskreise (z. B. Freundeskreis des Festspielhauses Baden-Baden) oder rechtlich unselbständige Kuratorien (z. B. Kuratorium der Ludwigsburger Schloßfestspiele). Aufgaben und Ziele von Fördervereinen sind (1) die finanzielle Unterstützung einer Einrichtung durch Beiträge und Spenden der Mitglieder, (2) die Akquisition von Spenden Dritter (im Sinne von → *Fund raising*), (3) die Übernahme von Aufgaben, für die kein Personal zur Verfügung steht (z. B. in einem → *Museumsshop*), (4) die Übernahme von Aufgaben, für die keine Strukturen vorhanden sind (z. B. Kunstausstellungen in einer Kleinstadt) oder (5) die Übernahme von Aufgaben, für die das kameralistische Rechnungswesen ungeeignet ist (z. B. außergewöhnlich große Projekte).

In der Praxis erweisen sich Fördervereine in der Regel als Spendensammelvereine oder als Lobby. Als „Gegenleistung" erhalten die Fördervereinsmitglieder Vergünstigungen etwa in Form eines verbesserten Zugangs zu Eintrittskarten oder durch attraktive Privilegien (Gespräche mit Künstlern nach einer Veranstaltung, Atelierbesuche usw.).

Lit.: Heinrichs, W.: Kulturpolitik und Kulturfinanzierung. Strategien und Modelle für eine politische Neuorientierung der Kulturfinanzierung, München 1997:175–180

▶ Formelle Privatisierung

Überführung eines öffentlich-rechtlichen Betriebs (→ *Rechtsformen)* in einen privatrechtlichen Betrieb *ohne* Gewinnorientierung, d. h. der formell privatisierte Betrieb finanziert sich weiterhin nicht aus eigenen → *Erlösen*, sondern vorwiegend aus Zuschüssen und Verlustabdeckungen; es ändert sich lediglich die Rechtsform und möglicherweise die Form der Betriebsführung. Gerade im Kulturbereich wird immer wieder der Eindruck erweckt, als würden bisher öffentliche Angebote (z. B. eine kommunale → *Musikschule* oder ein städtisches → *Theater*) in vollem Umfang privatisiert, wenn sie in eine privatrechtliche Rechtsform überführt werden (z. B. Musikschule e.V. oder Theater GmbH). Doch da die Verlustabdeckung nach wie vor aus öffentlichen Mitteln erfolgt und zwar in der Regel schon im voraus, kann man hier nur von einer Privatisierung der

Form nach sprechen (vgl. dazu im Gegensatz die → *materielle Privatisierung*.)

Fortbildung

Als Fortbildung bezeichnet man eine systematische Erweiterung der Qualifikation in einem ausgeübten Beruf (im Gegensatz zur → *Weiterbildung*). Soweit an → *Volkshochschulen* und anderen aus Steuermitteln finanzierten Einrichtungen (berufliche) Fortbildung angeboten wird, sollen die entstehenden Kosten in vollem Umfang durch die → *Entgelte* der Teilnehmer gedeckt werden, da davon ausgegangen werden kann, daß die Teilnahme an der (beruflichen) Fortbildung für den Teilnehmer von materiellem Nutzen ist. Der Teilnehmer kann die Kosten einer Fortbildung demnach auch als Werbungskosten steuerlich geltend gemacht werden. Allerdings wird weder in „Weiter"-bildungseinrichtungen noch umgangssprachlich diese Differenzierung mit letzter Konsequenz durchgehalten (vgl. auch → *Aus- und Weiterbildung*).

Franchising

Amerikanisches Wort für Konzession; Begriff der Handelsbetriebslehre; ähnlich wie bei Vertragshändlern besteht ein System der Vertriebsbindung zwischen dem Franchise-Geber und dem Franchise-Nehmer. Gegenstand des Franchising können sowohl Güter als auch → *Dienstleistungen* sein, die unter einem einheitlichen Erscheinungsbild vertrieben werden. Der Franchise-Geber stellt die Produkt-Idee, trifft die Warenauswahl und bietet eine Vorkalkulation, entwirft das → *Marketing* unter einem einheitlichen Erscheinungsbild einschließlich Dekorationsmaterial und Messediensten und sorgt für die Schulung und Fortbildung der Franchise-Nehmer. Die Franchise-Nehmer treten als selbständige Unternehmer auf, die aber das → *Produkt* eines anderen, des Franchise-Gebers, vertreiben. Der Vorteil des Franchise-Nehmers besteht darin, daß er an der Produkt-Idee und am Markenimage partizipiert, gegenüber seinen Kunden jedoch selbständig agieren kann. Dabei verpflichtet er sich aber, sich auf das vorgegebene Sortiment und auf ein einheitliches Preisniveau zu beschränken.

Größte Franchise-Systeme in Deutschland waren 1998 die Firmen Eismann (Tiefkühlservice, 1450 Franchise-Nehmer), die Schülerhilfe (Nachhilfeunterricht, 653 Franchise-Nehmer), First Reisebüro (552 Franchise-Nehmer), McDonald's (491 Franchise-Nehmer) und Quick-Schuh (489 Franchise-Nehmer). Interessant ist, daß zu den 30 größten Franchise-Systemen in Deutschland auch bereits Unternehmen aus dem Kultur- und Bildungsbereich gehören, nämlich die bereits genannte Schülerhilfe (653 Franchise-Nehmer), der Studienkreis (Nachhilfe, Sprachschule, 440 Franchise-Nehmer) sowie die Musikschulen Fröhlich und Yamaha (461 bzw. 230 Franchise-Nehmer). Für die kommunalen → *Musikschulen* ist hier besonders bemerkenswert, daß unter den Wachstumsstars der Branche die Musikschulen Fröhlich und Yamaha mit den Plätzen 4 und 8 und jährlichen Wachstumsraten um 10 % der Betriebe erstklassig positioniert sind. Ob es in den nächsten Jahren zu einer Ausdehnung von Franchise-Systemen im Kultur- und Bildungsbereich kommen wird, beispielsweise im Bereich der Erwachsenenbildung, läßt sich heute nur schwer voraussagen.

Lit.: Nebel, J. u. a.: Das Franchise System. Handbuch für Franchisegeber und Franchisenehmer, Neuwied-Kriftel 1999

Freie Gruppen

Kulturinitiativen, die weder in die Strukturen der öffentlichen Hand eingegliedert sind noch den traditionellen Kulturvereinen vergleichbar sind. Es handelt sich in der Regel um Initiativen mit ehrenamtlichem Engagement oder semiprofessionellen Mitarbeitern, die im Kulturspektrum einer Stadt Nischen besetzen (Soziokultur, Kleinkunst, Figurentheater, Jazz, Rock usw.). Häufig sind nur wenige Mitarbeiter der Initiativen förmliche Mitglieder im Trägerverein, um die rechtliche Handlungsfähigkeit der Gruppe zu sichern, alle anderen haben sich der Gruppe formlos angeschlossen, ohne aber deshalb weniger Mitsprache- und Mitwirkungsrechte zu haben. Entstanden sind die freien Gruppen zunächst in den siebziger Jahren im Umfeld der Soziokultur, doch hat es gerade in den neunziger Jahren wieder zahlreiche Neugründungen gegeben. Die Binnenstrukturen und Arbeitsweisen freier Gruppen sind denen → *Freier Theater* vergleichbar.

▸ Freie Theater

Neben den von der öffentlichen Hand getragenen → *Staats- und Stadttheater* und → *Landestheatern/Landesbühnen* einerseits und den → *Amateurtheatern* bzw. den traditionellen → *Privattheatern* andererseits hat sich in den siebziger und achtziger Jahren in der Bundesrepublik Deutschland eine vielfältige Szene professioneller freier Theatergruppen herausgebildet. Freie Theatergruppen, seit 1990 organisiert im Bundesverband Freier Theater e.V., sind, zumindest in den alten Bundesländern, ein fester Bestandteil des kulturellen Lebens geworden. Zur Charakterisierung freier, professioneller Theatergruppen dienen die Merkmale: Freie Theaterschaffende sind grundsätzlich jene, die außerhalb der etablierten, traditionellen Bühnen, wie Stadt- oder Staatstheatern bzw. Landesbühnen, professionell arbeiten. Freie Theatergruppen sind in der Regel auf → *Theatergastspiele* angewiesen. Verbindende Kennzeichen sind darüber hinaus: (1) selbstbestimmte Arbeit; (2) eigenerarbeitete Produktionen und kollektive Arbeitsformen, in denen die traditionelle Trennung von Autor, Regisseur und Schauspielern durchlässig geworden ist; (3) überschaubare Arbeitszusammenhänge; (4) nicht-hierarchische Organisationsstrukturen und geringe Arbeitsteilung zwischen künstlerischen, technischen und Verwaltungsarbeiten; (5) Alltagsbezug; (6) das Aufgreifen gesellschaftsrelevanter Probleme sowie schließlich (7) die Betonung von Prozeß und Ziel anstelle von Produkt und Ergebnis. Hinzu kommen vielfach noch (8) ästhetische Experimentierlust, neue Raumbespielungen und Raumerlebnisse sowie Theater als Suche nach neuer Sprache und neuem Körperausdruck.

Lit.: Büscher, B. u. a.: Freies Theater. Deutsch-deutsche Materialien. Reihe: Kulturpolitische Gesellschaft. Dokumentation 40, Hagen 1991; Wagner, B.: Öffentliche Förderung Freier Theaterarbeit. In: HKM, E 1.3

▸ Freiwillige Aufgaben, kommunale

Unter einer kommunalen Aufgabe ist der normativ (d. h. durch Gesetz, Rechtsverordnung, Satzung) oder durch politische Willensäußerung der Vertretung (d. h. durch entsprechende Beschlüsse des

Rates bzw. komunalen Parlamentes) festgelegte Verwaltungszweck der jeweiligen Gebietskörperschaft zu verstehen. In der kommunalen Praxis wird ganz allgemein zwischen sog. → *Pflichtaufgaben*, zu deren Erfüllung die Gemeinden durch Gesetze verpflichtet sind, und sog. freiwilligen Aufgaben, die sich an der wirtschaftlichen Gesamtsituation und den Handlungsspielräumen der jeweiligen Gemeinde orientieren, unterschieden. Zu den gesetzlich nicht fixierten Aufgaben zählt, neben der Sportförderung, der freiwilligen Sozial- und Jugendpflege, in erster Linie die → *Kommunale Kulturpolitik*. Da auf die Erfüllung der Pflichtaufgaben ein individueller und jederzeit einklagbarer Rechtsanspruch besteht, führt dies in der kommunalen Praxis dazu, daß vorrangig deren Finanzierung sichergestellt wird und zwar (zwangsläufig) zu Lasten der nicht gesetzlich festgelegten Aufgaben. Allerdings sind auch diese freiwilligen Aufgaben, etwa im Kulturbereich, häufig durch langfristige Verträge fixiert (etwa Anstellungsverträge in in Theatern oder kommunalen Musik- oder Volkshochschule, längerfristige Anmietung von Gebäuden etc.), die zumeist nicht kurzfristig aufzulösen sind.

Führung

Als Führung bezeichnet man die personale Seite der Steuerung von Prozessen und Betrieben. Durch Führung sollen Mitarbeiter veranlaßt (motiviert, in die Lage versetzt) werden, Ziele zu erreichen, wobei diese Ziele zunächst einmal Unternehmensziele sind, die aber mit den persönlichen Leistungszielen möglichst identisch sein sollten. Führung spielt gerade im Kulturmanagement eine große Rolle, kommt es doch häufig darauf an, Mitarbeiter mit sehr individuellen Persönlichkeitsstrukturen (Künstler, Verwaltungssachbearbeiter, Finanzfachleute, Hausmeister usw.) dazu zu bewegen, in der Zusammenarbeit mit anderen arbeitsteilig Leistungen zu erbringen.

Die theoretische Erörterung von Führung unterscheidet drei grundsätzlich verschiedene Ansätze. Der ältere Ansatz versteht Führung als Ausfluß von Führungseigenschaften (Eigenschaftsansatz). Demnach ist das Gelingen von Führung in erster Linie von der Person des Führers abhängig. Der Eigenschaftsansatz konzentrierte sich deshalb auf die Frage, welche spezifischen Eigenschaften ein

Führer haben sollte. Erstaunlicherweise gelang es aber nicht, bei erfolgreichen Führungspersönlichkeiten übereinstimmende Eigenschaften auszumachen, die als Garanten für eine erfolgreiche Führung zu nennen wären.

Der zweite, noch heute weit verbreitete Ansatz sieht Führung als einen Prozeß der Beeinflussung (Prozeßansatz). Führung hängt demnach nicht mehr allein von der Person des Führers ab, sondern auch vom Verhalten der zu führenden und den Bedingungen der konkreten Umwelt. Führung heißt demnach, Einfluß nehmen auf die Interaktion zwischen Vorgesetztem und Mitarbeiter in einer bestimmten Umwelt. In einem solchen Prozeß der Beeinflussung spielen psychologische und soziale Momente (→ *Motivation*) eine weit größere Rolle als die Charaktermerkmale der Führungspersönlichkeit. Folglich ist Führung im Sinne eines Beeinflussungsprozesses auch lernbar oder zumindest einübbar (was sich im Eigenschaftsansatz natürlich weitgehend ausschließt).

Der dritte Ansatz kommt aus der Führerschaft als Beeinflussungsprozeß, betont aber noch stärker die Gestaltung der Umwelt. Hier wird Führung als Funktion von → *Management* definiert und folglich eingebunden in den gesamten Prozeß der Erstellung und Sicherung von Leistungen. Dazu hat die Managementlehre eine Reihe von Systemen entwickelt (Systemansatz), die allgemein als → *Management-by-Systeme* bezeichnet werden. Im Gegensatz aber zu den zuvor genannten Ansätzen sehen Management-by-Systeme Führung nur als eine von mehreren Komponenten in einer komplexen Unternehmenssteuerung.

Heute wird ein Verständnis von Führung bevorzugt, das sich aus Elementen des Prozeßansatzes und des Systemansatzes zusammensetzt. Zur Realisierung von Führungszielen wurden innerhalb des zweiten Ansatzes sog. → *Führungsstile* entwickelt. Damit sind Führungsverhaltensweisen gemeint bzw. die idealtypische Art und Weise, wie Vorgesetzte mit Mitarbeitern umgehen. Innerhalb der Führungsstile werden sogenannte → *Führungstechniken* eingesetzt, um das Verhalten von Mitarbeitern vor allem durch die Gestaltung der Umwelt zu beeinflussen.

Lit.: Heinen, E.: Betriebswirtschaftliche Führungslehre. Grundlagen – Strategien – Modelle. Ein entscheidungsorientierter Ansatz, Wiesbaden 2.Aufl.

1984; Hentze, J. u. a.: Personalführungslehre. Grundlagen, Funktionen und Modelle der Führung, Bern 3.Aufl. 1997; Lukas, C.: Führung im Musiktheater. Einflüsse auf die künstlerische Qualität, Frankfurt am Main 1994

▶ Führungsstil

Idealtypische Verhaltensweisen eines Vorgesetzten gegenüber seinen Mitarbeitern; in der Realität sind sie immer nur in modifizierter und vermischter Form anzutreffen. In der Literatur werden zahlreiche Führungsstile beschrieben, wobei es sich in der Regel um Modifikationen zwischen einem autoritären Führungsstil auf der einen Seite und einem liberalistischen Führungsstil auf der anderen Seite handelt, z. B.: (1) autoritärer Führungsstil: Vorgesetzter gibt (einsame) Entscheidungen in Form von Befehlen an die Mitarbeiter weiter; (2) bürokratischer Führungsstil: Versachlichung von Entscheidungen durch Einhaltung von personenungebundenen Instanzen und Kompetenzen; streng vorgeschriebene Regeln und feste Hierarchien lassen die persönliche Entscheidung zurücktreten, machen aber auch einen Informationsaustausch über die Instanzengrenzen hinweg nahezu unmöglich; (3) demokratischer Führungsstil: alle Beteiligten werden aktiv an Entscheidungen beteiligt; Teamarbeit wird gefördert; (4) kooperativer Führungsstil: aktive Einbindung aller Mitarbeiter; die Vorgesetzten treten Entscheidungskompetenzen nach sachlichen (nicht persönlichen) Kriterien an Mitarbeiter ab; (5) liberalistischer Führungsstil: die Mitarbeiter haben weitgehend freie Hand, Zwang wird in keiner Weise ausgeübt; der Vorgesetzte bringt sich nur wenig in die Arbeitsprozesse ein.

Um den Führungsstil nicht zu sehr als Führung im Sinne eines Eigenschaftsansatzes (→ *Führung*) erscheinen zu lassen, wurden in den siebziger Jahren zweidimensionale Führungsstil-Konzepte entwickelt. Grob gesagt, geht es in solchen zweidimensionalen Konzepten vorrangig um die Kombination von Leistungs- und Zufriedenheitsaspekten, also um die Frage, ob ein Vorgesetzter den Leistungs- und → *Produktivitätsanspruch* des Unternehmens oder den Zufriedenheitsaspekt der Mitarbeiter in den Vordergrund stellt.

In Kulturbetrieben sind fast alle Führungsstile anzutreffen. Das hängt beispielsweise damit zusammen, daß einige Kulturbetriebe sehr konsequent auf die Person des künstlerischen Leiters ausgerichtet sind (z. B. → *Theater*), andere wiederum in hohem Maße bürokratisiert sind (z. B. → *Kulturämter*) und wieder andere schon von ihrem Selbstverständnis her von einer sog. basisdemokratische Führung ausgehen (z. B. selbstverwaltete → *soziokulturelle Zentren*).

Lit.: Staehle, W.H. und J.Sydow: Führungsstiltheorien. In: Handwörterbuch der Führung, hrsg. von A.Kieser, G.Reber und G.Wunderer, Stuttgart 1987:661–667; Stroebe, R.W. und G.H.Strobe: Führungsstile. Management by Objectives und situatives Führen, Heidelberg 5.Aufl. 1996

▸ Führungstechniken

Verstetigbare Maßnahmen und Verhaltensweisen zur Gestaltung von Führung. Führungstechniken beziehen sich beispielsweise auf: (1) Anweisungen geben; (2) Entscheidungen treffen; (3) Mitarbeiter loben bzw. kritisieren; (4) Kontrollen durchführen; (5) mit Beschwerden umgehen; (6) Informationen erhalten und weitergeben; (7) Aufgaben und Verantwortung delegieren. Die Handhabung von Führungstechniken kann nicht losgelöst vom → *Führungsstil* gesehen werden.

Lit.: Schmidt, W.: Praktische Personalführung und Führungstechnik. Ein Handbuch für die Übernahme von Führungsverantwortung, Heidelberg 1999

▸ Fund raising

Als Fund raising bezeichnet man das systematische und professionelle Sammeln von Spenden für eine bestimmte kulturelle (oder andere gemeinnützige) Einrichtung oder Aufgabe. Häufig wird Fund raising auch als Oberbegriff für alle Zuwendungen von privater und öffentlicher Seite verwendet. Dies entspricht dann einem amerikanischen Verständnis im Sinne der wörtlichen Übersetzung als „Mittel beschaffen". In der deutschen Tradition aber ist Fund raising eher mit „Spenden-Marketing" zu übersetzen, weil hier das Sammeln von Spenden und damit der mäzenatische Charakter (im Gegensatz zum nutzenorientierten → *Sponsoring*) im Vordergrund stehen. Demnach ist Fund raising durch folgende Merkmale definiert:

(1) Fund raising steht der mäzenatischen Spende näher als dem auf Gegenleistung ausgerichteten Sponsoring; (2) im Gegensatz zur

Einzelspende wird Fund raising an einem systematischen Marketing-Konzept ausgerichtet; (3) Fund raising richtet sich in erster Linie an individuelle Personen und weniger an Unternehmen; es gilt das amerikanische Prinzip „People give to People"; (4) Fund raising ist langfristig angelegt, d. h. es zielt auf den Aufbau von Beziehungen, die über längere Dauer gepflegt und ständig erneuert werden (Fund raising = Friend raising); (5) Zuwendungen im Rahmen des Fund raisings sind steuerlich als Sonderausgaben und nicht als Betriebsausgaben (vgl. Sponsoring) zu bewerten. Zum Auftakt einer Fund raising-Aktion wird eine → *Marketing-Analyse* durchgeführt, mit deren Hilfe herausgefunden werden soll, (1) welche Bedürfnisse in der Gesellschaft bestehen, auf die man mit der eigenen Produktpalette reagieren könnte, (2) was das Besondere des angebotenen → *Produkts* ist, (3) für wen diese Produkte von vorrangigem Interesse sein könnten, (4) wer bereit sein könnte, den betreffenden Kulturbetrieb zu unterstützen und (5) was man denen anbieten kann, die den Betrieb möglicherweise unterstützen werden.

Erst in einem zweiten Schritt werden systematisch alle Personen und Institutionen angesprochen. Das geschieht möglichst durch einen persönlichen Besuch. Alternativ zum persönlichen Besuch steht die → *Mailing*-Aktion, bei der Personen einer sorgfältig ausgewählten Zielgruppe (→ *Database-Marketing*) in einem möglichst individuellen Schreiben um eine Spende gebeten werden. Sowohl bei der persönlichen Ansprache als auch beim Mailing sind vor allem auch die „Gegenleistungen" wie gewisse Privilegien und Bevorzugungen deutlich herauszustellen. Kommt es dann zur Spende, beginnt in einer dritten Phase die sehr sorgfältige und bisweilen auch recht aufwendige „Betreuung" der Spender, um sie möglichst immer wieder zu einer Erneuerung ihrer Spende zu bewegen.

Der entscheidende Unterschied zum traditionellen Spendensammeln besteht folglich darin, daß (1) das Fund raising eng mit dem → *Marketing* verknüpft ist, d. h. die Aktionen richten sich allein auf jene Segmente, in denen sich das Produkt positionieren konnte; dadurch entsteht eine nicht unerhebliche Rückkoppelung zugunsten der Festigung der Marktposition. (2) Fund raising geht sehr systematisch und personenbezogen vor und ist damit weit entfernt von allgemeinen Spendenaufrufen oder Straßensammlungen. (3) Fund raising „pflegt" den Spender und versucht so, ihn möglichst lange und fest an die eigene Einrichtung zu binden, z. B. in der Form von → *Fördervereinen*.

Lit.: Burens, P.-C.: Der Spendenknigge. Erfolgreiches Fundraising für Kultur, Sport, Wissenschaft, Umwelt und Soziales. Beck'sche Reihe 1266, München 1998; Haibach, M.: Handbuch Fundraising. Spenden, Sponsoring, Stiftungen in der Praxis, Frankfurt am Main 1998; Luthe, D.: Fundraising. Fundraising als beziehungsorientiertes Marketing – Entwicklungsaufgaben für Nonprofit-Organisationen, Augsburg 1997

G

Gage

Unter Gage versteht man sowohl das feste Monatsgehalt des angestellten Bühnenangehörigen als auch das einmalige Gehalt (Abendgage, → *Honorar*) eines Gastes, der je nach Vereinbarung auch für Proben eine besondere Probengage erhält. Gagen sind frei aushandelbar.

Galerie

Eine Galerie ist eine Einrichtung zur Präsentation von Kunst. Im Unterschied zum → *Museum* betreut die Galerie keine oder nur eine kleine Sammlung; „sammeln" und „bewahren", also zwei Wesensmerkmale des Museums, sind deshalb für eine Galerie nur von nachrangiger Bedeutung. Eine Ausnahme von diesem Prinzip bilden Einrichtungen wie beispielsweise die Staatsgalerie Stuttgart, die ohne jeden Zweifel ein Museum ist und über einen namhaften Bestand an Kunstwerken verfügt, die aber aus einer besonderen Tradition heraus als Galerie bezeichnet wird.

Im Kulturbetrieb kennt man vor allem zwei Erscheinungsformen von Galerien, nämlich die → *kommunale Galerie*, die nicht am Profit, sondern an kunst- und kulturpolitischen Zielen ausgerichtet ist und die kommerzielle Galerie, die ein Teil des → *Kunsthandels* ist.

Lit.: Rothauer, D. und H. Krämer (Hrsg.): Struktur & Strategie im Kunstbetrieb. Tendenzen der Professionalisierung, Wien 1996

Galerieversicherung

Sonderversicherung für Galeristen; sie umfaßt in der Regel sowohl eine Versicherung der Bestände als auch der Transporte (→ *Kunstversicherung*).

▸ Galerievertrag

Vertragliche Vereinbarung, die ein Künstler mit einer Galerie trifft. Gegenstand des Vertrags sind einerseits räumliche und thematische Abgrenzungen, andererseits die Konditionen, zu denen der Galerist die Interessen des Künstlers vertritt.

▸ Gastspielvertrag

Der Gastspielvertrag ist die Grundlage für alle → *kulturellen Veranstaltungen*, die nicht direkt und von der → *kulturellen Einrichtung* selbst erbracht werden, also z. B. → *Theatergastspiele*. Der Gastspielvertrag wird zwischen dem jeweiligen Veranstalter und dem entsprechenden Künstler/Ensemble bzw. deren Vertretung (→ *Agent/Agentur*) geschlossen. Im Gastspielvertrag sind mindestens festzulegen: (1) Name und Adresse von Künstler/Ensemble (ggf. vertreten durch Agentur); (2) exakter Titel des Gastspiels; (3) Datum (Beginn, Dauer, Einlaß, Pause); (4) Ort (mit genauer Adresse), (5) Höhe der → *Gage* (inklusive Auszahlungsmodus); (6) Reisekosten; (7) Übernachtung (Hotel mit genauer Adresse); (8) Ankunft der Künstler/des Ensembles im Aufführungssaal; (9) Fragen der → *Öffentlichkeitsarbeit* (Plakate, Fotos, Presseinformationen, Programmhefte usw.); (10) Pflichten und Haftung; (11) Übernahme von → *GEMA* und sonstigen Gebühren; (12) Vertragsänderungen und Gerichtsstand. Ein zentraler Bestandteil des Gastspielvertrages ist die → *Bühnenanweisung*, die alle technischen Fragen des Gastspiels fixiert. Die → *Inthega* hat hierzu einen Mustervertrag entworfen (vgl. auch → *Abschlußschein*).

Lit.: Brauneck, M. und G. Schneilin (Hrsg.): Theaterlexikon. Begriffe und Epochen, Bühnen und Ensembles, Hamburg 3.Aufl. 1992; Fischer, H.J. und St.A. Reich: Vertragsmuster Darstellende Kunst. In: HKM, H 2.2

▸ Gatekeeper/Gatcopener

Als Gatekeeper (wörtlich: Pförtner) im engeren Sinne werden diejenigen Personen innerhalb des Kommunikationsprozesses bezeichnet, die an bestimmten „Schleusen“ (Schaltstellen) im „Kanalsystem“ der Kommunikation darüber entscheiden, welche Informationen überhaupt aufgegriffen werden. Gerade die Massenmedien verfügen nur über eine bestimmte Kapazität zur Aufnahme und Verbreitung von Mitteilungen; da aber die Zahl der mitteilenswerten Aussagen prinzipiell unbegrenzt ist, müssen die Kommunikatoren notwendigerweise immer eine Auswahl unter allen potentiellen Aussagen treffen. Im weiteren Sinne bezeichnet man damit bzw. mit Gateopener auch alle Personen, die im Prozeß des → *Sponsoring* den entscheidenden Zugang zum Sponsor ermöglichen können.

◆ Gebühr/Gebührenordnung

Geldliches Äquivalent für Dienstleistungen der öffentlichen Hand, sofern sie auf öffentlich-rechtlicher Basis erfolgen (z. B. Gebühr für die Verlängerung des Personalausweises). Zahlungspflicht und Höhe der Gebühr werden in einer Gebührenordnung festgehalten. Die Gebühr ist nicht zu verwechseln mit dem → *Entgelt*, das für privatrechtliche Leistungen der öffentlichen Hand (z. B. auch im Kulturbereich) erhoben wird.

◆ Gebundenheitsstrategie

Im Rahmen der → *Besucherbindung* lassen sich zwei unterschiedliche Basisstrategien beobachten: die → *Verbundenheitsstrategie* und die Gebundenheitsstrategie. Während erstere versucht, die Besucher von Kultureinrichtungen durch ein hervorragendes Programm und exzellente Serviceleistungen an die jeweilige Kulturorganisation zu binden, versucht die letztere dies durch langfristig abgesicherte vertragliche Regelungen, die die Nutzer an die jeweilige Einrichtung binden, zu erreichen (z. B. Jahresverträge, Abonnements, komplizierte Ausstiegsklauseln, die mit erheblichen finanziellen Belastungen verknüpft sind usw.). In aller Regel wird dabei von den Bedingungen und Bedürfnissen innerhalb der Kulturorganisation, nicht aber den Kundenwünschen her gedacht. Im Sinne einer optimalen → *Kundenorientierung* sollten aber möglichst kundenfreundliche Verbundenheitsstrategien entwickelt werden.

Lit.: Bliemel, F.W. und A. Eggert: Kundenbindung – die neue Sollstrategie? In: Marketing ZFP, 1 1998 S. 37–46

GEMA

„Gesellschaft für musikalische Aufführungs- und mechanische Vervielfältigungsrechte“ mit Sitz in Berlin und München sowie Bezirksdirektionen in allen Bundesländern. Die GEMA ist die → *Verwertungsgesellschaft* für den musikalischen Bereich und wird in der Rechtsform eines wirtschaftlichen Vereins geführt.

Die GEMA ist die wirtschaftlich bedeutendste, älteste und bekannteste Verwertungsgesellschaft in Deutschland. Der Tätigkeitsbereich der GEMA ergibt sich aus § 2 ihrer Satzung: „Zweck des Vereins ist der Schutz des Urhebers und die Wahrnehmung seiner Rechte im Rahmen dieser Satzung.“ Die der GEMA zur kollektiven Verwertung übertragenen Rechte und Ansprüche sind im GEMA-Berechtigungsvertrag festgelegt. Die GEMA nimmt die Urheberrechte wahr, die ihr die Mitglieder übertragen haben. Dem Musiknutzer stellt die GEMA stellvertretend für den Urheber gegen entsprechende Vergütung das Weltrepertoire von derzeit rund zwei Millionen Werken zur Verfügung. Sie spielt also eine treuhänderische Vermittlerrolle.

Nach dem Urheberrechtswahrnehmungsgesetz ist die GEMA verpflichtet, jeder Nutzung urheberrechtlich geschützter Musik nachzugehen und zu prüfen, ob Vergütungsansprüche zu stellen sind. Die Vergütung richtet sich nach festen, im Bundesanzeiger veröffentlichten Tarifen. Die GEMA schüttet die gesamten Einnahmen nach Dekkung der notwendigen Verwaltungskosten (zur Zeit weniger als 14 %) an die bezugsberechtigten Mitglieder und die in- und ausländischen Verwertungsgesellschaften aus. 1999 flossen rund 1,5 Milliarden DM in die Kassen der musikalischen Verwertungsgesellschaft; das waren 2,7 % mehr als 1998. Trotz der guten wirtschaftlichen Entwicklung schränken die neuen digitalen Distributionsformen (vgl. → *MP3*) die Möglichkeiten der GEMA zunehmend ein. Die Verwertungsgesellschaft ist deshalb sehr darin interessiert, einerseits zu verbesserten urheberrechtlichen Rahmenbedingungen zu gelangen und andererseits zu technischen Lösungen zu kommen, die eine vergütungsfreie Verbreitung von Musiktiteln verhindert.

Die Initiative zur Gründung einer Verwertungsgesellschaft auf dem Gebiet der Musik in Deutschland geht zurück auf das Jahr 1903. Initiatoren waren Komponisten und Verleger. Besondere Verdienste hat sich dabei der Komponist Richard Strauss erworben, der deshalb als Vater der heutigen GEMA gelten darf.

Da die GEMA die größte aller Verwertungsgesellschaften ist, übernimmt sie zum Teil auch Inkasso-Geschäfte für andere Verwertungsgesellschaften (z. B. für die GVL – Gesellschaft zur Verwertung von Leistungsschutzrechten), so daß man im Musikbereich häufig nur mit der GEMA geschäftliche Kontakte unterhält, obwohl durchaus auch andere Verwertungsgesellschaften betroffen sind.

Lit.: Musik für alle. Kundenbroschüre der GEMA (zu beziehen über die Generaldirektionen und alle Bezirksdirektionen)

▸ Gemeinnützigkeit

Während eine öffentlich-rechtliche Einrichtung weitgehend von jeder Steuerpflicht befreit ist, sind → *Körperschaften* des privaten Rechtes, z. B. → *Vereine* und → *Stiftungen*, grundsätzlich steuerpflichtig (Körperschaft-, Gewerbe-, Grund-, Erbschafts- und Kapitalverkehrssteuer). Das Steuerrecht kennt allerdings eine Befreiung oder Ermäßigung der Steuerpflicht, sofern die Einrichtungen laut → *Satzung*/Stiftungsurkunde „ausschließlich und unmittelbar gemeinnützigen (...) Zwecken dienen" (§ 5 Abs. 1 Nr. 9 Körperschaftsteuergesetz). Eine solche Steuerbefreiung muß beim zuständigen Finanzamt beantragt werden. Kunst und Kultur gehören zu diesen Gemeinwohlzwecken.

Gemeinnützige Körperschaften sind insbesondere von der → *Körperschaftsteuer* und der → *Gewerbesteuer* befreit; diese Befreiung gilt allerdings nicht, wenn ein sogenannter wirtschaftlicher Gewerbebetrieb unterhalten wird. Die §§ 52–68 der Abgabenordnung enthalten die Bestimmungen im einzelnen. Dies wird durch von den Finanzämtern strikt kontrollierte Form- und Verfahrensvorschriften überwacht. Wird etwa ein wirtschaftliche Geschäftsbetrieb unterhalten, so ist die Steuerbefreiung insoweit ausgeschlossen; ein solcher wirtschaftlicher Geschäftsbetrieb ist etwa dann gegeben, wenn ein Verein aus Vereinsfesten oder dem Betrieb einer Vereinsgaststätte Umsätze von mehr als 60 000 DM im Jahr erzielt. In diesem Falle unterliegt der gesamte Gewinn aus dem wirtschaftlichen Geschäftsbetrieb der Körperschaftsteuer und der Gewerbesteuer.

Neben der Steuerbefreiung liegt der größte Vorteil der Gemeinnützigkeit für die gemeinnützigen Körperschaften darin, daß sie zum Empfang steuerbegünstigter → *Spenden* berechtigt sind. Solche Spenden sind, gegen Vorlage einer entsprechenden → *Spendenbescheinigung,* in einem bestimmtem Rahmen als Sonderausgaben vom Gesamtbetrag der Einkünfte des Spenders abzugsfähig. Die früher geltende Unterscheidung zwischen der sog. Großen und der sog. Kleinen Gemeinnützigkeit ist seit dem 1.12000 nicht mehr von Bedeutung.

▸ **Generalvertrag** → Allgefahrenversicherung

▸ **Genossenschaft Deutscher Bühnenangehöriger (GDBA)**

1871 wurde in Weimar die Genossenschaft Deutscher Bühnenangehöriger als Berufsvertretung gegründet, die weniger Tarifvereinbarungen als vielmehr allgemeine berufsständische Forderungen durchsetzen wollte. In Verhandlungen mit dem → *Deutschen Bühnenverein* wurde 1874 der erste → *Normalvertrag* für Bühnen entwickelt, der die kontraktlichen Pflichten von Arbeitgebern und Arbeitnehmern während des Engagements regelte. Auf der Basis der Tarifautonomie entwickelte sich die GDBA nach 1945 zum staatlich anerkannten Tarifpartner des Arbeitgeberverbandes Bühnenverein und zu einer Gewerkschaft mit Interessenvertretung für ihre Mitglieder. Längere Zeit gehörte sie als selbständige Tariforganisation der Gewerkschaft Kunst zum Deutschen Gewerkschaftsbund; im Vorfeld der Gründung der IG Medien trat die Bühnengenossenschaft (wie auch die Orchestervereinigung) aus dem DGB aus und schloß sich der Deutschen Angestelltengewerkschaft an. Die Gliederung der GDBA erfolgt horizontal in sechs Landesverbänden, vertikal in vier Berufsgruppen: Solo, Ballett, Opernchor sowie ATUV (Ausstattung, Technik und Verwaltung).

Lit.: Rübel, J.: Geschichte der Genossenschaft Deutscher Bühnenangehörigen, Hamburg 1992

Geschmacksmuster

Urheberrechtlicher Schutz von räumlichen Modellen und flächigen Mustern, soweit sie neben dem Arbeits- und Gebrauchswert auch eine ästhetische Tendenz erkennen lassen. Im Unterschied zum Kunstwerk handelt es sich um weniger individuelle Schöpfungen, die eher auf einen Massengeschmack und auf vielfältigen Gebrauch ausgerichtet sind (z. B. Möbel, Stoff-Muster usw.). Zur Sicherung der Rechte ist eine Eintragung in das Musterregister des Deutschen Patentamtes in München erforderlich. Der Geschmacksmusterschutz dauert 5 Jahre und kann auf höchstens 20 Jahre verlängert werden.

Lit.: Schulze, G.: Meine Rechte als Urheber. Urheber- und Verlagsrecht. Beck-Rechtsberater im dtv, München 3. Aufl. 1998

Gesellschaft des bürgerlichen Rechts (GbR)

Die Gesellschaft bürgerlichen Rechts (auch BGB-Gesellschaft, §§ 705 ff. BGB) ist eine Rechtsform des privaten Rechts; sie ist eine auf einem Vertrag beruhende Personenvereinigung ohne Rechtsfähigkeit (d. h. sie ist keine juristische Person, kann weder klagen noch verklagt werden), bei der sich die Gesellschafter zur Förderung eines gemeinsamen Zweckes zusammenschließen (beispielsweise Rechtsanwaltssozietäten, Gemeinschaftspraxen von Ärzten, Künstlergemeinschaften, Rockmusiker einer Band usw.). Ihre Gründung erfolgt durch einen Gesellschaftsvertrag, mit dem sich die Gesellschafter gegenseitig verpflichten, die Erreichung eines bestimmten Zwecks in der im Vertrag bestimmten Weise zu fördern.

Lit.: Friedrich, W.J.: Vereine und Gesellschaften. Beck-Rechtsberater im dtv, München 8.Aufl. 1997

Gesellschaft mit beschränkter Haftung (GmbH)

Die GmbH ist eine Kapitalgesellschaft mit eigener Rechtspersönlichkeit, die selbst mit ihrem Vermögen unbeschränkt haftet (GmbH-Gesetz). Eine Haftung der Gesellschafter besteht nur gegenüber der Gesellschaft; sie ist begrenzt auf die Erbringung der Einlagen und etwaiger Nachschüsse. Ihr Stammkapital beträgt mindestens 50000 DM, je Stammeinlage mindestens 500 DM, wobei die Beteiligung für die verschiedenen Gesellschafter verschieden hoch sein kann. Die GmbH verfügt über ein eigenes Betriebsvermögen und ist damit, zumindest theoretisch, konkursfähig.

Die Errichtung einer GmbH erfolgt durch eine (seit 1980 zulässige) Einmann-Gründung oder mehrere Personen mit Abschluß eines Gesellschaftsvertrages in notarieller Form. Der Gesellschaftsvertrag muß enthalten: Firma, Sitz der Gesellschaft, Gegenstand des Unternehmens, Höhe des Stammkapitals sowie die Stammeinlagen der Gesellschafter. Die Gesellschaftssatzung bestimmt die Organe der Gesellschaft, die Aufgaben- und Kompetenzverteilung zwischen diesen Organen, die Festlegung des Geschäftsjahres (beispielsweise in einer Theater-GmbH abweichend vom Kalenderjahr, da Anpassung an die Spielzeit möglich) und regelt den Jahresabschluß sowie die Beziehung zum Gesellschafter. Die GmbH entsteht mit der Eintragung ins Handelsregister; vor der Eintragung ist die Gesellschaft ein nichtrechtsfähiger Verein bzw. eine sog. Vorgesellschaft.

Die handelnden Organe der GmbH sind die Gesellschafterversammlung, der Aufsichtsrat und die Geschäftsführung. Die Aufgaben der (1) Gesellschafterversammlung als oberstem Organ der GmbH umfassen die Satzungskompetenz, die (Zustimmung zur) Bestellung und Abberufung der Geschäftsführung, die Feststellung des Jahresabschlusses, die Genehmigung des Geschäftsberichts und die Entscheidung über die Verwendung des Bilanzgewinnes, die Entlastung der Geschäftsführung und des Aufsichtsrates, die Wahl der Abschlußprüfer, die Verfolgung von Rechtsansprüchen gegen die Geschäftsführer, die Prüfung und Überwachung der Geschäftsführung sowie die Auflösung der Gesellschaft. Die Gesellschafterversammlung kann Kompetenzen an sich ziehen und der Geschäftsführung bindende Einzelanweisungen erteilen, d. h. sie kann unmittelbar die Führung der Geschäfte beeinflußen. Die Bildung eines (2) Aufsichtsrates ist im GmbH-Gesetz nicht zwingend vorgeschrieben, sie kann aber im Gesellschaftsvertrag festgelegt werden. Dem Aufsichtsrat obliegt dann insbesondere die Überwachung der Geschäftsführung in Hinsicht auf Ordnungsmäßigkeit und Wirtschaftlichkeit. Die Satzung kann dem Aufsichtsrat die Bestellung und Abberufung der Geschäftsführung übertragen. Gesellschaftsverträge bzw. -satzungen sehen Zustimmungsvorbehalte vor bei Prüfung und Feststellung des Jahresabschlusses, bei der Bestellung und Abberufung von Prokuristen und Handlungsbevollmächtigten, zum Wirtschaftsplan, zur Festsetzung allgemein gültiger Entgelte sowie der Aufnahme von Krediten. (3) Der Geschäftsführung obliegt die kaufmännische und, vor allem im Bereich von Kulturbetrieben, die künstlerische Gesamtverantwortung. Der Geschäftsführung der GmbH ist allerdings kein eigener Kompetenzbereich gesetzlich garantiert, d. h. Gesellschaftsvertrag und -satzung können deren Handlungsfreiheit einengen. Zu den Aufgaben der Geschäftsführung gehören beispielsweise die Vertretung der Gesellschaft, die laufende Betriebsführung, die Aufstellung des Wirtschaftsplanes und des Jahresabschlusses sowie die Personalplanung.

Die privatrechtliche Rechtsform der GmbH wird verstärkt auch im Kulturbereich gewählt, etwa wenn verschiedene Gemeinden zusammen oder ein Bundesland und eine Kommune ein (Landes-)Theater betreiben. Ausweislich der Theaterstatistik des Deutschen Bühnenvereins für 1991/92 wurden zu diesem Zeitpunkt noch weniger als 15 % der Theater in dieser Rechtsform geführt; die überwiegende Mehrheit arbeitete dagegen als → *Regiebetrieb*. In der Spielzeit 1997/1998 sind es dagegen bereits 39 Theater, d. h. mehr als ein Viertel, die die GmbH als Rechtsform gewählt haben. Die praktische Funktionsfähigkeit von Geschäftsführungsmodellen (beispielsweise mit einem alleingeschäftsführenden Intendanten oder einer Doppelgeschäftsführung mit Intendant und kaufmännischem Direktor oder einem alleingeschäftsführenden kaufmännischen Direktor) hängt dabei ganz wesentlich von den handelnden Akteuren und ihrer Bereitschaft zur konstruktiven Zusammenarbeit ab.

Lit.: Friedrich, W.J.: Vereine und Gesellschaften. Beck-Rechtsberater im dtv, München 8.Aufl. 1997; Röckrath, G.: Vom Regiebetrieb zur GmbH. Rechtsformen für Kultureinrichtungen, dargestellt am Beispiel der Theater. In: HKM, H 4.2

▸ Gewerbesteuer

Wichtigste Einnahmequelle der Kommunen. Es handelt sich um eine Realsteuer, bei der das Objekt unabhängig von den betreffenden

Personen besteuert wird. Die Steuer wird erhoben nach Gewerbeertrag und Gewerbekapital und in der Höhe bestimmt durch einen Hebesatz, den die Gemeinden festsetzen. Da innerhalb der Gewerbesteuer die Steuer nach dem Gewerbeertrag bei weitem den höchsten Anteil ausmacht, der Unternehmensertrag aber sehr konjunkturabhängig ist, sucht man seit Jahren nach einer konjunkturunabhängigen Einnahmequelle für die Kommunen (beispielsweise durch eine Beteiligung an der Mehrwertsteuer). Andererseits hat die Gewerbesteuer den Vorteil, daß die Kommunen wirtschaftliche Interessen entwickeln und sich folglich auch aktiv an der Wirtschaftsförderung (beispielsweise durch die Ausweisung von Gewerbegebieten, durch Ansiedlungshilfen usw.) beteiligen. Würden sich die kommunalen Steuereinnahmen allein auf die Einwohnerzahl beschränken (Anteil an der Mehrwertsteuer nach Zahl der Einwohner), wie dies in anderen Staaten durchaus üblich ist (vgl. die Diskussion um die sog. Kopfsteuer in Großbritannien), wäre für die Städte und Gemeinden kein Anreiz mehr vorhanden, Wirtschaftsförderung zu betreiben.

Für den kommmunalen Kulturbetrieb bedeutet die Gewerbesteuer nicht nur die wichtigste finanzielle Basis für das örtliche Kulturangebot – die relative Höhe der Gewerbesteuereinnahmen entscheidet ganz wesentlich darüber, was sich eine Stadt kulturell leisten kann –, sondern hat auch einen hohen Stellenwert in einer Argumentationskette, in der von → *Kultur als Wirtschaftsfaktor* die Rede ist.

▸ Grenznutzen

Begriff der Volkswirtschaftstheorie für den Nutzen der letzten zur Verfügung stehenden Einheit eines Gutes, die das als am wenigsten dringende Bedürfnis noch deckt. Um ein Beispiel zu geben: Für den Hungernden ist die erste Scheibe Brot von größtem Nutzen, die zehnte nur noch von geringem. Muß er das Brot bezahlen, stellt sich ihm irgendwann die Frage, ob der Nutzen der nächsten Scheibe den dafür zu entrichtenden Preis noch rechtfertigt: folglich die Frage nach dem Grenznutzen.

Für kulturökonomische Überlegungen ist die Grenznutzentheorie von großem Interesse, vor allem, wenn man nicht nur den Preis für ein Gut bzw. eine → *Dienstleistung*, sondern auch den zeitlichen

Aufwand in den Grenznutzen einbezieht (vgl. auch → *Opportunitätskosten*). So kann beispielsweise der reine Theaterbesuch durchaus noch in einer akzeptablen Relation von zeitlichem Aufwand zum Nutzen stehen, der Aufwand aber, der zusätzlich durch Anreise, Parkplatzsuche, Schlangestehen beim Kartenkauf und an der Garderobe usw. entsteht, möglicherweise nicht mehr. Hier könnte mithin die Schwelle des Grenznutzens überschritten werden, so daß es nicht mehr zum Theaterbesuch kommt. Für ein Kulturmanagement muß es deshalb das Ziel sein, nicht nur die Gegenleistung in Geld, sondern auch den zeitlichen Aufwand für das Umfeld des Theaterbesuchs so gering wie möglich zu halten.

H

Hand's On → Science Center

Harte Standortfaktoren → Standortfaktor Kultur

Harzburger Modell

1956 von der *Akademie für Führungskräfte* in Bad Harzburg entwickeltes Führungssystem, das sich weitgehend mit dem Prinzip → *management by delegation*, in Kombination mit → *management by exceptions* deckt. Durch eine Übertragung von Entscheidungungsbefugnissen auf nachgeordnete Mitarbeiter soll ein autoritärer → *Führungsstil* verhindert werden. Dazu erhalten die Mitarbeiter einen in Stellenbeschreibungen klar definierten Aufgabenbereich. Das Modell macht in der Praxis zahlreiche Verhaltensanweisungen und Abgrenzungen (Zuständigkeitsregelungen) erforderlich und führt letztlich zu einem bürokratischen Führungsstil. Es ist heute in der Wirtschaft sehr umstritten, wird aber in der öffentlichen Verwaltung (auch im Kulturbereich) in vereinfachter Form nach wie vor eingesetzt.

Lit.: Guserl, R. und M. Hofmann: Das Harzburger Modell – Idee und Wirklichkeit und Alternative zum Harzburger Modell, Wiesbaden 1973

Haushaltsgrundsätze

Der Haushaltsplan einer Gemeinde wird nach festgelegten Regeln sowohl aufgestellt als auch ausgeführt. Diese Regeln basieren auf bestimmten Grundsätzen der Haushaltsplanung und Haushaltsausführung. Für den Kulturbereich besonders relevante Haushaltsgrundsätze sind die Grundsätze der Sparsamkeit und → *Wirtschaftlichkeit*, der Jährlichkeit und zeitlichen Bindung, der Haushaltsklarheit und -wahrheit, Einheit und Vollständigkeit, der Einzelveranschlagung und der sachlichen Bindung sowie des Bruttoprinzips.

Haushaltsplan

Der kommunale Haushaltsplan ist der wichtigste Teil der kommunalen Haushaltssatzung. Er gliedert sich in Verwaltungshaushalt und Vermögenshaushalt, aufgeteilt in je zehn Einzelpläne, sowie den Gesamtplan, die Sammelnachweise und den Stellenplan. Neben den Einnahmen und Ausgaben für Pflichtaufgaben enthält der Haushaltsplan auch die Einnahmen und Ausgaben für freiwillige Aufgaben, spiegelt insofern also den politischen Willen einer Gemeinde wider. Damit macht der Haushaltsplan auch wichtige Aussagen über den jeweiligen Stellenwert kommunaler Kulturarbeit.

Lit.: Klein, A.: Der kommunale Kulturhaushalt. Instrument aktiver Kulturgestaltung, Köln 1995

Haushaltsstelle

Die Haushaltsstelle (bzw. der sog. Haushaltstitel) bildet als kleinste Einheit des kommunalen → *Haushaltsplans* das eigentliche haushaltswirtschaftliche Handlungsinstrument. Auf ihr werden letztendlich alle Maßnahmen (getrennt nach Einnahmen und Ausgaben) veranschlagt („etatisiert"), die im laufenden Haushaltsjahr erfolgen sollen. Für den Kulturmanager innerhalb der öffentlichen Verwaltung fixiert die einzelne Haushaltsstelle letztlich seinen jeweiligen finanziellen Handlungsspielraum für die Durchführung kultureller Aktivitäten. Für den Kulturmanager außerhalb der Verwaltung gibt sie - sofern von ihm öffentliche → *Zuwendungen* für seine Aktivitäten eingeplant worden sind - Auskunft darüber, ob und in welcher Höhe er im jeweiligen Haushaltsjahr mit Zuwendungen rechnen kann.

Highlights

Als kulturelle Highlights bezeichnet man herausragende künstlerische Leistungen und Ereignisse, im Gegensatz zu denen der → *Breitenkultur*. Der in den achtziger Jahren weit verbreitete Begriff wird heute mehr und mehr durch den Begriff → *Kultur-Event* abgelöst.

Honorar

Vergütung, die Künstlern als Künstlerhonorar gezahlt wird und die der Abendgage (→ *Gage*) entspricht. Aber auch gebräuchliche Bezeichnung für die Vergütung nicht-künstlerischer Leistungen im Kulturbetrieb wie beispielsweise Vortrags- und Kurshonorare in der → *Volkshochschule* oder → *Musikschule*. Während Künstler Honorare nach Einzelvereinbarungen erhalten, werden Vortragenden und Kursleitern ihre Honorare nach einer Honorarordnung gezahlt, die vom zuständigen Trägerorgan der Einrichtung (Gemeinderat oder Mitgliederversammlung des Vereins) beschlossen werden muß und für die Leitung der Einrichtung weitgehend verbindlich ist.

Hörbuch → Literaturkassette

Hörfunk → Rundfunk

I

▶ Imagefaktor Kultur

Kultur als Institution oder Aktion innerhalb des Kulturbetriebs ist ein positiv besetzter Wert und hat deshalb ein positives Image (Ansehen), selbst bei denen, die kulturelle Angebote nicht oder nur selten wahrnehmen. Eine Untersuchung des Instituts für Kulturmanagement Ludwigsburg und der Hochschule für Wirtschaft und Politik Hamburg hat 1999 gezeigt, daß das kulturelle Angebot von den veränderbaren Imagemerkmalen einer Stadt den höchsten Stellenwert einnimmt (Stadtbild und Landschaft, die einen noch höheren Stellenwert haben, sind nur langfristig oder überhaupt nicht veränderbar).

Die öffentliche Hand, private Unternehmen und auch Einzelpersonen machen sich dieses Image zunutze, indem sie auf einen Imagetransfer spekulieren, d. h. das (positive) Image einer kulturellen Aktivität soll gleichsam auf die Person oder Institution übertragen werden, die Kultur fördert und ermöglicht. Länder, Regionen und Kommunen nutzen diesen Imagefaktor Kultur im Rahmen ihres Marketings (→ *Stadtmarketing*) und Wirtschaftsunternehmen erhoffen sich einen Imagetransfer, indem sie kulturelle Aktivitäten unterstützen (→ *Sponsoring*). Und auch das Grußwort des Bürgermeisters oder des Abgeordneten in einer Veranstaltungsbroschüre des Kulturamtes zielt letztlich auf diesen Imagetransfer.

Lit.: Wüstenrot Stiftung (Hrsg.): Kultur und Stadtentwicklung. Kulturelle Potentiale als Image- und Standortfaktoren in Mittelstädten. Forschungsprojekt im Auftrag der Wüstenrot Stiftung, erarbeitet von W. Heinrichs, A. Klein und P. Bendixen, unter Mitarbeit von P. Hellmig und A. Sikorski, Ludwigsburg 1999

▶ Imagetransfer → Imagefaktor Kultur

▶ Induktion

Zentraler Begriff der Logik und der Wissenschaftsmethodik. Die Induktion schließt vom Besonderen auf das Allgemeine (Gegensatz:

→ *Deduktion*). Aus der Perspektive der kritisch-rationalistischen Wissenschaftstheorie kommt den mit Hilfe von Induktion als Verfahrensweise aller Erfahrungswissenschaften begründeten Aussagen nur ein bestimmter Grad an Bewährung, aber nie Gewißheit zu.

Der Induktion ist auch im Kulturmanagement von großer Bedeutung. Beispielsweise stützen sich → *Marktforschung* und → *Besucherforschung* vorwiegend auf Methoden der → *empirischen Sozialforschung*, also auf Erkenntnisse, die aus Erfahrungen gewonnen wurden. (z. B.: Weil 73 % von 250 befragten Besuchern schon vor Beginn einer Theatervorstellung ein Getränk zu sich nehmen möchten, wird für alle Theaterbesucher – also weit mehr als die 250 befragten – ein solcher Service eingerichtet.)

So groß in einigen Fällen die Bereitschaft ist, der induktiven Methode zu folgen, so erstaunlich gering ist sie in anderen Fällen ausgeprägt. Die induktive Methode hat naturgemäß eine Nähe zur Deskription, weil das Besondere, das Ausgangspunkt für den Schluß ist, zunächst einmal ohne Bewertung festgestellt wird. Würde man nun auch induktiv den → *Kulturbegriff* bestimmten wollen, so müßte man aus einer Reihe von Beschreibungen (was verstehen Sie unter Kultur?) auf den Kulturbegriff schließen. Dies wird auch tatsächlich geleistet, etwa durch das Institut für Demoskopie Allensbach, das regelmäßig eine repräsentative Gruppe der Bevölkerung danach fragt, welche Begriffe ihrer Meinung nach zur Kultur gehören. Dabei fällt auf, daß zum einen der Kulturbegriff im Laufe der Zeit nicht geringen Wandlungen unterworfen ist und daß zum anderen für die meisten Menschen zur Kultur auch Dinge gehören, die weder in der → *Kulturpolitik* noch im Kulturmanagement ihren Niederschlag finden. Statt dessen wird unser Kulturbegriff normativ bestimmt, was eher auf eine deduktive Methode zurückzuführen ist.

▸ Information

Information ist, um es mit einer gängigen Definition zu sagen, „zweckorientiertes Wissen". Als Information bezeichnet man einerseits das Wissen, das im Management auf das bestmögliche Handeln vorbereiten soll und andererseits ein wesentliches Element im kooperativen → *Führungsstil*.

In jeder Form von Management und damit auch im Kulturmanagement hat man es mit Entscheidungen unter Unsicherheiten zu tun; jede manageriale Entscheidung betrifft ein zukünftiges Geschehen, das man nicht gänzlich und in allen Konsequenzen überblicken kann. Um die Risiken zu minimieren, benötigt man möglichst viele, entscheidungsrelevante Informationen. Allerdings ist es nicht immer einfach zu erkennen, welche Informationen man wirklich benötigt, und es ist häufig noch weit schwieriger, die Informationen, die man zu benötigen glaubt, auch tatsächlich zu bekommen. Andererseits erhält man tagtäglich eine Fülle von Informationen, die für die anstehenden Entscheidung gänzlich ohne Belang sind. Man hat es folglich mit drei Problembereichen zu tun: (1) der Bestimmung des Informationsbedarfs, (2) der Beschaffung von Informationen (Informationsnachfrage) sowie (3) der Sichtung des Informationsangebots.

Informationsbeschaffung und -verwertung als Aufgabe des Managements ist ein zentraler Komplex des → *Controllings*. Dem Controller kommt die Aufgabe zu, jene Informationen zu sammeln und aufzubereiten, die für die Unternehmensleitung vor allem unter wirtschaftlichen Gesichtspunkten von Bedeutung sind. Dazu bedarf es einer gut funktionierenden und auf die Bedürfnisse des Betriebs ausgerichteten → *Kosten- und Leistungsrechnung*, um beispielsweise in einem → *Theater* frühzeitig abschätzen zu können, welche wirtschaftlichen Folgen sich aus der Spielplangestaltung ergeben.

Auch aus künstlerischer Sicht und mit Blick auf die Programmarbeit kommt dem Informationsmanagement im Kulturbereich eine große Bedeutung zu. Beispielsweise erhält man als Kulturmanager über die → *Feuilletons* der Tageszeitungen, Fachzeitschriften, Buchpublikationen, Kultursendungen in Hörfunk und Fernsehen sowie auch durch Hinweise aus dem Kollegenkreis und von interessierten Bürgern/Kunden in der Regel eine Fülle von Informationen, ohne daß für diese Informationen tatsächlich eine Nachfrage besteht. Dieses Überangebot an Informationen zu sichten und aus den Informationen diejenigen auszufiltern, die zwar nicht nachgefragt werden, sich bei genauerem Hinsehen aber doch als sinnvoll erweisen, nimmt nicht unerheblich viel Arbeitszeit in Anspruch (bei häufig nur geringer Ausbeute); vgl. dazu das → *Pareto-Prinzip*. Auf der anderen Seite bleibt häufig das Problem, daß man Informationen, die man dringend benötigt (z. B. der aktuelle „Kurswert“ eines Künstlers), nicht erhält, weil sie von wenigen als „Herrschaftswissen“ festgehalten werden. Die Bestimmung des Informationsbedarfs bzw. die Beschaffung von Informationen erweist sich damit als eine entscheidende Funktion für ein erfolgreiches Kulturmanagement. Nur die ständige Überprüfung von Informationsbedarf, Informationsnachfrage und Informationsangebot kann letztlich sicherstellen, daß das Kulturmanagement nicht an der Information scheitert.

Information innerhalb von → *Führung* meint, daß Vorgesetzte und Mitarbeiter die Bereitschaft zeigen, Informationen auszutauschen (→ *Kommunikation*). Dies gilt vor allem für jede Form eines kooperativen Führungsstils, bei dem Mitarbeiter in Entscheidungen eingebunden werden, sowie bei Unternehmensführungen nach dem System eines → *Management by objectives*, weil ohne Informationsaustausch eine Führung durch Zielvereinbarung nicht möglich ist.

Lit.: Picot, A. und E.Franck: Informationsmanagement. In: Handwörterbuch der Organisation, hrsg. von E.Frese, Stuttgart 3.Aufl.1992:886–900

▸ Innovationspotential Kultur

Im Zusammenhang mit der wirtschaftlichen Bedeutung von Kultur erkannte man Mitte der achtziger Jahre, daß Kultur nicht nur ein bedeutender → *Wirtschaftsfaktor* im volkswirtschaftlichen Sinne ist, sondern daß kulturelles Erleben und Handeln auch ganz wesentlich dazu beiträgt, ungenutzte kreative Potentiale freizusetzen und für eine berufliche Nutzung zu erproben. Eine solchermaßen wiederentdeckte Kreativität führt zu Innovationen am Arbeitsplatz, so daß es eigentlich das Anliegen der Wirtschaft sein muß, Kultur zu fördern. Vor allem der frühere französische Kulturminister Jack Lang und der frühere baden-württembergische Ministerpräsident Lothar Späth setzen sich für eine solche Sichtweise von Kultur ein.

Ist der Zusammenhang zwischen Kulturkonsum und Innovation am Arbeitsplatz auch weitgehend eine These geblieben, weil der empirische Nachweis nicht erbracht werden konnte, so ist das Innovationspotential der Künstler für die Wirtschaft unbestritten. Angefangen vom Werkbund über das Bauhaus bis zu heutigen Design-, Architektur- oder Medienhochschulen fließen künstlerische Innovationen in nicht unerheblichem Umfang in die Wirtschaft ein.

Institut für Kulturpolitik e.V.

1996 gründete die → *Kulturpolitische Gesellschaft* das Institut für Kulturpolitik e.V. Dieses konzentriert sich auf folgende Aufgaben: (1) die Durchführung von anwendungsbezogenen Forschungsvorhaben und empirischen Untersuchungen zu zentralen Fragen und Problemen der Kulturpolitik und Kulturwissenschaft; (2) die fachliche und organisatorische Durchführung von Modellversuchen in den Bereichen Kulturmanagement, Kulturarbeit und kulturelle Bildung; (3) die Mithilfe bei der Formulierung und Evaluierung kulturpolitischer Planungs- und Entscheidungsprozesse im Sinne einer wissenschaftlichen Politikberatung; (4) die Einrichtung und der Betrieb eines EDV-gestützten Fachinformationssystems Kulturpolitik als Serviceleistung für Kulturwissenschaft und Kulturpolitik; (5) die Herausgabe von Dokumentationen und Forschungsberichten im Zusammenhang mit der Publikationstätigkeit der Kulturpolitischen Gesellschaft e.V.; (6) die Kooperation mit nationalen und internationalen wissenschaftlichen Einrichtungen der Kultur- und Kulturpolitikforschung.

Lit.: Sievers, N. und B. Wagner: Das Institut für Kulturpolitik (IfK) der Kulturpolitischen Gesellschaft e.V. In: Heinrichs, W. und A. Klein (Hrsg.): Deutsches Jahrbuch für Kulturmanagement 1997, Band I, Baden-Baden 1998 S. 137–171

Integriertes Management

Managementtheoretischer Ansatz, der vom Management-Zentrum St.Gallen entwickelt wurde und der Management weniger als ökonomisch-technische, als vielmehr als ökonomisch-sozial-humane Aufgabe sieht. Dazu steht ein integrierendes, zusammenfügendes Denken im Mittelpunkt, das von größeren Zusammenhängen ausgeht und auch Elemente einzubeziehen versucht, die sich nicht unmittelbar als betriebswirtschaftliche Größen zeigen. Den St.Galler Autoren schwebt der „zusammenfügende Generalist“ vor, nicht aber der Spezialist, der sich mit seinen Analysen auf ein enges Fachgebiet beschränkt.

Da → *Kulturmanagement* die Konzentration auf nur eine Dimension eines Vorgangs weitestgehend ausschließt (vgl. hierzu das Problem der → *Bezugsdisziplin*) könnte sich das Integrierte Management des St.Galler Management-Zentrums für das Kulturmanagement zu einem sehr interessanten Theorieansatz entwickeln.

Lit.: Bleicher, K.: Das Konzept integriertes Management, Frankfurt/Main und New York 2.Aufl. 1992; Ulrich, H. und G.Probst: Anleitung zum ganzheitlichen Denken und Handeln. Ein Brevier für Führungskräfte, Bern und Stuttgart 1988; Malik, E.: Strategie des Managements komplexer Systeme, Bern und Stuttgart 1984

▸ Intendant

Die nur in Deutschland übliche Bezeichnung Intendant, abgeleitet vom lateinischen bzw. französischen Begriff für Oberaufseher/Verwalter, bezeichnet den obersten Leiter eines → *Theaters* bzw. einer → *Rundfunkanstalt.* Zur ursprünglichen Wortbedeutung gehören die Funktionen des Planens sowie zielgerichteten Arbeitens und Organisierens, Begriffe, die heute vor allem dem Management zugeordnet werden. Hinzu kommen im Theaterbereich ganz entscheidend die künstlerisch-kreativen Funktionen, wie z. B. Spielplangestaltung, Verpflichtung des künstlerischen Personals usw.

Im § 2 des Intendantenmustervertrages des → *Deutschen Bühnenvereins* wird dem Intendanten vom jeweiligen Rechtsträger des Theaters (in aller Regel Stadt bzw. Land) die künstlerische, wirtschaftliche und administrative Leitung des Theaters im Rahmen der für den Rechtsträger geltenden Verfassung und öffentlich-rechtlichen Ordnung übertragen. Der Intendant untersteht dem dafür zuständigen Vertreter des Rechtsträgers (normalerweise dem → *Kulturderzenten*), der zur Abgabe und zur Entgegennahme der Erklärungen für den Rechtsträger dem Intendanten gegenüber berechtigt ist. Unbeschadet des eigenen Repräsentationsrechts des Rechtsträgers vertritt der Intendant das Theater in der Öffentlichkeit. Ihm ist das gesamte künstlerische, technische und Verwaltungspersonal unterstellt. Dem Intendanten unterliegt (1) die Gestaltung des → *Spiel-*

plans; (2) der Abschluß oder die Beendigung unbefristeter Arbeits- und Dienstverträge sowie der Abschluß, die Erneuerung oder Nichterneuerung befristeter Dienst- oder Gastspielverträge (ggf. mit befristeter Dauer und finanzieller Höchstgrenze → *Normalverträge*); (3) die Rollenbesetzung, die Verteilung der Regie- und Dirigieraufgaben (letzteres nach Anhörung des musikalischen Oberleiters); (4) die Gewährung von Urlaub an Mitglieder und Gäste, die einer Urlaubserlaubnis bedürfen. Der Intendant ist verpflichtet, die Haushaltsansätze einzuhalten.

In den beiden essentiellen Rechten (1) der Spielplangestaltung und (2) der Ensemblebildung (Vertragsschließung und Auflösung von Bühnennormalverträgen) ist der Intendant in der Bundesrepublik Deutschland unter Berufung auf die Kunstfreiheitsgarantie (→ *Kunstfreiheit)* des Art. 5 Abs. 3 des Grundgesetzes im Rahmen des Finanzhaushaltes frei.

Lit.: Brauneck, M. und G. Schneilin (Hrsg.): Theaterlexikon. Begriffe und Epochen, Bühnen und Ensembles, Hamburg 3.Aufl. 1992

Interaktive Musik-CD

Musik-CD-ROM, die dem Nutzer Möglichkeiten der aktiven Gestaltung bietet. Einerseits werden wie in einem → *elektronischen Buch* Musiksequenzen, Vidioclips, Texte und Hintergrundinformationen angeboten, andererseits besteht aber auch die Möglichkeit, über ein Bildschirm-Audiomischpult durch die Wahl der Tempi und durch Veränderung der Arrangements in die Wiedergabe aktiv einzugreifen.

Interaktives Fernsehen

Fernsehangebot, bei dem das Fernsehgerät nicht nur zum Konsum, sondern auch für eine aktive Handhabung und Gestaltung genutzt werden kann. Dazu gehören beispielsweise Telebanking und Teleshopping, aber auch Videofilme (→ *Video-on-demand)* und Videospiele, die nicht über ein Videogerät, sondern über ein hochleistungsfähiges ISDN-Kabelsystem (Integrated Services Digital Network) eingespeist werden. Auch → *elektronische Bücher* und Zeitungen können in einem interaktiven Fernsehen gelesen werden.

Doch interaktives Fernsehen geht noch über die auch aus anderen Medien bekannten Möglichkeiten hinaus, wenn Interaktivität auch für Spielfilme und Fernsehdokumentationen angeboten wird. Demnach haben die Zuschauer die Möglichkeit, in eine Spielfilmhandlung einzugreifen, indem sie beispielsweise bestimmen, ob ein Konflikt ein gutes oder ein schlechtes Ende nehmen soll. Interaktive Filme wie beispielsweise „I'm your man", produziert von Controlled Entrophy Entertainment, bietet etwa 90 Minuten digital gespeichertes Filmmaterial an, aus dem der Zuschauer durch individuelle Entscheidungen einen maximal 20minütigen Film auswählen kann. Ähnlich interaktiv kann sich der Zuschauer beispielsweise auch bei Sportübertragungen verhalten und selbst entscheiden, ob er ein Fußballspiel aus der Sicht des Torwarts, des Trainers oder des Zuschauers auf der Tribüne sehen möchte (sofern an diesen Plätzen Kameras positioniert sind).

Trotz der erstaunlichen Möglichkeiten, die interaktives Fernsehen bietet, ist der Erfolg bisher nur mäßig. 1995 startete die baden-württembergische Landesregierung den bisher in Europa größten Feldversuch mit 4000 angeschlossenen Haushalten; die Ergebnisse ließen allerdings keine allzu intensive Nachfrage der Privathaushalte erwarten. Ansätze zur Interaktivität finden sich auf der sogenannten → *DVD* (Digital Versatile Disk).

▸ Internet

Weltweit größtes Computernetzwerk, das dem Nutzer einen rechnergestützten Zugriff auf Datenbanken in aller Welt sowie eine Kommunikation mit anderen Internet-Nutzern ermöglicht. Glaubte man noch 1995, das System werde vor allem von Behörden und wissenschaftlichen Instituten genutzt, um einen schnellen Zugriff auf internationale Datenbanken zu haben, so hat sich zur Jahrhundertwende das Internet zu einem Masseninformationssystem entwickelt. Ende 1999 hatten etwa 30 % aller Personen im Alter zwischen 14 und 69 Jahren in Deutschland einen privaten oder beruflichen Internetanschluß; das entspricht 16 Mio. Nutzer, davon 39 % Frauen. Angesichts von aktuellen jährlichen Wachstumsraten von 200 % ist damit zu rechnen, daß die Nutzerzahlen weiterhin dramatisch steigen werden. Innerhalb der Gruppe der Jugendlichen (14 bis 19 Jahre) hat das Internet inzwischen bereits eine Reichweite von 60 %.

Für den Kulturbetrieb hat das Internet erhebliche Bedeutung. Zum einen hat das rasante Wachstum der privaten Internetnutzung dazu geführt, daß die hohen Investitionen in Online-Angebote der → *Bibliotheken* heute größtenteils als Fehlinvestitionen gewertet werden müssen. Man glaubte noch Anfang der neunziger Jahre, daß ein Online-Anschluß an internationale Datenbanken für den Privathaushalt nicht in Frage käme und deshalb in öffentlichen Einrichtungen vorgehalten werden müsse. Zum anderen hat sich das Internet als sehr gutes und schnell aktualisierbares Medium der → *Öffentlichkeitsarbeit* erwiesen und erlangt zudem einen immer höheren Stellenwert bei der Buchung von Eintrittskarten (→ *E-Commerce*). Nicht zuletzt ist das Internet auch ein Forum für die Verbreitung künstlerischer Leistungen, sei es als Kunstdatenbank (vgl. z. B. → *arte24*) oder als Musikforum (→ *MP3*).

▸ Internet-Auktionen

Eine erst Ende der neunziger Jahre auftretende Form des Auktionshandels sind die Internet-Auktionen. Virtuelle Auktionshäuser wie beispielsweise eBay bieten inzwischen alle nur denkbaren Waren als Auktionswaren an oder stellen nur die Rahmenbedingungen, um Versteigerungen unmittelbar zwischen Anbieter und Bieter im Internet möglich zu machen. Sie sind damit vor allem für die traditionellen Flohmärkte zu ernsthaften Mitbewerbern geworden.

Nach anfänglichem Zögern hat sich auch die Branche der klassischen → *Kunstauktionen* dem Internet-Auktionshandel geöffnet. Nachdem 1998 allein in den USA bereits 1,2 Mio. $ über Internet-Auktionen umgesetzt wurden, startete im Sommer 1999 Sotheby's und wenige Monate später aus Christie's mit Internet-Auktionen.

▸ Inthega (Interessengemeinschaft der Städte mit Theatergastspielen e.V.)

Die Inthega, der mittlerweile über 250 Städte aus dem gesamten deutschsprachigen Raum angehören, wurde 1980 gegründet. Nach ihrer Satzung verfolgt sie den Zweck, die öffentlich- und privatrechtlichen, insbesondere die kommunalen und gemeinnützigen Veranstalter von Theater- und Konzertgastspielen bei ihrer Arbeit zu unterstützen und ihre Interessen gegenüber Dritten durch Empfehlungen, Verhandlungen (z. B. Aushandlung der Höhe von → *Tantiemen*), Abschluß von Vereinbarungen und andere geeignete Schritte zu wahren. Sie wurde vor allem gegründet, damit die kommunalen und gemeinnützigen Veranstalter praktische Tips für die Durchführung von Veranstaltungen erhalten sollten. Darüber hinaus wollte man sich gemeinsam gegen „schwarze Schafe" bei den → *Tourneetheatern* wehren. So handelte die Inthega mit der „Interessengemeinschaft der deutschsprachigen Tourneetheater" einen → *Gastspielvertrag* mit einigen Vorteilen für Inthega-Mitglieder aus.

Lit.: INTHEGA: Spielplanjournal. Informationsdienst für die Kulturarbeit in Städten und Gemeinden, Darmstadt (erscheint jährlich)

▶ Inventarisierungspflicht

Zu den Pflichten eines Zuwendungsempfängers gehört die im → *Zuwendungsbescheid* festgelegte Inventarisierungs- bzw. Sorgfaltspflicht. Sowohl im Stadium der Vorbereitung als auch bei der Durchführung eines Projektes kann es vorkommen, daß der Veranstalter bestimmte benötigte Gegenstände nicht mieten (oder leasen) kann und sie daher anschaffen muß. Diese Gegenstände bleiben im Eigentum der Bewilligungsbehörde und sind deshalb sowohl sorgfältig zu behandeln als auch zu inventarisieren, falls ihr Anschaffungswert höher als 800 DM liegt. Die Inventarisierungs- bzw. Sorgfaltspflicht umfaßt deshalb das (1) Anlegen eines Verzeichnisses der aus der → *Zuwendung* erworbenen Gegenstände mit einem Anschaffungs- oder Herstellungswert ab 800 DM; das (2) Inventarisieren mit Anschaffungs- oder Herstellungsdatum, der Bezeichnung des Gegenstandes, der Höhe der Ausgaben sowie der Kennzeichnung, in wessen Besitz sich der Gegenstand befindet; die (3) Verwendung der Gegenstände nur im Sinne des Zuwendungszweckes; die (4) sorgfältige Behandlung der Gegenstände sowie ggf. die (5) Rückgabe/Verkauf der Gegenstände nach Abschluß des Projektes.

Investitionsfinanzierung

Investitionen werden in der Regel aus Rücklagen oder Krediten finanziert. → *Vereine* und → *Stiftungen* sind beispielsweise berechtigt, zweckgebundene Rücklagen zu bilden. Kommunen haben zudem Zugriff auf die sehr kostengünstigen Kommunalkrediten. Sind allerdings keine Rücklagen vorhanden und ist der haushaltsrechtliche Kreditrahmen ausgeschöpft, bliebt nur noch der Weg über halbprivate Finanzierungsmodelle. Dazu zählen vor allem das → *Leasing*, der → *Kommunale Immobilienfonds* und die → *Betreibergesellschaft*.

Lit.: Willms, M.: Private Finanzierung von Infrastrukturinvestitionen. Theoretische und empirische Grundlagen, Baden-Baden 1998; Heinrichs, W.: Private Finanzierung von Investitionen in die kulturelle Infrastruktur der Kommunen. In: HKM F 1.5

Inzidenz-Analyse

Analyse der Auswirkungen finanzpolitischer Maßnahmen auf Unterschiede in der Einkommensverteilung (inzident = nebenbei anfallend). In der → *Kulturökonomik* auch die Analyse der wirtschaftlichen Auswirkungen von Kulturzuschüsse auf Bereiche außerhalb des bezuschußten Kulturbetriebs, z. B. Umsätze der Gastronomie in Verbindung mit bezuschußten → *Festspielen*. Bei den solchermaßen analysierten Effekten spricht man auch von kulturökonomischen → *Multiplikatoreneffekten*.

Inzidenz-Analysen sind immer lokal oder regional begrenzt, d. h. sie untersuchen die volkswirtschaftlichen Auswirkungen, die Kulturbetriebe in einem definierten Raum haben. So kann man beispielsweise berechnen, welche → *Bruttowertschöpfung* in einer Region durch den Wirtschaftsbetrieb → *Theater* erzielt wird, indem man addiert: (1) die Einkommen aus der unmittelbaren Schaffung und Vermittlung von Kultur (durch die Mitarbeiter des Theaters), (2) die Einkommen der Lieferanten von Vorleistungen (z. B. Materialien für Bühnenausstattung), (3) die Einkommen aus der Nachfrage, die wiederum aus den Einkommen der Theaterangehörigen und Lieferanten entsteht (sog. Vorleistungsverflechtungen und → *Multiplikatoreneffekte*) sowie (4) die Einkommen, die aus den Nebenausgaben der Theaterbesucher entstehen. Nach dieser Methode wurden Ende der achtziger Jahre sehr interessante Inzidenz-Analysen beispielsweise für die Theater in Zürich und Bonn und für die Salzburger Festspiele erarbeitet.

Vorleistungsverflechtungen und Multiplikatoreneffekte werden durch eine volkswirtschaftliche Modellrechnung ermittelt, die Input-Output-Analyse. Dabei geht man von der Annahme aus, daß der Einsatz der Produktionsfaktoren (Input) dem zu variierenden Produktionsausstoß (Output) der Höhe nach proportional ist. Wenn man beispielsweise die Höhe der Einkommen einer zu untersuchenden Personengruppe kennt (Input), lassen sich daraus die Einkommen aus Vorleistungsverflechtungen (Output) berechnen. Zur Vereinfachung der Berechnung stellt das Statistische Bundesamt sogenannte Input-Output-Tabellen zur Verfügung, wo sich die Werte für verschiedene Berufsgruppen und Lebensräume ablesen lassen.

Problematisch an der Inzidenz-Analyse ist die Tatsache, daß jeder Wirtschaftszweig nur isoliert betrachtet wird, d. h. würde man für mehrere Wirtschaftszweige im gleichen Raum eine Inzidenz-Analyse durchführen, käme es zu Überschneidungen, die rechnerisch eine höhere Gesamt-Bruttowertschöpfung der Region zur Folge hätten als sie tatsächlich gegeben ist.

Lit.: Heinrichsmeyer, W., W.Britz und Th.Rau: Kultur als Wirtschaftsfaktor. Dargestellt am Beispiel der Bonner Oper, Bonn 1989

J

Jahresgabe

Kunstwerk (zumeist eine Grafik), das an Mitglieder eines → *Kunstvereins* zum Jahresende relativ preiswert abgegeben wird. Diese Jahresgaben dienen einerseits der Förderung von Künstlern, andererseits gehören sie aber auch zu den Vergünstigungen, die die Mitgliedschaft in einem Kunstverein mit sich bringt. Früher trugen die Jahresgaben ganz wesentlich zur Finanzierung der Kunstvereine bei, heute lassen sich häufig aus den Verkäufen nicht einmal mehr die Kosten der Jahresgaben decken, so daß die Tradition der Jahresgaben zumindest aus finanzieller Sicht sehr in Frage zu stellen ist.

Jugendkunstschule → Kunstschule

K

▸ Kaltansprache

Begriff aus dem → *Database-Marketing*. Erstansprache (→ *Mailings*) an Personen, die bisher noch nicht mit einer Kultureinrichtung in Kundenbeziehung stehen.

▸ Kameralistik

Die Kameralistik (bzw. kameralistische Buchführung) ist die Rechnungsform der öffentlichen Verwaltung (Gebietskörperschaften) bzw. der eng mit ihr verbundenen öffentlichen Unternehmen (→ *Regiebetrieb*). Die Kameralistik geht grundsätzlich von den durch Gesetz bzw. durch politische Willensentscheidung (Gemeinderat) festgelegten und zu erfüllenden Aufgaben (→ *freiwillige* bzw. → *Pflichtaufgaben*) aus. Diese schlagen sich in der Regel in entsprechend zu tätigenden Ausgaben nieder. Zur Deckung dieser Ausgaben sind bestimmte Einnahmen erforderlich, die z. B. aus Steuern, Gebühren, Deckungsbeiträgen, Schlüsselzuweisungen im Rahmen des Finanzausgleiches, aber auch Eintrittsgeldern, Sponsorenmitteln usw. stammen.

Wichtigstes Rechnungsziel der Kameralistik ist der Nachweis der Einhaltung des Haushaltsrechts, d. h. der Erfüllung der Haushaltssatzung und des → *Haushaltsplans* sowie der tatsächlich erreichten Deckung der wirklichen Ausgaben (Überschuß- und Fehlbedarfsermittlung). Eines ihrer wesentlichen Kennzeichen (im Gegensatz zum → *Controlling* in der betriebswirtschaftlichen Rechnungsführung) liegt deshalb in der vorrangigen externen Kontrolle der Verwaltung, d. h. der Verantwortlichkeit gegenüber und der Überprüfbarkeit durch das Parlament/den Gemeinderat (bzw. durch damit beauftragte Kontrollorgane wie Rechnungshöfe und -prüfungsämter). Der Erfüllung dieses Zweck dienen eine Reihe von → *Haushaltsgrundsätzen*, vor allem die der Haushaltsklarheit und -wahrheit.

Die Kameralistik ist die für den in der öffentlichen Verwaltung tätigen Kulturmanager verbindliche Rechnungsform. Sie gilt allerdings keineswegs nur für die einzelnen Ämter (→ *Kulturamt*) der Verwaltung, sondern ebenso für sämtliche Kultureinrichtungen (z. B. Theater, Museen, Volkshochschulen, Musikschulen usw.), die als → *Regiebetrieb* geführt werden.

Lit.: Klein, A.: Der kommunale Kulturhaushalt. Instrument aktiver Kulturgestaltung, Köln 1995

Käuferaufgeld

In einer → *Kunstauktion* zahlt der Käufer zum Zuschlagspreis (Hammerpreis) einen sogenannten Käuferaufschlag (zwischen 15 und 35 %) als Provision an den Auktionator bzw. das Auktionshaus. Die Höhe des Käuferaufgeldes (auch als Auktionsgebühr bezeichnet) ist von Land zu Land verschieden.

Kennzahlen

Als Kennzahlen oder Kennziffern bezeichnet man Maßstabwerte für den innerbetrieblichen oder zwischenbetrieblichen Vergleich. Dazu ist ein leicht faßbarer Zahlenausdruck erforderlich, durch den auch komplexe Zusammenhänge adäquat erfaßt werden. Gerade diese Voraussetzung ist im Kulturbereich aber nicht immer gegeben, da sich kulturelle Leistung und kulturelle Qualität nur schwer quantifizieren lassen. Dennoch gibt es auch im Kulturbereich durchaus überzeugende Kennzahlen, die sehr erfolgreich im → *Controlling* und im → *strategischen Kulturmanagement* eingesetzt werden können. Sie entstammen in der Regel der → *Kulturstatitik*.

Bewährte Kennziffern sind beispielsweise im Management von → *Volkshochschulen* die Angebotsdichte (Unterrichtsstunden x 1000, dividiert durch Einwohnerzahl), der Angebotsstrukturindex (Teilnehmerbelegungen dividiert durch Unterrichtsstunden) und die Organisationsleistung (Unterrichtsstunden dividiert durch die Anzahl der hauptberuflichen pädagogischen Mitarbeiter). In anderen Einrichtungen kennt man ähnliche Kennzahlen (vgl. auch → *Bibliotheken*), bis hin zu allgemeinen Vergleichswerten über das Kulturangebot einer Stadt (z. B. → *Kulturausgaben* pro Einwohner). Verglichen mit Standards (Landes- oder Bundesdurchschnitt) lassen sich solche Kennzahlen sehr gut in einer → *Stärken-Schwächen-Analyse* einsetzen.

Kinder- und Jugendtheater

Kinder- und Jugendtheater in der Bundesrepublik Deutschland können entweder als „vierte Sparte" (neben Musiktheater, Schauspiel und Tanztheater) den → *Staats- und Stadttheatern* bzw. den → *Landestheatern/Landesbühnen* angeschlossen sein oder als → *Privattheater* gemeinnütziger oder gewerblicher Art sowie als → *Freie Theater* organisiert sein. Die bundesrepublikanischen Theater für Kinder und Jugendliche sind in der deutschen Sektion der ASSITEJ e.V. (Association internationale du Théatre pour L'Enfance et la Jeunesse) zusammengeschlossen. Ihre Geschäftsstelle befindet sich im Kinder- und Jugendtheaterzentrum der Bundesrepublik Deutschland in Frankfurt am Main.

Von diesen professionellen Theaterproduktionen, bei denen die Besucher wie im Erwachsenentheater in ihrer Interaktion auf das Zuschauen/-hören eingeschränkt sind, zu unterscheiden sind die von Kindern und Jugendlichen selbst produzierten Bühnenaufführungen, hier vor allem Schultheater, auch „Pädagogisches Kinder- und Jugendtheater" und „Darstellendes Spiel" genannt. Diese nichtprofessionellen, meist von Lehrern bzw. Theaterpädagogen geleiteten Theater präsentieren sich in ländergebundenen Schülertheatertreffen und dem alljährlichen bundesweiten Jugendtheatertreffen.

Wesentliche Impulse, die ab Mitte der siebziger Jahre auch die Theater in öffentlicher Trägerschaft erreichten, empfing das deutsche Kinder- und Jugendtheater seit Ende der sechziger Jahre vor allem vom Berliner GRIPS-Theater, einer freien Theater-Gruppe. Die erst relativ kurze Geschichte des Kinder- und Jugendtheaters in der Bundesrepublik Deutschland ist nichtsdestotrotz eine sehr erfolgreiche. Statistisch gesehen werden bei den öffentlich geförderten Theatern dieser Sparte ca. 3500 Vorstellungen jährlich angeboten, die mehr als 1,5 Millionen Besucher finden. Die Zahl der Aufführungen von professionellen Freien Gruppen und Privattheatern wird auf ca. 2500 geschätzt.

Lit.: Reclams Kindertheaterführer. 100 Stücke für eine junge Bühne. Hrsg. vom Kinder- und Jugendtheaterzentrum in der Bundesrepublik Deutschland, Stuttgart 1994

▸ Kino

Kurzform von Kinematograph; heute übliche Bezeichnung für Filmtheater zur Aufführung von → *Filmen*. Waren die Kinos lange Zeit in jedem Ort ein wichtiges kulturelles Zentrum und der Film ein unverzichtbares Kulturangebot (mit Besuchszahlen von über 800 Mio. in den alten Bundesländern Mitte der fünfziger Jahre), so ist seit den achtziger Jahren eine starke Konzentration auf Groß- und Mittelstädte zu verzeichnen. 1959 gab es in der Bundesrepublik 7085 ortsfeste Filmtheater, 1989 waren nur noch 3216. Entsprechend verringerte sich auch die Zahl der Sitzplätze von fast 3 Mill. 1959 auf nur noch 610 000 im Jahr 1989. Doch während die Anzahl der ortsfesten Kinos und der Sitzplätze in diesem Zeitraum kontinuierlich abnahmen, blieb die Zahl der Kinobesuche bis etwa 1990 mit jährlich etwa 100 Mill. konstant.

Waren die Kinos noch in den fünfziger und sechziger Jahren wirkliche Filmtheater, wandelten sie sich Ende der siebziger Jahren zu kleineren „Schachtelkinos", d. h. die ehemaligen „Lichtspielhäuser" wurden baulich in mehrere kleinere Säle unterteilt und zu „Kinocentern" umgewidmet, um den schwindenden Besucherzahlen gerecht zu werden. Mit dem Bau der ersten → *Multiplex-Kinos* zeigte sich Ende der achtziger Jahre eine erstaunliche Trendwende im Kinobau. Die Konzeption der Multiplexe mit acht oder mehr Leinwänden unter einem Dach hat die alte Zählung der Filmtheater obsolet gemacht. Heute zählt man statt dessen die Leinwände (Kinosäle); 1999 waren es in Deutschland 1173.

Die Trendwende im Kinobau, aber auch eine wesentlich verbesserte Technik der Filmproduktion und der Fimvorführung (z. B. Dolby surround), haben dazu geführt, daß seit 1995 die Besuchszahlen in den deutschen Kinos wieder ansteigen. 1999 wurden 149 Mio. Besuche gezählt; das erfolgreichste Kinojahr der letzten 20 Jahre. Mit einem Jahresumsatz von 1,581 Mrd. DM war auch das deutsche Kino 1999 wieder eine wichtige Größenordnung in der → *Filmwirtschaft*. An diesem Umsatz waren die Multiplexe mit 41,7% beteiligt.

Die durchschnittlichen Eintrittspreise lagen 1999 bei 10,61 DM, bei Kosten je Kinokarte von etwa 11 DM. Dieses Mißverhältnis zwischen Kosten und Erlösen hat dazu geführt, daß der Konzessionsverkauf (Getränke, Konfekt, Salzgebäck usw.) zur entscheidenden Basis für ein wirtschaftliches Ergebnis geworden ist. Nach Schätzungen des Hauptverbandes deutscher Filmtheater erreicht der Konzessionsverkauf je Kinokarte Gewinne von 2 bis 6 DM.

Was die Alterstrukturen der Kinobesucher betrifft, so lassen sich kaum Veränderungen feststellen. Nach wie vor bilden die 20- bis 29-jährigen mit 42,5 % die Kerngruppe der Kinobesucher. Auffallend ist, daß Kinobesuche bei den über 50-jährigen deutlich zurückgehen, während in dieser Altersgruppe der Erwerb von Kaufvideos zunimmt.

Lit.: Pätzold, U. und H. Röper: Kinos in NRW. Vom Dorfkino zum Multiplex, Düsseldorf 1992

▶ Klangbibliothek

Sammlung von Klängen und Geräuschen, die in digitalisierter Form (z. B. über CD-ROM oder Arbeitsdiskette) abgerufen werden können. Klangbibliotheken oder Soundarchive arbeiten kommerziell (z. B. die Touchdown Studios in Kranzberg bei München), indem sie Film-, Video- und Hörfunkproduzenten ihre Klang-Produkte anbieten. Inzwischen können zahlreiche Angebote aus Klangbibliotheken per → *Internet* heruntergeladen werden oder sind sogar schon Teil der Standart-Software.

▶ Kleinkunst

Kleinkunst ist ein Sammelbegriff, der sich nicht einer bestimmten künstlerischen Sparte zuordnen läßt, sondern sich allein durch die „kleine Form" (bezüglich Ensemble, technischem Aufwand), also durch eine Äußerlichkeit definiert. Zur Kleinkunst rechnet man z. B. Chansonvorträge, Parodien, Pantomimen, Puppentheater, Conférencen, Sketche, Comedy, Clownerien, Akrobatik und Jonglage, kleinere Tanzformen und Liedermacher. Die Grenzen der künstlerischen Ausdrucksform sind recht fließend, etwa von der Akrobatik zum Varieté oder vom Kabarett zu Literatur und Musik. Als Betreiber von Kleinkunstbühnen finden sich Privatpersonen (häufig selbst aus der Künstlerszene oder verwandten Gebieten), Vereine, soziokulturelle Zentren und GmbHs, in seltenen Fällen Kommunen selbst. Eine Reihe von Kleinkünstlern wird über → *Agenturen* vermittelt; daneben haben sich die → *Kleinkunstbörsen* als ein besonderes Forum der Künstlervermittlung entwickelt.

Lit.: Haendle, H.: Gebrauchsanleitung für ein unberechenbares Genre: Kleinkunst. Tips und Tricks zur Durchführung von Kleinkunstveranstaltungen. In: HKM, C 2.3

Kleinkunstbörse

Treffen von Künstlern, Ensembles und Agenten aus dem Bereich der → *Kleinkunst* mit potentiellen Veranstaltern und Vermarktern. Der Form nach handelt es sich eigentlich um Messen, bei denen Dienstleistungen vorgestellt und gehandelt werden. (Die Bezeichnung Börse gilt nur für den Handel mit fungiblen, d. h. austauschbaren Wertpapieren, Waren und Dienstleistungen.) Eine der ersten Einrichtungen dieser Art war die Deutsch-Niederländische Kleinkunstbörse in Kleve. Es folgten in den nächsten Jahren vergleichbare Messen in Freiburg/Brsg., St.Ingbert, Salzgitter, Herne, Osnabrück, Erlangen und Selb. Fast alle Messen haben sich auf einen Themenbereich (z. B. Theater) spezialisiert; Messeorte im grenznahen Bereich (Kleve, St.Ingbert, Selb und Freiburg) widmen sich vor allem dem grenzüberschreitenden Informationsaustausch.

Strittig ist, inwieweit es sich wirklich um eine Form der → *Kulturförderung* handelt, da durch die Begegnung auf der Kleinkunstbörse nicht unmittelbar Kultur für eine Öffentlichkeit angeboten wird, sondern vielmehr die Grundlagen für das Wirtschaften der Künstler und Agenturen geschaffen werden. Die Kleinkunstbörse in Kleve wird deshalb auch – sehr konsequent – vom dortigen Amt für Wirtschaftsförderung und nicht vom Kulturamt organisiert.

Lit.: Thiemann, H.: Europäische Kulturbörsen. In: HKM, C 2.4

Knappheitsprinzip

Wichtiges Prinzip des Wirtschaftens (vgl. → *Kulturökonomik*); es bezeichnet die Spannung, die zwischen unseren Wünschen und Bedürfnissen einerseits und unseren Möglichkeiten, diese → *Bedürfnisse* zu befriedigen, andererseits besteht. In der Regel sind die Güter und → *Dienstleistungen*, die die Konsumenten benötigen, nicht in der Zahl vorhanden, daß alle Wünsche ohne jede Gegenleistung befriedigt werden können. Folglich richtet es sich nach der Höhe der Gegenleistung (Preis), welche Bedürfnisse befriedigt werden können. Das Knappheitsprinzip besagt zudem, daß Gegenleistungen, die für ein Gut oder eine Dienstleistungen erbracht wurden, für eine zweite nicht mehr zur Verfügung stehen. Das Knappheitsprinzip hat deshalb zur Folge, daß man es immer mit einer Nutzenkonkurrenz und einer Nutzenabwägung zu tun hat (vgl. → *Grenznutzen*).

Aus dem Knappheitsprinzip ergibt sich, daß auch Kunst und Kultur Gegenstände des Wirtschaftens sind. Zum einen herrscht Knappheit auf seiten der Produktion, denn künstlerische Werke und hervorragende Künstler stehen nicht unbegrenzt zur Verfügung, zum anderen ist Knappheit auch hinsichtlich des Gegenwertes gegeben, den die Konsumenten von Kunst und Kultur in Form von Geld, Zeit, räumlichen Möglichkeiten zum Aufbewahren von Bildern usw. zu leisten haben. Folglich sind auch hier Nutzenkonkurrenz und Nutzenabwägung gegeben.

▸ Kommerzialisierung

Überführung eines Nonprofit-Betriebs (→ *Nonprofit-Organisation)* in einen profitorientierten Betrieb, in der Regel durch eine → *materielle Privatisierung*.

▸ Kommunale Galerien

Kommunale Galerien sind öffentliche, nicht auf Gewinn ausgerichtete Einrichtungen, die regelmäßig → *Ausstellungen* organisieren. Kommunale Galerien, die oft auch als Städtische Galerien bezeichnet werden, nehmen damit ähnliche Aufgaben wahr wie kommerzielle → *Galerien* oder → *Kunstvereine*. Im Unterschied aber zu den kommerziellen Galerien ist die Arbeit der kommunalen Galerien nicht auf den Kunsthandel und damit einen Profit ausgerichtet, sondern orientiert sich am kulturpolitischen Ziel der Kunst- und Künstlerförderung. In größeren Städten werden große kommunale Galerien häufig als → *Kunsthallen* bezeichnet.

In Städten, in denen kein Kunstverein besteht, nehmen kommunale Galerien auch die Aufgabe wahr, aktuelle Tendenzen der Kunstszene vorzustellen. Existiert aber am Ort auch ein Kunstverein, so sollte sich die kommunale Galerie darauf beschränken, jungen, noch unbekannten Künstlern eine Plattform zu bieten und vor allem lokale und regionale Aspekte der Kunstszene herauszustellen. Zwar ist eine solche Abgrenzung zwischen Kunstverein und kommunaler Galerie durchaus umstritten, doch wird ein Überleben des als Verein geführten Kunstvereins gegenüber der städtischen Einrichtung nicht möglich sein, wenn sich beide auf vergleichbare Themen (Entwicklungen in der aktuellen Kunstszene) konzentrieren.

Von ihrem Selbstverständnis her verfügen kommunale Galerien über keinen eigenen Sammlungsbestand, sondern zeigen nur Wechselausstellungen in einem eigens dafür eingerichteten Gebäude und unterstreichen durch die Einbeziehung von Fachpersonal ihren professionellen Anspruch. Sie unterscheiden sich damit von den vielen kommunalen Kunstausstellungen in Rathausfoyers oder ähnlichen allgemein zugänglichen Räumlichkeiten.

▶ Kommunale Kinos

Ein kommunales Kino ist eine selbständige → *kulturelle Einrichtung* in der Trägerschaft der jeweiligen Gemeinde. Das erste deutsche Gemeindekino wurde bereits 1913 in Eickel (damals Kreis Gelsenkirchen) eröffnet; das erste kommunale Kino in der Bundesrepublik Deutschland 1971 in Frankfurt am Main. Das vorrangige Ziel kommunaler Kinos ist es, Filme vorzustellen, die aus kommerzieller Sicht nicht (oder nicht mehr) von Interesse sind. Darüber hinaus will es eine intensive Auseinandersetzung mit dem Medium → *Film* durch Informationen, Begleitveranstaltungen, Diskussionen, Programmhefte usw. ermöglichen. Der Spielplan entsteht deshalb nicht unter kommerziellen, sondern unter sachlich-inhaltlichen, ästhetischen und filmhistorischen Aspekten.

Kommunale Kinos stehen allerdings wie kaum ein anderer Kulturbetrieb in einem gewissen Spannungsverhältnis zu kommerziellen Kinobetrieben, da es sich hier um ein Massenmedium mit einer entsprechenden, auch wirtschaftlich interessanten, Massenresonanz handelt. So reagierten etwa alle Frankfurter Erstaufführungstheater nach Etablierung des dortigen Kommunalen Kinos mit einer Unterlassungsklage gegen die Stadt als Betreiberin mit der Begründung, daß nach der Gemeindeordnung eine Kommune nur dann einen wirtschaftlichen Betrieb errichten dürfe, wenn ein öffentlicher Zweck dies rechtfertige und wenn das Unternehmen zu der Leistungsfähigkeit der Gemeinde und zum voraussichtlichen Bedarf nach Art und Umfang in einem angemessenen Verhältnis stehe (→ *Subsidiaritätsprinzip*). Da aber gemäß der Gemeindeordnungen Einrichtungen des Bildungswesens und der Kultur nicht als wirtschaftliche Unternehmen gelten, wurde die Klage u. a. mit der Begründung abgewiesen, daß ein kommunales Kino eine ganz andere Leistung als das kommerzielle Filmtheater erbringe.

Mittlerweile gibt es über 120 kommunale Kinos in der Bundesrepublik Deutschland, deren Programm sicherlich nicht ohne Rückwirkung auf die Spielplangestaltung kommerzieller Kinobetriebe ist. Der Leiter eines Kommunalen Kinos trägt in den Grenzen des Kommunalverfassungsrechts die Verantwortung für das Programm sowie die organisatorische und persönliche Führung des Hauses; er bestimmt die Programmarbeit. Die Auswahl des entsprechenden Filmmateriales kann folgenden Gesichtspunkten folgen: (1) Regisseurretrospektiven und Schauspielerporträts; (2) übergeordnete Themenstellungen; (3) Filmgenres (z. B. Experimentalfilm, essayistischer Film, politischer Film, Western, Komödien); (4) nationale Querschnitte und historische Perioden und (5) Kurzfilme (z. B. Dokumentar-, Trick- und Experimentalfilme).

Lit.: Film in der Stadt – Möglichkeiten einer kommunalen Filmarbeit. Veröffentlichung des Präsidiums des Deutschen Städtetages vom 3. 5. 1978. In: Stadt und Kultur, Arbeitshilfen des Deutschen Städtetages zur städtischen Kulturpolitik, Köln 1986 S. 68–75

▶ Kommunaler Immobilienfonds

Form der Finanzierung von Investitionen. Bein Immobilienfonds bildet eine Anlagegesellschaft eine aus Grundstücken und Gebäuden bestehende Kapitalanlage, aus der Interessenten sogenannte Immobilienzertifikate zeichnen können. Die Erträge aus dem Fonds ergeben sich aus Mieten und Pachten der gezeichneten Immobilien, die – nach Abzug evtl. Zins- und Tilgungsleistungen, Verwaltungs-

und Instandhaltungskosten usw. – an die Zertifikatinhaber als Renditen weitergeleitet werden. Der Kommunale Immobilienfonds unterscheidet sich von anderen Fondsarten allein dadurch, daß das Anlagevermögen kommunales (also öffentliches) und privates Zeichnungskapital umfaßt. Damit ist der Fonds für vorsichtige Privatanleger interessant, weil das Risiko durch die Beteiligung der öffentlichen Hand minimiert ist. Die Kommune, die über den Fonds ihre Investition finanziert, verpflichtet sich zur Zahlung einer Rendite an die privaten Fondszeichner, die sie eigentlich aus der Investition erwirtschaften sollte (z. B. durch Miet- und Pachteinnahmen aus dem Objekt), die sie in der Regel aber aus dem Verwaltungshaushalt finanzieren wird. Zudem ergibt sich für den privaten Anleger unter Umständen der Vorteil von Steuerersparnissen durch Verlustzuweisungen aus dem Anlagegeschäft. Am Ende der Laufzeit des Fonds kauft die Kommune die privaten Anteile zurück und erwirbt damit das Objekt als kommunales Vermögen.

Der Vorteil für die Kommune besteht darin, daß sie privates Kapital außerhalb des Kreditmarktes mobilisieren kann. Zudem kann sie bei hohen Kreditzinsen und niedrigeren Renditen aus den Vermietungen und Verpachtungen zumindest vorübergehend ihre Finanzierung zu günstigeren Bedingungen realisieren als es der Kapitalmarkt möglich machen würde. Darüber hinaus ergeben sich die gleichen Vorteile wie beim → *Leasing* (Streckung der Finanzierung; Verlagerung der Finanzierung vom Vermögenshaushalt in den Verwaltungshaushalt).

Lit.: Heinrichs, W.: Private Finanzierung von Investitionen in die kulturelle Infrastruktur der Kommunen. In: HKM F 1.5

▶ Kommunikation (als kulturpolitisches Ziel)

Kunst und Kultur sind immer auch Kommunikation, ein Austauschprozeß, ein Mitteilen, ein Sagen-wollen. Im Rahmen der sog. Neuen Kulturpolitik (→ *Kulturpolitik, Neue*) wurden insbesondere die kommunikativen und sozialen Möglichkeiten von Kultur betont. Das gemeinsame Leben vieler Menschen in der Stadt bedarf demnach der Kommunikation und des Informationsaustausches. Früher diente der Markt dem Handel ebenso wie dem Vergnügen, war Arbeitsplatz, Treffpunkt und Standort öffentlicher Versammlungen und des privaten Gespräches. Heute dagegen gelte es, so die programmatische Forderung von 1973, Kristallisationskerne für Begegnung und Verständigung mit kulturellen Mitteln zu schaffen. In diesem Sinne sollte der Marktplatz nicht mehr nur topographisch, sondern auch im übertragenen Sinne als Leitvorstellung für die Anlage von Kommunikationszentren (→ *soziokulturelle Zentren*) verstanden werden.

Lit.: Wege zur menschlichen Stadt. Vorträge, Aussprachen und Ergebnisse der 17. Hauptversammlung des Deutschen Städtetages vom 2. bis 4. Mai 1973 in Dortmund (Schriftenreihe des Deutschen Städtetages), Köln 1973

▸ Kommunikation (als Managementfunktion)

Als Kommunikation bezeichnet man den Austausch von → *Informationen*. Als Informationsaustausch trägt Kommunikation ganz wesentlich zum Gelingen von Kulturmanagement bei. Erfahrungsgemäß findet Kommunikation in einem Betrieb entweder in der Form eines Sterns, eines Kreises oder eines Netzes statt.

Bei der Stern-Form fließen alle Informationen über den Vorgesetzten, d. h. die Kommunikation über betriebliche Ziele und Aufgaben findet niemals zwischen den Mitarbeitern, sondern immer nur über den Vorgesetzten statt. Dieses Kommunikationssystem ist vor allem in → *öffentlichen Kulturbetrieben* anzutreffen, in denen eine strenge hierarchische → *Aufbauorganisation* bevorzugt wird (beispielsweise in vielen → *Theatern*). Es ist leicht erkennbar, daß dieses System dazu führen kann, daß beim Vorgesetzten Herrschaftswissen gehortet wird und die Mitarbeiter dazu veranlaßt, sich mit Informationen beim Vorgesetzten zu positionieren.

Bei der Kreisform kommunizieren immer nur die unmittelbar benachbarten Gesprächspartner, nicht aber die weiter entfernt positionierten Mitarbeiter. Eine kreisförmige Kommunikation ist beispielsweise dann gegeben, wenn in einem Kulturdezernat die Volkshochschule und die Bibliothek einerseits wie das Museum und das Archiv andererseits Informationen austauschen, nicht aber die Bibliothek und das Museum oder die Volkshochschule und das Kulturamt.

Die Kommunikation im vollständigen Netz ermöglicht dagegen den Informationsaustausch aller mit allen. Dieses System bietet viele

Vorteile für die betriebliche → *Führung* und den Erfolg des Managements, läßt aber andererseits das Problem eines Überangebots an Informationen (→ *Information*) besonders deutlich werden, weil in der ständigen Kommunikation aller mit allen zu viele Informationen angeboten werden, für die weder eine Nachfrage besteht noch ein Bedarf auszumachen ist. Eine Kommunikation im vollständigen Netz empfiehlt sich für Einrichtungen der → *Soziokultur*, in kleineren Kulturbetrieben (sowohl kommerzieller als auch gemeinnütziger oder öffentlicher Art) sowie im kulturellen → *Projektmanagement*.

Ob und in welchem Umfang Kommunikation wirkungsvoll zustande kommt, hängt nicht zuletzt von vorgegebenen Strukturen ab, d. h. davon, welche Modelle der → *Aufbauorganisation* oder welche → *Management-by-Systeme* den betrieblichen Abläufen zugrunde liegen.

Lit.: Picot, A. und E.Franck: Informationsmanagement. In: Handwörterbuch der Organisation, hrsg. von E.Frese, Stuttgart 3.Aufl.1992:886–900

▶ Kommunikationspolitik

Als ein wesentliches → *Marketinginstrument* bestimmt die Kommunikationspolitik Ziel- und Maßnahmenentscheidungen zur aktiven Gestaltung der auf den Markt gerichteten → *Informationen* eines Betriebes oder Unternehmens; im Mittelpunkt steht dabei die Frage: Was soll wem wie durch welchen Kanal mitgeteilt werden? Ihre Aufgabe ist die Findung bzw. Entwicklung der → *zielgruppen*-adäquaten Informations- und Kommunikationsformen und -mittel zur Übermittlung von Informationen und Bedeutungsinhalten, die der Steuerung und Beeinflussung von Meinungen, Einstellungen, Erwartungen und Verhaltensweisen entsprechend spezifischer Zielsetzungen dienen.

Zentrale Aufgabenfelder der Kommunikationspolitik sind (1) die „klassischen" Werbemaßnahmen (Außenwerbung, Plakatwerbung, Transparente, Anzeigen in Zeitungen, Zeitschriften, Werbespots im → *Rundfunk* und → *Kino* usw.); (2) → die *Öffentlichkeitsarbeit* bzw. → *Public relations* (Presse- bzw. Medienarbeit, Broschüren, Handzettel, Kataloge, Beilagen usw.) und (3) verkaufsfördernde Maßnahmen (Aufkleber, Werbegeschenke, Preisausschreiben, Gutscheine, Sonderangebote, Festwochen, Festivals, Theatertage usw.). Die zentrale Zielsetzung der Kommunikationspolitik läßt sich in das Akronym AIDA zusammenfassen, das sich aus den Anfangsbuchstaben folgender Begriffe ergibt: Kommunikationspolitik soll Attention (Aufmerksamkeit) erregen, Interest (Interesse) wecken, Desire (Wünsche) wachrufen und schließlich in Action (d. h. einer bestimmten Handlung) münden. Angesichts einer ständig zunehmenden Zahl von öffentlichen und privaten Anbietern auf dem kulturellen „Erlebnismarkt" (→ *Erlebnisgesellschaft*) kommt im Kulturmanagement der Kommunikationspolitik die wichtige Funktion zu, möglichst effizient die anvisierten Zielgruppen anzusprechen. Hierzu ist eine möglichst genaue Kenntnis der Lebens- und Kommunikationsbedingungen (→ *Lebensstil*) dieser Zielgruppen unabdingbar.

Lit.: Jürgens, E.: Kommunikationspolitik und Kulturmarketing. Von der punktuellen Pressearbeit zur langfristigen „Beziehungsarbeit" für die Kultur. In: HKM, D 4.4

▶ Konkurrenzanalyse

In den zurückliegenden Jahrzehnten hat sich im Kulturbetrieb insgesamt eine recht lebhafte Konkurrenz zwischen öffentlichen (z. B. Museen und Ausstellungshäuser), privatrechtlich-gemeinnützigen (z. B. Kunstvereine) und privatwirtschaftlich-kommerziellen Anbietern (z. B. Ausstellungsbüros und kommerzielle Galerien) entwickelt. Dies und nicht zuletzt die Entfaltung der Erlebnisgesellschaft zwingen die Kulturorganisationen dazu, sehr viel mehr und intensiver als bisher üblich im Rahmen ihres jeweiligen Kulturmarketings diese Konkurrenz zu analysieren. Unterschieden werden kann dabei zwischen: (1) der sog. Kernkonkurrenz (hier konkurrieren Anbieter gleicher oder sehr ähnlicher Produkte miteinander, z. B. zwei Orchester führen in einer Großstadt dasselbe Requiem von Mozart auf); (2) die Spartenkonkurrenz umfaßt sämtliche Angebote derselben Kultursparte (z. B. alle Konzerte in einer Stadt oder Region); (3) die Kulturkonkurrenz umfaßt sämtliche Kulturangebote und (4) die Freizeitkonkurrenz schließlich alle Freizeitangebote. Quellen der Konkurrenzanalyse können sein: (1) allgemein zugängliche Veröffentlichungen Dritter (Spielpläne, Vorankündigungen und Übersichten in örtlichen Veranstaltungskalendern oder auf Sammelplakaten) (2) eigene Veröffentlichungen und Selbstdarstellungen der möglichen Konkurrenten (Vorankündigen wie z. B. das jährliche Ausstellungsprogramm, die Jahresvorankündigung der Theater, Programmübersichten von Weiterbildungseinrichtungen usw.). (3) physische Veränderungen (wie zunehmende Bautätigkeit, Veränderungen des Fuhrparks, veränderte Ausstattung, Anschaffung neuen Mobiliars, vermehrte Neueinstellungen oder Entlassungen); (4) nicht öffentlich zugängliche Informationen aus dritter Hand (Auskünfte von gemeinsamen Lieferanten, Sponsoren oder Vertriebspartnern).

▶ Kontraktmanagement

Das Kontraktmanagement, ursprünglich ein Begriff aus dem Außenhandel, ist ein wichtiges Element der Verwaltungsreform auf kommunaler Ebene (→ *Dezentrale Ressourcenverantwortung*). Das Kontraktmanagement beinhaltet eine vertragliche Vereinbarung zwischen der politischen Führung und der Verwaltung hinsichtlich der zu realisierenden inhaltlichen Ziele (Leistungsziele) sowie der hierfür bereitgestellten Ressourcen (Finanzziele). Das Kontraktmanagement entspricht weitgehend dem Führungskonzept des → *Management by objectives* mit vertraglicher Bindung unter Aufhebung der traditionellen Trennung von Fach- und Ressourcenverantwortung in der öffentlichen Verwaltung.

Für den Kulturmanager innerhalb der öffentlichen Verwaltung bedeutet Kontraktmanagement zum einen die Notwendigkeit der Entwicklung von bzw. die Verpflichtung auf möglichst klar bestimmte kulturpolitische Ziele und die daraus resultierenden Möglichkeiten eines effizienten → *Controllings*. Zum anderen macht das Kontraktmanagement (anders als die herkömmlichen Formen der → *Kameralistik*) die Ermittlung der tatsächlichen, d. h. der einzelnen kulturellen Dienstleistung zurechenbaren, Kosten notwendig (→ *Kosten- und Leistungsrechnung*).

Lit.: Richter, R.: Kommunalverwaltung im Umbruch? Die Umwandlung der kommunalen Kulturverwaltung nach dem Prinzip der dezentralen Ressourcenverantwortung. In: HKM, A 2.4

▸ Kontrolle

Vergleich zwischen geplanten und realisierten Größen (Soll-Ist-Vergleich) sowie Analyse der Abweichungsursachen (Abweichungsanalyse). Im Gegensatz zum → *Controlling* beschäftigt sich die Kontrolle aber weder mit der Beseitigung der festgestellten Mängel, noch nimmt sie steuernd Einfluß auf den Managementprozeß; sie ist vielmehr in erster Linie rückwärtsgewandt, d. h. sie wird in der Regel erst nach Beendigung eines Produktionsprozesses tätig. Kontrolle ist eine Form der Überwachung, verbunden mit der Möglichkeit, bei gravierenden Abweichungen, beispielsweise aufgrund fehlerhaften Verhaltens der zuständigen Mitarbeiter, Sanktionen zu verhängen. Mit Blick auf eine betriebswirtschaftliche Steuerung und Führung einer Unternehmung ist eine Kontrolle im Sinne einer Rechnungsprüfung (im öffentlichen Bereich) oder einer inneren Revision (im privatwirtschaftlichen Bereich) von nur geringem Wert.

▸ Konzeptionelle Planung

Als Konzeption im Sinne des Kulturmanagements bezeichnet man den (inhaltlichen und/oder organisatorischen) Entwurf einer kulturellen Veranstaltung oder Einrichtung. Die konzeptionelle Planung geht der konkreten → *Planung* im Sinne eines → *Managementprozesses* (mit Ablaufplanung usw.) voraus; sie ist die erste planerische Umsetzung einer Idee und bildet im öffentlichen Kulturbetrieb häufig die Grundlage für eine kulturpolitische Initiative oder für die Anmeldung von Haushaltsmitteln. Sie sollte mindestens folgende Elemente enthalten: (1) Inhalte (inhaltliche Umsetzung kultureller Ziele), (2) Strukturen (Aufbau und Anordnung von Teilen des Vorhabens in ihrer Beziehung zum Ganzen), (3) Organisation (koordinierter Einsatz der personellen, räumlichen und sachlichen Ressourcen), (4) Finanzierung (grobe Schätzung der voraussichtlichen Kosten/Ausgaben bzw. Erträge/Einnahmen; Zuschußbedarf bzw. Gewinn), (5) Marketing (Einschätzung der Marktsituation, Abgrenzung der → *Zielgruppen* und Planung distributiver und kommunikativer Instrumente).

Konzertdirektion/Konzertagentur

Konzertdirektionen und Konzertagenturen sind privatwirtschaftliche Einrichtungen der Künstlervermittlung (vgl. auch → *Agentur/Agent*). Die Unterscheidung zwischen Konzertagenturen und Konzertdirektionen hatte früher eine gewisse Bedeutung, weil die Ausnahme vom Vermittlungsmonopol der Bundesanstalt für Arbeit für Konzertdirektionen weiter reichte als für Konzertagenturen. Durch den Wegfall des Vermittlungsmonopols im August 1994 ist diese Unterscheidung aber irrelevant geworden. Beide Formen der Künstlervermittlung übernehmen deshalb heute die üblichen Aufgaben des Marketings und der Künstlerbetreuung (dazu im einzelnen → *Künstlervermittlung*). Eine Unterscheidung besteht allerdings noch insofern, als Konzertdirektionen neben der Künstlervermittlung auch selbst als Veranstalter auftreten, während sich Konzertagenturen (ähnlich wie die kleineren Künstlersekretariate) ausschließlich auf das Vermittlungsgeschäft konzentrieren.

Konzertmanagement

Die Organisation und Durchführung von Konzerten stellt besondere organisatorische, finanzielle und rechtliche Anforderungen an das Kulturmanagement. Anstelle der lange Zeit üblichen, mittlerweile aber längst überholten (von der → *GEMA* gleichwohl noch bis heute praktizierten) Einteilung in → *E- und U-Musik* empfiehlt es sich, für das Konzertmanagement folgende Konzerttypen zu unterscheiden: (1) Kammermusikkonzerte (klassische Konzertform mit kleiner Besetzung); (2) Orchesterkonzerte (vom Kammerorchester bis zum Sinfonieorchester mit bis zu 130 Musikern); (3) Oratorienkonzerte (Konzerte für Sologesang, Chor und Orchester); (4) Chorkonzerte (Konzerte für Chöre und/oder Solisten und Begleitinstrument, aber ohne Orchester); (5) Gesprächskonzerte (Konzertform, bei der kurze Referate eines Fachmannes/Künstlers in ein Musikwerk einführen); (6) Vereinskonzerte (Konzerte eines Laienchores oder -orchesters); (7) Jazz-Konzerte; (8) Rock- und Popkonzerte unterschiedlichster Größenordnung sowie (9) Schlager- und Volksmusikkonzerte.

Konzerte können sowohl als → *kulturelle Veranstaltungen* von den Kommunen durchgeführt werden als auch von gemeinnützig-privatrechtlichen Trägern (z. B. von Musikvereinen) oder von privatrechtlich-kommerziellen Konzertveranstaltern bzw. → *Konzertdirektionen*. Hinsichtlich der räumlichen Voraussetzungen für die Durchführung von Konzerten sei auf die Regelungen innerhalb der → *Versammlungsstättenverodnung* verwiesen. Im Rahmen der finanziellen Kalkulation (vgl. auch → *Abschlußschein*) sind neben Kosten für → *Honorare*/Spesen, Saalmiete und Werbekosten bei der Veranstaltung von Konzerten besonders zu berücksichtigen (1) Gebühren der → *GEMA*, (2) Steuern, wie z. B. die → *Umsatzsteuer* (wobei Konzerteinnahmen generell dem hälftigen Mehrwertsteuersatz von derzeit 7 %, Künstlerhonorare dem Steuersatz von 16 % unterliegen) und bei ausländischen Künstlern die → *Ausländersteuer* sowie schließlich (3) die → *Künstlersozialversicherung*.

Lit.: Willnauer, F.: Musikmanagement. In: Rauhe, H. und Ch. Demmer (Hrsg.): Kulturmanagement. Theorie und Praxis einer professionellen Kunst, Berlin 1994: 223–242; Russ, M.: Damit das Konzert nicht von Mißklängen begleitet wird. GEMA-Gebühren, Steuern und Künstlersozialversicherung bei der Veranstaltung von Konzerten. In: HKM, H 3.1

▶ Körperschaft

Eine Körperschaft ist ein Zusammenschluß von Personen zu einem gemeinsamen Zweck, der als juristische Person eigene Rechtsfähigkeit besitzt und durch Organe vertreten wird. Zu unterscheiden ist dabei zwischen (1) privatrechtlichen Körperschaften (z. B. dem rechtsfähigen → *Verein*, der AG, der → *GmbH* oder der Genossenschaft) und (2) Körperschaften des öffentlichen Rechts. Die Körperschaft öffentlichen Rechts ist ein Verband des öffentlichen Rechts, der außerhalb der durch die Behörden dargestellten unmittelbaren Staatsverwaltung öffentliche Aufgaben unter staatlicher Aufsicht und gegebenenfalls unter Einsatz hoheitlicher Mittel wahrnimmt. Hierbei kann unterschieden werden zwischen Gebietskörperschaften (z. B. Gemeinden, Kreise), Personal-Körperschaften (z. B. öffentliche Genossenschaften, Berufsgenossenschaften, Rechtsanwaltskammern usw.) und Verbands-Körperschaften (z. B. Zweckverband). Eine Sonderstellung nehmen die Kirchengemeinden ein. Körperschaften des öffentlichen Rechts entstehen durch einen staatlichen Hoheitsakt; die Mitgliedschaft kann freiwillig oder durch Gesetz vorgeschrieben sein (Zwangskörperschaften). Körperschaften können sowohl weitgehende Selbstverwaltung haben (z. B. Ärztekammern, Innungen, Wasser- und Bodenverbände) als auch starkem staatlichen Dirigismus unterliegen. Körperschaften unterliegen, soweit sie nicht gemeinnützig tätig sind, der → *Körperschaftsteuer*.

Soweit keine behördenähnlichen Strukturen vorliegen, sind kulturelle Einrichtungen mit eigener Rechtsfähigkeit in aller Regel rechtlich als Körperschaften zu verstehen, weshalb die für Körperschaften geltenden Regelungen fast immer auch auf kulturelle Einrichtungen zutreffen.

▶ Körperschaftsteuer

Einkommensteuer der juristischen Personen. Körperschaften, die gemeinnützigen, mildtätigen oder kirchlichen Zwecken dienen, also auch öffentliche und gemeinnützige → *Kulturbetriebe*, sind von der Körperschaftsteuer befreit. Dies gilt allerdings nur für den gemeinnützigen Geschäftsbereich, nicht aber für eine wirtschaftliche Tätigkeit gemeinnütziger Einrichtungen. Entstehen beispielsweise einem Kulturverein aus einem Vereinsfest Umsätze aus wirtschaftlicher Tätigkeit (z. B. Ausschank, Bewirtung) oder einem Kunstverein Umsätze aus → *Verkaufsprovisionen* in Höhe von mehr als 60 000 DM im Jahr, so sind die Überschüsse (abzüglich der Werbungskosten und eines Freibetrags von 7500 DM) bei der Körperschaftsteuer (mit einem Regelsteuersatz von 46 %) und bei der → *Gewerbesteuer* (nach den örtlichen Hebesätzen) zu versteuern. Es kommt also in gemeinnützigen oder öffentlichen Kulturbetrieben steuerlich gesehen ganz entscheidend darauf an, zu große wirtschaftliche Geschäftsbereiche zu vermeiden bzw. sie rechtzeitig auszugliedern, zumal bei einer wirtschaftlichen Tätigkeit auf Dauer auch die → *Gemeinnützigkeit* gefährdet wäre.

Lit.: Vermeulen, P. und K. Michel: Steuerpflichten für Kulturschaffende und Veranstalter. Schriftenreihe Kulturpraxis und Recht, Band 2, Köln 1994

▸ Kosten

Der mit Preisen bewertete Verzehr von Produktionsfaktoren, der durch die Erstellung der betrieblichen Leistungen verursacht wird. Kosten sind deutlich zu unterscheiden von den Ausgaben. Kosten sind Teil des Aufwands und fließen damit ein in die Gewinn- und Verlustrechnung, während die Ausgaben (Zahlungen) die Liquidität eines Unternehmens beeinflussen. Der Gegenposten auf der Einnahmenseite sind die → *Erlöse*.

Während in → *privatrechtlich-kommerziellen Kulturbetrieben* Kosten die Grundlage der betrieblichen Kalkulation bilden, ist ein Kostenbewußtsein in → *privatrechtlich-gemeinnützigen* und → *öffentlichen Kulturbetrieben* bisher noch wenig ausgeprägt, da ohnehin keine kostendeckenden Preise (Eintritte usw.) erhoben werden. Doch wird mit Blick auf zurückgehende Finanzierungsanteile aus öffentlichen Haushalten künftig auch in nicht-kommerziellen Kulturbetrieben ein größeres Kostenbewußtsein erforderlich werden. Dieses Kostenbewußtsein muß beginnen bei einer sorgfältigen → *Kostenanalyse* und über eine → *Kostenschätzung* zu einem realistischen → *Kostenplan* führen (vgl. auch → *Controlling*, → *Kosten- und Leistungsrechnung*).

▸ Kostenanalyse

Ein der → *Kostenschätzung* vorgelagertes Verfahren; zur Ermittlung der Kosten und des Finanzierungsbedarfs in wiederkehrenden oder vergleichbaren Veranstaltungen und Projekten empfiehlt es sich, vor dem Einstieg in die Kostenschätzung eine Kostenanalyse abgerechneter und vergleichbarer Veranstaltungen vorzunehmen. Auf diese Weise lassen sich prozentuale Größenordnungen beispielsweise für Abendgagen, für Nebenkosten, für Personal- und Sachausgaben sowie für die Presse- und → *Öffentlichkeitsarbeit* ermitteln, die auf neue Vorhaben entsprechend übertragen werden können.

▸ Kostenplan

Ermittlung aller → *Kosten*, die im Rahmen einer Maßnahme oder eines Projekts wahrscheinlich anfallen werden; der Kostenplan bildet das Gegenstück zum → *Finanzierungsplan*, der die → *Finanzierungsinstrumente* aufführt. Der Kostenplan geht von möglichst kleinen Einheiten aus und enthält (1) die Sachkosten sowie (2) die Personalkosten, ermittelt nach der benötigten Kapazität und dem Preis pro Einheit (z. B. Stundenlohn) sowie evtl. (3) Finanzierungskosten.

▸ Kosten- und Leistungsrechnung

Die Kosten- und Leistungsrechnung ist der Kernbereich des internen → *Rechnungswesens* und eines der wichtigsten Hilfsmittel eines professionellen → *Controllings*. Die Kosten- und Leistungsrechnung geht von bestimmten Kostenmerkmalen aus. So ist beispielsweise zu unterscheiden zwischen Einzelkosten und Gemeinkosten. Einzelkosten können einem bestimmten → *Produkt* direkt zugeordnet werden (z. B. das Honorar eines Vortragenden in der Volkshochschule zu einem bestimmten Produkt, eben der Vortragsveranstaltung XY). Gemeinkosten dagegen lassen sich nicht unmittelbar einem Produkt zuordnen (z. B. die Personalkosten für die Mitarbeiter in der Verwaltung der Volkshochschule). Eine weitere Charakterisierung von Kosten ist die Unterscheidung zwischen fixen und variablen Kosten. So sind beispielsweise die Kosten des Lektorats bei der Herstellung dieses Buches unabhängig von der Anzahl der gedruckten Exemplare; es handelt sich folglich um fixe Kosten. Dagegen hängen die Kosten für Papier, Maschinenlaufzeiten oder Personalkosten der Drucker von der Anzahl der gedruckten Exemplare ab; mithin hat man es mit variablen Kosten zu tun.

In der Kosten- und Leistungsrechnung fließen die verschiedenen Kosten in ein dreistufigen Rechnungssystem ein: (1) Die Kostenartenrechnung enthält alle entstehenden Kosten; sie beantwortet die Frage nach dem „Was“. (2) Die Kostenstellenrechnung verteilt die Kosten nach den Orten, wo die Kosten entstehen; sie gibt Antwort auf die Frage „Wo“. (3) Die Kostenträgerrechnung schließlich ordnet die Kosten den produzierenden Leistungseinheiten zu; sie beantwortet die Frage „Wofür“. Auf diese Weise kann beispielsweise ein Theater die Frage beantwortet, welche Personalkosten (Kostenart) in der Schreinerei (Kostenstelle) für die letzte Abendvorstellung der Oper „Tosca“ (Kostenträger) entstanden sind. Wenn es sich dabei um Kosten für eine außerordentliche Reparatur handelte, hat man es zudem mit Einzelkosten zu tun, die als variable Kosten nur für diese Aufführung aufgetreten sind und die damit zu einer Abweichung von der Kosten-/ Erlöskalkulation führen.

Lit.: Scherrer, G.: Kostenrechnung, Stuttgart 3. Aufl. 1999; Schneidewind, P.: Wie sich Kultur rechnen läßt. Grundlagen des Controlling. In: HKM, F 5.1; Deutscher Bühnenverein (Hrsg.): Grundlagen der Kostenrechnung im Theater und Orchester, Köln 1999; Schneidewind, P.: Entwicklung eines Theatermanagementinformationssystems, Frankfurt am Main 2000

▸ Kostenschätzung

Verfahren zur Kostenermittlung in einem → *Kostenplan*. (1) In ihrer einfachsten (und unsichersten) Art erfolgt die Kostenschätzung nach Expertenmeinungen und qualifizierten Mutmaßungen in Form einer groben Abschätzung von Größenordnungen. Diese Methode eignet sich für frühe Budgetschätzungen, beispielsweise für eine mittelfristige Finanzplanung. (2) Weit genauer sind parametrische Methoden, bei denen aus Erfahrungswerten der Vergangenheit (→ *Kostenanalyse)*, aus Statistiken und Modellen relativ konkrete Größenordnungen gewonnen werden, wie sie beispielsweise für die Anmeldung von Haushaltsmitteln erforderlich sind. Die mit parametrischen Methoden gewonnene Kostenschätzung bildet häufig auch die Grundlage für einen Kostenplan im Veranstaltungsmanagement (Konzerte, Ausstellungen, Vortragsveranstaltungen usw.). (3) Die genaueste, aber auch aufwendigste Methode der Kostenschätzung ist die Zerlegung eines Vorhabens in Arbeitspakete (→ *Projektstrukturplan*) und Arbeitsvorgänge, um dann detaillierte Kostenschätzungen (einschließlich Kostenvoranschlägen) für überschaubare Teilbereiche vornehmen zu können. Diese Methode empfiehlt sich bei Vorhaben mit großem Finanzierungsrisiko, beispielsweise bei Open-Air-Konzerten oder auch bei investiven Maßnahmen (z. B. Bau eines neuen Museums).

▸ Kreativität

Im Kulturmanagement tritt der Begriff Kreativität in dreifachem Verständnis auf. (1) Zunächst einmal ist damit das schöpferische

Vermögen gemeint, über das vor allem Künstler verfügen und das im Unterschied zum rein analytischen Denken durch das Finden und Erfinden neuer Aspekte und Sichtweisen gekennzeichnet ist. (2) Zum zweiten ist darunter das Kreativitätspotential Kultur zu verstehen, d. h. die Kreativität, die im Erleben des Kulturellen erprobt wird und die sich indirekt in technische und industrielle Innovationen umsetzt (→ *Innovationspotential Kultur*). (3) Drittens spricht man im Management (und damit auch im Kulturmanagement) von Kreativität, wenn man die Fähigkeit meint, manageriale Probleme zu lösen. Dazu sollte man in der Lage sein, zur Lösung eines Problems Phantasie, Wissen und Beurteilungsvermögen gemeinsam einzubringen. Wer Wissen ohne Phantasie besitzt, erscheint als Pedant; wer Phantasie ohne Wissen und Beurteilungsvermögen einsetzt, gilt als Phantast. Erst die glückliche Kombination ergibt jene Kreativität, die zur Lösung von Problemen erforderlich ist und die die Anwendung entsprechender Problemlösungstechniken (→ *Kreativitätstechniken*) möglich macht.

Kreativitätspotential Kultur → Innovationspotential Kultur

Kreativitätssperren

Um → *Kreativität* zur Lösung von Problemen zu entwickeln, bedarf es vor allem der Fähigkeit, sich von konventionellen und eingeübten Sichtweisen zu befreien. Dem stehen aber häufig Sperren gegenüber, die die potentiell vorhandene Kreativität erheblich behindern können. In aller Regel handelt es sich um: (1) Wahrnehmungshemmungen, die von unseren Gewohnheiten geprägt sind und uns dazu verleiten, Probleme mit den immer wieder gleichen Mitteln lösen zu wollen; so kann beispielsweise die ständige Konzentration auf Finanzierungsfragen dazu führen, daß die inhaltliche und konzeptionelle Kreativität verkümmert; (2) soziale Hemmungen, die von sozialen und gesellschaftlichen Konventionen geprägt sind; wenn beispielsweise in einer Arbeitsgruppe Ideen vorgebracht werden sollen und die hierarchischen Unterschiede der Gruppenmitglieder zu groß sind (vom Oberbürgermeister bis zum Sachbearbeiter); (3) emotionale Hemmungen, die vor allem aus der Furcht kommen, Fehler zu machen oder sich zu blamieren.

Zum Erkennen und zum Abbau von Kreativitätssperren eignen sich sehr gut psychologische Spiele, die möglichst in einer Gruppe unter der Anleitung eines erfahrenen Spielleiters durchgeführt werden sollten. Aber auch kleinere Tests, die man in Fachbüchern über → *Kreativitätstechniken* findet und die man alleine durchführen kann, sind eine gute erste Hilfe.

Lit.: Raudsepp, E.: Kreativitätsspiele für Manager. Das individuelle Trainingsprogramm zur Steigerung von Findigkeit, Wendigkeit, Originalität, München (1985) 1994

▸ Kreativitätstechniken

Kreativitätstechniken dienen der Findung von Ideen, die dazu geeignet sind, Probleme zu lösen. Dazu werden einzel- oder gruppenorientierte Verfahren angeboten, die in erster Linie den Zweck verfolgen, zu möglichst vielen Ideen zu kommen, um dann in einem zweiten Schritt diese Ideen auf ihre Verwertbarkeit hin zu prüfen. Kreativitätstechniken spielen im Kulturmanagement insofern eine große Rolle, als auch die managerialen Anteile am Kulturangebot möglichst phantasievoll sein sollten. So sollte beispielsweise ein Kinderkulturfest nicht Jahr für Jahr die gleichen Angebote machen, sollte eine Ausstellungseröffnung nicht immer auf die gleiche Art und Weise ablaufen und sollten vielleicht auch die Mittel der → *Öffentlichkeitsarbeit* im → *Konzertmanagement* einmal aus gewohnten Bahnen ausbrechen. Um für ein wirklich phantasievolles Kulturmanagement neue und unverbrauchte Ideen zu finden, können Kreativitätstechniken mit großem Gewinn eingesetzt werden.

Für die Anwendung von Kreativitätstechniken sind verschiedene Voraussetzungen erforderlich, die unabhängig von der gewählten Technik gegeben sein müssen. Dazu zählt zum einen, daß die beteiligten Personen sich so weit wie möglich von → *Kreativitätssperren* und von anderen alltäglichen Problemen befreien sollten. Zum zweiten muß in dem Betrieb, in dem Kreativitätstechniken zum Einsatz kommen sollen, ein kreativitätsförderndes Klima herrschen, d. h. daß vor allem der Vorgesetzte bereit sein muß, Vorschläge seiner Mitarbeiter zu akzeptieren, daß aber auch die Mitarbeiter sich nicht gegenseitig mit Mißgunst und Neid begegnen sollten. Wird die Kreativitätstechnik in der Gruppe angewendet, muß ein Team vorhanden sein, das bereit ist, für eine Sache gemeinsam Verantwortung zu übernehmen (Teamfähigkeit). Dazu gehört auch, daß die Teammitglieder den Willen haben, ein Problem gemeinsam lösen zu wollen und nicht versteckt die Absicht verfolgen, aus dem Wettbewerb um die beste Idee als Sieger hervorzugehen.

Für alle Kreativitätstechniken gilt zudem die eiserne Regel, daß die Ideenfindung deutlich zu trennen ist von der Ideenbewertung. Werden aufkommende Ideen gleich (negativ) bewertet, hemmt dies die weitere Ideenfindung ungemein. Es ist aber viel leichter, eine vorliegende Idee zu verwerfen, als eine neue Idee zu finden. Ohnehin muß man davon ausgehen, daß am Ende bei weitem der größte Teil der vorgebrachten Ideen unbrauchbar sein wird, weshalb kein Anlaß besteht, schon während der Ideenfindungsphase einzelne Ideen auszuscheiden. Die Bewertung der Ideen erfolgt stets nach drei Kategorien: (1) sofort verwertbare Ideen, (2) vielleicht später (nach Überarbeitung) verwertbare Idee und (3) offensichtlich nicht verwertbare Ideen.

Die zahlreichen Kreativitätstechniken werden sinnvollerweise gegliedert in intuitive und analytische Methoden; von den intuitiven Kreativitätstechniken eignen sich für das Kulturmanagement vor allem das → *Brainstorming* und die → *Methode 635*, von den analytischen vorrangig das → *Morphologische Gitter*.

Lit.: Knieß, M.: Kreatives Arbeiten. Methoden und Übungen zur Kreativitätssteigerung. Beck-Wirtschaftsberater im dtv, München 1995

Kultur als Standortfaktor → Standortfaktor Kultur

Kultur als Wirtschaftsfaktor → Wirtschaftsfaktor Kultur

Kulturamt

Die Organisation der → *kommunalen Kulturarbeit* erfolgt in erster Linie durch das Kulturamt und die ihm zu- bzw. nachgeordneten → *kulturellen Einrichtungen*. Das Kulturamt ist in der Regel ein Amt bzw. eine Abteilung innerhalb der kommunalen Verwaltungsgliederung. Der Verwaltungsgliederungsplan der Kommunalen Gemeinschaftstelle für Verwaltungsvereinfachung sieht – je nach den örtlichen Verhältnissen – ein eigenständiges Kulturamt erst in Gemeinden mit einer Größe von 50000 bis 100000 Einwohnern vor; bei weniger Einwohnern wird empfohlen, ein gemeinsames Schul- und Kulturverwaltungsamt einzurichten.

Lit.: Pohlmann, M. Kulturpolitik in Deutschland: Städtisch organisierte Kultur und Kulturadministration, München 1994

Kulturamtsleiter

An der Spitze eines Kulturamtes steht der Kulturamtsleiter, von dem wegen der besonderen Aufgabenstellung im Kulturbereich eine hohe Sensibilität im Umgang mit Personen und Problemen des Kulturbereichs erwartet wird. Neben soliden Verwaltungskenntnissen ist auch ein hohes Maß an spezifischer Sachkenntnis notwendig. Viele Kommunen fordern deshalb für die Leitung des Kulturamtes ein spezielles Fachstudium (Geistes- bzw. Kulturwissenschaften und/oder → *Kulturmanagement*). Der Kulturamtsleiter trägt häufig die Bezeichnung → *Kulturreferent*, kann aber gleichwohl Leiter des Kulturamtes sein.

Lit.: Weck, M.: Die Kultur der Kulturverwaltung. Eine hermeneutische Analyse von Biographien und Verwaltungshandeln, Opladen 1995

Kulturarbeit

Durch den in engem Diskussionszusammenhang mit der Konzipierung einer Neuen → *Kulturpolitik* entwickelten Begriff der „Kulturarbeit" wurde das bis in die Mitte der sechziger Jahre dominante Konzept der → *Kulturpflege* abgelöst. Durch den neuen Begriff sollte signalisiert werden, daß sich Kulturpolitik und -praxis neue Ziele gesetzt und sich ein neues Selbstverständnis entwickelt hatten. Dementsprechend geht der Deutsche Städtetag 1973 in der Erklärung „Wege zur menschlichen Stadt" nicht länger von Begriff und Konzept der Kulturpflege aus; vielmehr soll nun Kulturarbeit „der Entfaltung und Entwicklung der sozialen, kommunikativen und ästhetischen Möglichkeiten aller Bürger dienen." Kulturarbeit zielt – im Gegensatz zur Kulturpflege – vor allem auf Veränderung und

Neugestaltung, so wie beispielsweise ein materieller Gegenstand durch Arbeit verändert und gestaltet wird.

Kulturausgaben, öffentliche

Als öffentliche Kulturausgaben können jene Ausgaben bezeichnet werden, die Bund, Länder/Stadtstaaten und Kommunen für Kultur aufwenden. Im Bereich der alten Bundesländer waren dies 1989 insgesamt netto 10,6 Milliarden DM; davon entfielen 55,8 % auf die Kommunen, 39,6 % auf die Länder und 4,6 % auf den Bund (allerdings ohne Berücksichtigung der auswärtigen Kulturpolitik). Schlägt man den Anteil der Stadtstaaten Berlin, Hamburg und Bremen nicht den Ländern, sondern den Gemeinden zu, so erhöht sich der Anteil der Kommunen auf mehr als 60 %. Die Zahlen für die zurückliegenden Jahre 1990 bis 1994 geben insofern ein verzerrtes Bild der Kulturausgaben, als sich in dieser Phase der Bund im Rahmen verschiedener Förderprogramme für die neuen Bundesländer („Übergangsfinanzierung Kultur") in unüblichem Maße an der Finanzierung der dortigen Landes- und Gemeinde-Kulturarbeit beteiligte.

Für 2000 plante der Bund im Inland (z. B. für Kulturstiftungen, Museen, Archive, Festspiele, Denkmalpflege, Förderung der Kulturarbeit der Vertriebenen usw.) Ausgaben von rund 1,7 Mrd. 1996 gab er für die Auswärtige Kulturpolitik (z. B. Wissenschaft und Hochschulen, Mittlerorganisationen wie die Goethe-Institute, Deutsche Schulen im Ausland, Beiträge für den UNESCO-Fonds für das Erbe der Welt, Zuschuß an die Deutsche Welle usw.) rund 3,6 Mrd aus. Die Kulturausgaben der Gemeinden stiegen von 1975 bis 1993 überproportional im Vergleich zu den allgemeinen Lebenshaltungskosten; erst im Jahr 1995 ist erstmals ein Rückgang zu verzeichnen. 1995 erschienen die letzten Zahlen zu den Kulturausgaben der Gemeinden, da vor allem die Einführung neuer Rechtsformen mit Wirtschaftsplänen (unter Verzicht auf die traditionelle Kameralistik) einen einigermaßen einheitlichen Vergleich unmöglich machte. Seither wird an einer neuen Abgrenzung bzw. Darstellungsform gearbeitet.

Lit.: Presse- und Informationsamt der Bundesregierung: Im Bund mit der Kultur. Neue Aufgaben der Kulturpolitik, Bonn 2000; Klein, A.: Zur Struktur der kommunalen Kulturausgaben von 1975–1995. In: Heinrichs, W. und A. Klein (Hrsg.): Deutsches Jahrbuch für Kulturmanagement 1997, Baden-Baden 1998, s. 175–191

Kulturausschuß des Deutschen Bundestages → Ausschuß für Kultur und Medien

Kulturausschuß des Deutschen Städtetages

Im Kulturausschuß des Deutschen Städtetages, der sich im Juni 1947 als interzonaler Kulturausschuß der Städte konstituierte, arbeiten Kulturdezernenten der dem Deutschen Städtetag angehörenden Mitgliedsstädte zusammen. Seit mehr als vier Jahrzehnten hat der Kulturausschuß Leitlinien für die Kommunalpolitik (→ *Kulturpolitik, kommunale*) entwickelt und diese ganz maßgeblich beeinflußt. Insbesondere die sog. Neue → *Kulturpolitik* wurde ganz entscheidend durch dieses Gremium initiiert und durch viele Publikationen begleitet.

Lit.: Deutscher Städtetag: Fünf Jahrzehnte kommunale Kulturpolitik, Köln 1992

Kulturbegriff

Die Vorstellung davon, was denn Kultur überhaupt sei, bestimmt ganz wesentlich das auf diesen Vorstellungen aufbauende Kulturkonzept und daraus resultierend die entsprechende → *Kulturpolitik* bzw. Kulturpraxis. Für die begriffsgeschichtliche und konzeptionelle Entwicklung im deutschen Sprachraum und den entsprechenden Denktraditionen bedeutsam war die starke Trennung von Kultur einerseits und Zivilisation andererseits. Während sich in Deutschland im Laufe der letzten zwei Jahrhunderte das Begriffsumfeld von Kultur vor allem auf geistige und künstlerische Leistungen verengte, haftete dem Begriff der Zivilisation, der im Zusammenhang mit Alltag, aber auch Politik, Technik, Wirtschaft usw. verwendet wurde, etwas Niederwertiges an. Im angelsächsischen und französischen Sprachraum dagegen werden die Begriffe nahezu synonym benutzt.

Der Sozialphilosoph H. Marcuse kritisierte bereits 1937 diesen verengten Kulturbegriff als „affirmativ“ und kennzeichnete damit

„jene der bürgerlichen Epoche angehörige Kultur, welche im Laufe ihrer eigenen Entwicklung dazu geführt hat, die geistig-seelische Welt als ein eigenständiges Wertreich von der Zivilisation abzulösen und über sie zu erhöhen. Ihr entscheidender Zug ist die Behauptung einer allgemein verpflichtenden, unbedingt zu bejahenden, ewig besseren Welt, welche von der tatsächlichen Welt des alltäglichen Daseinskampfes wesentlich verschieden ist, die aber jedes Individuum ‚von innen her', ohne jene Tatsächlichkeit zu verändern, für sich realisieren kann. Erst in dieser Kultur gewinnen die kulturellen Tätigkeiten und Gegenstände ihre hoch über den Alltag emporgesteigerte Würde; ihre Rezeption wird zu einem Akt der Feierstunde und Erhebung."

Demgegenüber steht ein weiter Kulturbegriff, wie er der modernen Kulturanthropologie und Ethnologie zugrundeliegt. Die klassische Definition dieses Kulturbegriffes gab 1871 der britische Ethnologe und Gründervater der modernen Kulturanthropologie E. B. Tylor, für den Kultur „jenes komplexe Ganze, das Wissen, Glauben, Kunst, Moral, Recht, Sitte, Brauch und alle anderen Fähigkeiten umfaßt, die der Mensch als Mitglied einer Gesellschaft erworben hat." Für den deutschen Anthropologen W.E. Mühlmann ist Kultur die „Gesamtheit der typischen Lebensformen einer Bevölkerung, einschließlich der sie tragenden Geistesverfassung, insbesondere der Wert-Einstellung."

Neben dem oben skizzierten engen bzw. weiten Kulturbegriff gibt es auf einer anderen Ebene den Versuch, den Kulturbegriff für Zwecke der Statistik zu operationalisieren (wobei dieser deskriptive Ansatz selbstverständlich eine normative Grundlage hat). Das UNESCO Framework for Cultural Statistics operiert mit insgesamt zehn deskripitiven Kategorien: (1) Kulturelles Erbe (alle Tätigkeiten zur Erhaltung und Erschließung des Kulturerbes und kultureller Überreste durch Instandhaltung der Denkmäler sowie Hinterlegung, Sammlung und Austausch der Schätze der Vergangenheit); (2) Druckerzeugnisse und Literatur (alle Tätigkeiten zur Schaffung, Herstellung oder Verbreitung literarischer Werke in gedruckter Form, d. h. Bücher, Zeitschriften, Zeitungen usw. sowie die Einrichtung und den Betrieb von Bibliotheken); (3) Musik (alle Tätigkeiten zur Schaffung, Herstellung oder Verbreitung von Musikwerken in

Form von Partituren, Tonaufnahmen oder Konzerten und die musikalische Bildung. Im einzelnen zählen hierzu Aufführungen musikalischer Darbietungen in Instrumental- bzw. Vokalkonzerten, Opern/Operetten sowie die Förderung musikalischen Schaffens und die Ausbildung außerhalb des schulischen Bildungssystems in Musikschulen); (4) Darstellende Kunst (alle Tätigkeiten zur Schaffung, Herstellung oder Verbreitung von Werken für die Darstellende Kunst. Diese Werke gehören oft gleichzeitig der literarischen, musikalischen und darstellenden Kunst an. Sie umfaßt neben Schauspiel- und Ballettaufführungen auch solche Darbietungsformen wie Zirkus, Kleinkunst, Kabarett, Varieté); (5) Bildende Kunst (alle Tätigkeiten zur Schaffung, Herstellung oder Verbreitung von Werken der Bildenden Kunst in Form von Gemälden, Plastiken, Ornamenten oder handwerklichen Kunstgegenständen); (6) Film und Fotografie (alle Tätigkeiten zur Schaffung, Herstellung oder Verbreitung von Werken der Filmkunst oder Fotografie); (7) Hörfunk und Fernsehen (alle Tätigkeiten zur Schaffung, Herstellung oder Verbreitung von Werken für Hörfunk oder Fernsehen); (8) Sozio-kulturelle Aktivitäten (alle Tätigkeiten, die den Menschen die Fähigkeit vermitteln sollen, sich einzeln oder gemeinsam in allen Formen ihres täglichen Lebens auszudrücken; (9) Allgemeine Verwaltung der Kultur und nicht einzuordnende Tätigkeiten (alle Tätigkeiten, die der Beschaffung, Unterhaltung und Ausstattung von Verwaltungsdiensten dienen, sowie kulturelle Mehrzwecktätigkeiten, die insgesamt nicht in eine der vorstehenden Kategorien eingeordnet werden können); (10) Sport und Spiele (diese Kategorie umfaßt die Herstellung von Sportgeräten, die Anlage und Unterhaltung von Spielfeldern und anderen Einrichtungen (Sportplätze, Schwimmbäder, Turnhallen usw.) sowie ferner damit zusammenhängende Tätigkeiten und solche in Verbindung mit Sport- und Spielveranstaltungen); (11) Natur und Umwelt (alle Tätigkeiten, die der Bereitstellung und Unterhaltung von Einrichtungen und Dienstleistungen im Zusammenhang mit Natur und Umwelt dienen und mit der „natürlichen" Lebensqualität zusammenhängen).

Aus der Sicht des → *Kulturmanagements* gilt es allerdings festzuhalten, daß sein Kulturbegriff keinesfalls identisch ist mit dem hier skizzierten Kulturbegriff der Anthropologie. Kultur als Gegenstand von Kulturmanagement umfaßt weit weniger als Kultur im anthropologischen Sinne; beispielsweise kann die Art und Weise, wie wir uns kleiden, was wir essen und trinken oder wie wir unsere Freizeit verbringen, nicht Aufgabe des Kulturmanagements sein. Andererseits darf der Kulturbegriff des Kulturmanagements aber auch nicht auf die Kunst verengt werden, da beispielsweise auch ein Heimatmuseum, ein Kinderkulturfest oder ein soziokulturelles Zentrum Gegenstände des Kulturmanagements sind. Und nicht zuletzt ist auch der Kulturbegriff der UNESCO für ein Kulturmanagement nur bedingt tauglich, denn Sport sowie Natur und Umwelt sind in der Regel keine Arbeitsbereiche des Kulturmanagements.

Lit.: Hansen, K. P.: Kultur und Kulturwissenschaft, Tübingen/Basel 1995; UNESCO-Empfehlung zur Internationalen Vereinheitlichung der Statistiken über die öffentliche Finanzierung kultureller Tätigkeiten; in: Bundestagsdrucksache 9/963 vom 20. 1. 1981

▸ Kulturbetrieb

Als Kulturbetrieb bezeichnet man einerseits eine einzelne kulturelle Einrichtung wie ein → *Theater* oder ein → *Museum*. Andererseits versteht man darunter auch die Gesamtheit der Organisationen und Institutionen, die sich mit der Produktion und Vermittlung von Kultur befassen. Diesen Kulturbetrieb in seiner Gesamtheit, wie er vor allem ökonomischen Betrachtung zugrundeliegt, gliedert man nach rechtlichen und gewinnwirtschaftlichen Kriterien in (1) den → *privatwirtschaftlich-kommerziellen Kulturbetrieb* (z. B. Verlage, Künstleragenturen, Musik- und Filmproduzenten, aber auch freischaffende Künstler und Publizisten), (2) den → *privatrechtlich-gemeinnützigen Kulturbetrieb* (z. B. Kultur- und Kunstvereine, privatrechtliche Stiftungen usw.) sowie (3) den → *öffentlich-rechtlichen Kulturbetrieb* (kommunale Theater, Museen, Bibliotheken, Kulturämter usw.).

Lit.: Heinrichs, W.: Kulturmanagement. Eine praxisorientierte Einführung, Darmstadt 2. Aufl. 1999: 38–69; Breitenstein, A. (Hrsg.): Der Kulturbetrieb. Dreißig Annäherungen, Frankfurt am Main 1996

Kulturbetriebslehre

Bezeichnung für ein Kulturmanagement, das betriebswirtschaftliche Aspekte in den Vordergrund stellt. Der Name wurde von der Hochschule für Musik und Darstellende Kunst in Wien für das dortige Kulturmanagement-Studium (→ *Aus- und Weiterbildung*) eingeführt.

Lit.: Hasitschka, W.: Kulturbetriebslehre – Konturen eines neuen Wissenschaftsbereiches. In: Schwarz, H. (Hrsg.): Musik-Jahrbuch Nr. 1 der Hochschule für Musik und Darstellende Kunst, Wien 1992

Kulturbüro

Traditionellerweise wurde und wird die kommunale Kulturarbeit in erster Linie in der Organisationsform eines kommunalen Amtes (→ *Kulturamt*) organisiert. Vor allem im Rahmen der Entwicklung neuer Steuerungsmodelle (→ *Dezentrale Ressourcenverantwortung*) setzen sich allerdings zunehmend andere, eher auch an privatrechtlich-gemeinnützigen Organisationsformen orientierte Modelle, wie etwa das Kulturbüro durch. Vorrangiges Ziel ist es dabei, eine höhere Flexibilität, mehr Wirtschaftlichkeit in der Veranstaltungsorganisation und Unabhängigkeit von den Zwängen der Verwaltung zu erreichen. Als organisatorischer Rahmen sind unterschiedliche → *Rechtsformen* denkbar und werden zur Zeit in der Praxis erprobt (vgl. beispielsweise die Kulturbüros in Dortmund und Siegen-Wittgenstein).

Kulturdezernent

Der Kulturdezernent ist der politische Wahlbeamte in einer Kommune, der politisch für die dem Kulturdezernat unterstehenden Ämter zuständig ist. Hierbei handelt es sich in der Regel um das → *Kulturamt* mit seinen einzelnen Abteilungen sowie die → *kulturellen Einrichtungen*. Als Wahlbeamter ist der Kulturdezernent Beigeordneter und führt neben seiner Amtsbezeichnung als Kulturdezernent bisweilen auch den Titel Bürgermeister (z. B. in Baden-Württemberg) oder Kulturreferent (in Bayern).

Kulturelle Bildung

Kulturelle Bildung ist die Fähigkeit, mit den sinnlich wahrnehmbaren Ausdrucksmöglichkeiten des Menschen souverän umzugehen, und zwar sowohl als kritischer Rezipient wie als kreativer Produzent. Sie hat die Aufgabe, ein bewußtes Verhältnis des Menschen zu sich, seiner Gesellschaft und ihrer natürlichen Umgebung und zu seiner Geschichte zu entwickeln. Ziel des kulturellen Bildungsprozesses ist die Entwicklung von Subjektivität, d. h. von Ermutigung zu Ermöglichung von eingreifendem Handeln des einzelnen oder der Gruppe. Institutionen der kulturellen Bildung sind die → *Volkshochschulen*, → *Bibliotheken*, → *Musikschulen* und → *Kunstschulen*.

Kulturelle Demokratie

Die programmatische Zielkategorie der kulturellen Demokratie gehört zu den zentralen Forderungen der sog. Neuen → *Kulturpolitik* seit Beginn der siebziger Jahre. Sie begreift das Gleichheitsgebot und das Sozialsstaatspostulat des Grundgesetzes als kulturpolitischen Auftrag und wendet sich gegen strukturelle Privilegierungen bestimmter Bevölkerungsschichten im Kulturbereich (→ *Kultur für alle*). Programmatisch geht es dabei um (1) die Erleichterung und Erweiterung des Zugangs zu den bestehenden Einrichtungen und Formen der Kunstpflege (z. B. durch Abbau finanzieller, sozialer, emotionaler oder psychologischer Schranken durch pädagogische Hilfen, Didaktisierung, motivierende Darbietungsformen usw.); (2) die Ergänzung des Kanons der geförderten Künste durch neue, bisher vernachlässigte Bereiche (z. B. → *Soziokultur*, → *Kleinkunst*, → *Freie Theater* usw.); (3) die Anregung der Menschen zu eigener kultureller Tätigkeit (→ *Kultur von allen*).

Kulturelle Einrichtungen

Die Kommunen, aber auch die Länder, unterhalten eine Vielzahl kultureller Einrichtungen wie beispielsweise → *Theater*, → *Museen*, → *Kommunale Galerien*, → *Archive*, → *Volkshochschulen*, → *Bibliotheken*, → *soziokulturelle Zentren*, → *Musikschulen*, → *Kom-*

munale Kinos, Jugendkunstschulen usw. Diese Einrichtungen befinden sich zumeist in unmittelbarer Trägerschaft einer Kommune, eines Gemeindeverbandes/Kreises, eines → *Zweckverbandes* oder eines Bundeslandes. Verwaltungsrechtlich handelt es sich um nichtrechtsfähige *Anstalten*, d. h. um einen Bestand an sächlichen und persönlichen Mitteln, der zum Zwecke der Erfüllung einer besonderen öffentlichen Aufgabe entweder verwaltungsorganisatorisch oder auch rechtlich verselbständigt ist. Sachlich rechnen solche verselbständigten Verwaltungseinheiten zur Leistungsverwaltung für die kommunale Trägergemeinde bzw. das Trägerland. Für diese kulturellen Einrichtungen sind verschiedene → *Rechtsformen* möglich, etwa die Führung als ein kommunales Amt, als → *Regiebetrieb*, als → *Eigenbetrieb* oder auch als → *GmbH*.

Bei kommunalen und staatlichen Kultureinrichtungen besteht grundsätzlich ein Rechtsanspruch des Bürgers auf Benutzung. Bei Kapazitätserschöpfung müssen deshalb Grundsätze aufgestellt werden, die ein Bewirtschaftungssystem für den sachgerechten Zugang regeln. Bei Mangellagen ist der Leistungsanbieter verpflichtet, jede unterschiedliche Behandlung oder unbillige Behandlung auszuschließen. Vor allem dürfen nicht alle verfügbaren Plätze in einem → *Abonnementsystem* von vornherein vergeben werden, denn damit würde nur ein Teil der Nutzungsansprüche gedeckt, andere gleichberechtigte aber von vornherein ausgeschlossen. Deshalb muß eine sachgerechte Anzahl von Karten für den freien Verkauf vorbehalten und ein sachgerechtes Verteilungssystem eingerichtet werden.

Stets sind mit der Trägerschaft einer Einrichtung die Bindung von Investionsmitteln, der Aufwand für die Unterhaltung und die Anstellung von Personal verbunden, d. h. also relativ starre finanzielle, organisatorische und personelle Strukturen. Andererseits tragen solche Einrichtungen besonders dazu bei, daß Kultur einen „Ort" in der Kommune hat, wo sie für den Bürger jederzeit sichtbar wird. Darüber hinaus steht die kulturelle Einrichtung für Kontinuität in der Kulturarbeit, da sie in ihrer Existenz weit weniger finanzpolitischen Schwankungen ausgesetzt ist als beispielsweise kulturelle Veranstaltungen.

Lit.: Heinrichs, W.: Kommunales Kulturmanagement. Rahmenbedingungen – Praxisfelder – Managementmethoden, Baden-Baden 1999:130–157

▸ Kulturelle Förderung

Die kulturelle Förderung ist neben der Trägerschaft von → *Kulturellen Einrichtungen* und der Durchführung eigener → *Kultureller Veranstaltungen* der dritte Handlungsbereich der Kulturpolitik. Die kulturelle Förderung ist im wesentlichen dadurch bestimmt, daß die rechtliche Trägerschaft einer Einrichtung oder einer Veranstaltung sowie die künstlerische, organisatorische, finanzielle und rechtliche Verantwortung beim Empfänger der → *Zuwendung*, nicht aber beim Zuwendungsgeber liegen. Kulturelle Förderung ist ein wichtiges und vielseitiges Instrument kulturellen und kulturpolitischen Handelns, nicht zuletzt, weil sie Eigeninitiative sowie die Mitarbeit und Mitverantwortung der Bürger anregt. Sie sollte sich an bestimmten Grundsätzen orientieren, die entsprechenden → *Kulturförderungsrichtlinien* quasi als Präambel vorangestellt werden sollten (z. B. Grundsätze der künstlerischen Freiheit, der Vielfalt, der Subsidiarität usw.). Grundsätzliche Förderziele können dabei sein (1) die institutionelle Unterstützung von Einrichtungen und Personengruppen (→ *Zuwendung, institutionelle*); (2) die Realisierung einer Veranstaltung (→ *Projektzuwendung*) oder (3) die kulturelle Belebung und Innovation. Kulturelle Förderung kann (1) finanzielle Zuwendungen, (2) Sachleistungen wie Bereitstellung von Räumen, Dienstleistungen usw. sowie (3) Beratung und Organisationshilfe umfassen. Empfänger können Einzelkünstler (z. B. Kunstpreise, Stipendien, Druckkostenzuschüsse für Kataloge, Kunstankäufe usw.) oder Personengruppen (z. B. Vereine, Institutionen und Einrichtungen, Künstlergruppen usw.) sein.

Lit.: Heinrichs, W.: Kommunales Kulturmanagement. Rahmenbedingungen – Praxisfelder – Managementmethoden, Baden-Baden 1999:158–171

▸ Kulturelle Veranstaltungen

Kulturelle Veranstaltungen sind einmalige kulturelle Ereignisse, die entweder von kommunalen → *kulturellen Einrichtungen* oder von freien Trägern durchgeführt werden. Sie bilden, neben der Trägerschaft von → *kulturelle Einrichtungen* und der → *kulturellen Förderung* das dritte Handlungsfeld der → *Kulturpolitik*. Hierzu zählen insbesondere: → *Konzerte*, Theateraufführungen bzw.

→ *Theatergastspiele*, → *Festspiele* und → *Festivals*, → *Ausstellungen*, → *Lesungen*, → *Kleinkunst* sowie Vorträge. Gemeinsames Merkmal aller dieser Veranstaltungen ist die zeitliche Begrenzung. Nachteile von Veranstaltungen sind u. a., daß sie in der Regel (1) keinen „Ort" haben, an dem auch noch am Tage danach etwas vom kulturellen Ereignis verspürt wird; daß es oft an der (2) notwendigen Kontinuität fehlt und (3) selten eine persönliche Bindung zwischen den gastierenden Künstlern und der Bevölkerung entsteht. Vorteile von Veranstaltungen sind u. a. daß (1) kein singulärer Raumbedarf besteht, sondern vorhandene Veranstaltungsräume weitgehend multifunktional genutzt werden können; daß (2) der Personalbedarf recht gering ist; daß gegenüber festen kulturellen Einrichtungen (3) eine erheblich höhere Flexibilität sowohl inhaltlicher als auch personeller und finanzieller Art gegeben ist.

Lit.: Heinrichs, W.: Kommunales Kulturmanagement. Rahmenbedingungen – Praxisfelder – Managementmethoden, Baden-Baden 1999:106–129

▶ Kulturentwicklungsplanung

Eine Kulturentwicklungsplanung dient dem Ziel, Potentiale für ein künftiges Kulturangebot in einer Stadt oder einer Region zu beschreiben und zu entwerfen. Dazu ist einerseits eine Analyse der aktuellen Kulturangebote und der kulturellen Möglichkeiten erforderlich wie andererseits der Entwurf einer Zukunft des Kulturlebens, wie sie sich vor dem Hintergrund sich wandelnder (politischer, wirtschaftlicher und gesellschaftlicher) Umweltbedingungen und einer veränderten Nachfrage der Bevölkerung abzeichnet.

Waren Kulturentwicklungspläne der siebziger Jahre vorrangig darauf ausgerichtet, eine mittelfristige Realisierungsplanung für die Umsetzung der sog. Neuen → *Kulturpolitik* zu entwerfen, so verstehen sich heutige Pläne eher als Elemente eines → *strategischen Kulturmanagements* und → *Marketings*. Folglich enthalten aktuelle Kulturentwicklungspläne zunächst einmal analysierende Elemente zu den folgenden Problembereichen: (1) Analyse der Umweltbedingungen, einschließlich eines sich abzeichnenden Wertewandels, Veränderungen im Freizeitverhalten, Entwicklung der soziokulturellen Rahmenbedingungen usw. (2) Analyse der vorhandenen Potentiale (personelle, räumliche und finanzielle Ressourcen), einschließlich der Potentiale, die sich durch andere Anbieter (z. B. kommerzieller Art) ergeben. (3) Analyse der Austauschbeziehungen zwischen Anbietern und Nutzern, also der Marketing-Strukturen und -Potentiale, einschließlich der Positionierung der vorhandenen Anbieter und Angebote im regionalen Markt. (4) Analyse der Managementstrukturen und -funktionen. Diese Analysen sind in beschreibender Form, aber auch mit Hilfe geeigneter Techniken (z. B. → *Stärken-Schwächen-Analyse*, → *Portfolio-Analyse*, Publikumsbefragungen, Auswertung von Veranstaltungskalendern, Programmen und Zeitungsberichten usw.) durchzuführen.

In einem zweiten Schritt ist überzugehen zu handlungsorientierten Elementen, d. h. es sind Lösungsvorschläge für aufgetretene Problemlagen zu entwerfen. Diese Lösungsvorschläge sind gegebenenfalls mit Vertretern der interessierten Öffentlichkeit zu erörtern sowie in sachlicher, finanzieller und personeller Hinsicht auf ihre Realisierungschancen hin zu untersuchen. Für eine solche → *Prognose* des künftigen Kulturlebens eignen sich sehr gut → *Prognosetechniken* wie die → *Delphi-Methode* oder die → *Szenario-Technik*. In einem dritten Schritt ist eine Realisierungsmatrix für einen Zeitraum von maximal zehn Jahren zu entwerfen, die nicht nur ausgerichtet sein sollte auf eine Erweiterung des Angebots, sondern auch auf eine Schärfung des Angebotsprofils, was im Einzelfall durchaus den Verzicht auf vorhandene Einrichtungen und Angebote zur Folge haben kann. Diese Realisierungsmatrix sollte auch Aussagen zu den ressourcenorientierten Realisiserungschancen (personelle, sächliche und finanzielle Ressourcen) enthalten.

In einem solchen Verständnis von Kulturentwicklungsplanung zeigt sich ein dreifaches Spannungsfeld: (1) zwischen Kultur und Gesellschaft (einschließlich der Freizeit und soziokultureller Verhaltensweisen), (2) zwischen Kultur und Wirtschaft (einschließlich → *Stadtmarketing*) sowie (3) zwischen Kultur und Management (einschließlich der strukturellen und finanziellen Möglichkeiten). Das aber bedeutet, daß Kulturentwicklungsplanung in dieser Komplexität nicht mehr allein die Entwicklung eines Kulturangebots *der* Stadt umfaßt, sondern vielmehr als eine weiter zu fassende Stadtentwicklungsplanung mit kulturellen Bezügen *in* der Stadt zu verstehen ist.

Lit.: Wagner, B. (Hrsg.): Kommunale Kulturentwicklungsplanung. Beiträge und Materialien. Bonn 1997; Morr, M.: Verplante Kultur? Rahmenbedingungen kultureller Planungen, Essen, 1999

Kultur-Event

Kulturelles Ereignis von außergewöhnlichem Rang, das sich aus verschiedenen Event-Komponenten zusammensetzt und das in ein inszeniertes Umfeld gestellt wird. Kultur-Events werden von Kultureinrichtungen für eigene Marketing-Zwecke eingesetzt (z. B. ein Theaterfest), aber vor allem auch von Wirtschaftsunternehmen als kommunikationspolitisches Instrument genutzt (vgl. → *Event-Marketing*).

Kulturfachzeitschriften

Die einzelnen kulturellen und künstlerischen Sparten verfügen über eine Vielzahl von nationalen und internationalen Fachzeitschriften. Das zuletzt 1998/99 herausgegebene Pressetaschenbuch „Kunst, Architektur, Design" (KROLL-Verlag) verzeichnet auf 45 Seiten eine Vielzahl kultureller und künstlerischer Fachpublikationen im deutschsprachigen Raum. Hierzu zählen so renommierte Fachpublikationen wie etwa „Akzente", „Sinn und Form", „Text und Kritik" oder das „Börsenblatt des Deutschen Buchhandels" (Literatur), „Art", „Bauwelt" oder „Daidalos" (Bildende Kunst und Architektur) oder „Bühnentechnische Rundschau", „Bühnengenossenschaft", „Deutsche Bühne" oder „Theater heute" (Darstellende Kunst) wie eine Vielzahl von regionalen bzw. fachspezifischen kleineren Publikationen. Für Kulturmanagement und -politik von besonderem Interesse sind die viermal jährlich erscheinenden „Kulturpolitischen Mitteilungen" der → *Kulturpolitischen Gesellschaft*.

Lit.: Pressetaschenbuch Kunst, Architektur und Design, Seefeld 1998/99 (Kroll-Verlag)

Kulturfinanzierung

Als Kulturfinanzierung bezeichnet man vornehmlich die Finanzierung öffentlicher Kulturangebote. Beschränkte sie sich noch vor wenigen Jahren neben relativ niedrigen Einnahmen aus Eintrittsgeldern und → *Entgelten* vorrangig auf Zuschüsse aus allgemeinen Deckungsmitteln der öffentlichen Haushalte, so kommen heute auch andere Arten von → *Finanzierungsinstrumenten* zum Einsatz. Das hängt einerseits mit der Finanznot der öffentlichen Haushalte zusammen, teilweise aber sicherlich auch mit einer sich abzeichnenden Wandlung in den Verantwortlichkeiten für öffentliche Kulturausgaben. Demnach ist die öffentliche Hand nicht mehr allein verantwortlich für das Kulturangebot in der Stadt, sondern erwartet, daß die Nutzer in Form von höheren → *Entgelten,* die Wirtschaft durch → *Sponsoring* oder auch kulturinteressierte Bürger durch → *Spenden* einen zusätzlichen Beitrag leisten.

Darüber hinaus ist man sehr bemüht, neue Konzepte der Kulturfinanzierung zu finden: (1) Gewisse Chancen werden einer → *Public-Private-Partnership* eingeräumt, d. h. einer Verbindung von Wirtschaft und öffentlicher Hand, die deutlich über ein am Einzelfall orientiertes Sponsoring hinausgeht. (2) Auch werden erste Versuche gemacht, das traditionelle und etwas altbackene Spendensammeln zu einem an Marketing-Zielen orientierten → *Fund raising* zu erweitern. (3) Ähnlich in den Anfängen stecken die Versuche, privatrechtliche → *Stiftungen* verstärkt für eine Kulturfinanzierung heranzuziehen. (4) Auch zeichnet sich deutlich ab, daß den Erlösen etwa durch den Kauf von Produkten des → *Merchandisings* (im Museums- oder Theatershop) künftig verstärkte Aufmerksamkeit zukommen wird. Zusammen mit dem weitgehend eingeführten (5) Sponsoring und den traditionellen Finanzierungsinstrumenten (6) der staatlichen → *Zuwendungen* und (7) der Zuschüsse aus allgemeinen Deckungsmitteln zeichnet sich damit auch in der Kulturfinanzierung von Nonprofit-Kulturbetrieben eine breitere Palette der Möglichkeiten ab.

Lit.: Heinrichs, W. Kulturpolitik und Kulturfinanzierung. Strategien und Modelle für eine politische Neuorientierung der Kulturfinanzierung, München 1997

▸ Kulturföderalismus

Nach Art. 30 Grundgesetz ist die Ausübung der staatlichen Befugnisse und die Erfüllung der staatlichen Aufgaben Sache der Länder, soweit das Grundgesetz keine andere Regelung trifft oder zuläßt.

Darüber hinaus gewährleistet Art. 28 Grundgesetz den Gemeinden und Gemeindeverbänden das Recht, alle Angelegenheiten der örtlichen Gemeinschaft im Rahmen der Gesetze in eigener Verantwortung, d. h. in Selbstverwaltung, zu regeln. Als föderaler Bundesstaat hat die Bundesrepublik insbesondere auf dem Feld der Kulturpolitik eine Arbeitsteilung zugunsten der Bundesländer (→ *Kulturpolitik der Länder*) und kommunaler Instanzen (→ *Kulturpolitik, kommunale* nach Art. 28 GG), kaum dagegen zugunsten gesamtsstaatlicher Einrichtungen (→ *Kulturpolitik des Bundes*) aufgebaut. Diese Arbeitsteilung wird in der kulturpolitischen Praxis allerdings zunehmend von Komplementärbeziehungen der einzelnen Ebenen überlagert (→ *Kulturstiftung der Länder*); allein das starke finanzielle (wenn auch zeitlich befristete) Engagement des Bundes im Rahmen der Deutschen Einheit hat den Bundesanteil an öffentlichen Kulturausgaben von etwa 3 % auf 10 % erhöht. Das – nicht immer störungsfreie – Zusammenwirken der verschiedenen Träger bei der Förderung und Mitgestaltung des kulturellen Lebens wird in Deutschland auch als „kooperativer Kulturföderalismus" bezeichnet. Eine neue Qualität erhielt der Kulturföderalismus 1998 durch die Berufung eines Bundesbeauftragten bzw. → *Staatsministers für die Angelegenheiten der Kultur und der Medien.*

Lit.: Küster, B.: Die verfassungsrechtliche Problematik der gesamtstaatlichen Kunst- und Kulturpflege in der Bundesrepublik Deutschland, Frankfurt am Main 1990

▸ Kulturfonds des Bundes

Durch § 1 des Bund-Länder-Abkommens über die Mitwirkung des Bundes an einer → *Kulturstiftung der Länder* vom 4. 6. 1987 sind die bislang fünf Kulturfonds → *Kunstfonds e.V.*, → *Deutscher Literaturfonds e.V.*, → *Musikförderprogramm*, → *Fonds Soziokultur* und → *Fonds Darstellende Künste* in die Förderung der Kulturstiftung einbezogen. Die Fonds sind in der privaten Organisationsform des eingetragenen → *Vereins* organisiert, um den Fonds die erforderliche Gestaltungsflexibilität einzuräumen. Hierdurch wird eine weitreichende Selbstverwaltung durch die jeweilige Kulturgattung und Selbstverwaltung bei den Förderentscheidungen ermöglicht.

▸ Kulturförderung als Wirtschaftsförderung

Die Förderung von Theatern, Festspielen und Stadtfesten, aber auch von Bibliotheken, Volkshochschulen und Musikschulen aus öffentlichen Mitteln hat erhebliche wirtschaftliche Auswirkungen (→ *Inzidenz-Analyse*). In dieser Betrachtungsweise erweist sich → *kulturelle Förderung* häufig als eine indirekte Wirtschaftsförderung (→ *Wirtschaftsfaktor Kultur*).

▸ Kulturförderungsrichtlinien

Durch das Fehlen eines einheitlichen, rechtlich verbindlichen Handlungsrahmens für den Aufgabenbereich der Kulturpolitik der Kommunen (→ *Kulturpolitik, kommunale*) und der Länder (→ *Kulturpolitik der Länder*) gibt es auch weder verbindliche noch einheitliche Kulturförderungsrichtlinien. So sind auch die Entscheidungsstrukturen und die Kriterien, nach denen über die entsprechende → *kulturelle Förderung* entschieden wird, in den einzelnen Gebietskörperschaften sehr unterschiedlich. Um sowohl für den Geber als auch den Empfänger öffentlicher → *Zuwendungen* eine gewisse Rechts- und damit auch Verhaltenssicherheit zu ermöglichen, geben sich die unterschiedlichen Gebietskörperschaften häufig selbstentwickelte Förderrichtlinien, nach denen öffentliche Zuwendungen vergeben werden.

Diese Richtlinien sollten mindestens enthalten: (1) Allgemeine Förderungsvoraussetzungen und Verfahrensgrundsätze (z. B. welcher Empfängerkreis zuwendungsberechtigt ist, welches Gremium über die Zuwendung entscheidet, welche Formalia einzuhalten sind usw.); (2) Arten der Förderung (z. B. Finanzhilfen in Form von institutionellen Zuwendungen (→ *Zuwendung, institutionelle*), → *Projektzuwendungen*, → *Ausfallbürgschaften*, Zuwendungen bei Vereinsjubiläen usw.; darüber hinaus organisatorisch-fachliche Hilfe, Koordination und Beratung durch das → *Kulturamt* bzw. → *Kulturbüro*, Publikationshilfe, Inanspruchnahme von städtischen Räumen/Plätzen/Straßen; (3) spezielle Regelungen für die einzelnen Sparten (z. B. Förderung von → *Vereinen*, Kulturgesellschaften, → *soziokulturellen Zentren*, aber auch Einzelförderung von Autoren, Musikern, Bildenden Künstlern usw.).

Lit.: Heinrichs, W.: Kommunales Kulturmanagement. Rahmenbedingungen – Praxisfelder – Managementmethoden, Baden-Baden 1999:158–171

▶ Kultur für alle

In seiner oft zitierten programmatischen Standortbestimmung „Bildung und Kultur als Element der Stadtentwicklung" von 1973 entwarf der Deutsche Städtetag erstmals das Konzept einer „Kultur für alle", wenn er fordert: „Im demokratischen Staatswesen ist ‚Kultur für alle' als kommunale Gemeinschaftsaufgabe ständig neu zu definieren: Kulturarbeit muß der Entfaltung und Entwicklung der sozialen, kommunikativen und ästhetischen Möglichkeiten und Bedürfnisse aller Bürger dienen." Das Konzept einer Kultur für alle wurde zu einem Kernelement der sog. Neuen → *Kulturpolitik* nach 1975. Vom damaligen Frankfurter Kulturdezernenten Hilmar Hoffmann wird in seinem gleichnamigen kulturpolitischen Bestseller 1979 „für den unbeschränkten Zugang zu den Künsten, zur ‚Kultur für alle' plädiert, nicht für die bloße Weitergabe eines kanonisierten ‚Erbes', auch nicht für die bloße Vermittlung eines außerhalb von Publikum oder Realität entstehenden Fundus von professioneller Kunst, dem man sich von seiten des Publikums mit entsprechendem Aufwand von Zeit und Intellekt zu nähern habe. Jeder Bürger muß grundsätzlich in die Lage versetzt werden, Angebote in allen Sparten und mit allen Spezialisierungsgraden wahrzunehmen, und zwar mit einem zeitlichen Aufwand und einer finanziellen Beteiligung, die so bemessen sein muß, daß keine einkommensspezifischen Schranken aufgerichtet werden. Weder Geld noch ungünstige Arbeitszeitverteilung, weder Familie oder Kinder noch das Fehlen eines privaten Fortbewegungsmittels dürfen auf die Dauer Hindernisse bilden, die es unmöglich machen, Angebote wahrzunehmen oder entsprechende Aktivitäten auszuüben (...) Die Angebote dürfen weder bestehende Privilegien bestätigen, noch unüberwindbare neue aufrichten. Eine demokratische Kulturpolitik sollte nicht nur von dem formalen Angebot für alle ausgehen, sondern kulturelle Entwicklung selbst als einen demokratischen Prozeß begreifen, der künstlerisches Schaffen, Reichtum einer historisch gewachsenen Kultur und demokratische Gesellschaft gleichermaßen einbezieht" (Hoffmann 1981:11 f.).

Lit.: Hoffmann, H.: Kultur für alle. Perspektiven und Modelle, Frankfurt am Main (1979) 2.Aufl. 1981

▸ Kulturgesellschaft

Ab Mitte der achtziger Jahre erlebte der Begriff des Kulturstaates im Zusammenhang mit der Diskussion über die Kulturgesellschaft eine Renaissance, nicht zuletzt im Rahmen von zwei Bundestagsdebatten. Der Gedanke der Kulturgesellschaft schlug sich auch in den programmatischen Diskussionen der Parteien nieder. Im Entwurf für ein neues Grundsatzprogramm („Irseer Entwurf" von 1986) bezieht sich die SPD ausdrücklich auf Überlegungen aus den fünfziger Jahren: „Das Godesberger Programm wies über den Sozialstaat hinaus auf den → *Kulturstaat*". Im „Zukunftsmanifest" der CDU (1986) heißt es unter der Überschrift: „Mehr Sinnerfüllung in einer farbigen Kulturgesellschaft": „Unser Ziel ist eine Gesellschaft, die ihr Selbstbewußtsein nicht nur aus ihrer wirtschaftlichen und sozialen Leistungskraft bezieht, sondern die sich auch als Kulturgesellschaft versteht." Interessanterweise spricht gerade die liberale F.D.P. nicht von „Kulturgesellschaft", sondern ausdrücklich und wiederholt vom „Kulturstaat", etwa wenn sie in ihrem ebenfalls 1986 verabschiedeten Programm „Neue Chancen kultureller Lebensgestaltung" schreibt: „Der Kulturstaat braucht sichere Grundlagen für seine kulturpolitischen Entscheidungen" oder „Der Kulturstaat will die größtmögliche Einbeziehung seiner Bürger in das Kunst- und Kulturleben."

Ungeklärt in den sich am Begriff der Kulturgesellschaft entzündenden Diskussionen blieb vor allem der logische Status der Begrifflichkeit: Handelt es sich bei der Rede von der Kulturgesellschaft um eine deskriptive Aussage, d. h. die Beschreibung einer tatsächlichen Gesellschaft, in der Kultur zu einem zentralen Bestimmungsfaktor geworden ist, oder um eine normative Aussage, d. h. eine (kultur-)polititische Zielvorstellung über den gewünschten Gang der gesellschaftlichen Entwicklung?

Lit.: Fohrbeck, K. und A. J. Wiesand: Von der Industriegesellschaft zur Kulturgesellschaft? Kulturpolitische Entwicklungen in der Bundesrepublik Deutschland, München 1989

▸ Kulturgutsicherungsgesetz

Das „Gesetz zum Schutz deutschen Kulturgutes gegen Abwanderung" (KgutschG) von 1955 in der Fassung vom 8. 7. 1999 (BGBl. I S. 1754) besagt, daß deutsche Kulturgüter (vorwiegend Kunstwerke und Archivalien) durch Aufnahme in ein „Verzeichnis national wertvollen Kulturgutes" gegen Abwanderung ins Ausland geschützt werden können. Da nur solche Kulturgüter diesem Schutz unterliegen, die im Verzeichnis namentlich aufgeführt sind, spricht man vom → *Enumerationsprinzip*. Das Verzeichnis wird von den Obersten Landesbehörden erstellt, die vor Eintrag eines Kulturgutes in das Verzeichnis einen Sachverständigen-Ausschuß zu hören haben, dem fünf Experten aus den Bereichen Museen, Wissenschaften und Kunsthandel angehören. Die Verzeichnisse der Bundesländer werden beim Bundesminister des Innern zu einem Gesamtverzeichnis zusammengefaßt. Dem Bundesminister des Innern steht auch allein das Recht zu, eine Ausfuhr von Kulturgütern aus dem Gesamtverzeichnis zu genehmigen. Kulturgüter, die nach dem Kulturgutsicherungsgesetz nicht ausgeführt werden dürfen, sind von der Erbschaftssteuer befreit.

▸ Kulturhaushalt, kommunaler

Für den kommunalen Kulturbereich ist innerhalb des kommunalen → *Haushaltsplanes* der Einzelplan 3 „Wissenschaft, Forschung und Kulturpflege" von zentraler Bedeutung. Hier sind alle für das jeweilige Haushaltsjahr relevanten Ausgaben und Einnahmen des laufenden Betriebes (Verwaltungshaushalt) sowie der investiven Maßnahmen (Vermögenshaushalt) zusammengefaßt.

Lit.: Klein, A.: Der kommunale Kulturhaushalt (Reihe Kulturpraxis und Recht), Köln 1995

▸ Kulturhoheit der Länder → Kulturpolitik der Länder, → Kulturföderalismus

▸ Kulturindustrie

Adorno und Horkheimer bezeichneten in ihrem 1947 erstmals erschienen Buch „Dialektik der Aufklärung" vor dem Hintergrund ihrer Erfahrungen im amerikanischen Exil als Kulturindustrie die industrielle Massenproduktion von Kulturgütern: „Kultur heute schlägt alles mit Ähnlichkeit", heißt es dort. Der Begriff ist demnach eher negativ besetzt (im Sinne von künstlerisch minderwertiger Massenproduktion). Als Kulturindustrie bezeichnet man heute aber auch wertneutral die industrielle Produktion von Waren, die im Kulturbereich gehandelt werden, z. B. Musikinstrumente, Bücher, Tonträger usw.

Lit.: Steinert, H.: Kulturindustrie, Münster 1998

▸ Kulturmanagement

Als Kulturmanagement bezeichnet man alle Steuerungen zur Erstellung und Sicherung von Leistungen in arbeitsteiligen Kulturbetrieben, die sich in einer komplexen und veränderbaren Umwelt abspielen und die auf Austauschbeziehungen zwischen Anbietern und Nutzern ausgerichtet sind.

(1) Kulturmanagement sichert die Rahmenbedingungen für eine Produktion von Kunst und Kultur, ohne an der Produktion selbst unmittelbar beteiligt zu sein. Kulturmanagement schafft Kunst und Kultur nicht selbst, sondern ermöglicht sie. Dieser Produktionsprozeß verläuft nach Regeln, die weitgehend der allgemeinen → *Managementlehre* entlehnt sind, d.h es geht auch hier um → *Planung*, → *Führung* und → *Controlling*.

(2) Kulturmanagement bringt die Kultur zum Publikum, d. h. es stellt Austauschbeziehungen her zwischen den Künstlern und Kulturschaffenden auf der einen Seite und den Kulturnutzern oder -konsumenten auf der anderen Seite. Dazu bedient es sich eines betriebswirtschaftlichen → *Marketings*, um einerseits die Situation, in der ein Angebot erfolgt, zu analysieren (→ *Marketinganalyse*) und andererseits → *Marketinginstrumente* zur Positionierung eines Angebots einsetzen zu können.

(3) Dies alles geschieht allerdings nicht allein in ökonomischen Kontexten, sondern auch unter Beachtung rechtlicher, administrativer, finanzieller und politischer Rahmenbedingungen. Innerhalb dieser Vorgaben Kultur zu ermöglichen, wie auch umgekehrt auf die Gestaltung der Rahmenbedingungen (vor allem in ihrer politischen

Form) Einfluß zu nehmen, ist ein weiterer Aufgabenbereich von Kulturmanagement (→ *Kulturpolitik*).

(4) Kulturmanagement ist aber mehr als nur die Übertragung der Betriebswirtschaftslehre auf einen Kulturbetrieb. Stärker als in jedem Wirtschaftsbetrieb hat im Kulturmanagement die Steuerungshandlung (das Management) Einfluß auf den Steuerungsgegenstand (die Kultur). Der Kulturmanager wählt Künstler und Kunstwerke aus und nimmt damit Einfluß auf die Kultur, die ihren Weg zum Publikum finden wird, d. h. umgekehrt gesprochen, der Kulturmanager verhindert auch Kultur (nämlich die, die er nicht anbietet) und trägt damit eine besondere Verantwortung hinsichtlich der Kunstfreiheitsgarantie (Art. 5 Abs. 3 des Grundgesetzes) (→ *Kunstfreiheit*).

(5) Deshalb wird Kulturmanagement nicht möglich sein ohne die Berücksichtigung einer → *Bezugsdisziplin,* und d. h., es müssen immer auch kulturanthropologische, kultursoziologische und künstlerische Aspekte in das Kulturmanagement einfließen, wenn es nicht zu einem rein funktionalen Handeln verkommen soll. Dazu aber ist eine Mehrfach-Kompetenz unverzichtbar.

Kulturmanagement zeichnet sich folglich aus durch eine außergewöhnliche Komplexität, durch einen interdisziplinären Ansatz und durch eine eigene Form der Professionalisierung (vgl. → *Aus- und Weiterbildung,* → *Kulturmanagementlehre*).

Lit.: Heinrichs, W.: Kulturmanagement. Eine praxisorientierte Einführung, Darmstadt 2. Aufl. 1999; Rauhe, H. und Ch. Demmer (Hrsg.): Kulturmanagement. Theorie und Praxis einer professionellen Kunst, Berlin und New York 1994

▶ Kulturmanagementlehre

Seit Anfang der achtziger Jahre gibt es im deutschsprachigen Raum Studienangebote an staatlichen Hochschulen zum Kulturmanagement (seit 1979 in Wien, seit 1989 in Hamburg und seit 1990 in Ludwigsburg und Hagen). Da Kulturmanagement keine traditionelle wissenschaftliche Disziplin ist, sondern interdisziplinär und querschnittsorientiert arbeitet, stand bei Gründung der ersten Studiengänge kein einheitlicher theoretischer Unterbau zur Verfügung; vielmehr war es Aufgabe der beteiligten Hochschulen, die Studiengänge im Laufe der Zeit zu erarbeiten.

Inzwischen zeichnet sich aber ab, daß es kaum zu einer einheitlichen Kulturmanagementlehre kommen wird, sondern eine gewisse Pluralität der theoretischen Ansätze im Kontext von → *Bezugsdisziplinen* bestehenbleiben wird. Diese Pluralität aber wird von Studierenden des Fachs Kulturmanagement durchaus als Bereicherung empfunden, weil sie auf diese Weise das Studienangebot wählen können, das ihren persönlichen Neigungen und Interessen am ehesten entspricht.

Lit.: Fuchs, M. (Hrsg.): Zur Theorie des Kulturmanagements. Ein Blick über Grenzen, Remscheid 1993

▸ Kulturmanagement, regionales

Der Begriff und die verschiedenen Konzepte von Kulturmanagement beziehen sich in der Regel auf die möglichst effiziente Steuerung bestimmter kultureller Organisationen (etwa von Theater, Musikschule, Museum) oder bestimmter Gebietskörperschaften (z. B. der Kommune, Landkreis). Dies ist zunächst naheliegend, denn die Kommune stellt in Deutschland den bevorzugten Handlungsrahmen für Kulturpolitik und Kulturarbeit/-management dar (→ *Kulturpolitik, kommunale*). Seit einiger Zeit, nicht zuletzt im Zusammenhang mit dem Voranschreiten der europäischen Einigung, aber auch der Wiederentdeckung und positiven Bewertung des Begriffes „Heimat", ist indes eine „Reanissance der Region" unübersehbar. Dies betrifft sowohl Entwicklungen im „Binnenland", d. h. die Entstehung eines Regionalbewußtseins und einer verstärkten kulturellen Kooperation innerhalb der Staatsgrenzen (z. B. die Kultursekretariate in Nordrhein-Westfalen, Schleswig-Holstein-Musik-Festival, Kultursommer Rheinland-Pfalz, Mittelhessischer Kultursommer) als auch grenzübergreifende Kulturkooperationen (z. B. die Ars Baltica mit Schleswig-Holstein und den anderen Ostseeanrainern, die ARGE Alp mit Bayern und seinen Nachbarn bzw. die ARGE Alpen-Adria mit Bayern und seiner erweiterten Nachbarschaft, die sog. „Euregios", etwa der Raum Saar-Lor-Lux mit Saarland, Frankreich und Luxemburg, die Euregio im Länderdreieck Sachsen, Tschechien und Polen oder die Euregio Rhein-Maas mit Stadt und Kreis Aachen, Limburg und östliche Wallonie).

Neben allen ressourcenbündelnden, image- und wirtschaftsfördernden und nicht zuletzt identitätsstiftenden Argumenten, die für eine verstärkte binnenregionale Kulturkooperation angeführt werden, sollte eines nicht übersehen werden: ein sinnvoller und gerechter Lastenausgleich von Nutzungsgrad kultureller Einrichtungen und finanziellem Lastenanfall in Ballungsräumen. Auf freiwilliger Basis wird diese regionale Kooperation seit mehr als zwanzig Jahren in den beiden Kultursekretariaten des Landes Nordrhein-Westfalen durchgeführt; auf gesetzlicher Grundlage wird sie seit 1993 im sächsischen → *Kulturräumegesetz* erprobt. Diese regionalen Aufgaben stellen eine bislang neue Herausforderung an das Kulturmanagement dar.

Lit.: Klein, A: Regionales Kulturmanagement. Nicht-institutionalisierte kulturelle Zusammenarbeit in der Region. In: HKM, A 2.3

▶ Kulturmanager

Leitende Mitarbeiter in Kulturbetrieben; als Kulturmanager sollten sich Mitarbeiter nur auf solchen Positionen verstehen, wo tatsächlich Steuerungshandlungen in arbeitsteiligen Prozessen vorgenommen werden, d. h. wo gewisse Führungsaufgaben gegenüber nachgeordneten Mitarbeitern wahrgenommen werden.

Die Berufsbezeichnung Kulturmanager ist weder gesetzlich geschützt noch von staatlicher Seite eingeführt, hat sich aber in den letzten Jahren erstaunlich gut durchsetzen können (z. B. in Stellenanzeigen)

▶ Kulturmarketing

Unter Kulturmarketing wird im Rahmen des Kulturmanagements die Adaption der Regeln des allgemeinen → *Marketings* auf die speziellen Handlungsfelder von Kunst und Kultur verstanden. Diese Übertragung schließt an ein weit gefaßtes Marketing-Verständnis an, wonach – in Anlehnung an Philip Kotler – Marketing als ein Prozeß im Wirtschafts- und Sozialgefüge definiert werden kann, durch den Einzelpersonen, Gruppen und Organisationen ihre Bedürfnisse und Wünsche befriedigen, indem sie Sachgüter und andere Dinge von Wert (also z. B. auch Dienstleistungen) erzeugen, anbieten und miteinander austauschen.

Während sich kommerzielle Kulturbetriebe als Wirtschaftsunternehmen (z. B. im Markt für Tonträger, in der Filmbranche oder im Verlagswesen) schon immer hochentwickelter → *Marketinginstrumente* bedienten, vertraut man im öffentlichen und privatrechtlich-gemeinnützigen Kulturbetrieb häufig mehr dem sog. → *„Marketing aus dem Bauch"* bzw. gibt es nach wie vor Vorbehalte gegen die Anwendung von Marketingkonzepten (Vorwurf der „Kommerzialisierung von Kultur" bzw. der bloßen Marktorientierung). Diese Vorbehalte werden erst allmählich durch die theoretische Fundierung sowie praktische Anwendung des sog. → *Nonprofit-Marketings* überwunden. Demnach können öffentliche Betriebe (wie z. B. Theater, Museen, Orchester, Musikschulen usw.) das Marketing-Management-Konzept ebenso zum Einsatz bringen wie private Erwerbsunternehmen, denn wie diese müssen auch öffentliche Unternehmen ihre Märkte identifizieren, die Bedürfnisse der Kunden feststellen, angemessene Güter bzw. Dienstleistungen entwickeln, Distributionskanäle aufbauen, Massenkommunikation und persönlichen Verkauf zum Einsatz bringen und sowohl → *Marketing-Forschung* betreiben als auch Verkaufsanalysen erstellen, wenn sie mit ihren Märkten Schritt halten wollen.

Allerdings gilt es, wie bei allen Marketingkonzepten für spezielle Märkte (also beispielsweise das Konsumgüter-, Investionsgüter-, Agrar-, Bank-, Versicherungs- oder Dienstleistungsmarketing), die Eigenheiten dieser Märkte möglichst genau zu kennen und hierfür eigenständige Konzepte zu entwickeln, die dem jeweiligen besonderen Versorgungsauftrag, hier etwa öffentlicher Betriebe, Rechnung zu tragen haben. Ein erstes wesentliches Unterscheidungsmerkmal zwischen privatwirtschaftlichen und öffentlichen bzw. privatrechtlich-gemeinnützigen Kulturunternehmungen liegt daher weniger im Gegenstandsbereich, der für beide Anbieter ähnlich ist, als vielmehr in der Zielorientierung: Besteht diese in der Privatwirtschaft in erster Linie in der Gewinnerzielung bzw. -maximierung, so liegt sie im öffentlichen Bereich vor allem in der möglichst optimalen und effizienten Erfüllung eines öffentlichen Auftrages bzw. einer daraus abgeleiteten Zielsetzung (→ *Kulturpolitik*). Wenn diese Konzepte und Vorstellungen klar formuliert sind, können sie problemlos als → *Marketingziele* Steuerungs- und Kontrollfunktionen im → *Mar-*

keting-Management-Prozeß übernehmen. Es kann festgestellt werden, ob die selbstgesteckten Zielerwartungen tatsächlich erreicht, übertroffen bzw. unterschritten wurden und worauf mögliche Zielabweichungen (positiv/negativ) zurückzuführen sind. Aus dieser Erkenntnis bzw. diesem Lernprozeß können Verbesserungen für zukünftiges Handeln abgeleitet werden.

Ein zweiter wichtiger Unterschied liegt in der Produktgestaltung: während im kommerziellen Marketing das Produkt mehr oder weniger undifferenziert den Wünschen der Nachfrager angepaßt wird, um die kommerzielle Zielsetzung möglichst optimal zu erreichen (in der Regel Gewinnmaximierung bzw. Umsatzsteigerung), verbietet sich dies im öffentlichen bzw. gemeinnützigen Kulturbetrieb, der gerade hieraus seine Legitimation bezieht: die Produktgestaltung orientiert sich hier ausschließlich an den ästhetischen, kulturellen, künstlerischen, bildungspolitischen oder sonstigen Nonprofit-Zielen. Kulturmarketing in öffentlichen Kulturbetrieben läßt sich demnach definieren als die Kunst, jene Marktsegmente bzw. Zielgruppen zu erreichen, die aussichtsreich für das Kulturprodukt interessiert werden können, indem die entsprechenden Austauscheigenschaften (z. B. Preis, Werbung, Vertrieb, Service usw.) dem künstlerischen Produkt bzw. der Dienstleistung möglichst optimal angepaßt werden, um dieses mit einer entsprechenden Zahl von Nachfragern erfolgreich in Kontakt zu bringen und um die mit der allgemeinen Zielsetzung des Kulturbetriebs in Einklang stehenden Ziele zu erreichen.

Lit.: Colbert, F.: Kultur- und Kunstmarketing. Ein Arbeitsbuch, Heidelberg 1999; Klein, A.: Aktives Kulturmarketing. Das Marketingkonzept für öffentliche Kulturbetriebe. Beck-Wirtschaftsberater im dtv, Bd. 50848, erscheint 2001.

▶ Kulturökonomik

Disziplin der Wirtschaftswissenschaften, die sich mit Kunst und Kultur als Teil des → *Wirtschaftens* beschäftigt. Sie entspricht damit einer Volkswirtschaftslehre für den Kulturbereich, während sich die → *Kulturbetriebslehre* als Betriebswirtschaftslehre für Kulturbetriebe versteht. Die Kulturökonomik geht von folgenden Gegebenheiten aus: (1) Obwohl die Produktion und der Konsum von Kultur und Kunst höchst komplex verlaufen, sind die Kausalitäten und Verhaltensmuster der beteiligten Individuen denen anderer Produktions- und Konsumbereiche gleich. (2) Kunst und Kultur sind knappe Güter (→ *Knappheitsprinzip*), d. h. sie stehen nicht jederzeit und überall in beliebiger Anzahl zur Verfügung. Diese Knappheit ist nicht zuletzt bedingt durch die Knappheit der verwendeten ökonomischen Ressourcen wie Arbeit, Kapital (Material), Zeit, Ideen/Kreativität usw. (3) Kunst und Kultur gehen zurück auf individuelle Entscheidungen und zwar sowohl in der Produktion als auch im Konsum. Der Austausch zwischen Angebot und Nachfrage findet – wie bei anderen Wirtschaftsgütern auch – als freie Entscheidung der beteiligten Individuen statt.

Vor dem Hintergrund dieser Voraussetzungen, die den Vorgaben aller Wirtschaftsbereiche entsprechen, beschäftigt sich die Kulturökonomik beispielsweise mit (1) den Preisbildungsmechanismen in der → *Kulturwirtschaft*; (2) den Auswirkungen, die einerseits der Markt und andererseits die staatliche und kommunale → *kulturelle Förderung* auf die Kulturwirtschaft haben; (3) den Beteiligten in Kulturproduktion und Kulturkonsum und deren Stellenwert für den → *Arbeitsmarkt*; (4) dem Stellenwert von Kultur und Kunst als → *Wirtschafts-*, → *Standort-* und → *Imagefaktor*; (5) mit den Wertschöpfungsmechanismen von Kultur und dem Anteil der Kulturwirtschaft an der → *Bruttowertschöpfung*.

Ein besonderes Problem der Kulturökonomik in Deutschland ist die Notwendigkeit, privatwirtschaftliche und öffentliche Kulturbetriebe als gleichwertige Teile der Kulturwirtschaft zu sehen. Daraus ergeben sich sowohl methodische Fragen (wie ist der Anteil öffentlicher Kulturausgaben am Bruttosozialprodukt zu bemessen?) als auch Fragen, die das Selbstverständnis der Kulturanbieter betreffen (z. B. die Betrachtung nicht-rentabler Kulturangebote aus dem Blickwinkel des Marktes und der Ökonomie). Es kann deshalb nicht verwundern, daß die Kulturökonomik in Deutschland besonders von Vertretern öffentlicher Kultureinrichtungen, aber auch von der Kulturpolitik eher skeptisch gesehen wird. Dagegen ist sie in Ländern mit überwiegend privatwirtschaftlichen Kulturbetrieben (z. B. in den USA) längst eine weit verbreitete Disziplin mit zahlreichen Fachpublikationen.

Lit.: Pommerehne, W.W. und B.S. Frey: Musen und Märkte. Ansätze einer Ökonomik der Kunst, München 1993; Towse, R. und A. Khakee: Cultural Economics, Berlin 1992

Kulturorchester

Als Kulturorchester werden nach der Satzung des → *Deutschen Bühnenvereins* selbständig betriebene Orchester definiert, die regelmäßig Operndienst versehen oder Konzerte ernst zu wertender Musik spielen. Sie sind dann selbständig, wenn sie die künstlerischen Entscheidungen in eigener Verantwortung treffen und wenn sie einem Unternehmensmitglied (Gebietskörperschaft oder eine andere juristische Person des öffentlichen Rechts bzw. ein öffentliches Unternehmen in privater → *Rechtsform*) unmittelbar und ausschließlich unterstellt sind. In der Spielzeit 1998/99 existierten laut Theaterstatistik des Deutschen Bühnenvereins in Deutschland insgesamt 53 Kulturorchester mit insgesamt 4035 Mitgliedern, die 3345 Konzerte am Ort und 1904 auswärts gaben; sie erreichten damit insgesamt über 2,54 Millionen Besucher.

Lit.: Jacobshagen, A.: Strukturwandel der Orchesterlandschaft. Die Kulturorchester im wiedervereinigten Deutschland, Köln 2000; Steidle, G.: Kunstfreiheit und Mitbestimmung im Orchester, Baden-Baden 1998

Kulturpflege

Das → *Kulturkonzept* der bundesrepublikanischen Kulturpolitik war bis in die Mitte der sechziger Jahre von der Leitvorstellung der „Kulturpflege" geprägt, die ihrerseits auf dem sog. affirmativen → *Kulturbegriff* basierte. Am prägnantesten kommt dieses Kulturkonzept in den Leitsätzen zur kommunalen → *Kulturarbeit* des Deutschen Städtetages vom 18./19. 1. 1952 („Stuttgarter Richtlinien") zum Ausdruck, wo es u. a. heißt: „Die Pflege der Kultur ist für die Städte eine wichtige und dringliche Aufgabe sowohl um der kulturellen Werte willen, die es zu pflegen gilt, und der in dieser Pflege sich zeigenden geistigen Haltung als auch wegen der Bedeutung, die dieser Pflege für das Gemeinschaftsleben zukommt." Kulturpflege meint in diesem Konzept weitgehend die Erhaltung von etwas Bestehendem und zeigt somit eine deutliche Nähe zur → *Denkmalpflege.*

Lit.: Leitsätze zur kommunalen Kulturarbeit (Stuttgarter Richtlinien); gebilligt durch Präsidium und Hauptausschuß des Deutschen Städtetages in Stuttgart am 18./19.11952. In: Deutscher Städtetag (Hrsg.): Städtische Kulturpolitik. Empfehlungen, Richtlinien und Hinweise des Deutschen Städtetages zur Praxis städtischer Kulturpolitik 1946 bis 1970, Köln 1971 S. 104ff

▸ Kulturpolitik

Ein ganz wesentliches Kennzeichen des öffentlichen Kulturbetriebes ist, in deutlichem Gegensatz zu anderen Politikfeldern wie etwa der Sozialpolitik, das weitgehende Fehlen von Rechtsnormen. Auch wenn das Grundgesetz in Art. 5 Abs. 3 ein klassisches liberales Abwehrrecht gegen Staatseingriffe in die Freiheit der Kunst proklamiert (→ *Kunstfreiheit)*, auch wenn das Bundesverfassungsgericht allgemein von einer Staatszielbestimmung → *Kulturstaat* spricht, so finden sich dennoch keine Rechtsvorschriften, die normativ-positiv festschreiben, was im einzelnen als kulturelle Aufgabe des Staates zu gelten habe oder gar, wie kulturelle Aufgaben wahrzunehmen seien. Alle Rechtsgrundlagen bescheinigen der öffentlichen Hand, daß sie in kulturellen Angelegenheiten tätig werden darf und muß, doch sagen sie nichts darüber aus, wie, wo und in welchem Umfang sie tätig werden sollen. Dies ist dem Bund (→ *Kulturpolitik des Bundes*), den Ländern (→ *Kulturpolitik der Länder*) und den Kommunen (→ *Kulturpolitik, Kommunale*) im Einzelfall überlassen. Nirgendwo ist rechtlich verbindlich festgelegt, welcher Kulturbegriff dem öffentlichen Handeln zugrunde liegen soll oder muß bzw. in welcher Form die Träger öffentlicher Kulturarbeit im Einzelfall tätig werden sollen. Daß sich hier im geschichtlichen Verlauf durchaus auch gravierende Veränderungen ergeben können, zeigt nicht zuletzt die erstmalige Berufung eines → *Staatsministers für Angelegenheiten der Kultur und der Medien* in der 14. Wahlperiode.

Was jeweils historisch-gesellschaftlich unter Kultur verstanden wird und welchen Zielen öffentliche Kulturarbeit dienen soll, wird folglich nicht von einer (juristischen) Norm vorgegeben, sondern entsteht in der ständigen (kultur-)politischen Diskussion. So entwikkelten sich in der Kulturgeschichte der Bundesrepublik Deutschland ganz unterschiedliche Kulturkonzepte (etwa der → *Kulturpflege*, der → *Kulturarbeit*), die ihrerseits auf ganz unterschiedlichen → *Kulturbegriffen* basierten. Daraus resultiert auch, wer entscheidet, was zur öffentlichen Kultur zu rechnen und mithin zu fördern sei und was nicht, nämlich alle jene, die an dem offenen Prozeß der (kultur-)politischen Willensbildung beteiligt sind. Dies müssen keineswegs nur die Mitglieder des entsprechenden Parlaments bzw. Gemeinderats sein, sondern sind in mindestens ebensolchem Maße die Führungskräfte der Administration (→ *Kulturdezernent*, → *Kulturreferent*, → *Kulturamtsleiter*), die Künstler und ihre Interessenverbände, die Vereine, Verbände, Organisationen und nicht zuletzt die Medien. Sie alle wirken auf unterschiedliche Weise an der (kultur-)politischen Willensbildung mit und ersetzen einen normativen, d. h. allgemein verbindlichen Kulturbegriff, wie er in totalitären Staaten zu finden ist, durch einen Kulturpolitikbegriff, der sich durch seinen diskursiven Charakter auszeichnet.

Lit.: Heinrichs, W.: Kulturpolitik und Kulturfinanzierung. Strategien und Modelle für eine politische Neuorientierung der Kulturfinanzierung, München 1997

▸ Kulturpolitik, auswärtige

In Art. 32 des Grundgesetzes ist geregelt, daß die Pflege der Beziehungen zu auswärtigen Staaten Sache des Bundes ist; obwohl die Kulturpolitik unter die → *Kulturhoheit* der Bundesländer fällt, gilt die Zuständigkeit des Bundes auch für die auswärtige Kulturpolitik. Sie ist die Einbeziehung der internationalen Kulturbeziehungen in die Außenpolitik bzw. die international ausgerichtete Kulturpolitik im Interesse der Außenbeziehungen Deutschlands. Neben der politischen und wirtschaftlichen ist sie die dritte Säule der Außenpolitik. Auch nach der Berufung eines → *Staatsministers für Angelegenheiten der Kultur und der Medien* blieb die auswärtige Kulturpolitik im Auswärtigen Amt.

Bei der Umsetzung von Programmen und Projekten bedient sich die auswärtige Kulturpolitik vor allem Mittlerorganisationen, die bei der Durchführung ihres Auftrages weitgehend selbständig sind; wesentliche Institutionen sind hier die Goethe-Institute, Inter Nationes und der Deutsche Akademische Austauschdienst (DAAD). In ihrem rechtlichen Rahmen wird die auswärtige Kulturpolitik häufig durch bilaterale oder multilaterale Kulturabkommen und Vereinbarungen in den internationalen Organisationen (z. B. UNESCO) abgesichert.

▸ Kulturpolitik der Länder

Nicht zuletzt als Reaktion auf den Zentralismus der nationalsozialistischen Gleichschaltungspolitik in Deutschland von 1933–1945 wurde im Rahmen des föderalen Prinzips nach 1945 die Kulturhoheit grundsätzlich den einzelnen Bundesländern zugewiesen, nicht dem Bund. Das Bundesverfassungsgericht hat in seinem sog. Konkordatsurteil (BVerfG E 6/309) entschieden, daß die Länder die „ausschließlichen Träger der Kulturhoheit" seien. In den einzelnen Länderverfassungen findet diese „Kulturhoheit" ganz unterschiedliche Ausformulierungen; sie reichen von der expliziten Festschreibung des Kulturstaates (in der Bayerischen Landesverfassung) über die ausdrückliche Aufforderung an den Staat, Kunst und Kultur aktiv zu fördern (wie etwa in Rheinland-Pfalz, Saarland, Schleswig-Holstein) über die Garantie der Freiheitsrechte für Kunst- und Kulturproduktion (etwa in Hessen) bis hin zur Nichterwähnung in der Verfassungen der Stadtstaaten Hamburg und Berlin. Folglich gibt es zwar seit eh und je in den einzelnen Bundesländern für die Kulturförderung zuständige Ministerien für Wissenschaft und Kunst, doch erst seit 1998 auch im Bund (→ *Kulturpolitik des Bundes*). Aufgrund unterschiedlicher historischer Ausgangsbedingungen gibt es von Bundesland zu Bundesland große Unterschiede in der Finanzierung: Während in den südlichen Bundesländern Bayern und Baden-Württemberg das jeweilige Bundesland stärker an der Kulturfinanzierung beteiligt ist, liegt das Hauptgewicht der Ausgaben etwa in Nordrhein-Westfalen bei den Kommunen.

Lit.: Heinrichs, W.: Kulturmanagement. Eine praxisorientierte Einführung, Darmstadt 2.Aufl. 1999:38–47

▸ Kulturpolitik des Bundes

Dem föderalen Aufbau der Bundesrepublik Deutschland entsprechend (Art. 30 Grundgesetz) ist auch die kulturpolitische Zuständigkeit dem Prinzip nach vom Bund auf die Länder (→ *Kulturpolitik der Länder*) übertragen. In der Praxis sind allerdings in erster Linie die Kommunen (→ *Kulturpolitik, Kommunale*) für die Kultur zuständig; bei überörtlichen Aufgaben oder bei solchen Aufgaben, die die Leistungsfähigkeit der Kommunen übersteigen, werden die Länder tätig. Länderübergreifende Aufgaben wiederum werden vom Bund übernommen. Bis 1989 konzentrierte sich der Bund auf nur wenige Kulturaufgaben, was sich auch in einem Anteil von nur 4,6 % der Kulturausgaben niederschlug. Nach der Deutschen Einheit (1990) engagierte sich der Bund vor allem beim kulturellen Aufbau der neuen Bundesländer, so daß der Bundesanteil an den Kulturausgaben bis 1995 auf 7 % anstieg.

Die kulturellen Zuständigkeiten des Bundes waren bis 1998 auf mehrere Ministerien verteilt (und sind es teilweise immer noch). Mit einem Organisationserlaß vom 27. 11. 1998 hat der Bundeskanzler dem zunächst als „Beauftragter der Bundesregierung für Angelegenheiten der Kultur und der Medien“ bezeichneten, dann seit Februar 1999 so genannten „Staatsminister beim Bundeskanzler für Angelegenheiten der Kultur und der Medien“ folgende Aufgaben aus dem Zuständigkeitsbereich anderer Ministerien übertragen: (1) die Zuständigkeit für Kultur und Medien (außer Kirchen und Religionsgemeinschaften) aus dem Geschäftsbereich des Bundesministerium des Innern. Eingeschlossen ist die Zuständigkeit für die Pflege des Kulturguts für Vertriebene und Flüchtlinge (§ 96 Bundesvertriebenengesetz) sowie die kulturelle Betreuung für heimatlose Ausländer und fremde Volksgruppen; Gedenkstätten; (2) die Zuständigkeit für Medien- und Filmwirtschaft und für das Verlagswesen aus dem Geschäftsbereich des Bundesministeriums für Wirtschaft und Technologie; (3) die Zuständigkeit für die Hauptstadtkulturförderung in Berlin; kulturelle Angelegenheiten mit Blick auf die Region der Bundesstadt Bonn aus dem Geschäftsbereich des Bundesministeriums für Verkehr, Bau- und Wohnungswesen; (4) die Zuständigkeit für Medienpolitik aus dem Geschäftsbereich des Bundesministeriums für Bildung und Forschung. Außerdem sind dem Beauftragten das Bundesarchiv und das Bundesinstitut für ostdeutsche Kultur und Geschichte nachgeordnet.

Andere Kompetenzen verblieben bislang noch in den alten Ministerien. Das (1) Auswärtige Amt ist nach wie vor federführend für

Fragen der auswärtigen Kulturpolitik (→ *Kulturpolitik, Auswärtige*); es wird darüber hinaus auch durch seine diplomatischen Vertretungen im Ausland sowie im Rahmen der mit zahlreichen Ländern abgeschlossenen Kulturabkommen tätig. Von besonderer Bedeutung ist die vom Auswärtigen Amt geförderte Arbeit der Goethe-Institute sowie anderer Mittlerorganisationen (z. B. Inter Nationes e.V., Deutsche UNESCO-Kommission, Institut für Auslandsbeziehungen). Das (2) Bundesministerium des Inneren ist nach wie vor zuständig für die (a) Bewahrung und den Schutz des kulturellen Erbes, etwa Schutz und Erhaltung herausragender Kulturdenkmäler sowie den Schutz von Kulturgut im Rahmen der Zivilverteidigung nach der Haager Konvention. Das (3) Bundesministerium für Bildung und Wissenschaft kümmert sich u. a. um die Ausbildung der künstlerischen Berufe, fördert Modellversuche zur kulturellen Bildung und regt den kulturwissenschaftlichen und -politischen Erfahrungsaustausch an. Neben diesen Ministerien sind allerdings noch weitere Bundesministerien, zumindest indirekt, mit Aufgaben der Kulturpolitik befaßt: das Bundesarbeitsministerium beschäftigt sich u. a. mit Fragen der sozialen und beruflichen Sicherung (Erste Künstler-Enquête, Zuständigkeit für → *Künstlersozialversicherungsgesetz*); das Bundesministerium für Justiz wirkt bei der juristischen Festschreibung wichtiger Rahmenbedingungen der Kulturpolitik mit (Urheberrechtsfragen, Stiftungsrecht); das Bundesministerium für Jugend, Familie, Frauen und Gesundheit betätigt sich in der kulturellen Jugendbildung; das Bundesfinanzministerium entwickelt im Steuerrecht fördernde oder behindernde Gesetze für privates Mäzenatentum durch entsprechende Regelungen.

Das kulturpolitische Programm für die 14. Legislaturperiode umfaßt folgende Schwerpunktthemen: (1) Die Errichtung des Holocaust-Mahnmals; (2) die Entwicklung eines neuen Konzepts für die Gedenkstätten in der Bundesrepublik Deutschland (3) die Reform des Stiftungs-, Erb- und Spendenrechts; (4) die kulturelle Förderung Berlins und der neuen Bundesländer; (5) die aktive Mitarbeit im Rahmen der Europäischen Kulturpolitik sowie schließlich die aktive Filmförderung („Bündnis für den Film“). Speziell im Zusammenhang einer sich immer weiter entwickelnden Europäischen Kulturpolitik (→ *Kulturpolitik, Europäische*) erwies sich das in Deutschland in der Kulturpolitik vorherrschende föderale Prinzip als hinderlich in der Außenvertretung, da in entsprechenden Gremien die anderen europäischen EU-Mitgliedsländer jeweilige Fachminister entsandten; dieses Problem ist durch die Berufung eines Fachministers auf Bundesebene gelöst.

Lit.: Presse- und Informationsamt der Bundesregierung: Im Bund mit der Kultur. Neue Aufgaben der Kulturpolitik, Berlin 2000

Kulturpolitik, Europäische

Europäische Kulturpolitik wurde nach dem Zweiten Weltkrieg für lange Zeit durch ganz verschiedene Organisationen getragen und auf ganz unterschiedlichen politischen Ebenen realisiert, etwa durch bilaterale Kulturabkommen zwischen den einzelnen europäischen Staaten (vgl. z. B. Deutsch-Französischer Kulturrat), im Rahmen des Europarates (Europäische Kulturkonvention, C.E.R.C.L.E, d. h. einem Zusammenschluß von Kulturforschern sowie dem European Network of Cultural Adminstration Training Centers = ENCATC), der Konferenz für Sicherheit und Zusammenarbeit in Europa KSZE (mit ihrem Symposium zur Erhaltung des kulturellen Erbes in Europa) sowie der UNESCO. Nicht zu vergessen sind eine Vielzahl multilateraler Städtepartnerschaften in ganz Europa sowie regionale Kulturkooperationen (→ *Kulturmanagement, regionales*).

Mittlerweile hat sich eine gewisse Arbeitsteilung zwischen Europarat und Europäischer Union herausgebildet. Der Europarat (Council of Europe/Conseil de l'Europe) mit Sitz Straßburg ist vor allem in den Feldern Beratung/Gutachten, Aufbau von Netzwerken und der Publikation einschlägiger Berichte aktiv. Die Europäische Union hat ihrerseits mit dem Vertrag von Maastricht und den in ihm enthaltenen Art. 128, der sich mit dem Bereich Kultur befaßt, der europäischen Kulturpolitik eine neue, vertraglich verfaßte Dimension gegeben. Gemäß diesem Artikel will die Europäische Gemeinschaft einen Beitrag zur Entfaltung der Kulturen der Mitgliedsstaaten unter Wahrung ihrer nationalen und regionalen Vielfalt sowie gleichzeitiger Hervorhebung des gemeinsamen kulturellen Erbes leisten. Besonders in folgenden Bereichen will die EU die Tätigkeit ihrer Mitgliedsstaaten fördern, unterstützen und erforderlichenfalls ergänzen: (1) bei der Verbesserung der Kenntnis und Verbreitung der Kultur und Geschichte der europäischen Völker; (2) bei der Erhaltung und dem Schutz des kulturellen Erbes von europäischer Bedeutung; (3) im nicht-kommerziellen Kulturaustausch und (4) beim künstlerischen und literarischen Schaffen einschließlich des audiovisuellen Bereiches. Die EU und ihre Mitgliedsstaaten wollen darüber hinaus die Zusammenarbeit mit dritten Ländern und den für den Kulturbereich zuständigen internationalen Organisationen, insbesondere des Europarates, fördern. Dazu hat die Europäische Union eine ganze Reihe von → *Europäischen Kulturförderprogrammen* aufgelegt.

Neben diesen Förderprogrammen gibt es mittlerweile eine ganze Reihe von allgemeinen Europäischen Rechtsetzungen mit kulturpolitischen Auswirkungen: (1) Binnenmarktvorschriften (z. B. Regelung des → *Folgerechts* von Künstlern; Export von Kulturgütern; Rückgabe von unrechtmäßig aus dem Hoheitsgebiet eines Mitgliedsstaates ausgeführten Kulturgütern (2) Mehrwertsteuerregelungen (für Kunstwerke und Antiquitäten) (3) Wettbewerbspolitik (z. B. Audiovisueller Bereich; Buchpreise usw.); (4) Urheberrecht und geistiges Eigentum (z. B. Rechtsschutz von Computerprogrammen, von Datenbanken, Schutzdauer des Urheberrechts usw.).

Lit.: Dörr, R.: Europäische Kulturpolitik. Aktueller Stand und Zukunftsdiskussion. In: HKM, A 1.3

▶ Kulturpolitik, Kommunale

Unbeschadet der → *Kulturhoheit der Länder*, unbeschadet wichtiger kulturpolitischer Initiativen der → *Kulturpolitik des Bundes* und unbeschadet der zunehmenden Aktivitäten großer gesellschaftlicher Organisationen gilt nach wie vor die Feststellung des Deutschen Städtetages von 1979: „Kulturpolitik ist in der Bundesrepublik in erster Linie Kommunalpolitik". Nach den Berechnungen des Arbeitskreises Kulturstatistik Bonn, der die kulturellen Aufgaben relativ eng fast, entfallen 43 % (1995) der Kulturausgaben der öffentlichen Hand auf die ca. 14 500 Gemeinden und Gemeindeverbände; nach der Zuordnung des Statistischen Bundesamtes liegt deren Anteil sogar bei 54 %. Berücksichtigt man weiterhin die kulturpolitische Schwerpunktsetzung der Länder in bestimmten kulturellen

Aufgabenbereichen (etwa der Förderung der wissenschaftlichen Bibliotheken, der kirchlichen Angelegenheiten und der Weiterbildung), so kann festgestellt werden, daß der Kernbereich der Kulturförderung (Theater, Musik- und Kunstpflege, Volkshochschule, Soziokultur usw.) von den Kommunen getragen wird.

Ihre rechtlichen Grundlagen findet die kommunale Kulturpolitik in erster Linie in Art. 28 (2) des Grundgesetzes, der den Gemeinden das Recht gewährleistet, alle Angelegenheiten der örtlichen Gemeinschaft im Rahmen der Gesetze in eigener Verantwortung zu regeln. Nach einer Entscheidung des Bundesverfassungsgerichtes (BVerfGE 11/266) betrifft dies vor allem „solche Aufgaben, die in der örtlichen Gemeinschaft wurzeln oder auf die örtliche Gemeinschaft einen spezifischen Bezug haben und von dieser örtlichen Gemeinschaft eigenverantwortlich und selbständig bewältigt werden können". Der wesentliche Sinn kommunaler Selbstverwaltung läge dementsprechend darin, „die Einwohner zur eigenverantwortlichen Erfüllung öffentlicher Aufgaben der engeren Heimat zusammenzuschließen mit dem Ziel, das Wohl der Einwohner zu fördern und die geschichtliche und heimatliche Eigenart zu bewahren." Diese Zielsetzung trifft aus der Natur der Sache heraus in ganz besonderem Maße für den Bereich der Kulturpolitik zu.

Die kommunale Kulturpolitik ist im föderalen Staat der Bundesrepublik einer der letzten politischen Bereiche, die sich der Durchnormierung durch staatliche Spezialgesetze im wesentlichen noch entziehen konnten. Diese nicht-spezialgesetzlichen Verpflichtungen der Gemeinden im Kulturbereich weisen, im Vergleich gegenüber den fachgesetzlich geregelten → *Pflichtaufgaben* politischen Handelns, zwei Besonderheiten auf: (1) Verpflichtend ist nur das „Ob" bzw. das „Daß" kulturpolitischer Tätigkeit in den Kommunen, d. h. die Gemeinde ist also verpflichtet, überhaupt kulturelle Angebote zu schaffen. Inhalt und Ausmaß der Kulturarbeit, also das „Wie" im Detail, sind Gegenstand des politischen Ermessens jeder einzelnen Gemeinde, wobei die Bedürfnisse der Einwohner je nach der demographischen Bevölkerungsstruktur durchaus unterschiedlich sein können. (2) Da sich die kulturpolitischen Verpflichtungen der Gemeinden nicht aus einem vom Staat erlassenen Gesetz ergeben, sondern aus der Willensbildung der Gemeindebürger, manifestiert etwa in

Entscheidungen des Rates bzw. der Gemeindeparlamente, ist der Staat auch nicht befugt, die Erfüllung des kulturpolitischen Auftrages zwangsweise durchzusetzen, etwa mit den Mitteln der Staatsaufsicht. Die Einhaltung der Aufgabenverpflichtung ergibt sich vielmehr durch die gemeindeinternen Kontrollmechanismen, d. h. den kulturpolitischen Diskurs vor Ort (→ *Kulturbegriff*).

Formal sind die Aufgabenfelder kommunaler Kulturpolitik im Einzelplan 3 mit dem Titel „Wissenschaft, Forschung, Kulturpflege" des kommunalen → *Haushaltsplanes* festgelegt. Er umfaßt folgende Bereiche: → *Verwaltung kultureller Angelegenheiten*; Wissenschaft und Forschung (darunter wissenschaftliche Museen, Sammlungen und Bibliotheken, soweit sie nicht von Bund und Ländern finanziert werden); → *Museen*, Sammlungen und → *Ausstellungen*; → *Theater*, → *Konzerte*, Musikpflege (darunter → *Musikschulen*); sonstige Kunstpflege; Volksbildung (darunter → *Volkshochschulen*, öffentliche → *Bibliotheken*); Heimatpflege und schließlich kirchliche Angelegenheiten.

Trotz des relativ offenen rechtlichen Rahmens hinsichtlich der Gestaltungsmöglichkeiten kommunaler Kulturpolitik lassen sich dennoch vier zentrale Handlungsfelder kommunaler Kulturpolitik bestimmen: (1) die Trägerschaft → *kultureller Einrichtungen*, d. h. die Kommunen unterhalten eine Vielzahl kultureller Einrichtungen, wie z. B. Theater, Orchester, Museen, Kommunale Kinos und Galerien, Büchereien usw. Diese Trägerschaft kann rechtlich-organisatorisch in ganz unterschiedlichen → *Rechtsformen* gestaltet sein: als eigenständiges Amt der Stadtverwaltung, als → *Eigen-* bzw. → *Regiebetrieb*, als → *GmbH* bzw. → *Eigengesellschaft* oder im Zusammenschluß mehrerer Gemeinden als sog. →*Zweckverband*. (2) → *Kulturelle Veranstaltungen* durch die Kommunen, d. h. Veranstaltungen wie Konzertreihen (→ *Konzertmanagement*), → *Theatergastspielen*, → *Ausstellungen*, → *Lesungen*, → *Festspiele* usw., die von den Kommunen, meist dem → *Kulturamt* in eigener Regie oder in der Kooperation mit anderen Trägern, durchgeführt werden. (3) → *Kulturelle Förderung* der Aktivitäten von Vereinen, Verbänden, Organisationen, Gruppen, Initiativen und Einzelpersonen. Das kulturelle Leben einer Kommune wird ganz wesentlich von den örtlichen kulturellen Initiativen getragen und mitbestimmt. In diesem Handlungsfeld unterstützt kommunale Kulturpolitik Aktivitäten durch finanzielle → *Zuwendungen*, organisatorische Unterstützung, Bereitstellung von Räumlichkeiten, Beratung, Stipendien usw. Durch diese Unterstützung des bürgerschaftlichen kulturellen Engagements ergeben sich hervorragende Möglichkeiten, die Identifikation der Bürger mit ihrer Gemeinde zu verstärken. (4) Kulturelle Innovation, d. h. aufgrund der Dynamik des raschen gesellschaftlichen und kulturellen Wandels einerseits und der auf Kontinuität angelegten Arbeit (und damit leider häufig verbundenen Unbeweglichkeit) größerer kommunaler Kulturinstitutionen kommt der kommunalen Kulturpolitik häufig die Rolle einer „kulturellen Innovationsagentur" zu, die neue Impulse gibt und Schwerpunkte setzt; sie muß nach neuen Wegen suchen und Strukturveränderungen oftmals auch gegen widerstrebende Interessen der Institutionen durchsetzen.

Lit.: Heinrichs, W.: Kommunales Kulturmanagement. Rahmenbedingungen, Praxisfelder, Managementmethoden, Baden-Baden 1999

▸ Kulturpolitik, Neue

Mit dem Begriff „Neue Kulturpolitik" wird die Neukonzipierung der Kulturpolitik in der Bundesrepublik seit Mitte der siebziger Jahre bezeichnet, die sich ausdrücklich gegenüber dem bis dahin dominanten Konzept der → *Kulturpflege* abgrenzte und das Konzept der → *Kulturarbeit* in den Vordergrund stellte. Mit seinem Programm „Bildung und Kultur als Element der Stadtentwicklung" hatte der Deutsche Städtetag 1973 den Auftakt zu einer breiten kulturpolitischen Diskussion gegeben. Als (neue) Ziele bzw. Aufgaben städtischer Kulturarbeit wurden nun proklamiert, die Kommunikation zu fördern und damit der Vereinsamung entgegenzuwirken, Spielräume zu schaffen und damit ein Gegengewicht gegen die Zwänge des Lebens zu setzen sowie die Reflexion herauszufordern. Diese neue Kulturpolitik wurde u. a. durch folgende Merkmale charakterisiert: Kulturpolitik ist in erster Linie kommunale Kulturpolitik (→ *Kulturpolitik, kommunale*), sie steht im Dienste der Emanzipation, hat die Herstellung kultureller Demokratie zur Aufgabe, ist ganz wesentlich → *Soziokultur*, versteht sich als Gegengewicht gegen die Zumutungen und Beanspruchungen der Industriegesellschaft und begreift sich vor allem als Bildungspolitik, d. h. im Mittelpunkt stehen die Entfaltung und die Entwicklung der sozialen, kommunikativen und ästhetischen Möglichkeiten und Bedürfnisse der Bürger.

Ein Jahr nach dieser Erklärung des Deutschen Städtetages erschienen 1974 eine Reihe wichtiger Beiträge kommunaler Kulturpolitiker (H. Hoffmann, H. Glaser, D. Sauberzweig bzw. des Europapolitikers O. Schwencke u. a.), die für eine Neurorientierung der Kulturpolitik plädierten und die programmatischen Diskussionen weiter vorantrieben. Diese fanden ihren organisatorischen Niederschlag 1976 in der Gründung der → *Kulturpolitischen Gesellschaft.* Durch den Buchtitel des 1979 erstmals erschienen kulturpolitischen Bestsellers → *Kultur für alle* des damaligen Frankfurter Kulturdezernenten H. Hoffmann wurde die neue Kulturpolitik auf ein griffiges Motto gebracht.

Lit.: Röbke, Th. (Hrsg.): Zwanzig Jahre Neue Kulturpolitik. Erklärungen und Dokumente 1972–1992, Hagen/Essen 1993; Schwencke, O., K. H. Revermann und A. Spielhoff (Hrsg.): Plädoyers für eine neue Kulturpolitik, München 1974;

Kulturpolitische Gesellschaft

1976 in Hamburg-Altona gegründeter eingetragener Verein von kulturpolitisch engagierten Politikern, Wissenschaftlern, Publizisten, Künstlern, Pädagogen, Kulturverwaltern und Kulturarbeitern mit der Absicht, die Anfang der siebziger Jahre begonnene kulturpolitische Debatte auf breiter Basis fortzusetzen. Ziel der Gesellschaft ist es (laut Satzung), alle Bestrebungen zu fördern, welche geeignet sind, den Prozeß der → *kulturellen Demokratie* voranzutreiben, d. h. insbesondere (1) die überlieferte Trennung zwischen der scheinbar unpolitischen und ästhetisch-intellektuellen Welt des Geistes und den Realitäten des Alltags überwinden zu helfen; (2) der Entfaltung und Entwicklung der sozialen, kommunikativen und ästhetischen Möglichkeiten und Bedürfnisse aller Bürger zu dienen und die aktive Beteiligung aller Schichten der Bevölkerung am kulturellen Leben zu gewährleisten; (3) kulturelle Alternativen und Innovationen zum traditionellen Kulturangebot zu ermöglichen; (4) die wissenschaftliche Kultur-Forschung in der Bundesrepublik

Deutschland voranzutreiben sowie schließlich (5) die europäischen und internationalen kulturpolitischen Erfahrungen für die Bundesrepublik Deutschland und deren auswärtige → *Kulturpolitik* nutzbar zu machen. Die Kulturpolitische Gesellschaft gibt die viermal jährlich erscheinende Fachzeitschrift → *„Kulturpolitische Mitteilungen"* sowie verschiedene Publikationsreihen heraus. Seit 1996 ist sie Trägerin des → *Institut für Kulturpolitik e.V.*

Lit.: Sievers, N.: Neue Kulturpolitik. Programmatik und Verbandseinfluß am Beispiel der Kulturpolitischen Gesellschaft, Hagen 1988

Kulturpolitische Mitteilungen

Vierteljährlich erscheinende Fachzeitschrift der → *Kulturpolitischen Gesellschaft e.V.*

Kulturprogramme der Parteien

Mit der zunehmenden Ausdifferenzierung einzelner Politikfelder einerseits und der wachsenden Bedeutungssteigerung von Kultur und → *Kulturpolitik* andererseits, haben die politischen Parteien und die ihnen nahestehenden Stiftungen zunehmend programmatische Festlegungen auch im Kulturbereich entwickelt (→ *Kulturgesellschaft,* → *Kulturstaat*). Allgemein lassen sich die Funktionen von Parteiprogrammen nach ihrer Innen- und Außenwirkung unterscheiden: zu den (1) Außenfunktionen zählen insbesondere die Werbungs-, die Profilierungs-, die Operations- sowie die Agitationsfunktion; zu den (2) Innenfunktionen die Integrations-, die Identifikations-, die Stimulations-, die Herrschafts- sowie die Legitimationsfunktion. Während die siebziger und achtziger Jahre in der Bundesrepublik Deutschland von lebhaften kulturpolitischen Diskussionen und entsprechenden Programmen bestimmt waren, haben die programmatischen Festlegungen in den neunziger Jahren deutlich nachgelassen.

Lit.: Röbke, Th. (Hrsg.): Zwanzig Jahre Neue Kulturpolitik. Erklärungen und Dokumente. 1972–1992, Hagen/Essen 1993;

Kulturräumegesetz, sächsisches

Am 17. 12. 1993 beschloß der Sächsische Landtag das „Gesetz über die Kulturräume in Sachsen". Dessen § 1 bestimmt, daß zur Erhaltung und Förderung kultureller Einrichtungen und Maßnahmen ländliche Kulturräume als → *Zweckverbände* gebildet werden sollen; vorrangiges Ziel ist die Unterstützung der Träger kommunaler Kultur bei ihren Aufgaben von regionaler Bedeutung, insbesondere bei deren Finanzierung und Koordinierung. Dabei wird für den Freistaat Sachsen (bisher erst- und einmalig in der Bundesrepublik Deutschland) Kulturpflege als eine → *Pflichtaufgabe* der Gemeinden und Landkreise festgeschrieben; ebenso wird im Gesetz eine finanzielle Mindestbeteiligung des Freistaates an der Finanzierung der regionalen Kulturarbeit festgelegt. Es wird darüber hinaus ein „Kulturlastenausgleich" vorgenommen, d. h. durch die Erhebung einer „Kulturumlage" werden in den ländlichen Kulturräumen die Mitglieder des jeweiligen Kulturraumes an den Lasten der kulturellen Aktivitäten von regionaler Bedeutung angemessen beteiligt.

Das sächsische Kulturräumegesetz ist mindestens unter zwei Aspekten kulturpolitisch bedeutsam: Zum einen werden erstmals hinsichtlich der Kulturfinanzierung die Beziehungen zwischen einem Bundesland und seinen kommunalen Gebietskörperschaften gesetzlich festgeschrieben. Zweitens versucht dieses Gesetz eine Lösung des in allen Ballungsräumen anzutreffenden Problems, nämlich daß die von den (häufig zunehmend finanzschwachen) Großstädten finanzierten, kostenträchtigen Kultureinrichtungen (vor allem Theater, Orchester, Museen, Musik- und Volkshochschulen) von Besuchern aus Kommunen des Umlandes zwar stark genutzt, aber von diesen (meist finanzstarken) Gemeinden des sog. Speckgürtels selten mitfinanziert werden. Aufgrund der hohen Diskrepanz zwischen Nutzungsgrad und Lastenanfall wird deshalb eine verstärkte interkommunale Zusammenarbeit im Kulturbereich (→ *Kulturmanagement, regionales*) sowie eine solidarische Finanzierung kultureller Einrichtungen von Stadt und Umland gefordert. Mit der Einführung von kulturellen → *Zweckverbänden* (wie sie etwa im Bereich des regionalen Nahverkehrs schon weitgehend üblich sind), d. h. den sog.

Kulturräumen soll diese solidarische Finanzierung von Kultureinrichtungen gewährleistet werden.

Lit.: Vogt, M. Th. (Hrsg.): Kulturräume in Sachsen. Eine Dokumentation. Mit dem Rechtsgutachten von Fritz Ossenbühl, Leipzig 1994

▸ Kulturrecht

Rechtsbeziehungen, die Rechtssubjekte im Kulturbetrieb eingehen. Zum Kulturrecht sind im einzelnen zu zählen: (1) Das → *Kulturverfassungsrecht*, das die verfassungsrechtlichen Grundlagen kulturellen Handelns des Staates sowie die verfassungsrechtlichen Garantien für die Arbeit der Künstler und Kulturvermittler bestimmt. (2) Rahmenbedingungen, durch die die Strukturen und Handlungsspielräume der Kulturbetriebe geregelt werden, wie z. B. öffentliches Verwaltungsrecht (für Kulturämter und öffentliche Kultureinrichtungen) und Gesellschaftsrecht (für Vereine, Stiftungen, GmbHs usw.). (3) Rahmenbedingungen, durch die die wirtschaftliche Basis der Künstler und der anderen Akteure des Kulturbetriebs gesichert wird (z. B. → *Künstlersozialversicherung*, → *Urheberrecht*). (4) Das allgemeine Vertragsrecht zur Regelung vertraglicher und haftungsrechtlicher Beziehungen zwischen Vertragsparteien in kulturellen Angelegenheiten. (5) Das Medienrecht, soweit es kulturelle Belange betrifft. (6) Sonstige Rechtsvorschriften, die den Kulturbereich betreffen wie beispielsweise Erbschaftsrecht, Steuerrecht, Denkmalschutzrecht usw.

Lit.: Bischoff, F.: Kunstrecht von A-Z, München 1990; Röckrath, G. und A. Unverzagt: Kultur & Recht. Praxisorientiertes Rechtshandbuch für Künstler und Kulturmanager (Loseblattsammlung), Stuttgart 1998 ff.

▸ Kulturreferent

In der Regel dient diese Bezeichung für die Position des angestellten bzw. beamteten → *Kulturamtsleiter* einer Gemeinde bzw. eines Landkreises, welche hervorhebt, daß es sich hierbei um eine dem → *Kulturdezernenten* zugeordnete Stabsstelle handelt. Lediglich in Bayern wird der Kulturdezernent als Kulturreferent bezeichnet; er ist dort als Wahlbeamter tätig.

Lit.: Weck, M.: Die Kultur der Kulturverwaltung. Eine hermeneutische Analyse von Biographie und Verwaltungshandeln, Opladen 1995

Kulturrelativismus

Der Kulturrelativismus (auch kultureller Relativismus; engl.: cultural relativism) ist eine in der amerikanischen Ethnologie (cultural anthropology) zuerst um die Jahrhundertwende, vornehmlich von F. Boas, entwickelte Hypothese. Der zugrundeliegende → *Kulturbegriff* ist der deskriptive, wertfreie der Ethnologie (d. h. die Gesamtheit aller Weltanschauungen, Riten, Lebensweisen, Bräuche, Produktions- und Rezeptionsbedingungen usw. einer Gesellschaft). Diese Erscheinungen und Vorgänge stellen in ihrer Gesamtheit die menschliche Kultur dar, die sich ihrerseits aus vielen Kulturen zusammensetzt. Diese Hypothese ist die Grundlage jeglichen kulturellen Pluralismus. Sie steht im Gegensatz zur Hypothese eines kulturellen Evolutionismus, indem Kulturen hier als in je einmaligen historischen Entwicklungen entstandene und in wesentlichen Aspekten eigenwertige Konstellationen begriffen werden. Seit den zwanziger Jahren bzw. der Mitte dieses Jahrhunderts wurde die Theorie des kulturellen Relativismus vor allem von R. Benedict, M. Mead und M.J. Herskovits weiterentwickelt. Aktuell gewinnt die Theorie des kulturellen Relativismus neue Bedeutung angesichts der Diskussionen um den → *Multikulturalismus* moderner Gesellschaften.

Kultursponsoring

Teilbereich des → *Sponsorings.* Kultursponsoring umfaßt den Austausch von Leistungen und Gegenleistungen außerhalb der Unternehmensprodukte zwischen Personen oder Institutionen zwecks Erreichung unternehmerischer Marketing- und Kommunikationsziele – auf der Seite des Sponsors – sowie der Förderung von Kunst und Kultur – auf der Seite des Begünstigten.

Kultursponsoring ist demnach wie jedes Sponsoring ein partnerschaftliches Finanzierungsinstrument, d. h. der Sponsor ist kein Mäzen oder Altruist und der Kulturveranstalter ist kein Almosenempfänger. Der Sponsor ist in erster Linie am Image des Kulturangebots interessiert, um einen Imagetransfer zugunsten seines Unternehmens oder seiner Produkte zu erreichen (→ *Imagefaktor Kultur*). Andererseits hat der Kulturveranstalter in der Regel kein Interesse am Imagezugewinn des Unternehmens, sondern benötigt lediglich dessen Geld oder Sachwerte. Das aber macht Kultursponsoring so schwierig; die Interessenlage der Beteiligten ist eben grundverschieden. Das führt nicht selten zu Konflikten oder gar zu einem Scheitern des Kultursponsorings.

Eine Unternehmensbefragung der ISPR (Internationale Sportrechteverwertungsgesellschaft) ergab 1999, daß in der Rangfolge der Sponsoringaktivitäten der Wirtschaft Kultursponsoring erst an dritter Stelle nach dem Sport- und Mediensponsoring kommt; es belief sich 1999 auf insgesamt etwa 600 Mio. DM. Für die nächsten Jahre erwartet man eine weitere Steigerung des gesamten Sponsoring-Aufkommen von 4,4 Mrd. DM (1999) auf etwa 5,4 Mrd. DM (2002). Daran wird Kultursponsoring mit etwa 700 Mio. DM (2002) beteiligt sein. Allerdings ist zu berücksichtigen, daß darin auch die unmittelbaren Aktivitäten der Wirtschaftsunternehmen enthalten sind (z. B. unternehmenseigene Kunstsammlungen, Kunstausstellungen oder Konzerte in den Schalterhallen der Banken oder die Finanzierung eines Werkschors). Der die öffentlichen Haushalte in Form privater Drittmittel entlastende Anteil am Kultursponsoring beträgt nur etwa 50 %, mit eher sinkender Tendenz.

Das Münchner Ifo-Institut hat über Jahre hinweg (zuletzt 1995) die Motive der Unternehmen für ein Kunst- und Kulturförderung in aufwendigen Befragungen erhoben. Demnach ergibt sich folgendes Bild: Imagepflege (79,9 %), Kundenpflege (49,8 %), persönliches Interesse der Unternehmensleitung (43,4 %) sowie Mitarbeitermotivation (20,5 %) (Mehrfachnennungen waren möglich). Dies zeigt ganz deutlich – und über Jahre hinweg stabil – daß der → *Imagefaktor Kultur* und damit der Imagetransfer im Zentrum des Interesses von Sponsoren stehen.

Die Verteilung des Sponsoring-Aufkommens auf die geförderten Kulturbereiche wurde zuletzt von der Kommunikationsagentur Kohtes § Klewes ausführlich erhoben (1997). Demnach ergibt sich folgende Verteilung (Mehrfachnennungen möglich): Klassische Musik (60,1 %), Malerei (55,2 %), Plastik (30,1 %), Grafik (27,3 %), Denkmalpflege (25,9 %), Oper (20,3 %), Fotografie (18,9 %), Heimat-/Brauchtumspflege (16,8 %), Literatur (16,8 %), Architektur (16,1 %), Schauspiel (16,1 %), Jazz (11,2 %) und Ballett (10,5 %); alle anderen Bereiche liegen unter einem Anteil von 10 %.

Für die Zukunft sehen die Wirtschaftsunternehmen nach der Befragung des ISPR eine Fortsetzung ihres Engagements vor allem in den Sparten Musik (klassisch und Rock/Pop) und Kunst. Ein deutlich sinkendes Interesse ist jedoch im Musical-Bereich und im Theatersponsoring zu erkennen. Während 1997 noch fast 17 % der Unternehmen Sponsoring-Maßnahmen im Bereich → *Theater* (Schauspiel) verzeichneten, waren es im Jahr 1998 nur noch 11 % und im Jahr 1999 sogar nur noch 8 %.

Lit.: Jahrbuch Sponsoring, hrsg. von Peter Strahlendorf, Hamburg (erscheint jährlich); Fehring, K.M.: Kultursponsoring. Bindeglied zwischen Kunst und Wirtschaft? Freiburg/Brsg. 1998; Braun, G.; Gallus, Th. und O. Scheytt: Kultur-Sponsoring für die kommunale Kulturarbeit. Grundlagen, Praxisbeispiele, Handlungsempfehlungen für Kulturmanagement und –verwaltung, Köln 1996

▸ Kulturstaat

Das Verständnis des Staates als (auch) „Kulturstaat" entspringt in besonderem Maße einer deutschen, bis auf Herder und Fichte zurückführbaren ideengeschichtlichen Tradition. Das Grundgesetz der Bundesrepublik Deutschland bedient sich zur Charakterisierung und Festlegung der zentralen staatlichen Aufgabenfelder der sog. Staatszielbestimmung. Als Normen mit rechtlich bindender Wirkung legen diese Zielbestimmungen die ständige Beachtung bestimmter grundlegender Staatsaufgaben und -funktionen fest, insbesondere gemäß Art. 20 Abs. 1 Grundgesetz die Entfaltung von Demokratie und sozialem Rechtsstaat.

Das Bonner Grundgesetz enthält – anders etwa als Art. 142 der Weimarer Reichsverfassung oder die Verfassung des Freistaates Bayern, in deren Art. 3 es explizit heißt: „Bayern ist ein Rechts-, Kultur- und Sozialstaat" – keine ausdrückliche Staatszielbestimmung als Kulturstaat. Die Kulturstaatlichkeit der Bundesrepublik wird dagegen vor allem aus Art. 5 Abs. 3 Grundgesetz abgeleitet; so sieht dies auch das Bundesverfassungsgericht (z. B. BVerfGE 36/321ff), wonach die Entscheidung für die Freiheit der Kunst auch als „objektive Wertentscheidung für die Freiheit der Kunst (...) dem modernen Staat, der sich im Sinne einer Staatszielbestimmung auch als Kulturstaat versteht, zugleich die Aufgabe (stellt), ein freiheitliches Kunstleben zu erhalten und zu fördern".

Vor allem Ende der fünfziger Jahren lebten – nicht zuletzt durch E. R. Hubers 1958 publizierte Studie über die Problematik des Kulturstaates – die politischen und verfassungsrechtlichen Diskussionen über die Kulturstaatlichkeit wieder auf. So heißt es etwa in dem ein Jahr später verabschiedeten Godesberger Programm der SPD – bezeichnenderweise in dem Kapitel über „Die staatliche Ordnung" – ausdrücklich: „Durch Verschmelzung des demokratischen mit dem sozialen und dem Rechtsgedanken soll der Staat zum Kulturstaat werden, der seine Inhalte von den gesellschaftlichen Kräften empfängt und dem schöpferischen Geist der Menschen dient." An diese Überlegungen wurde erneut Mitte der achtziger Jahre angeknüpft, als sich die kulturpolitischen Diskussionen vor allem um den Begriff der → *Kulturgesellschaft* zentrierten.

Lit.: Häberle, P.: Kulturpolitik in der Stadt – ein Verfassungsauftrag, Heidelberg 1979

▶ Kulturstatistik

Die Statistik als wissenschaftliche Disziplin umfaßt die Methoden zur Beschreibung und Analyse von Massenerscheinungen mit Hilfe von Zahlen. Auch Ergebnisse der Anwendung statistischer Methoden (wie z. B. Tabellen, Graphiken usw.) werden Statistiken genannt. Eine statistische Untersuchung ist jeweils auf eine Globalaussage über die Elemente einer Grundgesamtheit (z. B. aller Theaterbesucher in Deutschland) gerichtet. Diese Globalaussage betrifft in der Regel mehrere statistische Merkmale (statistische Variablen), z. B. Geschlecht, Alter, Ausbildungsniveau, Monatseinkommen usw. Wird die Grundgesamtheit in einer sog. Vollerhebung vollständig untersucht, so erstrecken sich die Methoden statistischer Analyse ausschließlich auf die Deskription (Beschreibung) der Befunde, also die Verdichtung von Einzelinformationen (Deskriptive Statistik). Qualifizierte Aussagen über eine Grundgesamtheit sind allerdings auch möglich, wenn diese nur teilweise erfaßt ist, soweit die berücksichtigte Teilgesamtheit entweder repräsentativ oder eine Zufallsstichprobe ist. Deskriptive Befunde, die die Zufallstichprobe betreffen, werden in diesem Falle zur Punkt- und Intervallschätzung von Kenngrößen der Grundgesamtheit sowie zur Durchführung statistischer Testverfahren verarbeitet; in diesem Falle spricht man von Inferenzstatistik. Die Inferenzstatistik umfaßt also diejenigen Methoden und Probleme der Statistik, die die Übertragung von Befunden aus Stichproben (z. B. Theaterbesucher eines Theaters an drei aufeinanderfolgenden Tagen) auf zugehörige Grundgesamtheiten (z. B. alle Besucher dieses Theaters in einer Spielzeit) zum Gegenstand haben. Sie basieren auf speziellen Stichprobenverfahren und Methoden der Hochrechnung.

Trotz der großen Bedeutung von Kunst und Kultur für die ästhetische Bildung wie das Alltagsbewußtsein oder die Volkswirtschaft (→ *Wirtschaftsfaktor Kultur*), gibt es in Deutschland keine umfassende und nach einheitliche Kriterien erstellte Kulturstatistik. Es existiert allerdings eine Vielzahl von Datenquellen bei Instituten, Verbänden, → *Verwertungsgesellschaften* sowie bei Behörden und Statistischen Ämtern des Bundes, der Länder und der Kommunen (wie z. B. die jährliche Theaterstatistik des → *Deutschen Bühnenvereins*, die jährlichen Erhebungen der Besuchszahlen an den Museen der Bundesrepublik Deutschland durch das Berliner Institut für Museumskunde oder die alle zwei Jahre publizierten Kulturausgaben der Gemeinden in dem vom Deutschen Städtetag herausgegebenen Statistischen Jahrbuch Deutscher Gemeinden usw.). Die Qualität dieser Daten ist allerdings sehr unterschiedlich und ihre Aussagekraft häufig eingeschränkt; so sind Vergleiche oft nur begrenzt möglich. Das Office of Statistics der UNESCO hat deshalb bereits 1986 einen allgemeinen Rahmen zur Erfassung kultureller Daten entwikkelt, das UNESCO-Framework for Cultural Statistics. Dieser Rahmenentwurf wurde erstmals 1994 vom Statistischen Bundesamt im Auftrag des Bundesministerium des Innern für den Bereich der Bundesrepublik Deutschland konkretisiert und mit einer Vielzahl von Daten publiziert.

Lit.: Verband deutscher Städtestatistiker (Hrsg.): Städte in Zahlen. Heft 8: Ein Strukturbericht zum Thema Kultur und Bildung, Oberhausen 1998; Statistisches Bundesamt (Hrsg.): Im Blickpunkt: Kultur in Deutschland. Zahlen und

Fakten, Stuttgart 1994; Söndermann, M.: Kulturstatistik. Zahlen, Fakten, Hintergründe. In: HKM, C 1.4

▸ Kulturstiftung der Länder

Am 1. Januar 1988 wurde die Kulturstiftung der Länder als rechtsfähige, öffentlich-rechtliche → *Stiftung* mit Sitz in Berlin durch Abkommen der Bundesländer errichtet. Ihre Gründung steht am Ende langjähriger Auseinandersetzungen um die kulturpolitischen Kompetenzen des Bundes (→ *Kulturpolitik des Bundes*) und der Länder (→ *Kulturpolitik der Länder*). Nach § 2 der Satzung ist Zweck der Stiftung die „Förderung und Bewahrung von Kunst und Kultur nationalen Ranges." Der Stiftungszweck wird verwirklicht durch: (1) die Förderung des Erwerbs für die deutsche Kultur besonders wichtiger und bewahrungswürdiger Zeugnisse, vor allem, wenn deren Abwanderung ins Ausland verhindert oder wenn sie aus dem Ausland zurückerworben werden soll; (2) die Förderung von und die Mitwirkung bei Vorhaben der Dokumentation und Präsentation deutscher Kunst und Kultur; (3) die Förderung zeitgenössischer Formen und Entwicklungen von besonderer Bedeutung auf dem Gebiet von Kunst und Kultur; (4) die Förderung von überregional bedeutsamen Kunst- und Kulturvorhaben. Entsprechend § 1 Abs. 1 des Bund-Länder-Abkommens vom 4. Juni 1987 werden in die Förderung durch den Bund einbezogen: die Musikförderung (→ *Musikförderprogramm*), die Förderung der Bildenden Kunst und der Museen einschließlich → *Kunstfonds*, Ausstellungen, Berufsverband Bildender Künstler, Deutscher Werkbund, Deutscher Museumsbund; die Förderung der Literatur und des Theaters einschließlich → *Deutscher Literaturfonds*; aus der Filmförderung die Filmfestspiele Mannheim und Oberhausen; Denkmalschutz; Internationale Veranstaltungen und Projekte von bundesweiter Bedeutung im Inland in den Bereichen Kunst und Kultur.

Die Mittel der Stiftung werden aus drei Quellen gespeist. Die Länder bringen zunächst bis zu 15 Mio. DM für die Durchführung laufender Aufgaben sowie die Ansammlung von Stiftungsvermögen auf. Der Bund finanziert die von ihm in die Stiftung eingebrachten Vorhaben (im Jahr 2000 ebenfalls 15 Mio. DM), „darf" aber der Stiftung weitere Mittel zuwenden. Schließlich soll sich die Stiftung um einmalige und laufende Zuwendungen Dritter bemühen.

Stiftungsorgane sind nach § 5 der Satzung der Stiftungsrat, der Vorstand und das Kuratorium. (1) Der Stiftungsrat, dessen Vorsitzender der jeweilige Vorsitzende der Ministerpräsidentenkonferenz ist, besteht aus jeweils einem Mitglied der beteiligten Landesregierungen. An den Sitzungen können bis zu drei Mitglieder der Bundesregierung beratend teilnehmen. Entscheidet der Stiftungsrat unter anderem über die eingebrachten und weiter vom Bund finanzierten Vorhaben, über die Aufstellung des Wirtschaftsplanes der Stiftung oder über die Geschäftsordnung, tagt er in der „erweiterten Zusammensetzung", d. h. die drei Mitglieder der Bundesregierung haben Stimmrecht. Entschieden wird stets einstimmig. (2) Der Vorstand besteht aus dem Generalsekretär und dessen Stellvertreter, die die laufenden Geschäfte führen. (3) Das Kuratorium, das aus bis zu zehn Förderern und bis zu zwanzig Sachverständigen besteht, von denen bis zu zehn von den Verbänden vorgeschlagen werden können, berät Stiftungsrat und Vorstand insbesondere bei der Festlegung der Förderschwerpunkte. Vorschlagsberechtigte Verbände sind die der Bereiche Musik, Literatur, Bildende Kunst, darstellende Kunst, Film, Soziokultur, Medien und kommunale Spitzenverbände.

Kulturverfassungsrecht

Das Grundgesetz enthält keine Bestimmung, aus der die verfassungsmäßige Verankerung der Kultur, etwa in Form eines Staatsauftrags oder einer staatlichen Pflichtaufgabe, abzuleiten wäre. Lediglich im Rahmen des Grundrechtekatalogs heißt es in Art. 5 Abs. 3 des Grundgesetzes: „Kunst und Wissenschaft, Forschung und Lehre sind frei." Diese Kunstfreiheitsgarantie (→ *Kunstfreiheit*) des Grundgesetzes bezieht sich zwar nur auf den engeren Bereich der Kunst, doch hat das Bundesverfassungsgericht in einer Entscheidung zum Ausdruck gebracht, daß damit eine „objektive Wertentscheidung für die Freiheit der Kunst" verbunden sei, aus der sich nicht nur eine Duldung, sondern auch eine aktive Förderung der Kunst ableiten lasse. Dazu heißt es in der gleichen Entscheidung, daß „dem modernen Staat, der sich im Sinne einer Staatszielbestimmung als Kulturstaat versteht, zugleich die Aufgabe (zufällt), ein freiheitliches Kulturleben zu erhalten und zu fördern“ (BVerfG E36/321 ff.).

Im Grundgesetz-Kommentar von Maunz/Dürig (München 7.Aufl. 1994) leitet R. Scholz (Randnotiz Nr. 8 zu Art. 5 Absatz 3 des Grundgesetzes) daraus folgende Strukturmerkmale des → *Kulturstaates* ab: (1) Freiheit, Autonomie und Pluralität von Kunst; (2) Pflicht des Staates zu kulturpolitischer Toleranz und zum Neutralitätsprinzip; (3) Pflicht des Staates zu kultureller Förderung und positiver Pflege von Kunst; (4) gemeinsame Kulturverantwortung von gesellschaftlichen und staatlichen Kulturträgern sowie (5) Verbot staatlichen „Kunstrichtertums“.

Während sich die „Kulturverfassung“ aus dem Grundgesetz nur mit Hilfe höchstrichterlicher Entscheidungen interpretieren läßt, ist die Rechtslage in den Landesverfassungen zum Teil eindeutiger. So heißt es beispielsweise in Art. 18 Abs. 1 der Landesverfassung von Nordrhein-Westfalen: „Kultur, Kunst und Wissenschaft sind durch Land und Gemeinden zu fördern.“ Die Kommunen wiederum leiten ihr Recht einer kommunalen → *Kulturförderung* von Art. 28 Abs. 2 des Grundgesetzes ab, wonach sie für „alle Angelegenheiten der örtlichen Gemeinschaft“ zuständig sind, folglich also auch für kulturelle. Das besagt aber nichts über eine im konkreten Einzelfall einklagbare Verpflichtung zur Kulturförderung, wie sie aus der Sicht der Kulturschaffenden wünschenswert wäre. Folglich enthalten auch die Gemeindeordnungen eher Absichts-, denn Verpflichtungserklärungen.

Zusammenfassend kann man festhalten, daß auf allen verfassungsrechtlichen Ebenen (Bund, Länder und Gemeinden) von Kunst- und Kulturförderung als einer Aufgabe der öffentlichen Hand die Rede ist, doch stets nur im Sinne eines „Daß“, nie aber in der Konkretheit eines „Wie“. In der Praxis bedeutet dies, daß die öffentliche Hand verfassungswidrig handeln würde, wenn sie gänzlich auf eine Kulturförderung verzichten würde, daß es ihr andererseits aber völlig freigestellt ist, in welchem Umfang sie eine Förderung betreibt.

Lit.: Häberle, P.: Kulturpolitik in der Stadt – ein Verfassungsauftrag, Heidelberg 1979

Kulturverträglichkeitsklausel

Abs. 4 von § 128 des Maastricht-Vertrages lautet: „Die Gemeinschaft trägt den kulturellen Aspekten bei ihrer Tätigkeit aufgrund anderer Bestimmungen dieses Vertrages Rechnung“; dies bedeutet, daß jedes allgemeine Gesetz, das die Europäische Union erläßt, daraufhin zu prüfen ist, inwieweit Kunst und Kultur davon (negativ) betroffen sind.

Kultur von allen

Die programmatische Zielkategorie einer Kultur von allen stellt im programmatischen Konzept der → *Kulturellen Demokratie* das notwendige Gegenstück zur Forderung nach einer → *Kultur für alle* dar. Sie geht – im Rahmen eines erweiterten → *Kulturbegriffes* - davon aus, daß alle sozialen Gruppen und Schichten ihre eigene, d. h. den jeweiligen Lebensverhältnissen innewohnende Kultur haben, die es zu fördern und zu unterstützen gilt.

Lit.: Hoffmann, H.: Kultur als Lebensform. Aufsätze zur Kulturpolitik, Frankfurt am Main 1990

Kulturwirtschaft

Ökonomischer Sammelbegriff der Wirtschaftseinheiten, die sich mit der Produktion und der Verteilung von Kultur beschäftigen (z. B. Künstler, Autoren, Verlage, Galerien, Musikproduzenten, aber auch Theater, Museen und Bibliotheken; vgl. auch → *Kulturindustrie*). Der Begriff Kulturwirtschaft umfaßt deshalb ähnlich wie der Begriff → *Kulturbetrieb* die Gesamtheit kultureller Einrichtungen und Aktivitäten, also einschließlich des privatwirtschaftlichen und öffentlichen Bereichs. Doch während der Kulturbetrieb eher von rechtlichen und betrieblichen Kategorien ausgeht, ist die Kulturwirtschaft als Teil der Volkswirtschaft zu sehen (→ *Kulturökonomik*).

Die Kulturwirtschaft in ihrer Gesamtheit wurde bis Ende der achtziger Jahre vor allem durch das Ifo-Institut erfaßt. In den neunziger Jahren haben vor allem die drei Kulturwirtschaftsberichte Nordrhein-Westfalens sehr dazu beigetragen, daß über die volkswirtschaftliche Größenordnung der Kulturwirtschaft halbwegs verläßliche Aussagen gemacht werden können.

Lit.: Ministerium für Wirtschaft, Mittelstand, Technologie und Verlehr des Landes Nordrhein-Westfalen (Hrsg.): Kulturwirtschaft in Nordrhein-Westfalen: Kultureller Arbeitsmarkt und Verflechtungen (3. Kulturwirtschaftsbericht NRW), Düsseldorf 1998; Hummel, M. und C. Waldkircher: Wirtschaftliche Entwicklungstrends von Kunst und Kultur, Berlin/München 1992

▸ Kundenklub

Gegenüber den traditionellen → *Abonnementsystemen* und → *Besucherorganisationen* bzw. → *Fördervereinen*, zeichnen sich die neuen Besucherbindungsprogramme (→ *Besucherbindung*) durch ihren sehr viel höheren Aktivitäts- und auch Aktivierungsgrad aus, d. h. sie gehen weit über bloße Rabattvorteile hinaus und rücken sehr viel stärker den Austauschgedanken („what is in it for me?") in den Vordergrund, gewähren dabei aber andererseits einen höheren Grad an Entscheidungsfreiheit (→ *Verbundenheitsstrategie*). Der zentrale Gedanke, der hinter der Idee des Kundenclubs steht, ist, daß die Mitglieder solcher Programme durchaus bereit sind, „mehr" (als beispielsweise nur den obligatorischen Mitgliedsbeitrag in einem herkömmlichen Förderverein) für die jeweilige Kultureinrichtung zu geben und zu tun, wenn dem entsprechende Leistungen gegenüberstehen.

Wie empirische Untersuchungen im kommerziellen Bereich ergeben haben, steigt durch Kundenclubs die Nutzungsintensität. Rund 53,5 % der Clubmitglieder nutzen entsprechende Angebot regelmäßig. 39,5 % kommen gelegentlich auf die Angebote zurück. Diese Intensität der Clubchancen wird nur von den Mitgliedern der Buchclubs überboten. Diese werden von 57,2 % der Mitglieder regelmäßig genutzt. Und noch 36,4 % bedienen sich gelegentlich der Angebote. Die persönlichen Vorteile sind in den meisten Fällen die Gründe für Clubmitgliedschaften oder die Nutzung der Angebote. 65,2 % der Befragten stellen diesen persönlichen Vorteil in den Vordergrund, und für 77,4 % ist es besonders wichtig, die Rabatte oder Vorteile sofort zu realisieren. Eine wichtige Rolle spielt für 31,8 % auch der bevorzugte Service, den sie durch die Mitgliedschaft in einem solchen Club erhalten.

Ein Besucherclub in diesem Sinne läßt sich als kommunikative Einheit von Personen oder Organisationen definieren, die von einer Kultureinrichtung initiiert und betrieben wird, um mit den Mitgliedern in regelmäßigem, direkten oder indirekten Kontakt zu stehen und ihnen ein kulturelles Leistungspaket mit hohem wahrnehmbaren Nutzen anzubieten. Ziel ist die Aktivierung der Mitglieder und die Zunahme der Besucherbindung durch den Aufbau einer emotionalen Bindung.

Lit.: Butscher, S.: Kundenbindungsprogramme und Kundenclubs, Ettlingen 1998; Dußling, P.: Kundenclubs als Marketinginstrument im Kulturmanagement. In: HKM D 1.11

▸ Kunstauktion

Teilbereich des → *Kunsthandels* (im weiteren Sinne); auf einer Kunstauktion werden Kunstwerke und Antiquitäten in einem öffentlichen Bieteverfahren an den Meistbietenden veräußert. Rechtsgrundlagen sind § 34 der Gewerbeordnung sowie die Verordnung über gewerbsmäßige Versteigerungen (sog. Versteigerungsverordnung); sie besagen, unter welchen Bedingungen einem Auktionshaus und einem Auktionator die erforderliche Genehmigung für seine gewerbliche Tätigkeit erteilt werden kann. Im Auktionsgeschäft tritt der Auktionator in der Regel als Kommissär (§ 383 HGB) auf, d. h. er übernimmt es gewerbsmäßig, Waren für Rechnung eines anderen in eigenem Namen zu kaufen oder zu verkaufen.

Die Bedingungen, nach denen eine Kunstauktion zu erfolgen hat, sind in der Versteigerungsverordnung geregelt. Dazu gehören beispielsweise Regeln über die Zuschlagserteilung, über das → *Käuferaufgeld*, über die Kennzeichnung des Versteigerungsguts (bei Kunstauktionen reicht eine klare Zuordnung nach Ziffern aus) sowie die besondere Kennzeichnung der sogenannten → *Eigenware*, wenn also der Auktionator Waren aus seinem eigenen Besitz zur Versteigerung freigibt. Diese Versteigerungsbedingungen müssen bekannt gemacht werden; sie sind im Einzelfall Teil des Vertragsgegenstandes. Für Versteigerungen besteht eine behördliche Anzeige- und Bekanntmachungspflicht.

Wenn ein Kunde einem Auktionshaus eine Ware zur Versteigerung anbietet, wird der Wert der Ware zunächst taxiert (→ *Taxierung*). Ausgehend von dieser Bewertung und von dem zu erwartenden Marktwert der Ware setzt der Auktionator einen Schätzwert (engl. estimate) ein; er kann dann im Einzelfall entscheiden, ob er auch unterhalb des Schätzwertes einen Zuschlag erteilt. Der Kunde kann allerdings auch ein → *Limit* vorgeben, also einen Mindestpreis, der mindestens ersteigert werden muß, damit es zu einem Zuschlag kommen kann. Dabei kann der Auktionator auch einzelne Waren zu einem → *Los* zusammenfassen, wenn er beispielsweise einem Einzelstück wenig Chancen einräumt oder aber der Wert nur geringfügig ist (z. B. mehrere antiquarische Bücher).

Zur Kunstauktion erscheint ein Katalog, der sämtliche zur Versteigerung vorgesehenen Waren mit ihren wichtigsten Merkmalen und ihrer Kennzeichnung (Nummer) aufführt sowie den Schätzpreis oder das Limit benennt. Zudem gibt der Auktionator rechtzeitig bekannt, zu welchem Termin die Ware vorher besichtigt werden kann. Das macht es erforderlich und entspricht so auch den Vorgaben der Versteigerungsverordnung, daß die Ware sich am Ort der Versteigerung oder in dessen unmittelbarer Nachbarschaft befindet. Während der Versteigerung werden die einzelnen Lose aufgerufen und nochmals vom Auktionator präsentiert. Die anwesenden Bieter geben nach Aufforderung durch den Auktionator ihr Gebot durch Handzeichen oder unter Verwendung eines → *Paddles* ab. Daneben ist auch ein Gebot per Telefon möglich; dazu muß der telefonische Bieter zuvor dem Aktionshaus einen schriftlichen Auftrag erteilt haben. Der Zuschlag wird erteilt, wenn nach dreimaligem Aufruf eines Gebotes kein Überangebot abgegeben wird.

Der Zuschlag verpflichtet zur Abnahme. Mit der Erteilung des Zuschlages gehen Besitz und Gefahr an der versteigerten Sache unmittelbar auf den Ersteher über, das Eigentum allerdings erst bei vollständigem Zahlungseingang. Auf den Zuschlagspreis (Hammerpreis) wird eine Auktionsgebühr von 15 bis 35 % erhoben (Käuferaufgeld); hinzu kommt noch die gesetzliche Mehrwertsteuer. Persönlich anwesende Bieter sind in der Regel verpflichtet, Zuschlagspreis, Käuferaufgeld und Mehrwertsteuer direkt an den Auktionator zu bezahlen und die erworbene Ware direkt in Empfang zu nehmen.

Der Kunstauktionshandel hat in den letzten Jahren sehr an Bedeutung gewonnen, zumal er mehr und mehr auch den Part des traditionellen Kunsthandels übernimmt (→ *Art Consulting*). Dazu haben nicht zuletzt spektakuläre Kunstauktionen der letzten Jahre beigetragen (z. B. die Versteigerung der Inneneinrichtung im Neuen Schloß in Baden-Baden durch das Auktionshaus Sotheby's) sowie die seit Ende der neunziger Jahre mit großem Elan sich etablierenden Internet-Versteigerungen, an denen sich - nach anfänglichem Zögern - inzwischen auch international renommierte Auktionshäuser beteiligen.

International wird der Kunstauktionsmarkt nach wie vor von den (ursprünglich rein britischen) Kunstauktionshäusern Christie's und Sotheby's beherrscht. Christie's erzielte 1998 einen Umsatz von 1,183 Mrd. £, Sotheby's lag mit 1,168 Mrd. £ knapp dahinter. Sotheby's beherrscht vor allem den US-Markt, während Christie's vor allem Zuwächse in Europa verzeichnen konnte. Dagegen hatten beide Auktionshäuser im asiatischen Markt wegen der dortigen Wirtschaftskrise starke Verluste zu verzeichnen.

▸ Kunstfonds e.V.

Der Kunstfond e.V. wurde 1980 vom Bundesverband Bildender Künstler, dem Deutschen Künstlerbund, der Gemeinschaft der Künstlerinnen und Kunstfreunde (GEDOK), dem Bundesverband Deutscher Galeristen, der Verwertungsgesellschaft Bild-Kunst sowie der Künstlerin Rune Mields (als Repräsentantin der nicht organisierten Künstler) gegründet. Hinzu kamen später das Internationale Künstlergremium/Deutsche Sektion und die Arbeitsgemeinschaft Deutscher Kunstvereine. Der Kunstfonds wird durch den öffentlichrechtlichen Zuwendungsgeber Bundesinnenministerium finanziert. Er ist ein eingetragener Verein und verfolgt ausschließlich und unmittelbar gemeinnützige Zwecke.

Seine Aufgabe ist die Förderung der zeitgenössischen Bildenden Kunst. Er unterstützt künstlerisches Schaffen und die Entwicklung künstlerischer Initiativen, soweit diese für die deutsche Kulturentwicklung insgesamt von Bedeutung sind; er fördert gleichzeitig das Bemühen, zeitgenössische Kunst weiteren Bevölkerungsschichten zu vermitteln. Die Förderprogramme haben drei Schwerpunkte: (1) Künstlerprogramm mit Arbeitsstipendien für Bildende Künstler zur Förderung ihrer künstlerischen Entwicklung (Regelförderung); (2) Werkstipendien zur Realisierung eines bestimmten Projekts als Partnerschaftsfinanzierung mit Kunstfondsanteil bis zu 75 %, wobei der Restbetrag durch sonstige Dritt- oder Eigenmittel zu finanzieren ist; (3) Förderprogramme zur Unterstützung von Kooperationen deutscher und ausländischer Künstler mit einer Partnerschaftsfinanzierung bis zu 50 %.

Lit.: Romain, L. (Hrsg.): Kunstfonds e.V. Modell einer Förderung, Köln 1986

▶ Kunstfreiheit

Die Freiheit der Kunst wird in Art. 5 Abs. 3 des Grundgesetzes abgesichert: „Kunst und Wissenschaft, Forschung und Lehre sind frei." Das Grundgesetz führt die Kunstfreiheitsgarantie im Zusammenhang mit der Meinungsfreiheit auf, die im ersten Absatz des Art. 5 garantiert wird. Die Meinungsfreiheit findet allerdings in Art. 5 Abs. 2 insofern eine Einschränkung, als beispielsweise Bestimmungen zum Schutze der Jugend und die Persönlichkeitsrechte des Einzelnen Vorrang haben gegenüber der Meinungsfreiheit. Bemerkenswert ist nun, daß der Gesetzgeber Kunst und Wissenschaft ausdrücklich nicht in diese Einschränkungen einbezieht, was der Kunstfreiheit eine herausgehobene Stellung verleiht.

Der Gesetzgeber versteht die Kunstfreiheitsgarantie als eine institutionelle Garantie, die das Verhältnis des Lebensbereichs „Kunst" zum Staat regelt, sowie als eine subjektive Garantie, d. h. als ein individuelles Freiheitsrecht für die Künstler. Drittens kommt nach Auffassung des Bundesverfassungsgerichts in der Kunstfreiheitsgarantie auch ein Bekenntnis zum → *Kulturstaat* zum Ausdruck (vgl. → *Kulturverfassungsrecht)*.

▶ Kunsthallen

Kunsthallen bzw. Ausstellungshäuser bilden zwischen → *Museum* und → *Kunstverein* ein eigenständiges Handlungsfeld → *Ausstellungen*. Es handelt sich dabei um Einrichtungen, die Räumlichkeiten für Ausstellungen bereitstellen, nicht aber über eine eigene Sammlung verfügen. Aufgrund ihrer oft gemeinsamen Wurzeln stehen sie allerdings häufig in einem engen Bezug zu den Museen; sie sind nicht zuletzt weitgehend auf deren Leihgaben (sofern sie nicht aus privaten Sammlungen stammen) angewiesen, wenn sie Ausstellungen zusammenstellen. Kunsthallen hatten eine bedeutende Funktion als Orte von Wechselausstellungen, solange es eine deutliche Abgrenzung zwischen traditionellen Museumsaufgaben und dem Wechselausstellungsbetrieb gab.

Durch die wachsende Popularität vor allem der Bildenden Kunst haben sich die Funktionen des Museums verändert (und damit die der Kunsthallen beeinflußt): vom Sammeln und Bewahren zunehmend in Richtung auf das Vermitteln, auch und besonders durch ein extensives Wechselausstellungsprogramm. Deshalb suchten die Kunsthallen in den letzten zwanzig Jahren eine neue Legitimationsbasis und konzentrierten sich zunehmend auf Großausstellungen (z. B. Kunsthalle Tübingen, Gropius-Bau Berlin, Deichtorhallen Hamburg, Schirn Frankfurt, Kunst- und Ausstellungshalle der Bundesrepublik Deutschland in Bonn usw.). Mit hohen Anfangsinvestitionen (Leihgebühren für meist außerordentliche Kunstwerke, deren besonders teuren Transporte und Versicherungen sowie aufwendige Katalogproduktionen) erarbeiteten sie eigenständig bzw. kooperierten sie in großen Ausstellungsunternehmungen, die sich nur durch eine internationale Zusammenarbeit und Vermarktung rentieren. Als Touristenattraktion sind Kunsthallen dadurch zunehmend zu einem kommunalen Wirtschaftsfaktor (→ *Wirtschaftsfaktor Kultur*) geworden. Nach Untersuchungen des Instituts für Museumskunde widmen sich mehr als die Hälfte der Ausstellungshäuser der Bildenden Kunst. Ein großer Teil der Ausstellungshäuser untersteht den Gemeinden, es handelt sich dann um große → *kommunale Galerien*; ein kleinerer Teil wird von den Ländern, privaten Vereinen und Stiftungen betrieben.

Lit.: Wyroll, R.: Kunstmanagement. Historische, rechtliche und praktische Grundlagen für den öffentlichen und privaten Kunstbetrieb. Studienbrief der Fernuniversität Hagen im Studiengang Kulturwissenschaftliche Weiterbildung, Hagen 1992

Kunsthandel

Sammelbegriff, der den gesamten An- und Verkauf von Kunstwerken umfaßt. Dazu gehören Werke der Bildenden Kunst, Antiquitäten, alte Bücher und Autographen (Handschriften) sowie in jüngster Zeit auch Werke des Kunsthandwerks (Design).

Der Kunsthandel tritt in drei verschiedenen Handelsformen auf: (1) kommerzielle → *Galerien* sowie Antiquariatsgeschäfte, (2) → *Kunstauktionen*; (3) Kunst- und Antiquariatsmessen.

Lit.: Pommerehne, W.W. und B.S.Frey: Musen und Märkte. Ansätze einer Ökonomik der Kunst, München 1993

Künstler

Künstler ist keine geschützte Berufsbezeichnung; jeder darf sich Künstler nennen. Das entspricht auch dem Recht auf freie Berufswahl (Art. 12 Grundgesetz). Erst wenn der Künstler in bestimmte Rechtsbeziehungen eintritt, beispielsweise als Urheber eines künstlerischen Werks, wird er in seinem Wirken durch staatliche Normen geschützt.

Als Künstler bezeichnet man umgangssprachlich häufig nur den Bildenden Künstler, also Maler und Bildhauer, sprachlich korrekter aber ist es, alle kreativen und schöpferischen Personen im Kulturbereich als Künstler zu bezeichnen (also auch Musiker, Schriftsteller, Schauspieler usw.).

Wie viele Personen in der Bundesrepublik Deutschland als Künstler tätig sind, ist nur schwer zu sagen, da wegen des offenen Berufsbildes und der ungeschützten Berufsbezeichnung eine Abgrenzung nahezu unmöglich ist. Dennoch relativ zuverlässig dürften wohl die Angaben der → *Künstlersozialkasse* sein; dort waren 1999 aus dem gesamten Bundesgebiet 107 167 Personen als selbständig tätige Künstler gemeldet, darunter 43 751 weibliche.

Auch über das Einkommen der selbständig tätigen Künstler gibt es nur sehr ungenaue Angaben. Die üblicherweise herangezogene Umsatzsteuerstatistik hilft hier wenig, da in dieser Statistik all jene Künstler nicht erfaßt sind, deren Jahreseinkommen unterhalb der Umsatzgrenze von 25 000 DM liegt und zudem viele Künstler von der Umsatzsteuer ganz befreit sind (→ *Künstlerbesteuerung*). Am zuverlässigsten dürfte auch hier wieder die Statistik der Künstlersozialkasse sein, da es ja im Interesse der Künstler liegt, wenn deren Einkommen dort ordnungsgemäß erfaßt wird. Demnach lag das durchschnittliche Einkommen selbständig tätiger Künstler in Deutschland zum 1. 1. 2000 bei 21 852 DM. Die höchsten Einkommen erzielen nach wie vor Künstler aus der Sparte Wort (durchschnittlich 27 128 DM), während Künstler der Sparte Musik das niedrigste Einkommen hatten (durchschnittlich 18 347 DM). Allerdings verfälscht diese Statistik das Bild insofern, als Spitzenverdiener unter den Künstlern in der Regel nicht Mitglied der Künstlersozialkasse sind und auch Künstler im öffentlichen Dienst (also z. B. die Musiker und Sänger in öffentlichen Orchestern und Opernhäusern oder die Musiklehrer an kommunalen Musikschulen) nicht bei der Künstlersozialkasse gemeldet sind.

Künstlerbesteuerung

Grundsätzlich ist ein → *Künstler* steuerpflichtig wie jeder andere selbständig oder unselbständig Erwerbstätige; dies gilt vor allem für die Einkommensteuer und die Gewerbesteuer. Lediglich bei der Umsatzsteuer wird den Künstlern und Kulturbetrieben eine weitgehende Steuerbefreiung zugebilligt (Umsatzsteuerrichtlinien zu § 4 Nr. 20 des Umsatzsteuergesetzes). Für bestimmte Umsätze (z. B. für Bücher) gilt der ermäßigte Umsatzsteuersatz von 7 %.

Lit.: Vermeulen, P. und K. Michel: Steuerpflichten für Kulturschaffende und Veranstalter. Schriftenreihe Kulturpraxis und Recht, Band 2, Köln 1994

Künstlersozialabgabe

Im Rahmen der → *Künstlersozialversicherung* wird die Künstlersozialabgabe von den sog. „Vermarktern" oder „Verwertern" aufgebracht (§ 24 Künstlersozialversicherungsgesetz). Zu diesen gehören die Unternehmer, die ständig Werke und Leistungen selbständiger Künstler und Publizisten gegen Entgelt in Anspruch nehmen und verwerten, sowie Unternehmer, die Werbung für Dritte oder auch für Zwecke ihres eigenen Unternehmens betreiben, wenn sie nicht nur gelegentlich Aufträge an selbständige Künstler oder Publizisten erteilen, die durch Werbeunternehmen vermittelt sind. Dies betrifft also alle Verbreiter in den Bereichen Wort, Bildende Kunst, Musik, Darstellende Kunst und die Eigenwerbung betreibende Wirtschaft. Bemessungsgrundlage sind nach § 25 KSVG alle an selbständige Künstler gezahlten Entgelte. Die Abgabe wurde bis 1999 als Umlage nach Maßgabe eines bereichsspezifischen Prozentsatzes differenziert festgelegt, getrennt nach den Bereichen Wort, Bildende Kunst, Musik und Darstellende Kunst. Mit dem Haushaltssanierungsgesetz vom 12. 11. 1999 hat der Bundestag beschlossen, daß ab dem Jahr 2000 ein einheitlicher Satz von 4 % für die genannten vier Bereiche erhoben wird. Die Verrechnung erfolgt über die → *Künstlersozialkasse.*

Zum 31. 12. 1999 zählte die Künstlersozialkasse 35 254 Vermarkter, die mit einer Künstlersozialabgabe von ca. 230 Mio. DM etwa 30 % des Etats der Künstlersozialkasse finanzierten.

Lit.: Nordhausen, W.: Das Künstlersozialversicherungsgesetz. In: HKM, H 7.2

▸ Künstlersozialkasse

Die Künstlersozialkasse (KSK) war ursprünglich als rechtsfähige unmittelbare → *Anstalt öffentlichen Rechts* mit Sitz in Wilhelmshaven errichtet worden, wurde aber 1987 in dieser Organisationsform wieder aufgelöst und funktionell auf die Landesversicherungsanstalt Oldenburg-Bremen übergeleitet. Die KSK hat festzustellen, wer nach dem Künstlersozialversicherungsgesetz als Künstler/Publizist in der Kranken- und Rentenversicherung versicherungspflichtig ist und wer als Vermarkter/Verwerter künstlerischer/publizistischer Leistungen abgabepflichtig ist. Die KSK meldet die Versicherungspflichtigen bei der Bundesanstalt für Arbeit und bei der zuständigen Krankenkasse an und führt die Versicherungsbeiträge für diese ab. Die KSK zieht zur Finanzierung der Versicherungsbeiträge die Beitragsanteile der Versicherten (→ *Künstlersozialversicherung*), die → *Künstlersozialabgabe* sowie den Bundeszuschuß ein.

Lit.: Landesversicherungsanstalt Bremen-Oldenburg (Hrsg.): Künstlersozialkasse: Informationsschriften zur Künstlersozialversicherung

▶ Künstlersozialversicherung

Neben einer Vielzahl von → *Urheberrechten*, → *Verwertungsrechten* und → *Leistungsschutzrechten* soll vor allem die 1981 geschaffene und 1983 in Kraft getretene Künstlersozialversicherung die sozialen Lebensbedingungen der Künstler in der Bundesrepublik Deutschland sichern. Unter bestimmten Voraussetzungen sind demnach selbständige Künstler pflichtversichert. Nach § 1 Künstlersozialversicherungsgesetz ist Voraussetzung für die Versicherungspflicht, daß eine künstlerische oder publizistische Tätigkeit selbständig, erwerbsmäßig und nicht im wesentlichen nur vorübergehend im Inland ausgeübt wird. Versicherungpflichtig ist nur derjenige, der im Kalenderjahr voraussichtlich ein Arbeitseinkommen erzielt, das eine bestimmte Mindestgrenze erreicht. Arbeitseinkommen ist der Gewinn aus der selbständigen künstlerischen/publizistischen Tätigkeit, also die Differenz zwischen Betriebseinnahmen und Betriebsausgaben.

Die Mittel für die Künstlersozialversicherung werden zur einen Hälfte durch Beitragsanteile der Versicherten, zur anderen Hälfte durch die → *Künstlersozialabgabe* und durch einen Zuschuß des Bundes aufgebracht. Die Differenzierung der zweiten Hälfte in Künstlersozialabgabe der Vermarkter/Verwerter und Bundeszuschuß ergibt sich daraus, daß der Bundeszuschuß dort eingreifen soll, wo die Künstler unmittelbar, d. h. ohne Einschaltung eines Vermarkters/Verwerters Geschäfte auf dem Kunstmarkt abschließen (sog. Selbstvermarktungsanteil). In seiner Grundsatzentscheidung vom 8. 4. 1987 hat das Bundesverfassungsgericht den Anspruch auf eine solche Abgabe bestätigt.

Mit dem Haushaltssanierungsgesetz vom 12. 11. 1999 hat der Bundestag beschlossen, vom Jahr 2000 an den Bundeszuschuß von 25 % auf 20 % zu senken und für die Künstlersozialabgabe wieder einen einheitlichen Abgabensatz einzuführen. Der niedrigere Bundeszuschuß wird damit begründet, daß sich der Selbstvermarktungsanteil in den letzten Jahre als niedriger erwiesen hat als ursprünglich angenommen worden war. Die Künstlersozialversicherung hatte 2000 einen Etat von 778,4 Mio. DM (1990: 238,9 Mio. DM); davon betrug der Bundesanteil 175,8 Mio. DM (1990: 44,25 Mio. DM).

Lit.: Landesversicherungsanstalt Bremen-Oldenburg (Hrsg.): Künstlersozialkasse: Informationsschriften zur Künstlersozialversicherung; Deutscher Kulturrat (Hrsg.): Künstlersozialversicherung, Bonn 2000

▸ Künstlervermittlung

Künstlervermittler betreuen einen oder mehrere Künstler und Ensembles. Sie vermitteln Auftritte, machen für ihre Künstler das Marketing, organisieren deren Reisen und betreuen Sie bei Proben und Auftritten. Bisweilen übernehmen sie auch die Geschäftspost ihrer Künstler, bis hin zur Fan-Post und der Steuererklärung. Sie bezeichnen sich im musikalischen Bereich als → *Konzertdirektion* oder Konzertagentur, in der Bildenden Kunst als Ausstellungsbüro, sofern nicht ohnehin der Galerist (→ *Galerie*) die Aufgaben der Vermittlung und Betreuung übernimmt. Werden mehrere Sparten vertreten (z. B. auch → *Theatergastspiele* und → *Kleinkunst*) spricht man von Künstleragenturen (→ *Agenturen*) oder Künstlersekretariaten; im Literaturbereich kennt man zudem seit neuester Zeit die → *Literaturagenturen*.

Das Verhältnis zwischen Künstler und Agentur ist häufig durch eine Generalvertretung geregelt, d. h. die Agentur ist Vermittler für alle Auftritte des Künstlers, auch solche, die der Künstler vielleicht selbst akquiriert hat. Die Agenturen bzw. Agenten finanzieren sich über Vermittlungsprovisionen, die sie in der Regel von den Künstlern, aber auch den Veranstaltern beziehen. Die Vermittlung von Künstlern und anderen im Kulturbereich Tätigen war bis Mitte der neunziger Jahre der Bundesanstalt für Arbeit und damit den Arbeitsämtern vorbehalten. Nur einige private Unternehmen (z. B. → *Konzertdirektionen*) durften auf der Grundlage von Ausnahmen im Auftrag der Bundesanstalt als gewerbliche Arbeitsvermittler tätig werden. Mit dem am 1. August 1994 in Kraft getretene Beschäftigungsförderungsgesetz wurde das Monopol der Bundesanstalt aufgehoben.

▸ Kunstmarkt

Zusammentreffen von Angebot und Nachfrage zur Bildenden Kunst. Akteure des Kunstmarktes sind einerseits die Vertreter der

Künstler (Galeristen → *Galerie*, Kunsthändler → *Kunsthandel*, Kunstversteigerer → *Kunstauktion*) und andererseits die Kunstsammler und Museen; die Künstler selbst treten in aller Regel nicht auf dem Kunstmarkt auf. Der Preis eines Kunstwerks wird aber nicht allein aus dem Verhältnis von unmittelbarem Angebot und unmittelbarer Nachfrage bestimmt, sondern ganz wesentlich auch von schwer definierbaren Faktoren wie Image, Moden, Aktualität usw., die sich aber wenigstens zum Teil steuern lassen. An dieser Steuerung sind beteiligt Kunstkritiker, Museums- und Ausstellungsmacher, Galeristen und Groß-Sammler. Wegen dieser Mechanismen, die sich für Außenstehende nur schwer durchschauen lassen und die scheinbar so völlig verschieden sind von den Mechanismen auf anderen Märkten, steht der Kunstmarkt etwas außerhalb sonstiger Märkte.

Lit.: Pommerehne, W.W. und B.S. Frey: Musen und Märkte. Ansätze einer Ökonomik der Kunst, München 1993; Herchenröder, Chr.: Die Kunstmärkte. Düsseldorf 1990

▶ Kunstpreise und Kulturpreise

Kunst- und Kulturpreise sind ein wesentliches Instrument zur Künstlerförderung, insbesondere zur Förderung von Nachwuchskünstlern. Zu ihnen werden gezählt Preise, Ehrungen, Stipendien und andere regelmäßig vergebene Formen der individuellen Künstlerförderung einschließlich laufender kultureller Projektförderung von überlokaler Bedeutung (vgl. auch → *Kulturelle Förderung*).

Lit.: Handbuch der Kulturpreise und der individuellen Künstlerförderung. Neufassung 1985–93. Bearb. von Wiesand, A. J. in Verbindung mit I. Brünlinghaus für das Bundesministerium des Innern. Bonn 1993

▶ Kunstrat

Der Kunstrat vertritt als Sektion im → *Deutschen Kulturrat* die Interessen der Bildenden Kunst. Er wurde 1982 von den Delegierten aus den interessierten Verbänden und Organisationen der Bildenden Kunst als eine Arbeitsgemeinschaft ohne Eintragung als Verein gegründet. Zu den Mitgliedern gehören Organisationen und Einrichtungen der Künstler, des Kunsthandels, der Museen und Kunstvereine, des Kunsthandwerks, der Kunstvermittlung, -publizistik und -wissenschaft, der Kunstförderung und des internationalen Kulturaustauschs. Zu seinen Aufgaben zählt er: (1) die Information seiner Mitglieder und der Öffentlichkeit über wichtige kulturelle Entwicklungen sowie über anstehende politische Entscheidungen mit Auswirkung auf den Bereich der Bildenden Kunst; (2) die beratende Einwirkung auf Vorhaben und Entscheidungsprozesse auf allen Ebenen; (3) die Diskussion, Erarbeitung und öffentliche Verbreitung von Analysen, Konzepten, Empfehlungen und Forderungen sowie deren Durchsetzung im Bereich der Bildenden Kunst; (4) die Förderung der Transparenz kunstpolitischer Entscheidungsvorgänge; (5) die Verbesserung der Position der Bildenden Kunst in der auswärtigen Kulturpolitik der Bundesrepublik Deutschland und in der internationalen Kulturpolitik; (6) den Schutz der Kunst- und Publikationsfreiheit sowie die Stärkung des Prinzips der Selbstverwaltung im Kunst- und Kulturbereich.

▸ **Kunstrecht** → Kulturrecht

▸ **Kunstsachverständiger** → Bewertung von Kunstgegenständen, → Expertise

▸ **Kunstschule**

Kunstschulen sind Einrichtungen der → *kulturellen Bildung* für Kinder, Jugendliche und Erwachsene. Sie vermitteln im Bereich der Bildenden und Darstellenden Künste Fähigkeiten und Kenntnisse, die das sinnliche Wahrnehmungsvermögen verfeinern und zur eigenen kreativen Gestaltung anregen sollen. Auch soll die Kompetenz im Umgang mit künstlerischen Arbeiten erweitert werden. Darüber hinaus soll sich die Kunstschule als → *kulturelle Einrichtung* in das kulturelle Leben einer Kommune einbringen; eine Kooperation mit der örtlichen → *Musikschule* ist wünschenswert. Kunstschulen können als eigenständige kulturelle Einrichtungen der Kommunen bestehen oder aber als eine gemeinsame Musik- und Kunstschule. Sie sind auch als Fachbereiche der → *Volkshochschulen* denkbar, sofern sie nicht den Bestimmungen hinsichtlich der Landeszuschüsse (nur für Erwachsenenbildung) entgegenstehen.

Lit.: Bundesverband der Jugendkunstschulen und kulturpädagogischen Einrichtungen (Hrsg.): Handbuch Jugendkunstschule. Konzepte, Organisation, Finanzierung: Ein Ratgeber für kulturelle Initiativen, bearbeitet von D. von Kathen und P. Vermeulen, Unna 1992

Kunstverein

Kunstvereine gehen zurück auf Bürgerinitiativen in der ersten Hälfte des 19. Jahrhunderts. Zwar gab es zur gleichen Zeit auch in anderen europäischen Ländern (England, Schweiz, Dänemark usw.) ähnliche Gründungen, sie fanden aber gerade in Deutschland besonders große Verbreitung. Von den heute etwa 200 arbeitenden Kunstvereinen mit ihren rund 100 000 Mitgliedern wurden 33 schon im 19. Jahrhundert gegründet, z. B. Hamburg (1817), Karlsruhe (1818), Bremen (1823) usw. Im wirtschaftlich erstarkten Bürgertum artikulierte sich zu dieser Zeit der Wunsch, unabhängig vom Kunstverständnis der Kirche oder Fürsten sich der Verbreitung zeitgenössischer Kunst zu widmen. Deshalb wurden die Vereine sowohl als Ausstellungsforum wie auch als Verkaufsforum gegründet.

Kunstvereine sind in der privatrechtlichen Form des → *Vereins* organisiert, gemeinsam ist ihnen die → *Gemeinnützigkeit.* Dies bedeutet, daß keine vorrangig kommerziellen Interessen die Arbeit der Kunstvereine leiten darf. Zweck und Zielsetzung der Vereine sind weitgehend übereinstimmend darauf gerichtet, die Bildenden Künste, insbesondere die zeitgenössische Kunst zu fördern und für sie Verständnis zu verbreiten. Sie bewegen sich in einem Freiraum zwischen den Interessen des Handels, der Kunstmessen und -märkte und dem Anspruch der → *Museen* auf die historische Bewertung der Kunst. Dabei konzentriert sich die Arbeit der Vereine meist auf folgende Schwerpunkte: (1) die Veranstaltung von → *Ausstellungen* mit zeitgenössischer Kunst, selten auch solche der klassischen Moderne; (2) die Vermittlungsarbeit durch Kataloge, Vorträge, gemeinsame Besichtigungen und Kunstreisen, kunstpädagogische Arbeitskreise, Zusammenarbeit mit Schulen und Hochschulen sowie → *Artotheken* usw. (3) Angebote für Sammler, vor allem in Form von → *Jahresgaben* (zumeist Graphikeditionen und Multiples in geringer Auflage sowie sonstige Kunstwerke, die gegen eine meist geringe

Zuzahlung von den Mitgliedern erworben werden können), gelegentlich auch Beratungen der Mitglieder (Schätzung von Kunstwerken, Vermittlung von Restauratoren usw.). Sieht man von einigen wenigen großen Kunstvereinen ab, die wie Kunsthallen agieren und damit z. T. öffentliche Aufgaben übernehmen (wie etwa der Württembergische Kunstverein Stuttgart), so wird die Arbeit in Kunstvereinen weitestgehend ehrenamtlich geleistet.

▶ Kunstversicherung

Spezialversicherung für Kunstwerke; sie kann sich beziehen auf Künstlerateliers (→ *Atelierversicherung)*, auf Kunstsammlungen in → *Museen*, → *Ausstellungen* und → *Galerien* (→ *Galerieversicherung)* sowie auf Kunsttransporte (vgl. auch → *Allgefahrenversicherung*). Die Höhe der Prämie richtet sich (1) nach dem Wert der ausgestellten Exponate (→ *Bewertung von Kunstgegenständen*), wobei in der Regel der vom Leihgeber bzw. Künstler angegebene Wert zugrunde gelegt wird. Im Versicherungsfall ist allerdings gegebenenfalls nachzuweisen, daß der angegebene Wert tatsächlich auch realistisch ist (→ *Taxierung*). (2) Die Prämienhöhe wird auch maßgeblich beeinflußt von den vorhandenen Sicherungsmaßnahmen, weil sie das Versicherungsrisiko ganz wesentlich beeinflussen. Es kann deshalb durchaus wirtschaftlicher sein, in einen Ausstellungsraum eine gute Alarmanlage einzubauen und damit eine relativ hohe Investition in Kauf zu nehmen, als auf Dauer überhöhte Prämien zu zahlen. (3) Deutlich gesenkt werden kann die Prämie, wenn sich der Staat am Versicherungsrisiko beteiligt; gegebenenfalls kann dann sogar ganz auf eine Kunstversicherung verzichtet werden. Man spricht dann von einer Staatshaftung (in Österreich: Bundeshaftung), die allerdings vorwiegend für Museen und Kunstausstellungen staatlicher Institutionen eintritt.

Lit.: Pöhlmann, W.: Ausstellungen von A – Z. Gestaltung, Technik, Organisation. Berliner Schriften zur Museumskunde, Band 5, Berlin 3.Aufl. 1992

L

▸ Landestheater/Landesbühnen

Neben den → *Staats- und Stadttheatern* sind die Landestheater (bzw. Landesbühnen) der dritte Typus der öffentlich-rechtlichen Theater in der Bundesrepublik Deutschland. Im → *Deutschen Bühnenverein* werden sie ebenso wie die ortsgebundenen Theater in einer eigenen Gruppe zusammengefaßt. Gemäß der Satzung des Deutschen Bühnenvereins sind Landesbühnen Theaterunternehmen, die Staats- und Stadttheater wären, wenn sie einen stehenden Betrieb hätten. Über die Hälfte der Zahl der Vorstellungen muß außerhalb des Stammhauses (d. h. dem Sitz der Landesbühne) stattfinden. Die Landesbühne soll von dem Bundesland, in dem sie ihren Sitz hat, überwiegend finanziert werden. Die Landesbühnen sind also „Wandertheater" („Stadttheater auf Rädern"), die mit Gastspielen jene Städte bereisen, die kein eigenes Ensemble unterhalten und nur Aufführungsspielorte (Theatergebäude, Stadthallen, Mehrzweckhallen) bereitstellen. Oft findet der → *Abstecher* aber auch in Räumen statt, die das originalgetreue Spielen im Sinne der ursprünglichen Inszenierung nicht zulassen und zu Improvisationen zwingen.

Von der Rechtsform (→ *Rechtsformen*) her gibt es staatstheaterähnliche Landesbühnen im Saarland und in Baden-Württemberg sowie Theaterzweckverbände (→ *Zweckverband*) in Bayern und Niedersachsen (wobei sich Kommunen, Landkreise und Verbände des öffentlichen Rechts zusammengeschlossen haben, um gemeinsam ein öffentliches Theater zu betreiben). Von dieser Rechtsform sind die Landesbühnen, die sich in Schleswig-Holstein und Rheinland-Pfalz als privatrechtliche → *GmbH* gebildet haben, nur wenig entfernt. Die meisten werden jedoch nach dem Organisationsstatut und der Rechtsform als eingetragene → *Vereine* geführt, d. h. sie sind vollrechtsfähige juristische Personen. Mitglieder der Zweckverbände bzw. Vereine sind im allgemeinen die Gemeinden, die als Sitz oder Abstecherort für die Landesbühnen Bedeutung haben; beteiligt sind aber zuweilen auch andere Gebietskörperschaften (z. B. Städte-

und Gemeindebund, Land, Kreis, Landschaftsverband, Regierungspräsidium).

▸ Leasing

Form der Finanzierung von Investitionen. Beim Leasing (Immobilienleasing) erfolgt die Finanzierung einer Investition durch eine Bank oder Leasinggesellschaft, die das Investitionsobjekt über eine besondere Vertragsform dem Leasingnehmer, also dem Träger des betreffenden Kulturbetriebs, vermietet oder verpachtet. Der Leasingnehmer, beispielsweise eine Kommune, verpflichtet sich zur Zahlung von Leasingraten, die den Kapitaldienst, die Verwaltungskosten, die Risikomarge und die Gewinnspanne der Leasinggesellschaft abdecken. Diese Leasingraten sind während einer festgelegten Laufzeit aus Mitteln des Verwaltungshaushalts zu zahlen; die Laufzeit ist zumindest für einen bestimmten Zeitraum nicht kündbar. Nach Ablauf des Leasingvertrags kann der Leasingnehmer das Objekt zum Restwert erwerben (Heimfallregelung).

Grundsätzlich übersteigen die Leasingraten die Anschaffungskosten des Leasingobjekts immer. Im Vergleich zum kreditfinanzierten Kauf bzw. zur kreditfinanzierten Errichtung des Objekts durch den Träger des Kulturbetriebs hat Leasing nur wenige Vorteile, wenn es sich bei dem Träger um die öffentliche Hand oder einen gemeinnützigen Kulturbetrieb handelt. Der größte Vorteil des Leasings ist steuerlicher Art, weil die Leasingraten als Betriebsausgaben abgesetzt werden können und demnach, wenn sie höher sind als die nach der Nutzungsdauer üblichen Abschreibungen, zu einer größeren Steuerersparnis führen. Zudem ergeben sich bilanz- und liquiditätstechnische Vorteile. Erfolgt das Leasing aber zugunsten eines öffentlichen oder gemeinnützigen Kulturbetriebs, der in der Regel von allen gewinnorientierten Steuern befreit ist, fallen diese Argumente kaum noch ins Gewicht. Leasing sollte deshalb hier zur Investitionsfinanzierung nur herangezogen werden, wenn zumindest eine privatrechtliche Rechtsform gegeben ist und für wirtschaftliche Geschäftsbereiche eine so große steuerliche Belastung anfällt, daß sich durch das Leasing steuerliche Vorteile ergeben könnten. Das könnte beispielsweise bei einer Stadthalle mit angeschlossenem Restaurant,

Tiefgarage und anderen rein kommerziell betriebenen Teilen der Fall sein, sicherlich aber nicht für eine Bibliothek oder ein Museum.

Leasing kommt für die öffentliche Hand in aller Regel nur unter zwei Gesichtspunkten in Betracht. Zunächst einmal belastet diese Form der Finanzierung nicht den Vermögenshaushalt, weil die Leasingraten aus dem Verwaltungshaushalt zu zahlen sind. Das kann im Einzelfall im Interesse eines Leasingnehmers liegen, z. B. wenn der aktuelle Kreditrahmen ausgeschöpft ist. Zweitens kann durch Leasing eine teilweise Streckung der Finanzierung erreicht werden. So kann beispielsweise ein vergleichsweise hoher Restwert nach einer mittleren Laufzeit vereinbart werden, so daß die Leasingraten voraussichtlich günstiger sind als sie es bei vollständiger Kreditfinanzierung mit fester Annuität wären. Gleichzeitig wird die Hauptbelastung auf den Zeitpunkt des Heimfalls verschoben, wenn der Träger vielleicht eine günstigere Finanzlage erwarten kann.

Lit.: Heinrichs, W.: Private Finanzierung von Investitionen in die kulturelle Infrastruktur der Kommunen. In: HKM F 1.5

Lebensstil

Unter Lebensstil wird eine relativ stabile, reflexive (d. h. auf ständigen Überlegungen/Entscheidungen basierende) Lebensform eines Individuums verstanden, in dem es seine politischen, kulturellen und ästhetischen Vorstellungen vor allem symbolisch (d. h. durch entsprechenden Kleidung, Redewendungen, Wertvorstellungen, Sprachgewohnheiten usw.) ausdrückt. Diesen Lebensstil teilt es mit einer gesellschaftlichen Gruppe, deren Mitglieder sich ähnlich verhalten. Als solche gruppenbildenden Faktoren symbolisieren Lebensstile Identität und Zugehörigkeit und dienen zur Abgrenzung von anderen Gruppen („Toscana-Fraktion", „IKEA-Generation" usw.). Obwohl der Begriff des Lebensstils keineswegs neu ist, sondern bereits seit der Jahrhundertwende in der Soziologie diskutiert wird (etwa bei Veblen, Simmel, M. Weber, dann vor allem in den 80er Jahren bei Bourdieu), gewann er in den achtziger Jahren in Deutschland sowohl als soziologische Kategorie wie auch als Element des → *Marketing* und der → *Kulturpolitik* besondere Bedeutung.

Sowohl Soziologie als auch → *Marktforschung* interessieren sich weniger für die Erklärung (und damit möglichst auch: Vorhersagbarkeit) des Verhaltens einzelner Individuen, als vielmehr dem von Gruppen. Somit stellt sich für beide Disziplinen vordringlich die Frage, nach welchen Kriterien sich Individuen gruppieren, d. h. sich einzelne zu gesellschaftlich relevanten (Groß-)Gruppen zusammenschließen. Bis zu Beginn der achtziger Jahre war die Soziologie weitgehend von der Auffassung geprägt, daß sich die gesellschaftliche Stellung bzw. Position des einzelnen in der (Industrie-) Gesellschaft vor allen Dingen über die Kategorie des sozialen Status (der vornehmlich über die drei Faktoren Erwerbseinkommen, Bildung/Qualifikation und Beruf/Prestige definiert wird) manifestiert. Aus diesen drei Faktoren setzt sich der Gesamtstatus eines Individuums zusammen, wobei bis in die siebziger Jahre von einem engen Zusammenhang in der jeweiligen Ausprägung der einzelnen Dimensionen ausgegangen wurde, d. h. je besser die Qualifikation, desto höher das Einkommen und entsprechend das Berufsprestige und umgekehrt (Statuskonsistenz). Gruppen von Menschen, die über einen ähnlich zusammengesetzten Status verfügen, heißen Statusgruppen. Diese Statusgruppen formieren sich zu Schichten, d. h. Schichten sind quasi übereinanderliegende Statusgruppen, die durch horizontale Grenzen voneinander geschieden werden. Auf der Basis dieses Modelles wurden nun in der Wahlforschung, in der Marktforschung, aber auch in der Kulturpolitik die verschiedensten Theorien zum schichtenspezifischen Konsum-, Wahl- bzw. Kulturverhalten entwickelt, etwa: Mitglieder der gleichen sozialen Schicht neigen stärker zu ähnlichen Verhaltensweisen als Mitglieder unterschiedlicher Schichten; soziale Schichten zeigen eindeutige Produkt- und Markenpräferenzen bei Bekleidung, Wohnungsausstattung, Freizeitgestaltung, Automobilen usw.; die sozialen Schichten unterscheiden sich hinsichtlich der von ihnen bevorzugten Medien usw.

Mitte der sechziger Jahre wurde zuerst in der amerikanischen Marktforschung erkannt, daß das vereinfachte Schichtenmodell immer weniger über den voraussichtlichen Zusammenschluß von Individuen zu gesellschaftlichen Gruppen (und damit zu Kundengruppen, Wählergruppen usw.) aussagte. 1963 wurde auf der Winterkonferenz der American Marketing Association erstmals der Begriff des

„life-style“ als ein über das einfache Schichtenmodell hinausgreifendes Konzept diskutiert. In den folgenden Jahren kam es zu einer schrittweise Weiterentwicklung, in der zunehmend mehr Elemente zu den drei Schichtenfaktoren Einkommen/Bildung/Beruf hinzugenommen wurden, etwa (1) 1966 das sog. Life-Cycle-Konzept, das versuchte, mit Hilfe der zeitlichen Dimension Gruppenbildungen in einzelnen (insgesamt neun) Lebensphasen näher zu bestimmen (z. B. Junggesellenstatus, Jungverheiratete ohne Kinder/mit Kinder usw.); (2) 1971 erfragte der sog. AIO-Ansatz, (Activities, Interests, Opinions) zu den bloßen demographischen Angaben (wie Alter, Einkommen, Beruf, Ausbildung, Familiengröße usw.) weitere Informationen über Aktivitäten (z. B. bezüglich Arbeit, Hobbys, Urlaub, Sport usw.), Interessen (z. B. bezüglich Familie, Beruf, Gemeinschaften, Medien usw.) und schließlich Einstellungen (z. B. bezüglich Politik, soziale Belange, Wirtschaft usw.). Aus der Vielzahl dieser Aussagen wurden bestimmte charakteristische „Typen“ verdichtet, die verstärkt ähnliche Merkmale aufwiesen, z. B. der Self-made Business Man, der frustrierte Fabrikarbeiter, der hingebungsvolle Familienvater usw.; (3) 1983 wurde dieser Ansatz noch einmal im sog. VALS-Ansatz (Value-Lifestyle-Groups) verfeinert, der verstärkt auf Wert- und Einstellungsorientierungen (Values) zurückgriff und neun amerikanische Lebensstile entwickelte (etwa die sozial Engagierten mit hohem Verantwortungsgefühl, die traditionsverbundenen Konservativen, die Egozentriker usw.).

Ende der siebziger Jahre wurden diese Ansätze verstärkt auch innerhalb der deutschen Marktforschung aufgegriffen, z. B. in einer Reihe von Lebensstil-Typologien in Untersuchungen der Verlagshäuser Burda, Springer sowie Gruner und Jahr. 1981 veröffentlichte die Agentur Lürzer, Conrad und Burnett in Frankfurt eine Lebensstil-Untersuchung mit einer auf die Bundesrepublik bezogenen Typologisierung (Burnett-Studie). Zu einem Durchbruch kam die Lebensstil-Forschung in Deutschland bezeichnenderweise nicht mit einer auf das Konsumentenverhalten, sondern mit der auf das Wählerverhalten gerichteten Untersuchung von Gluchowski (1987) über Lebensstile und den Wandel der Wählerschaft in der Bundesrepublik Deutschland. Bereits seit den achtziger Jahren entwickelte auch das SINUS-Forschungsinstitut auf der Basis umfangreicher Umfragedaten, die zu „Milieubausteinen“ (z. B. Lebensziel, soziale Lage, Arbeit/Leistung, Gesellschaftsbild, Familie/Partnerschaft, Freizeit, Wunsch- und Leitbilder, Lebensstil usw.) verdichtet wurden, zunächst acht, seit 1990 neun sog. soziale Milieus, in denen sich bestimmte Lebensstil-Träger gruppieren. Zu Beginn der neunziger Jahre entwickelte der Kultursoziologie Schulze analog dem sozialen Milieubegriff der SINUS-Gruppe unter dem Leitthema der → *Erlebnisgesellschaft* fünf Milieus, die in jeweils unterschiedlicher Beziehung zu bestimmten Kultur-Szenen stehen.

Aus dem Lebensstil-Konzept ergibt sich eine Vielzahl von Anregungen, Herausforderungen, aber auch Problematisierungen sowohl für (1) das allgemeine Marketing und → *Sponsoring* als auch (2) das spezifische → *Kulturmarketing* und auch (3) die Kulturpolitik. (1) Wenn etwa zunehmend (symbolische, d. h. kulturell entwickelte und vermittelte) Stil- und Stilisierungselemente in die Alltagsästhetik einfließen und hier bedeutsam werden, hat dies unmittelbare Rückwirkung auf die Güter- und Dienstleistungsproduktion: Produktentwicklung, Marketing und Marktforschung verschmelzen, im Vordergrund steht das über die Produkte vermittelte (u. a. kulturelle) „Erlebnisversprechen“. Hier ergeben sich ganz neue Anknüpfungspunkte und Kooperationsformen (aber auch Problemstellungen) für Sponsoring und → *Public-Private-Partnership*. (2) Das Lebensstilkonzept kann aber auch direkt für ein entsprechendes Kulturmarketing fruchtbar gemacht werden: Je besser der jeweilige Kulturbetrieb die Gruppen kennt, mit denen er in Austauschbeziehungen steht, um so besser kann er auf sie reagieren. So wurde bereits 1989 von der Kommunalen Gemeinschaftsstelle für Verwaltungsvereinfachung auf der Basis des Milieumodelles von Gluchowski ein interessantes Konzept zur Besucherorientierung und Wirtschaftlichkeit von Museen entwickelt. (3) Für die Kulturpolitik wirft das Lebensstil- bzw. Milieukonzept eine Reihe brisanter Fragen auf, z. B. inwieweit kulturpolitische Programme, die sich stark am schichtenspezifischen Ansatz orientieren (→ *Kultur für alle*), noch mit einem adäquaten Gesellschaftsbild arbeiten oder z. B. inwieweit Kulturproduktion und -rezeption heute nicht mehr der Integration dienen, sondern zum bevorzugten Mittel der Abgrenzung (und damit u.U. auch Ausgrenzung) werden.

Lit.: Schwenk, O.G. (Hrsg.): Lebensstil zwischen Sozialstrukturanalyse und Kulturwissenschaft, Opladen 1996; Schulze, G.: Die Erlebnisgesellschaft. Kultursoziologie der Gegenwart, Frankfurt 1992; Müller, H.-P.: Sozialstruktur und Lebensstile. Der neuere theoretische Diskurs über soziale Ungleichheit, Frankfurt am Main 1992; Lebensstil und Gesellschaft – Gesellschaft der Lebensstile? Neue kulturpolitische Herausforderungen (Dokumentation 39 der Kulturpolitischen Gesellschaft e.V.) Hagen/Loccum 1991; Gluchowski, P.: Lebensstile und Wandel der Wählerschaft in der Bundesrepublik Deutschland. In: Beilage zum >Parlament<: Aus Politik und Zeitgeschichte, Heft 12, 1987: 18ff.

Leistungsschutzrechte

Vergütungsansprüche für ausübende → *Künstler* (z. B. Musiker) und Tonträgerhersteller, die bei der Wiedergabe von Tonträgern oder der Ausstrahlung von Hörfunk- und Fernsehsendungen entstehen. Vergütungsansprüche aus Leistungsschutzrechten werden von der Gesellschaft zur Verwertung von Leistungsschutzrechten (GVL) gesichert und von der → *GEMA* erhoben. Wird beispielsweise während einer Schauspiel-Aufführung ein Musikstück eines zeitgenössischen Komponisten vom Band eingespielt, erhalten der Komponist Vergütungen über die GEMA und die Musiker, die das Stück gespielt haben, Vergütungen über die GVL. Das System der Leistungsschutzrechte wird in erheblichem Maße durch Musikeinspielungen unterlaufen, die online angeboten und gebührenfrei überspielt werden können (→ *MP3*).

Leitungssysteme → Aufbauorganisation

Lesungen

Obwohl das Lesen eines Buches eine der privatesten Verrichtungen überhaupt ist, sind öffentliche Lesungen ein wichtiges Instrument sowohl der Literatenförderung als auch der aktiven Literaturwerbung. Zu unterscheiden ist dabei zwischen (1) Autorenlesungen, d. h. Veranstaltungen, in denen der Autor persönlich den von ihm verfaßten Text vorträgt und (2) Rezitationen von Literaturtexten nicht anwesender bzw. verstorbener Autoren durch entsprechend geschulte Rezitatoren bzw. Schauspieler. Liegt der besondere Reiz der ersten Veranstaltungsart darin, daß das Publikum den Autor bzw. die Autorin persönlich kennenlernt und in aller Regel sich an die Lesung Diskussion und ggf. persönliches Gespräch anschließen, so liegt die Besonderheit im zweiten Falle in aller Regel in der spezifischen Präsentationsform, die meist noch durch musikalische Begleitung unterstrichen wird. Insbesondere den sog. Schullesungen, in deren Rahmen Autoren in Schulen lesen, kommt große Bedeutung für die Erschließung zukünftiger Leser zu.

▶ Lettershop

Agenturen oder Büros, die im Rahmen eines → *Mailings* Drucksachen versandfertig machen, also z. B. falzen, kuvertieren, konfektionieren, frankieren (evtl. auch Kleben von Brief- und Sondermarken im Rahmen einer → *Fund raising*-Aktion) sowie die Vorbereitungen für den unmittelbaren Postversand (vor allem zählen und sortieren). Lettershops sind im Rahmen von → *Database-Marketing* nahezu unverzichtbar; gerade für größere Kultureinrichtungen kommt es hier zu einer sinnvollen Form von → *Outsourcing*.

▶ Limit

In → *Kunstauktionen* der Mindestpreis, der aus Sicht der Verkäufers oder des Auktionators erzielt werden muß, damit ein → *Los* zugeschlagen werden kann. Häufig wird statt dessen auch der englische Begriff „Reserve" verwendet.

▶ Linienorganisation

Sie ist die straffste Form der betrieblichen → *Aufbauorganisation*, denn sie geht von der Einheitlichkeit der Auftragserteilung aus. Jede Organisationsebene darf nur von der nächst höheren Organisationsebene Weisungen empfangen, so daß sich eine klar gegliederte Hierarchie ergibt, in der die Kommunikation nur über einen vorgegebenen Instanzenweg (Dienstweg) verläuft. Die Vorteile dieses Systems bestehen vor allem in der eindeutigen Zuordnung von Kompetenzen und Verantwortlichkeiten; jeder Mitarbeiter weiß, was er zu tun hat. Auch ist eine Koordination von Aufgaben und eine betrieb-

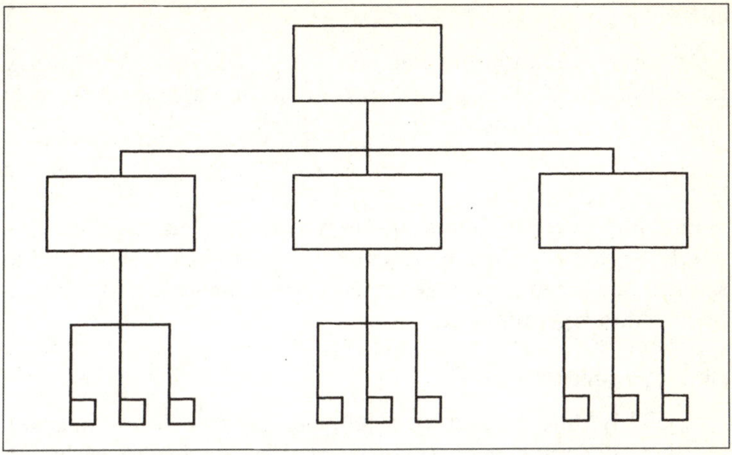

Abb. 4: Linienorganisation

liche Kontrolle leicht „von oben herab" möglich. Auf der anderen Seite erweist sich ein solches Liniensystem als höchst schwerfällig und bürokratisch; es läßt fast nur einen bürokratischen → *Führungsstil* zu. Wegen der häufig langen Dienstwege sind Informationen nur schwer zu transportieren. Auch ist nicht zu übersehen, daß das System für den Leiter mit einer hohen Belastung verbunden ist. Trotz dieser Nachteile ist die Linienorganisation das bevorzugte Leitungssystem der öffentlichen Verwaltung, was sich daraus erklärt, daß die öffentliche Verwaltung in erster Linie hoheitliche Aufgaben wahrzunehmen hat, für die klare, auch gerichtsverwertbare Zuständigkeiten unabdingbar sind.

Im Kulturbereich ist die Linienorganisation vor allem in den Kulturämtern sehr verbreitet, weil sie Teil der öffentlichen Verwaltung sind. Doch da ein → *Kulturamt* sowenig wie jede öffentliche → *kulturelle Einrichtung* hoheitliche Aufgaben wahrnimmt und damit auch keine Notwendigkeit besteht, Verwaltungsakte gerichtlich nachvollziehbar zu machen, spricht eigentlich nichts dagegen, wenn in öffentlichen Kulturbetrieben auf die etwas schwerfällige Linienorganisation verzichtet wird (→ *Dezentrale Ressourcenverantwortung*).

▸ Listbroking

Adressenvermittlung im Rahmen des → *Database-Marketings*. Ein Makler (Broker) vermittelt Adressenlisten zwischen zwei nicht miteinander konkurrierenden Unternehmen.

▸ List-Test

Begriff aus dem → *Database-Marketing*. Testverfahren, bei dem durch den Einsatz eines repräsentativen Teils einer Liste die Wirksamkeit bzw. Eignung des gesamten Adressenmaterials für eine geplante Aktion geprüft wird.

▸ Literaturagentur

Noch bis Mitte der neunziger Jahre kannte man Literaturagenturen nur im Zusammenhang mit internationalen Lizenzgeschäften, wenn beispielsweise ein deutscher Verlag ein amerikanisches Buch übersetzen und als Lizenzausgabe verlegen wollte. In jüngster Zeit kennt man aber auch Literaturagenturen in anderen Zusammenhängen. Sie arbeiten ähnlich wie eine → *Künstlervermittlung*, indem sie interessante Autoren aufspüren und deren Werke geeigneten Verlagen zur Publikation anbieten. Zwei Gründe sprechen wohl für den überraschenden Erfolg der noch jungen Literaturagenturen. Von Seiten der Autoren bieten die Agenturen jene Orientierungs- und Türöffnerhilfen an, die in einem zunehmend unübersichtlichen Literaturbetrieb gerade für jungen Autoren immer unentbehrlicher werden. Und auf Seiten der Verleger erweisen sich die Literaturagenturen deshalb als besonders willkommen, weil viele Verlage in den letzten Jahren aus Kostengründen ihre Lektorate abgebaut haben und damit auf den Spürsinn und die Kompetenz von Experten außerhalb des eigenen Hauses angewiesen sind.

Größte Literaturagentur im deutschsprachigen Raum ist die Agentur „Mohrbooks AG“ in Zürich, die im April 2000 eine Niederlassung in Berlin eröffnet hat. Mohrbooks war bisher vornehmlich im angelsächsischen Lizenzgeschäft tätig, will sich jetzt aber auch verstärkt der Betreuung deutschsprachiger Autoren widmen. Weitere namhafte Literaturagenturen sind die Agentur „Graf und Graf“ sowie die Agentur „Eggers und Landwehr“, beide mit Sitz in Berlin.

▸ Literaturkassette

Wiedergabe eines belletristischen Werks auf Kompaktkassetten (Hörbuch), gelesen entweder vom Autor oder von professionellen Sprechern (z. B. Schauspielern). Durch die Verbindung von Text und Sprechvortrag entsteht ein Werk von durchaus eigener Qualität, das der → *Lesung* sehr nahe kommt. Literaturkassetten, die früher in der Anschaffung sehr teuer waren, sind inzwischen zu einem erschwinglichen (ca. 25 – 30 DM pro Kassette) und deshalb weit verbreiteten Produkt geworden. Auf den jüngsten Buchmessen in Frankfurt am Main und Leipzig gehörten sie eindeutig zu den Wachstumssegmenten. Dies hat zur Folge, daß Literaturkassetten, die noch vor wenigen Jahren in öffentlichen → *Bibliotheken* mit hohem Aufwand erworben wurden, dort heute immer seltener nachgefragt werden.

▸ Licensing

Vermarktung von → *Merchandising*-Produkten durch einen Dritten, der dazu die Rechte von einem Rechteinhaber erworben hat (vgl. auch → *Nutzungsrechte*). In der Regel handelt es sich um die Nutzung der Popularität einer Person, einer Institution oder eines Produkts zugunsten der Verkaufschancen eines anderen Produkts. Beispielsweise vertreibt ein Hustenbonbon-Hersteller sein Produkt unter dem Namen „Caruso“ (Popularität einer Person) und nutzt damit die Popularität des Sängers für seine Werbezwecke. In einem anderen Beispiel hat ein Konditor in Dresden das Recht erworben, für seine Dresdner Christstollen den Namen „Semperoper-Christstollen“ (Popularität einer Institution) zu verwenden. Und zum Dritten vergibt die STELLA AG das Recht, auf Tassen, T-Shirts oder Regenschirmen die bekannte Halbmaske mit Schriftzug des Musicals „Das Phantom der Oper“ (Popularität eines Produkts) zu vermarkten. Der entscheidende Unterschied zum Merchandising besteht folglich darin, daß beim Merchandising die Rechte von dem Rechteinhaber unmittelbar genutzt werden (wenn z. B. die Salzburger Festspiele eine eigene CD mit eigenem Logo herausgeben und verkaufen), beim Licensing aber die Rechte an einen Dritten übertragen werden und der Lizenznehmer dafür dem Lizenzgeber eine Lizenzgebühr zahlt.

Das Lizenzrecht, das beim Licensing Anwendung findet, ist außerordentlich komplex. In der Regel hat man es mit einer Kombination mehrerer Rechte zu tun (Urheber-, Leistungsschutz-, Geschmacksmuster-, Marken- und Wettbewerbsrechten sowie dem Recht am eigenen Bild, Namen oder Persönlichkeitsmerkmalen). Licensing wird deshalb durch einen Lizenzvertrag zwischen Lizenzgeber und Lizenznehmer geregelt, für dessen Ausgestaltung und Umsetzung man in der Regel eine Lizenzagentur einschalten wird.

Der Lizenzvertrag sollte mindestens folgende Punkte regeln: (1) Das Lizenzthema, also um welche konkreten Rechte es sich handelt (z. B. Rechte an einem Logo oder am Namen einer Person). (2) Die Produkte, die mit dem Lizenzthema vermarktet werden dürfen und der Umfang der Vermarktung (exklusiv oder nur beteiligt?). (3) Die Vertragslaufzeit; sie ist in der Regel auf ein Jahr begrenzt mit der Option der Verlängerung. Nach Ablauf der Vertragslaufzeit besteht üblicherweise noch ein Ausverkaufsrecht von drei bis sechs Monaten Dauer; danach dürfen keine Lizenzprodukte mehr verkauft werden. (4) Das Vertragsgebiet, z. B. Deutschland oder Europa. (5) Die Lizenzgebühr, d. h. zu welchem Preis der Lizenznehmer die Lizenz nutzen kann. In der Regel wird ein prozentualer Anteil pro verkauftes Stück vereinbart; es sind aber auch umsatzunabhängige Pauschalgebühren möglich. Meistens liegt die Lizenzgebühr bei 10 %; bei Nahrungsmitteln und Verlagsprodukten ist sie niedriger. (6) Bei Vertragsunterschrift wird eine Garantiesumme fällig, die sich nach den zu erwarteten Umsätzen, dem Abgabepreis an den Handel, der Vertragslaufzeit und der Lizenzgebühr errechnet.

Licensing gewinnt im Kulturbereich zunehmend an Bedeutung. Das zeigt nicht nur die sehr erfolgreiche Vermarktung von Lizenzprodukten im Unterhaltungsbereich (z. B. Produkte mit Otto Walkes „Ottifanten“) und das ähnlich boomende Licensing im Bereich von Film und Fernsehen (z. B. die zeitweilig allgegenwärtigen Dinosaurier zum Film „Jurassic Park“), sondern auch das Licensing, wie es inzwischen von vielen Museen und Theatern betrieben wird. So gibt es inzwischen ganze Uhrenkollektionen, die auf dem Ziffernblatt und/oder auf dem Uhrenarmband Abbilder von berühmten Gemälden zeigen. Den Abdruck solcher Gemälde wurde selbstverständlich im Rahmen des Licensings von den Museen als den Rechteinhabern und Lizenzgeber an den Uhrenhersteller als Lizenznehmer gegen eine (meist namhafte) Lizenzgebühr zur Verfügung gestellt. Ähnliches gilt natürlich auch für entsprechende Krawatten und Halstücher, für Briefpapier oder Mousepads. Wurden in Deutschland 1991 erst 2,0 Mrd. DM mit Lizenzprodukten umgesetzt, geht man für das Jahr 2000 bereits von einem Umsatz von 12,0 Mrd. DM aus. Es bestehen gute Chancen, daß sich der Kulturbereich daran maßgeblich beteiligen kann.

Lit.: Böll, K.: Merchandising und Licensing. Grundlagen, Beispiele, Management, München 1999; Heinrichs, W. und H. Schäfer (Hrsg.): Merchandising und Licensing in Kulturbetrieben., Stuttgart 1999

Lizenzen → Nutzungsrechte

Logo

Logo meint im Rahmen des → *Corporate Design* ein graphisches Symbol, das unverwechselbar mit einer bestimmten Organisation verbunden ist und somit den sofortigen (Wieder-) Erkennungswert dieses Unternehmens gewährleisten soll. Das Logo kann entweder völlig abstrakt (Mercedes-Stern, Deutsche Bank-Balken) gestaltet sein (was eine bestimmte „Lernphase“ beim Publikum hinsichtlich der Verbindung von Logo und Betrieb notwendig macht) oder es kann den Firmennamen (VW, dtv) bzw. das spezifische Produkt (Sportlogos) aufgreifen und graphisch stilisieren. Wesentliche Elemente sind (1) Symbole, (2) Farben, (3) Schriftypen und (4) ggf. Formatgrößen. Gerade im Kulturbetrieb mit einer Vielzahl von visuellen Reizen ist ein „starkes“ Logo aus Gründen der eindeutigen Identifizierung und schnellen Wiedererkennung ein Kernelement erfolgreicher → *Kommunikationspolitik*.

Los

In → *Kunstauktionen* die Mindestwarenmenge, für die ein Zuschlag erfolgen kann (vergleichbar dem Anteilsschein einer Lotterie).

M

▸ Mailing

Im Rahmen der → *Kommunikationspolitik* bezeichnet das Mailing den Postversand von → *Werbemitteln* (Einladungen, Programmhefte, Plakate, Vorbestellungs- bzw. Subskriptionsangebote usw.), in der Regel an den Endverbraucher. Eine wesentliche Voraussetzung für ein effizientes Mailing ist das Vorhandensein von möglichst → *zielgruppen*-adäquaten Adressendateien, um hohe (und kostenintensive) Streuverluste auszuschließen. Der Aufbau und vor allem die permanente „Pflege" der Datei (Korrekturen der Adressen z. B. bei Umzug, dauerhaftem Desinteresse des Kunden usw.) sind deshalb unabdingbar. Zweite Voraussetzung ist eine möglichst spezifische und persönliche Ansprache der avisierten Zielgruppen.

▸ Mail-order-advertising

Sammelbegriff für solche Aktionen im Database-Marketing, die den Empfänger zu einer Reaktion per Post veranlassen. Solche Aktionen sind hervorragend geeignet, um eine → *Zielgruppe* für ein bestimmtes Angebot genauer fassen zu können (z. B. eine allgemeine Befragung über eine Zeitungsanzeige zum Theaterangebot in der Stadt; wer sich an einer solchen Aktion beteiligt, kann als potentieller Theaterbesucher gewertet werden).

▸ Management

Als Management in seiner allgemeinsten Form bezeichnet man die Führung und Steuerung einer Unternehmung. In seiner konkreten Anwendung aber verwendet man den Begriff Management durchaus mehrdeutig. Es ist deshalb wie folgt zu unterscheiden:

(1) Management als Institution (personenbezogen) meint alle Personen, die in einer Unternehmung leitende Aufgaben wahrnehmen; man spricht von „dem Management" des Unternehmens XY

und meint beispielsweise den Vorstand und die Hauptabteilungsleiter.

(2) Management als Funktion (aufgabenbezogen) meint alle Aufgaben, die die Leitung einer Unternehmung mit sich bringt, also von der Planung und Organisation der Produktion über die Führung des Personals bis zum Absatz und zur Finanzierung. Innerhalb von Management als Funktion (→ *Managementfunktionen*) unterscheidet man wiederum zwischen:

(2.1) Management als Technik oder Management als Methode (prozeßbezogen); darunter versteht man Methoden und Techniken des Managements, die sich in verstetigbaren Prozessen von Unternehmensaufgaben sinnvoll einsetzen lassen. Man spricht auch von → *Managementtechniken* und meint damit beispielsweise Planungstechniken (→ *Planung*), → *Prognosetechniken*, Entscheidungstechniken (→ *Entscheidung*) usw.

(2.2) Management als System (führungsbezogen); hier steht die → *Führung* eines Unternehmens und seiner Mitarbeiter im Vordergrund, wobei diese Führung in der Regel nach einem leitenden Grundgedanken ausgerichtet wird (→ *Management-by-Systeme*).

Das → *Kulturmanagement* konzentriert sich innerhalb eines solchen Verständnisses auf das Management als Funktion, d. h. auf die zielorientierte Steuerung von Leistungen in arbeitsteiligen Systemen kultureller Betriebe und auf die Methoden und Techniken, die zur Leistungserstellung und zur Unternehmensführung sinnvoll eingesetzt werden können.

Lit.: Steinmann, H. und G. Schreyögg: Management. Grundlagen der Unternehmensführung. Konzepte, Funktionen und Praxisfälle, Wiesbaden 4. Aufl. 2000; Staehle, W. H.: Management. Eine verhaltenswissenschaftliche Perspektive, München 8. Aufl. 1999; Ulrich, P. und E. Fluri: Management. Eine konzentrierte Einführung, Bern und Stuttgart 6. Aufl. 1992

Management by delegation

Führung durch Delegation; es ist dadurch gekennzeichnet, daß Führungsaufgaben geteilt werden, indem innerhalb der Grenzen klar definierter Zuständigkeiten Entscheidungen an nachgeordnete Mitarbeiter delegiert werden. Voraussetzung dieses Systems sind eindeutige Aufgabenbeschreibungen und Kompetenzabgrenzungen, die in der Regel in eine → *Linienorganisation* eingebunden werden. Dieses Prinzip der Zuständigkeitsregelungen durch Stellenbeschreibungen wird vor allem in öffentlichen Verwaltungen bevorzugt. In Deutschland kennt man management by delegation vor allem als → *Harzburger Modell.*

Management by exceptions

Führung im Ausnahmefall; in dezentralisierten Systemen werden Entscheidungskompetenzen weitgehend delegiert, erst bei Abweichungen vom normalen Betriebsablauf und bei Überschreitung definierter Toleranzgrenzen kann der Vorgesetzte Entscheidungskompetenzen wieder an sich nehmen. Damit steht management by exceptions in einem engen Zusammenhang mit dem Prinzip → *Management by delegation*, weil auch hier klare Aufgabenbeschreibungen und Kompetenzabgrenzungen erforderlich sind. Darüber hinaus sind meßbare Toleranzgrenzen eine weitere Voraussetzung. Durch die Beschränkung auf → *Entscheidungen* in Ausnahmefällen werden die Führungskräfte entlastet, so daß sie sich auf ihre eigentlichen Führungsaufgaben konzentrieren können. Andererseits führt das System zu einer Routine auf den unteren Ebenen ohne die Herausforderungen des nicht-alltäglichen Vorgangs.

Dieses Management-Prinzip wird – in Kombination mit management by delegation – in öffentlichen Verwaltungen bevorzugt, indem für jeden Arbeitsbereich als Toleranzgrenze sogenannte Bewirtschaftungsobergrenzen festgelegt werden. Nach dieser Regelung geht die Entscheidung an den nächst höheren Vorgesetzten über, wenn ein haushaltswirksamer Vorgang eine bestimmte Höchstsumme überschreitet. Für die Mitarbeiter auf unteren Ebenen bleibt damit nur die Routine des immer Gleichen – ein typisches Führungsproblem öffentlicher Verwaltungen.

Management by objectives

Führung durch Zielvereinbarung; es stellt die gemeinsame Zielvereinbarung von Vorgesetzten und Mitarbeitern in den Vordergrund. Am Anfang steht der Prozeß der Zielvereinbarung (nicht der Zielvorgabe), bei dem Interessen der Unternehmung (weitgehend vertreten durch den Vorgesetzten) und Interessen der Mitarbeiter miteinander in Einklang gebracht werden müssen (→ *Kontraktmanagement*). Am Ende sollten sich die Interessen der Mitarbeiter mit den Interessen der Unternehmung weitestgehend decken, um dadurch eine zusätzliche → *Motivation* durch Identifikation (mit dem Betrieb und seinen Zielen) zu erreichen. Natürlich ist dies nur möglich bei operationalisierbaren Zielen, die die Mitarbeiter in ihrem Arbeitsbereich auch unmittelbar umsetzen können. Entscheidend ist in diesem Zusammenhang aber auch, daß die Mitarbeiter über die notwendige Kompetenz und → *Information* verfügen, um die gesetzten Ziele tatsächlich auch erreichen zu können. Diese Kompetenz etwa durch betriebliche → *Weiterbildung* zu vermitteln, ist eine wichtige Aufgabe der Unternehmensleitung im Rahmen eines Managements by objectives. Der Vorgesetzte beschränkt sich – neben der Beteiligung an der Zielvereinbarung – auf die → *Kontrolle* der Zielerreichung, selbstverständlich auch in dieser Phase wieder gemeinsam mit seinen Mitarbeitern. Da das gesetzte Ziel in der Regel nicht vollständig erreicht wird, ist der Soll-Ist-Vergleich in Form einer Analyse der Ursachen der Zielabweichungen wiederum ein wichtiges Instrument, um die Leistungen der Mitarbeiter künftig zu verbessern.

Durch die gemeinsame Zielvereinbarung wird die Verantwortungsbereitschaft der Mitarbeiter erhöht, was sich gleichzeitig auf deren → *Motivation* auswirken dürfte. Zudem wird die Kompetenz der Mitarbeiter stärker genutzt und gefördert. Drittens erleben die Mitarbeiter durch die Analyse der Zielabweichungen einen ständigen Lern- und Anpassungsprozeß. Andererseits lassen sich – wie bei anderen Managementsystemen auch – die Vorteile nicht generalisieren, weshalb sich dieses Modell nur in ausgewählten Bereichen als vorteilhaft erweist.

Für das Kulturmanagement in öffentlichen Kulturbetrieben hat das Management by objectives einen besonderen Stellenwert erhalten durch die Einführung neuer Steuerungmodelle im Rahmen einer → *dezentralen Ressourcenverantwortung*. Auch hier steht die Zielvereinbarung am Anfang, um innerhalb dieser Zielvereinbarung nachgeordneten Ebenen den selbständigen und eigenverantwortlichen Umgang mit Ressourcen ermöglichen zu können. Ein typisches Anwendungsgebiet für ein Management by objectives ist auch das

→ *Projektmanagement*, das im Kulturmanagement zunehmend an Bedeutung gewinnt.

Lit.: Odiorne, G.S.: Management mit Zielvorgabe, München 1971

▶ Management by results

Ergebnisorientierte Führung; Verfeinerung eines zielgesteuerten Führungskonzepts im Sinne des → *Managements by objectives*. Auch hier stehen die Zielvereinbarung und die selbständige Realisierung der Ziele im Vordergrund; die Unternehmensführung konzentriert sich in ihren Führungsaufgaben aber im wesentlichen auf den Soll-Ist-Vergleich der Zielerreichung.

▶ Management-by-Systeme

Als Managementsysteme bezeichnet man systematische Verknüpfungen von Methoden zur Steuerung und → *Führung* einer Unternehmung. Dabei steht in der Regel ein bestimmtes Grundprinzip im Vordergrund, das dem Managementsystem auch seinen Namen gibt. In Anlehnung an die amerikanische Terminologie wird das Grundprinzip mit dem Begriff Management verknüpft (z. B. Management by objectives), weshalb man von Management-by-Systemen spricht. Gleichsam „klassische" Management-by-Systeme sind die beiden Systempaare (1) → *Management by delegation* und → *Management by exception* sowie (2) → *Management by objectives* und → *Management by results*. Darüber hinaus gibt es noch eine Reihe anderer Management-by-Systeme, die aber eher Sonderformen des Managements beschreiben (z. B. → *Management by wire*), nicht aber grundlegende Systemalternativen.

Lit.: Koreimann, D.S.: Management, München 5.Aufl. 1992

▶ Management by wire

Im engeren Sinne die Steuerung von Unternehmen des elektronischen Handels (→ *E-Commerce*), im weiteren Sinne jede Steuerung von Tätigkeiten, die mit Hilfe der → *Neuen Medien* über PC-Arbeitsplätze und Online-Anschluß auch außerhalb des Unternehmens erledigt werden können. Auch im Kulturmanagement dürfte

Management by wire bald an Bedeutung gewinnen, denn es ist nicht einzusehen, weshalb sich die Abonnementverwaltung notwendigerweise in den Räumen eines → *Theaters* befinden muß oder weshalb nicht auch der Katalog einer → *Ausstellung* oder das Halbjahresprogramm der → *Volkshochschule* zu Hause erarbeitet werden können. Eine solche Dezentralisierung von Arbeitsplätzen und eine Kommunikation nur über elektronische Post aber machen besondere und bisher kaum beachtete Steuerungstechniken erforderlich (vgl. auch → *E-lance-Economy*).

Managementfunktionen

Aufgaben, die ein → *Management* im funktionalen Sinne wahrnimmt, d. h. Teilfunktionen, die sich in verstetigbaren Prozessen als nützlich und sinnvoll erweisen. Die Beschreibung, Abgrenzung und Klassifikation dieser Managementfunktionen ist höchst uneinheitlich und in der Literatur kaum noch überschaubar. Die „klassische" Einteilung findet sich in einem Aufsatz des amerikanischen Organisationswissenschaftlers Luther Gulick aus dem Jahr 1937; Gulick faßt seine Beschreibung der Managementfunktionen mit dem Kunstnamen POSDCORB – den die Anfangsbuchstaben der einzelnen Funktionen ergeben – zusammen:

- „**P**lanning, d. h. Richtlinien zu erstellen, was auf welche Weise zur Realisierung des Objektes getan werden muß;
- **O**rganizing, d. h. eine formale Autoritätsstruktur zu errichten, wodurch Arbeitseinsichten im Hinblick auf das Objekt gebildet, voneinander abgegrenzt und koordiniert werden;
- **S**taffing, d. h. Personal in die Organisation einzubringen, anzulernen und fortzubilden, und zudem günstige Arbeitsbedingungen zu erhalten;
- **D**irecting, d. h. Entscheidungen treffen und sie in die Form spezieller oder genereller Anweisungen zu bringen und als Leiter der Unternehmung zu fungieren;
- **C**o-ordinating, d. h. die verschiedenen Arbeitsteile in Beziehung zueinander setzen – eine überaus wichtige Aufgabe;
- **R**eporting, d. h. für den Leiter, die Leute, denen er verantwortlich ist, über alles ständig zu informieren, was gleichzeitig bedeutet,

daß er sich selbst und seine Untergebenen durch Berichte und Inspektionen immer auf dem laufenden halten muß;
- Budgeting, d. h. Haushaltsplanung, Buchhaltung und Kontrolle" (Gulick (1937) 1976:170).

Heute konzentriert sich die Managementlehre in der Regel auf vier oder fünf Managementtechniken. Im Sinne des → *Managementprozesses* oder des → *Managementkreises* sind dies → *Zielsetzung*, → *Planung*, → *Entscheidung*, → *Realisierung* und → *Kontrolle*.

In einem Management, das die Kontrolle mehr als steuerndes → *Controlling* parallel zum Managementprozeß sieht, das jede Teilfunktion als Teilentscheidung wertet und das auch die Funktion der Personalführung stärker betont, ergeben sich nur noch vier Managementfunktionen: Planung, Organisation, Führung und Controlling. Zudem wird in dieser Klassifikation die Zielsetzung als erster Schritt der Planung verstanden.

Lit.: Steinmann, H. und G. Schreyögg: Management. Grundlagen der Unternehmensführung. Konzepte, Funktionen, Praxisfälle, Wiesbaden 4. Aufl. 2000
Gulick, L.H.: Notes on the Theorie of Organizations. In: L.H. Gulick und L.F. Urwick (Hrsg.): Papers on the Science of Administration, New York 1937:3–31; in deutscher Übersetzung („Bemerkungen zur Organisationstheorie") abgedruckt in: H. Siedentopf (Hrsg.): Verwaltungswissenschaft. Wege der Forschung Band XLI, Darmstadt 1976:163–194

▸ Managementinformationssystem

Auch als Führungsinformationssystem bezeichnet; das Managementinformationssystem ist ein um Elemente der Datenverarbeitung erweitertes System von → *Controlling*. Dabei werden die im Controlling ermittelten Daten und Informationen so aufbereitet, daß die Unternehmensführung daraus jederzeit Schlüsse für ihr strategisches und operatives Handeln ableiten kann. Solche Managementinformationssysteme sind vor allem für komplexe Kulturbetriebe wie beispielsweise → *Theater* dringend erforderlich.

Lit.: Schneidewind, P.: Entwicklung eines Theatermanagementinformationssystems, Frankfurt am Main 2000

▸ Managementkreis

Von Schubert 1972 entwickeltes Modell zur Abfolge von → *Managementfunktionen* in einem → *Managementprozeß*. Der Managementkreis zeigt gegen den Uhrzeigersinn (in dieser Reihenfolge) die Funktionen → *Zielsetzung*, → *Planung*, → *Entscheidung*, → *Realisierung* und → *Kontrolle* an, so daß die Kontrolle wieder in die Zielsetzung übergeht. Dadurch soll zum Ausdruck gebracht werden, daß die Kontrolle am Ende eines Managementprozesses nicht nur den abgelaufenen Prozeß betrifft, sondern gleichzeitig auf den nächsten Prozeß verbessernd einwirken sollte. Um es am Beispiel des Managements einer Ausstellung zu verdeutlichen: Mit dem Ende einer Ausstellung und einem selbstkritischen Rückblick zeigt sich in der Regel, was man bei der nächsten Ausstellung besser machen sollte. Management im Modell eines Kreises versteht sich deshalb als ein immer wieder erneuerbarer Zyklus, der nie abgeschlossen wird. Zu erwähnen bleibt noch, daß nach dem Modell von Schubert die Kreismitte durch die Funktionen → *Information* und → *Kommunikation* markiert ist. Dadurch soll deutlich werden, daß Information und Kommunikation in jedem Managementprozeß wichtige Schlüsselfunktionen sind.

So hilfreich das Kreismodell für eine erste Anschauung ist, so gilt es heute doch als veraltet. Nach heutigem Verständnis kommen Führungsaufgaben in diesem Modell zu wenig zum Ausdruck, auch wird Kontrolle heute nicht mehr als rückblickende und bewertende Kontrolle verstanden, sondern als permanentes, den gesamten Managementprozeß begleitendes Steuerungsinstrument (→ *Controlling*).

Lit.: Schubert, U.: Der Management-Kreis. In: Management für alle Führungskräfte in Wirtschaft und Verwaltung, Band 1, Stuttgart 1972; Wöhe, G.: Einführung in die Allgemeiner Betriebswirtschaftslehre, München 18.Aufl. 1993:99

▸ Managementprozeß

Harold Koontz und Cyril O'Donnell entwickelten 1955 eine Abfolge von fünf → *Managementfunktionen*, die sie als Managementprozeß bezeichneten; es sind dies → *Planung* (planning), → *Organisation* (organizing), Personaleinsatz (staffing), → *Führung* (directing) und → *Kontrolle* (→ *controlling*). Nach dem Verständnis von *Koontz/O'Donnell* bauen die genannten Managementfunktionen als Phasen dynamisch aufeinander auf. (Zur Kritik am Managementprozeß vgl. → *Managementkreis*.)

Lit.: Koontz, H. und O'Donnell, C.: Principles of management: An analysis of managerial functions, New York 1955

▸ Managementtechniken

Regeln und Verfahren, die in wiederkehrenden Vorgängen (in verstetigbaren Prozessen) so eingesetzt werden können, daß sie sich bei Problemlösungen als entlastend erweisen. Was im Einzelfall Managementtechniken sind, ist nicht einheitlich geregelt. Mal versteht man darunter ausschließlich Führungstechniken, die im Zusammenhang von → *Management-by-Systemen* eingesetzt werden, mal meint man damit alle Regeln und Verfahren, die bei der Wahrnehmung aller → *Managementfunktionen* zur Anwendung kommen können. Dazu gehören beispielsweise Planungstechniken (→ *Planung*), → *Kreativitätstechniken*, → *Prognosetechniken*, Entscheidungstechniken (→ *Entscheidung*), Ablauftechniken (→ *Ablauforganisation*), → *Netzplantechnik* usw.

▸ Marketing

Marketing kann zunächst ganz allgemein als ein Prozeß im Wirtschafts- und Sozialgefüge definiert werden, durch den Einzelpersonen, Gruppen und Organisationen ihre Bedürfnisse und Wünsche befriedigen, indem sie → *Produkte* und andere Dinge von Wert (also z. B. auch → *Dienstleistungen*) erzeugen, anbieten und miteinander austauschen. Durch diese umfassende Perspektive wird Marketing nicht länger auf die bloße Absatzfunktion (→ *Absatzmarketing*) in einem Unternehmen reduziert, sondern bezieht sich (1) auf gesellschaftliche Austauschprozesse insgesamt, also auch auf nicht (primär) gewinnorientierte (→ *Nonprofit-Marketing*), erweist sich (2) als eine Tätigkeit, die auch den Beschaffungsbereich (→ *Beschaffungsmarketing*) mit einschließt und versteht sich (3) als eine prinzipielle Marktorientierung, d. h. als konsequent marktbezogenes Denken sowie als aktive Gestaltung von Märkten und mithin als eine

→ *Managementfunktion*, die die gesamte Unternehmenstätigkeit beeinflußt.

Marketing im engeren Sinne einer betriebswirtschaftlichen Disziplin will erklären, wie Austauschprozesse zwischen Organisationen oder zwischen ihnen und privaten Haushalten zustande kommen und Hinweise zur Ausgestaltung dieser Austauschbeziehungen ableiten. Marketing als bewußt gestalteter → *Managementprozeß* (→ *Marketing-Management-Prozeß*) umfaßt dabei alle Maßnahmen einer ziel- und wettbewerbsorientierten Ausrichtung der marktrelevanten Aktivitäten eines Betriebes bzw. einer Unternehmung auf ausgewählten Problemfeldern gegenwärtiger und zukünftiger Kundenpotentiale unter Einsatz planender, steuernder, koordinierender und kontrollierender sowie marketingpolitischer Instrumente.

Lit.: Becker, J.: Das Marketingkonzept, München 1999; Kotler, Ph. und F. Bliemel: Marketing-Management. Analyse, Planung, Umsetzung und Steuerung, Stuttgart 9.Aufl. 1999; Meffert, H.: Marketing, Wiesbaden 8.Aufl. 1997; Nieschlag, R., E. Dichtl und H. Hörschgen: Marketing, Berlin 18.Aufl. 1997

Marketinganalyse

Die Marketinganalyse ist – nach der grundlegenden Festlegung des Organisationszwecks – Ausgangspunkt des → *Marketing-Management-Prozesses*. Sie umfaßt die beiden Dimensionen (1) einer Analyse der internen Situation innerhalb des eigenen Betriebes bzw. der eigenen Einrichtung, nämlich die Zielanalyse und die → *Potentialanalyse* und (2) die Analyse der externen Bedingungen, d. h. im wesentlichen die → *Nachfrageanalyse*, die → *Umweltanalyse und die* → *Konkurrenzanalyse* sowie die Analyse des Beschaffungsmarktes (→ *Beschaffungsmarketing)*. Leitend sind dabei vor allem folgende Fragen: (a) Wie ist der Markt, auf dem Angebote unterbreitet werden sollen, zu definieren, abzugrenzen und zu strukturieren? Welche bisherigen und welche möglichen Nachfrager (→ *Zielgruppen*) lassen sich feststellen? Wie sehen diese Nachfrager aus (demographische und soziographische Daten wie Alter, Geschlecht, Beruf, Einkommen, Bildung usw.; psychographische Daten wie Bedürfnisse, Einstellungen, Motive, Wünsche, Kaufabsichten; bisheriges Kaufverhalten, z. B. Markentreue, Kaufhäufigkeit, Flexibilität usw.); (b) Welche

Konkurrenten sind auf dem Markt tätig? Wie stark sind diese? Wonach bemißt sich ihre Stärke? Wie verhalten sich diese Konkurrenten? Wie hoch sind die Markteinstiegsbarrieren? Wie ausgeprägt gestaltet sich der Konkurrenzkampf? (c) Wer ist in die Verteilung der Güter eingeschaltet und was bestimmt das Verhalten dieser Subjekte? Wie sind diese (möglichen) Distributionskanäle zu beeinflussen? (d) Inwieweit nehmen andere Instanzen Einfluß auf das eigene Handeln? Welche gesetzlichen oder sonstigen normativen Einflüsse (z. B. prägende und schwer zu verändernde kulturelle Verhaltensweisen und -einstellungen) wirken auf die eigenen Absichten ein?

▸ „Marketing aus dem Bauch“

Besonders im Kulturbereich ist das sog. „Marketing aus dem Bauch“, das sich in der Regel auf das „richtige Gefühl“ bzw. „Fingerspitzengefühl“ beruft, sehr häufig anzutreffen – und dies sicherlich nicht völlig zu Unrecht, da für das künstlerische und kulturelle Handlungsfeld besondere Qualifikationen, Kenntnisse und vor allem Sensibilitäten aufzubringen sind. So notwendig das richtige „Gespür“ zweifelsohne ist, so unübersehbar sind aber auch die Nachteile, die der Verzicht auf ein zielorientiertes → *Kulturmarketing* mit sich bringt: (1) „Marketing aus dem Bauch“ hat sehr häufig keine entwicklungsorientierten Ziele, sondern versucht jeweils aktuelle Problemsituationen zu bewältigen; (2) dabei wird versäumt, die Ziele der Außenkommunikation gegenüber den Mitarbeitern darzustellen und diese an der Zielfindung zu beteiligen – so werden große Motivationsmöglichkeiten verschenkt; (3) da keinerlei vorherige Zielfestlegungen vorgenommen werden, kann auch kein kognitiver Lernprozeß vollzogen werden, d. h. es lernt weder (systematisch) aus erfolgreichen noch aus erfolglosen Maßnahmen, da die notwendige Reflexion fehlt; (4) es vernachlässigt schließlich weitere aussichtsreiche Maßnahmen, wenn andere kurzfristig funktionieren. Es ist (5) sehr stark personengebunden – mit dem großen Nachteil, daß beim Ausscheiden dieser Person das gesamte Marketingwissen der Kulturorganisation verlorengeht.

Marketinginstrumente

Hierunter versteht man die Gesamtheit der für die Marktgestaltung einsetzbaren Instrumente bzw. Aktivitäten, die sich gegenseitig ergänzen und der jeweiligen Abstimmung bedürfen. Die „klassischen" Instrumente der Marktbeeinflussung sind (1) die → *Produktpolitik* (bzw. Leistungs- oder Programmpolitik), in deren Rahmen über die herzustellenden Produkte bzw. das Programm entschieden wird, (2) die → *Preis- und Konditionenpolitik* (d. h. die Frage der Gestaltung der Preis-, Rabatt- und Lieferkonditionen), (3) die → *Distributionspolitik* (die festlegt, auf welchen Wegen das Produkt zum Nachfrager gelangt) sowie (4) die → *Kommunikationspolitik* (d. h. Werbung, Verkaufsförderung, → *Öffentlichkeitsarbeit* usw.). An Bedeutung gewinnt in den letzten Jahren zunehmend (5) die → *Servicepolitik*. Die Kombination dieser Instrumente, bezogen auf einen bestimmten Markt bzw. ein Marktsegment sowie einen bestimmten (Handlungs-) Zeitraum wird als Marketing-Mix bezeichnet.

Lit.: Klein, A.: Planung und Einsatz der Marketinginstrumente. In: HKM, D 1.3

Marketing-Managementprozeß

Die Konzeption von Marketing als → *Managementprozeß* löst sich von der lange vorherrschenden Sichtweise, Marketing auf eine Absatzfunktion (→ *Absatzmarketing*) bzw. auf eine Aufgabe, die lediglich der Vertriebsabteilung innerhalb des Betriebes bzw. der Unternehmung zukommt, zu reduzieren. Sie stellt im Sinne des strategischen Managements eine die gesamte Unternehmung umfassende und einbeziehende „Philosophie" dar. Unter dieser umfassenden Perspektive wird der Marketing-Managementprozeß auch und gerade für den einzelnen Kulturbetrieb bzw. die einzelne Kultureinrichtung interessant, die sich mit einem immer komplexer und dynamischer werdenden Markt konfrontiert sehen. Marketing als vorrangig am (potentiellen) Kunden und seinen kulturellen Wünschen und Bedürfnissen orientierter Prozeß wird diese Bedürfnisse und Wünsche so früh wie möglich in der Produktgestaltung berücksichtigen.

Innerhalb des Marketing-Management-Prozesses lassen sich folgende Phasen unterscheiden: (1) die Bestimmung des Organisationszwecks bzw. die Formulierung des sog. → *Mission- Statements* (2) die → *Marketinganalyse,* die eine sorgfältige Analyse der externen und internen Situation des jeweiligen Kulturbetriebes einschließt (→ *Potential-,* → *Nachfrage-,* → *Umfeld- und* → *Konkurrenzanalyse*), (3) die Formulierung von sowohl inhaltlichen wie auch → *Marketingzielen*; (4) aus der Zusammenfassung von Marketinganalyse und Zielpräzisierung die Formulierung der Grundstruktur der geplanten → *Marketingstrategien,* (5) der Einsatz der entsprechenden → *Marketinginstrumente* bzw. die Durchführung entsprechender Maßnahmen sowie schließlich (6) die ständige Kontrolle von Erfolg und Effizienz der gewählten Marktstrategie unter Einschluß möglicherweise notwendiger Korrekturen der Strategie. So konzipiertes → *strategisches Marketing* steuert in einem Regelkreis mit ständiger Rückkoppelung, d. h. Effizienzkontrollen und ggf. -korrekturen die langfristige Betriebs- und Unternehmensorientierung.

Lit.: Kotler, Ph. und F. Bliemel: Marketing-Management. Analyse, Planung, Umsetzung und Steuerung, Stuttgart 9. Aufl. 1999; Klein, A.: Aktives Kulturmarketing. Das Marketingkonzept für öffentliche Kulturbetriebe. Beck-Wirtschaftsberater im dtv, München 2001

▶ Marketingstrategie

Aus der Kombination von → *Marketinganalyse* und → *Marketingzielen* werden spezifische Marketingstrategien entwickelt. Sie stellen bestimmte, an den Bedarfs- und Konkurrenzbedingungen relevanter Märkte sowie an den vor allem personellen, finanziellen und organisatorischen Leistungspotentialen des jeweiligen Betriebes ausgerichtete Vorgehenskonzepte zur Realisierung der → *Marketingziele* dar. Aufgrund dieser Strategien wird der möglichst effiziente, operationale Einsatz der → *Marketinginstrumente* geplant.

▶ Marketing, strategisches

Unter strategischem Marketing versteht man im Gegensatz zum operativen Marketing die langfristige marktorientierte Marketingkonzeption einer Organisation. Zwar geht es diesem Verständnis auch um aktuelle Erfolge; mindestens ebenso wichtig ist aber das Aufspüren und entwickeln von Potentialen für die Erfolge von morgen. Daher ist dieses Marketingverständnis wie jedes → *strategische Management* durch einen umfassenden konzeptionellen Entwurf gekennzeichnet, der die (langfristige) Festlegung der Organisations- und Marketingziele, die differenzierte Analyse der Handlungsbedingungen (Umwelt-, Konkurrenz-, Potential- und Kundenverhalten), des grundlegenden Handlungsrahmens in Form von Strategien wie auch die längerfristige Festlegung des Einsatzes der → *Marketinginstrumente* beinhaltet. Strategisches Marketing stellt somit den zentralen, marktorientierten Teil des übergreifenden strategischen Managements dar, das darüber hinaus die langfristige Gestaltung der Führungs- und Organisationssysteme und die Gestaltung der weiteren Umweltbeziehungen zum Gegenstand hat; es ist damit ein wesentliches Element der sog. → *Unternehmenskultur*.

Lit.: Benkenstein, M.: Strategisches Marketing, Stuttgart 1997; Belz, C.: Strategisches Direct-Marketing, Wien 1996; Meissner, A.: Strategisches Internationales Marketing, München 2. Aufl. 1995

Marketingziele

Die Marketingziele sind als die zu erreichenden Sollgrößen die elementaren Steuerungselemente innerhalb des Marketing-Management-Prozesses. Während sich typisch ökonomische Zielvariablen auf den Absatz (Absatzmaximierung), auf den Umsatz (Umsatzmaximierung) und den Gewinn (Gewinnmaximierung) bzw. auf die relativen Zielvariablen Marktanteil (Steigerung des eigenen Marktanteils) und Rentabilität (Rentabilitätsmaximierung) richten, gilt es gerade im öffentlichen und gemeinnützigen Kulturbetrieb, inhaltliche und künstlerische Ziele zu formulieren. Neben diesen ökonomischen Zielsetzungen gibt es im kulturellen Sektor eine Vielzahl weiterer Ziele, z. B. die möglichst optimale Umsetzung eines bestimmten kulturpolitischen Programmes, die Steigerung der Zahl der Mitglieder einer Musikschule, möglichst hohe Besucherzahlen in kommunalen Kultureinrichtungen, möglichst positive überregionale Kulturberichterstattung, die Erreichung bestimmter bildungspolitischer Vorgaben im Kulturbereich usw. Diese Ziele lassen sich definieren und operationalisieren und fließen als Ziel-/Sollvorgaben bzw. Steuerungsgrößen in den Marketing-Prozeß ein. Ein permanentes → *Con-*

trolling prüft, ob diese Zielgrößen erreicht werden bzw. versucht zu klären, warum sie nicht erreicht werden bzw. wo gegebenenfalls bestimmte Revisionen an den Zielgrößen vorzunehmen sind.

Lit.: Heinrichs, W. (Hrsg.): Macht Kultur Gewinn? Kulturbetrieb zwischen Nutzen und Profit, Baden-Baden 1997

▶ Marktforschung

Marktforschung meint die systematische, empirische Untersuchungstätigkeit mit dem Zweck der Informationsgewinnung oder -verbesserung über objektiv bzw. subjektiv bedingte Markttatbestände und -phänomene als Grundlage beschaffungs- und absatzpolitischer Entscheidungen. Die demoskopische Marktforschung ist vorrangig subjektbezogen und somit eine Disziplin der → *Empirischen Kulturforschung*. Zu ihren Aufgaben zählen die Erforschung der handelnden Subjekte sowie deren Gegebenheiten; Untersuchungsmerkmale sind dabei vor allem Alter, Geschlecht, Beruf, aber auch Einstellungen, Motive, Bedürfnisse, Wünsche der Marktteilnehmer, zunehmend aber auch → *Lebensstile*. Sie bedient sich schwerpunktmäßig der Methoden der Primärforschung, d. h. vor allem der Befragung und Beobachtung. Beispiele hierfür im Kulturbereich sind etwa Befragungen von Theater-, Museums- oder Ausstellungsbesuchern. Als weitere Möglichkeiten der Marktforschung besteht die sog. Sekundärforschung, d. h. das Auswerten von Untersuchungen Dritter (z. B. des Instituts für Demoskopie Allensbach), von Statistiken (z. B. der Statischen Ämter der Kommunen, der Länder oder des Bundes) sowie von allgemeiner soziologischer Literatur (z. B. → *Erlebnisgesellschaft*).

Aufgrund des deutlichen Anwachsens des gesellschaftlichen und auch wirtschaftlichen Stellenwertes von Kunst und Kultur in den letzten Jahrzehnten nimmt die Zahl der Anbieter und Nachfrager auf dem Kultur- und Kunstmarkt ständig zu, weshalb dieser Markt zunehmend unübersichtlicher wird. Gezielte Marktforschung, wie sie im privatwirtschaftlich-kommerziellen Kulturbereich schon seit langem üblich ist, gewinnt deshalb auch für den öffentlichen bzw. privatwirtschaftlich-gemeinnützigen Sektor (→ *Nonprofit-Marketing*) zunehmend an Bedeutung.

Lit.: Kastin, K. S.: Marktforschung mit einfachen Mitteln. Daten und Informationen beschaffen, auswerten und interpretieren, München 1995; Weis, H.C. und P. Steinmetz: Marktforschung, Ludwigshafen 1995, Bendzuck, G.: Kulturmarktforschung am Beispiel des Ohnsorg-Theaters. In: HKM, D 2.6; Heinrichs, W.: Publikumsbefragungen im Kulturmarketing. Methodische Grundlagen zur Informationsgewinnung für Kulturinstitutionen. In: HKM, D 2.3; Müller-Wesemann, B.: Die Affäre mit dem Publikum. Mit empirischen Marketing-Methoden Besucherpotentiale gezielt mobilisieren. In: HKM, 2.1

Marktwirtschaft

→ *Wirtschaftsordnung* mit dezentraler Planung und Lenkung der wirtschaftlichen Prozesse, in der Art und Umfang der Produktion und die Verteilung der Produkte primär über einen Markt erfolgen; koordinierender Mechanismus ist auf diesem Markt der Preis. Der Staat beschränkt sich auf das Setzen von Rahmenbedingungen (z. B. Schutz gegen unlauteren Wettbewerb) und auf die Sicherung der Gewerbe- und Vertragsfreiheit sowie den Schutz des Privateigentums. Je nach wirtschaftspolitischer Konzeption kann sich der Staat aus der Planung und Lenkung wirtschaftlicher Prozesse (nahezu) gänzlich heraushalten (freie Marktwirtschaft) oder aber Vorsorge für den Fall treffen, daß es in der Marktwirtschaft zu sozial unerwünschten Auswirkungen kommt (soziale Marktwirtschaft).

Zwischen Kulturpolitik und Marktwirtschaft ist eine gewisse Ordnungskonformität feststellbar, d. h. eine (weitgehend) freie Marktwirtschaft wird auch das Kulturleben wenig steuern und vorwiegend kommerziellen Kulturbetrieben überlassen (vgl. USA), während in einer sozialen Marktwirtschaft der Staat in starkem Maße über Fördermittel und durch → *Zuwendungen* aus öffentlichen Haushalten auf das Kulturleben Einfluß ausüben wird, um möglichst allen Menschen – auch den sozial schwächer gestellten – einen Zugang zu Kulturangeboten zu ermöglichen (vgl. Bundesrepublik Deutschland).

Materielle Privatisierung

Überführung eines öffentlich-rechtlichen Betriebs in einen privatrechtlichen Betrieb *mit* Gewinnorientierung, d. h. der materiell privatisierte Betrieb muß sich aus eigenen Erträgen (nicht mehr aus

Zuwendungen und Zuschüssen) finanzieren. Materielle Privatisierungen öffentlicher Kultureinrichtungen sind höchst selten (beispielsweise die Privatisierung des Metropol-Theaters in Berlin 1994); in aller Regel handelt es sich um → *formelle Privatisierungen*, wenn beispielsweise eine kommunale → *Volkshochschule* künftig als Volkshochschule e.V. geführt wird, für die die öffentliche Hand aber weiterhin die Verluste übernimmt (vgl. auch → *Rechtsformen*).

▸ Matrixorganisation

Neuere Form der → *Aufbauorganisation;* von einer Matrixorganisation spricht man, wenn funktionsorientierte und produktorientierte Organisationsstrukturen sich so überlagern, daß in der grafischen Darstellung das Bild einer Matrix entsteht. Die Matrixorganisation ist ein Mehrliniensystem, weil Mitarbeiter sowohl in funktionalen Bereichen (im Rahmen ihrer ständigen Funktionsstellen) als auch in projektorientierten Bereichen arbeiten. Das läßt sich am Beispiel deutlich machen: Mitarbeiter, die beispielsweise in der allgemeinen Kulturverwaltung, in der → *Volkshochschule* oder in der → *Bibliothek* ihre ständigen Aufgaben wahrnehmen, werden im Rahmen einer Matrixorganisation zusätzlich zusammengeschaltet, um die Presse- und Öffentlichkeitsarbeit für den gesamten Kulturbereich zu erledigen. Dieser produktorientierten Aufgabe widmen sich die betreffenden Mitarbeiter weitgehend selbständig, ohne daß die Leiter von Kulturverwaltung, Volkshochschule und Bibliothek noch eingeschaltet werden. Lediglich die übergeordnete gemeinsame Leitung – in einer Kommunalverwaltung beispielsweise der → *Kulturdezernent* - wäre noch in Angelegenheiten der Presse- und → *Öffentlichkeitsarbeit* gegenüber diesen Mitarbeitern weisungsbefugt.

Durch die Matrixorganisation ergibt sich der Vorteil, daß sowohl eine funktions- als auch eine produktorientierte Teamarbeit möglich wird; Kompetenzen und Innovationspotentiale von Mitarbeitern können so auf zweifache Weise genutzt werden. Ein Nachteil besteht darin, daß Kompetenzabgrenzungen sehr schwierig sind und immer wieder zu Konflikten führen können. So untersteht beispielsweise der Mitarbeiter der Volkshochschule einerseits dem Volkshoch-

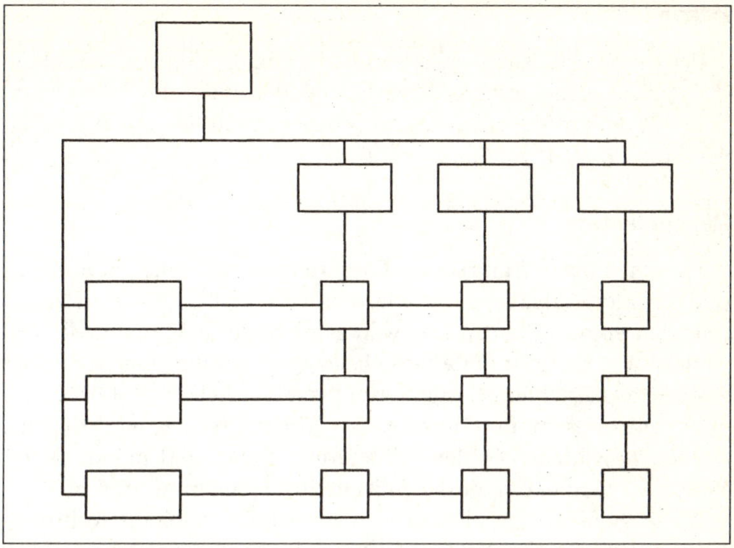

Abb. 5: Matrixorganisation

schulleiter wie andererseits dem Teamleiter (Produktleiter) der Produktaufgabe Presse- und Öffentlichkeitsarbeit. Hier ist also ein hoher Kommunikationsbedarf und eine ständige Absprache zwischen allen Beteiligten erforderlich. Dies bedingt auch besondere Herausforderungen für den obersten Leiter (im Beispiel der Kulturdezernent), weil er möglicherweise relativ häufig in Konfliktfälle wird eingreifen müssen. Dennoch ist dieses Leitungssystem für das Kulturmanagement von höchstem Interesse, weil sich auf diese Weise vor allem ein → *Projektmanagement* ohne die Inanspruchnahme weiterer Personalressourcen realisieren läßt. Was im Beispiel die Presse- und Öffentlichkeitsarbeit ist, kann in der Praxis sehr gut ein Projekt sein, das von den beteiligten Instituten gemeinsam realisiert wird, ohne daß laufende Aufgaben dadurch gänzlich ausgeklammert oder zusätzliche Mitarbeiter eingestellt werden müssen.

Maximalprinzip → Wirtschaftlichkeitsprinzip

▶ Mäzen

Person oder (ausnahmsweise) Institution, die Geld oder Sachleistungen für gemeinnützige Zwecke spendet und dafür keine materielle Gegenleistung erwartet; der Mäzen ist deutlich zu unterscheiden vom Sponsor (→ *Sponsoring*).

▶ Mäzenatentum

System einer altruistischen Förderung vornehmlich kultureller und sozialer Aufgaben. Das Mäzenatentum ist deutlich zu unterscheiden vom → *Sponsoring*, weil es nicht auf eine materielle Gegenleistung, sondern auf eine selbstlose Förderung gemeinnütziger Zwecke ausgerichtet ist. Mäzenatentum zeigt sich im Kulturbereich noch am ehesten in Form von → *Fördervereinen*, wo einzelne → *Mäzene* gänzlich in den Hintergrund treten und nur noch der Verein als Gemeinschaft der Mäzene in Erscheinung tritt.

Als mäzenatisch bezeichnet man gelegentlich auch die Kulturförderung der öffentlichen Hand, um dadurch deutlich zu machen, daß die Förderung nicht - wie beim Sponsoring - an eine Gegenleistung geknüpft ist und auch nicht - wie in kommerziellen Kulturbetrieben - auf die Erwirtschaftung eines Gewinns ausgerichtet ist. Allerdings fehlt der öffentlichen Kulturförderung das altruistische Element, da die finanziellen Zuwendungen an Kunst und Kultur nicht aus den Privatvermögen der Politiker und Beamten gezahlt werden.

Das Mäzenatentum im strengen Sinne wird heute vielfach schon abgelöst durch ein → *Fund raising*, bei dem zwar der Förderer noch weitgehend anonym bleibt, sein Altruismus aber durch ein System von immateriellen Gegenleistungen und Privilegien nur noch begrenzt herausgefordert wird.

Lit.: Gaethgens, Th. W.; J. Kocka und R. Rürup (Hrsg.): Bürgerlichkeit – Wertewandel – Mäzenatentum (3 Bände), Berlin 1998

▶ Mediaanalyse

Unter Medien/(engl. Media) werden alle Werbeträger (sowohl Personen als auch Dinge) verstanden, die Werbebotschaften an Zielpersonen herantragen, d. h. also alle jene kommunikativen Mittler, die zwischen Anbietern und potentiellen Nachfragern stehen; Mediaanalyse meint dementsprechend die Untersuchung eben dieser Werbeträger im Hinblick darauf, wie diese geeignet (bzw. ungeeignet) sind, die eigene Botschaft möglichst optimal zu transportieren. Sie besteht aus der empirischen Datenerhebung und Analyse der Nutzerschaft (Leser, Seher, Hörer) von Werbeträgern. Aufgabe der Mediaanalyse ist die Feststellung des Einflusses der unterschiedlichen Kommunikationskanäle auf den schließlichen Werbeerfolg nach der bekannten Formel des Kommunikationswissenschaftlers Lasswell: „Who says what in which channel to whom with what effect"?

Die neuere gesellschaftliche Entwicklung zeichnet sich nicht zuletzt dadurch aus, daß die kulturellen → *Zielgruppen* immer spezifischer werden (→ *Lebensstil*) und diese Zielgruppendifferenzierung sich auch in einer immer stärker ausdifferenzierten Mediennutzung manifestiert. Um dennoch möglichst zielsicher die jeweils avisierten kulturellen Nachfragegruppen zu erreichen, bedarf es einer sorgfältigen Mediaanalyse, um festzustellen, welches Medium mit welchen spezifischen Botschaften welche → *Zielgruppe* erreicht. Die Mediaanalyse ist Voraussetzung für eine möglichst erfolgreiche → *Mediaplanung*.

Mediaplanung

Im Rahmen der Mediaplanung werden, auf der Basis der → *Mediaanalyse*, diejenigen Medien festgelegt, die sich (wahrscheinlich) am besten eignen, um bestimmte → *Zielgruppen* zu erreichen. Da einerseits die unterschiedlichen Zielgruppen die unterschiedlichen Medien unterschiedlich nutzen, die verschiedenen Medien (z. B. Fernsehspots, Zeitungsanzeigen, Handzettel, Plakate usw.) andererseits unterschiedlich teuer sind, ist eine intensive und sorgfältige Mediaplanung Voraussetzung für einen effizienten Ressourceneinsatz ohne allzu hohe Streuverluste.

Mediaselektion

Im Rahmen der Mediaselektion werden, nach eingehender → *Mediaanalyse*, diejenigen Werbeträger ausgewählt, die im Rahmen der

→ *Mediaplanung* am effektivsten und effizientesten die angestrebte → *Kommunikationspolitik* zu transportieren versprechen.

▸ Mediothek

Mediotheken sind in der Regel Bereiche von öffentlichen → *Bibliotheken*, in denen nicht nur rein musikalische Medien (LPs, CDs, Musikkassetten), sondern auch Video- und Sprachkassetten (→ *Literaturkassetten*) angeboten werden. Im Rahmen von öffentlichen Mediotheken bzw. → *Videotheken* soll mit einem kulturell wert- und anspruchsvollen Angebot Entwicklungen im kommerziellen Bereich gegengesteuert werden.

▸ Mehrlinienorganisation

Eine der bekannteren Formen betrieblicher → *Aufbauorganisation*. Hier werden alle Mitarbeiter entsprechend ihrer spezifischen Kompetenzen eingesetzt, d. h. die Wahrnehmung von Aufgaben steht im Vordergrund gegenüber der Einhaltung von Hierarchien. Die Einheitlichkeit der Auftragserteilung – ein wesentliches Merkmal der → *Linienorganisation* - ist hier durchbrochen; in Form eines Mehrliniensystems kann jeder Vorgesetzte jedem Mitarbeiter mit einer bestimmten Kompetenz Aufträge erteilen. Größter Vorteil dieses Systems ist die Einheitlichkeit von Fachkompetenz und Zuständigkeit; vorhandene Kompetenzen werden optimal ausgenutzt. Auch ist die Kommunikation deutlich verkürzt, weil der Instanzenweg aufgehoben ist. Nachteile sind darin zu sehen, daß die Mitarbeiter den Eindruck haben „mehreren Herren dienen zu müssen". Um Koordinationsprobleme und Überbelastungen bei Mitarbeitern zu vermeiden, sind in hohem Maße Absprachen (Dienstbesprechungen) erforderlich. Auch ist eine durchgehende Kontrolle der obersten Leitungsebene kaum noch möglich.

Dennoch spielt dieses Leitungssystem im Kulturmanagement eine gewisse Rolle, beispielsweise in selbstverwalteten → *soziokulturellen Zentren*. Über das Mehrliniensystem können basisdemokratische Elemente sehr gut umgesetzt und Leitungshierarchien weitgehend abgebaut werden. Andererseits ist gerade in soziokulturellen Zentren das Problem der ständigen Koordination und Kommunika-

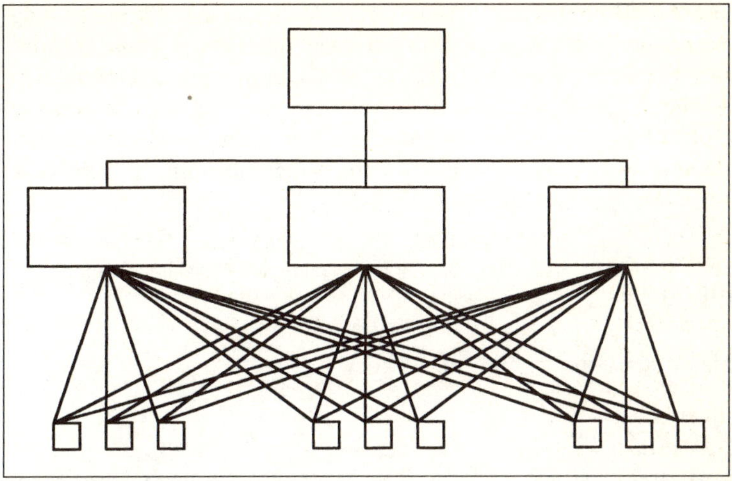

Abb. 6: Mehrlinienorganisation

tion in Form zahlreicher und oft fast endloser Dienstbesprechungen sattsam bekannt. Es empfiehlt sich deshalb sehr, die Mehrlinienorganisation nur für kleinere Arbeitsgruppen vorzusehen, die räumlich und fachlich eng zusammenarbeiten. In größeren Organisationseinheiten wäre der interne Abstimmungs- und Koordinierungsbedarf zu groß, um noch effizient arbeiten zu können.

Mehrwertsteuer → Umsatzsteuer

Meilensteinplanung

Technik der Ablaufplanung (→ *Ablauforganisation*), die mit definierten Punkten (Meilensteinen) im zeitlichen Ablauf arbeitet. Es handelt sich um eine Erweiterung des → *Balkendiagramms* und zwar in der Weise, daß in einem Projekt von vielleicht 12 Monaten Dauer vier oder fünf Meilensteine gesetzt werden. Damit sind jene Termine gemeint, zu denen eine Gruppe von Arbeiten unbedingt erledigt werden muß, soll es nicht am Ende zur Überschreitung des Endtermins kommen. Damit bietet die Meilensteinplanung mehr Flexibilität als das Balkendiagramm, weil Terminverschiebungen von Arbeitsvorgängen zwischen zwei Meilensteinen durchaus möglich sind. Sie hat sich deshalb vor allem im → *Projektmanagement* sehr bewährt. Allerdings ist die Meilensteinplanung auch anfälliger für Fehler, weil die Terminüberwachung weniger detailgenau verläuft. Es empfiehlt sich deshalb sehr, erst dann zur Meilensteinplanung zu greifen, wenn man mit dem Balkendiagramm ausreichende Erfahrung gesammelt hat.

Lit.: Madauss, B.J.: Handbuch Projektmanagement, Stuttgart 5. Aufl. 1994:202–218; Heinrichs, W.: Ablaufplanung im Projektmanagement. In: HKM B 4.7

▸ **Meinungsführer** → Opinion Leader

▸ **Merchandising**

Traditionellerweise versteht der Kaufmann unter Merchandising alle Maßnahmen zur Verkaufsförderung in Form einer optimalen Warenplazierung (z. B. Waren für Impulskäufe in der Nähe der Kasse) und Warenpräsentation (beispielsweise durch besonders geschulte Verkäufer). In zunehmendem Maße versteht man darunter aber auch die Verwertung identifikationsfähiger Produkte (einschließlich Personen und Namen) durch den Rechteinhaber zu Marketing- und Profitzwecken. Vor allem das letztere Verständnis von Merchandising ist für das Kulturmanagement von Interesse. Gemeint ist damit beispielsweise die Vermarktung und der Verkauf von Gegenständen, die mit dem Namen eines Künstlers (z. B. Fotos, Poster und Alben von Maria Callas in der Mailänder Scala) oder einer Institution (z. B. die CD zu einem Konzert der Münchner Philharmoniker) oder eines Produkts (z. B. die Nachbildung eines historischen Kinderspielzeugs im Museum) verbunden werden können.

Von → *Werbemitteln* unterscheiden sich Merchandising-Produkte dadurch, daß sie gegen einen Preis abgegeben werden, während Werbemittel stets kostenlos zur Verfügung gestellt werden (z. B. Autoaufkleber des Stadttheaters). Vom → *Licensing* wiederum unterscheidet sich Merchandising dadurch, daß Merchandising-Produkte stets vom Rechtsinhaber selbst vermarktet werden, während bei Licensing der Rechteinhaber (Lizenzgeber) das Recht (Lizenz) an der Vermarktung einer Sache an den Lizenznehmer – gegen eine Lizenzgebühr – abtritt. Läßt beispielsweise ein Museum vom Motiv eines Gemäldes, das sich im Besitz des Museums befindet (Rechteinhaber), ein Lesezeichen drucken und verkauft dieses Lesezeichen in seinem Museumsshop, so handelt es sich um Merchandising. Tritt dieses Museum aber das Recht der Vermarktung am Motiv des Gemäldes an eine Werbeagentur ab, die davon Lesezeichen herstellt, die in zahlreichen Museen und auch in kommerziellen Papierhandlungen und Buchläden verkauft werden, so handelt es sich um Licensing (selbst wenn das Museum, das die Rechte verkauft hat, dieses Lesezeichen von der Werbeagentur in Kommission nimmt und im eigenen Museumsshop zum Verkauf anbietet).

Wie Licensing wird auch Merchandising in den nächsten Jahren im Kulturbereich erheblich an Bedeutung gewinnen. Dies gilt sowohl für seine Wirkung als → *Marketinginstrument* (Kundenbindung) als auch für seine Bedeutung als → *Finanzierungsinstrument*. Zwar ist wenig über die Gewinne im Merchandising- und Licensingumsatz bekannt, doch kann angesichts von Umsätzen in der Größenordnung von 12 Mrd. DM (2000) davon ausgegangen werden, daß die Gewinne aus Merchandising und Licensing schon jetzt an das gesamte Sponsoring-Aufkommen (Sport, Kultur, Medien usw.) von 4,4 Mrd. DM (1999) heranreichen. In den USA ist Merchandising bereits so weit ausgebaut, daß bei Tourneen von Hard-Rock-Gruppen die Erlöse aus dem Merchandising höher sein können als aus dem Verkauf der Eintrittskarten. Deshalb werden Welt-Tourneen von Top-Gruppen (z. B. Rolling Stones) heute zum Teil schon von Merchandising-Agenturen und nicht mehr von Konzert-Agenturen gemanagt.

Lit.: Böll, K.: Merchandising und Licensing. Grundlagen, Beispiele, Management, München 1999; Heinrichs, W. und H. Schäfer (Hrsg.): Merchandising und Licensing in Kulturbetrieben., Stuttgart 1999

▸ Meritorische Güter

Darunter versteht man Güter, die der Staat zur Verfügung stellt oder per Gesetz sichert, weil er aufgrund verzerrter Präferenzen der Bürger vermuten muß, daß diese Güter nicht in dem Maße nachgefragt werden, wie dies für einen gesellschaftlich wünschenswerten Versorgungsgrad notwendig wäre. Typische Beispiele für meritorische Güter sind Kosten der Ausbildung oder des Gesundheitswesens. Welcher junge Mensch sieht schon ein, zur Schule gehen zu müssen oder welcher Gesunde denkt schon an die Kosten einer möglichen Erkrankung. Also trifft der Staat Vorsorge durch gesetzlichen Zwang oder finanziert die Kosten meritorischer Güter aus Mitteln der Allgemeinheit. Bildungsausgaben gehören gewiß zu den meritorischen Gütern, Kulturausgaben nach Meinung vieler Verfassungsrechtler auch.

Für den öffentlichen Kulturbereich ist das Thema deshalb von einiger Brisanz, weil vordergründige Unterhaltung, Spaß oder purer Zeitvertreib zweifelsfrei nicht zu den meritorischen Gütern gehören. Diese Frage stellt sich also konkret, wenn beispielsweise → *Volkshochschulen* Skatkurse und Bauchtanzkurse oder wenn → *Museen* das → *Event* über die Vermittlung von Kultur- und Bildungszielen stellen. Dazu hat es in einzelnen Bundesländern bereits Anmerkungen von Politikern und Landesrechnungshöfen gegeben. Die öffentlichen Kultureinrichtungen sind deshalb gehalten, sich entweder deutlich von nicht-meritorischen Gütern abzugrenzen oder aber überzeugend nachzuweisen, daß beispielsweise ein Bauchtanzkurz mit seiner Körpererfahrung ein wichtiger Beitrag zur Emanzipation und zur Sicherung von Selbstwertgefühlen ist.

▸ Methode 635

Schriftliche und formalisierte → *Kreativitätstechnik* zur Findung von Ideen, die zur Lösung eines vorgegebenen Problems geeignet sein könnten. Diese intuitive Methode wird gelegentlich auch als „Brainwriting“ bezeichnet, weil sie die Technik des → *Brainstormings* in schriftlicher Form abwandelt. Der Name gibt auch bereits das Verfahren wieder: *Sechs* Teilnehmer schreiben auf einem Blatt Papier zu einem klar beschriebenen und abgegrenzten Problem *drei* Lösungen und das innerhalb von *fünf* Minuten. Nach dieser ersten Runde wechseln alle Blätter gleichzeitig zum nächsten Gruppenmitglied und so fort, bis alle Teilnehmer alle Blätter mit je drei Lösungsvorschlägen beschrieben haben, auf jedem Blatt also 18 Lösungen stehen. Dabei ist es möglich und sogar erwünscht, sich durch bereits notierte Lösungen weiter anregen zu lassen. Anschließend wird die Sitzung unterbrochen und – wie beim Brainstorming – in einer späteren Sitzung die Ideenbewertungsphase nachgeschoben. Dazu werden wieder alle Lösungsvorschläge nach dem Grad ihrer Verwertbarkeit drei Kategorien zugeordnet (→ *Kreativitätstechniken*).

Der erste Vorteil der Methode 635 gegenüber dem Brainstorming besteht in der Schriftlichkeit. Sie führt zu klareren Formulierungen und zu Lösungen, die näher am Problem bleiben als beim Brainstorming. Folglich ist die Ausbeute verwertbarer Ideen bei der Methode 635 mit 25–30 % auch deutlich höher. Zum andern besteht ein Vorteil der Schriftlichkeit auch darin, daß man auf einen Protokollführer und auf den – bisweilen problematischen – Moderator verzichten kann. Allerdings schränkt die Schriftform auch wiederum die Kreativität ein, was sich beim Bilden von Assoziationsketten negativ auswirkt. Auch darf nicht vergessen werden, daß die Methode 635 zur Förderung der Mitarbeitermotivation und des Teamgeistes nur wenig beiträgt.

◆ **Minimalprinzip** → Wirtschaftlichkeitsprinzip

◆ **Mischfinanzierung**

Form der → *Kulturfinanzierung*, bei der verschiedene Finanzierungsinstrumente miteinander verknüpft werden. Im weiteren Sinne ist hiermit jedwede mehrdimensionale Finanzierung im kommerziellen wie Nonprofit-Bereich gemeint; Publikumsverlage beispielsweise finanzieren schwerverkäufliche Buchtitel (die häufig das Profil dieses Verlages bei Fachleuten und im Feuilleton ausmachen) mit Hilfe von Bestsellern, die wenig oder nichts zur Anerkennung in der Literaturkritik beitragen. Im engeren Sinne meint Mischfanierzung im Zusammenhang mit → *Zuwendungen* aus staatlichen Fördertöpfen an kommunale oder → *privatrechtlich-gemeinnützige Kultureinrichtungen* oder Kulturprojekten die Förderung durch verschiedene Gebietskörperschaften. Unterschieden werden kann dabei in die vertikale Mischfinanzierung (Zuwendungen durch den Bund, das Land und die Gemeinde) und die horizontale Mischfanzierung (mehre Gemeinden oder Gemeindeverbände finanzieren ein Projekt gemeinsam, z. B. einen Kultursommer in der Region). Staatliche Zuwendungen werden häufig nur in der Höhe gezahlt, in der auch die kommunale Seite (Stadt und Landkreis) Zuschüsse bereitstellt.

Lit.: Klein, A.: Mischfinanzierung im öffentlichen Kulturbetrieb. In: HKM, F 2.5

▸ Mission Statement

Jede Organisation, ob kommerziell oder nonprofit orientiert, hat einen spezifischen Organisations- bzw. Unternehmenszweck („The reason why we exist!"). Dieser muß, um nach innen und außen optimal kommuniziert werden zu können, möglichst knapp in ein, maximal drei Sätzen zusammengefaßt werden und Antwort geben auf die Fragen: Wer sind wir? Was tun wir? Wem nützen wir? Wo wirken wir? Das Mission Statement sollte sich dabei auf die unbedingt notwendigen „Schlüsselworte" fokussieren, die kommuniziert werden müssen. Gerade → *Nonprofit-Organisationen*, die nicht über die quantitativ meßbare Steuergröße „finanzieller Gewinn" verfügen, benötigen ein möglichst klar formuliertes Mission Statement als grundlegende Zielorientierung, von der alle anderen inhaltlichen (Teil-)Ziele abgeleitet werden können.

▸ Mitteilungspflicht

Zu den Pflichten eines → *Zuwendungsempfängers* gehört die im → *Zuwendungsbescheid* festgelegte Mitteilungspflicht. Wenn sich im Vergleich zum Inhalt des → *Zuwendungsantrages* oder des akzeptierten → *Zuwendungsbescheides* beim Zuwendungsempfänger wesentliche Veränderungen ergeben, so ist dies der Bewilligungsbehörde mitzuteilen. Dies betrifft insbesondere (1) die Beantragung bzw. den Erhalt weiterer → *Zuwendungen* für den selben Zweck bzw. von einer anderen öffentlichen Stelle; (2) die Änderung der Finanzierung oder Ermäßigung der Gesamtausgaben; (3) die Änderung oder den Wegfall des Zuwendungszweckes; (4) den Nichtverbrauch von ausgezahlten Beträgen innerhalb von zwei Monaten bzw. die Nichterreichung des Zuwendungszweckes.

Mittelverwendungsplan → Verwendungsnachweis

Morphologisches Gitter

Analytische → *Kreativitätstechnik*, die auch als morphologische Methode bezeichnet wird und die Anfang der siebziger Jahre von dem schweizerisch-amerikanischen Astronomen Fritz Zwicky entwickelt wurde. Sie geht von einer analytischen Zerlegung eines Problems nach Parametern und Variablen aus, um dann das daraus sich ergebende zweidimensionale Gitter systematisch mit Lösungsvorschlägen zu füllen. Will man beispielsweise ein kulturelles Stadtfest organisieren, so kann man als Parameter die Veranstaltungsarten (Konzert, Theater, Tanz, Varieté usw.) und als Variablen die Veranstaltungsorte (Marktplatz, Fußgängerzone, Park usw.) eintragen. Aus je fünf Parametern und Variablen ergeben sich damit 25 mögliche Veranstaltungen. Man kann dieses Gitter auch noch um eine weitere Variablen-Koordinate ergänzen und erhält dann einen sog. morphologischen Kasten, der allerdings schnell unübersichtlich wird.

Die Vorteile dieser Methode bestehen vor allem in der leichten Realisierbarkeit und in der Möglichkeit, sie auch allein (ohne eine Gruppe) anwenden zu können. Durch das zweidimensionale Gitter wird man gezwungen, alle in dieser Zweidimensionalität möglichen Lösungen zumindest einmal gedanklich durchzuspielen. Allerdings sind dabei revolutionär neue Lösungen kaum zu erwarten. Die morphologische Methode ist deshalb auch eher eine Technik der Ideenordnung als der Ideenfindung.

Lit.: Heinrichs, W.: Kommunales Kulturmanagement. Rahmenbedingungen – Praxisfelder – Managementmethoden, Baden-Baden 1999:194–196

Motivation

Als Motivation bezeichnet man einen Komplex von internen und externen Faktoren, die jemanden zu einem bestimmten Handeln veranlassen. Während der Trieb primär physiologische Handlungsursachen hat (z. B. Durst), ist die Motivation in erster Linie psychologisch bedingt (z. B. die Erwartung von Lob oder Vorteil). Ein Trieb ist nicht erlernbar, aber zumindest doch zum Teil steuerbar; diese Erkenntnis macht sich vor allem die Werbung zunutze (etwa an einem schwülen Sommerabend der Anblick eines kühlen Bieres in der Fernsehwerbung). Dagegen ist die Motivation sowohl steuerbar als auch erlernbar (z. B. wenn man sich selbst zu etwas motivieren möchte).

Mit der Beschreibung und Steuerung von Motivation befaßt sich die Motivationslehre oder Motivationstheorie, die ein wichtiger Teilbereich der Psychologie ist. Grob kann man zwei Theoriekonzepte unterscheiden, nämlich die Inhaltstheorien und die Prozeßtheorien. Die Inhaltstheorien beschäftigen sich mit konkreten Motiven (z. B. Bedürfnisse nach Sicherheit, Anerkennung, gerechter Entlohnung) und wie sie das Verhalten eines Menschen bestimmen. Sie eignen sich damit scheinbar besonders gut für Führungsaufgaben, weil sie unmittelbar auf die Frage eingehen, wie eine Organisation oder ein Vorgesetzter seine Mitarbeiter positiv motivieren kann. Bekannteste Inhaltstheorien sind die Maslow'sche Bedürfnispyramide und das Motivatoren- und Demotivatorenmodell von Herzberg. Sie unterscheiden grundlegende menschliche Bedürfnisse, die in einer Hierarchie von Vorrangigkeit und Nachrangigkeit einander zugeordnet werden. Auch wenn sich vor allem das Maslow'sche Modell nur sehr bedingt empirisch bestätigen läßt, ist es für den Kulturbereich doch recht hilfreich. Nach Maslow ist ein gewisses Maß an Anerkennung und Wertschätzung (4.Stufe des Modells) erforderlich, um zu Leistungen auf der Ebene einer Selbstverwirklichung (5.Stufe) zu gelangen; eine Erfahrung, die im Umgang mit Künstlern tagtäglich bestätigt wird.

Im Gegensatz zu den Inhaltstheorien sind die Prozeßtheorien nicht so sehr auf die Frage ausgerichtet, *was* ein bestimmtes Verhalten erzeugt, sondern eher auf die Frage, *wie* ein bestimmtes Verhalten initiiert, erhalten und abgebaut werden, wie also der Prozeß des Entstehens und Vergehens eines Verhaltens erkannt und gesteuert werden kann. Prozeßtheorien führen dazu recht allgemeine Variablenklassen ein (Belohnung, Anreiz, Trieb etc.) und zeigen, wie durch das Zusammenwirken der Variablen Motivation entsteht. Bekannteste Prozeßtheorie ist das von Vroom entwickelte und von Porter/Lawler fortgeschriebene Erwartungs-Valenz-Modell. Demnach ist ein Anreiz um so wirkungsvoller, je höher subjektiv die Wahrscheinlichkeit einer Belohnung (= Erwartung) und je höher subjektiv der Wert der zu erwartenden Belohnung (= Valenz) eingeschätzt werden.

Allen Motivationstheorien ist aber die Erkenntnis gemeinsam, daß Motivation zwar aus der Person heraus entsteht, aber aktiviert und geprägt wird durch andere Personen und Situationen, eben durch die Umwelt. Die wichtigsten Motivationsfaktoren sind deshalb (1) neben dem eigenen Ehrgeiz, Interesse oder Wunsch, (2) das motivationsfördernde Verhalten der → *Führung*, (3) die Motivation aus der Aufgabe heraus, was gerade im Kulturmanagement von Bedeutung sein dürfte, (4) das Verhalten der Gruppe, beispielsweise in Form von Teamarbeit, (5) die Motivation aus der Organisation (→ *Unternehmenskultur*) sowie (6) die Motivation aus der Gesellschaft.

Lit.: Comelli, G. und L. von Rosenstiel: Führung durch Motivation. Mitarbeiter für Organisationsziele gewinnen, München 1999; Hugo-Becker, A. und H.Becker: Motivation. Beck-Wirtschaftsberater im dtv, München 1997

MP3

Abkürzung für „MPEG 2,5 Audio Layer III"; Komprimierungsverfahren für große Datenmengen im → *Internet*, das sich für die digitale Speicherung von Musik eignet. Dabei werden die Frequenzen, die für das menschliche Ohr nicht hörbar sind, herausgefiltert, so daß der verbleibende Datenumfang nur noch etwa ein Zehntel der ursprünglichen Datenmenge ausmacht. Mit Hilfe von MP3 kann etwa eine Rock-Band einen Musiktitel ins Internet stellen, den sich jeder Nutzer, der über eine entsprechende Audio-Technologie wie beispielsweise „RealPlayer G2" oder „Windows Media Player" verfügt, herunterladen und auf einen eigenen CD-Rohling brennen kann. Eine solche Daten-CD ist jederzeit über den eigenen Personal Computer wieder abhörbar oder, wenn man die Datei mit Hilfe eines Decoders in eine Wave-Datei umwandelt, sogar als Audio-CD über jeden CD-Player abspielbar. Die so hergestellte individuelle Audio-CD erreicht nahezu die Qualität einer handelsüblichen CD.

MP3 bietet vor allem für den Musikbetrieb interessante Perspektiven. (1) Dies gilt zunächst einmal für den Bereich des → *E-Commerce*. Via Internet können beliebig viele Musiktitel bereitgestellt werden, ohne daß es zu einer teueren Lagerhaltung oder einem aufwendigen Versand kommen muß (z. B. von der Firma Global Music Network – GMN.com). Hier bietet E-Commerce deutlich größere Vorteile als beispielsweise im Buchhandel, wo das Buch nach wie vor zugestellt und damit vorher auch am Lager gehalten werden muß. (2) Zudem bietet das Internet vielen noch unbekannten Musikern, Ensembles und Bands die Möglichkeit, mit ihrer Musik an die Öffentlichkeit zu treten. Folglich tummeln sich zahlreiche sogenannte Independent Labels im Internet, um auf diese Weise ihre Musik bekannt zu machen (vgl. auch → *Branchenportal*). (3) Umgekehrt bietet MP3 natürlich auch den Vorteil, daß ein Kulturveranstalter viel schneller und leichter eine spezielle Musik oder eine ausgefallene Gruppe findet. Mußte man früher mühsam zahlreiche Agenturen kontaktieren, um beispielsweise eine Gruppe ausfindig zu machen, die mit Kopfstimme gesungene mongolische Folklore bot, so reicht heute eine geschickte Suche im Internet – und die Hörprobe wird zudem gleich mitgeliefert. (4) Auch bietet MP3 im Internet die Möglichkeit, die verschiedensten Interpretationen miteinander zu vergleichen. Allein von einigen populären Popsongs findet man inzwischen bis zu 500 verschiedene Interpretationen im Netz. (5) Längst endeckt wurde das MP3-Verfahren auch als willkommene Chance, die Kosten der teuren Studio-Aufnahmen zu senken. Musiker können heute ihren Part in einem Musikstück individuell zu Hause einspielen und die Daten dann per MP3 an den Plattenproduzenten senden, der sie im Studio nur noch mit denen der anderen Band-Mitglieder zusammenfügt. Auf diese Weise ist es möglich, eine Band in Europa mit einem amerikanischen Gitarristen zusammenzubringen, ohne daß sie sich je begegnet wären.

So faszinierend die Vorteile des MP3-Verfahrens auch sind, so schwerwiegend sind allerdings auch die Nachteile. Statt E-Commerce beherrschen mehr und mehr Raubkopien das Internet, da jeder Nutzer jeden Titel von seiner CD ins Netz stellen kann und diese Titel dann wieder – unter Umgehung des Handels – massenhaft verbreitet werden kann. Dies führt zu erheblichen wirtschaftlichen Einbußen in der Tonträgerindustrie und, weil gleichzeitig auch die → *Verwertungsrechte* mißachtet werden, zu nennenswerten Einkommensverlusten der Künstler und Interpreten. Trotz erheblicher

Anstrengungen sowohl der Tonträgerindustrie als auch der Strafverfolgungsbehörden war allerdings Anfang 2000 noch kein überzeugender Weg erkennbar, um der illegalen Nutzung von MP3 wirkungsvoll entgegentreten zu können.

▸ Multikulturalismus

Der Begriff des Multikulturalismus bezeichnet zunächst die einfache empirisch beobachtbare Tatsache, daß in modernen Gesellschaften, die sich durch hohe regionale und soziale Mobilität auszeichnen, unterschiedliche Kulturformen nebeneinander in ein und derselben Gesellschaft existieren. In seiner (1) deskriptiven Verwendung beschreibt der Begriff die Koexistenz verschiedener ethnischer Kulturen, aber auch die unterschiedlichen Kulturformen verschiedener Generationen (→ *Subkultur*, → *Alternativkultur*). In diesem Sinne sind etwa die Vereinigten Staaten von Amerika, der „big melting pot" (Schmelztiegel), ein Musterbeispiel für eine multikulturelle Gesellschaft, die sich aus einer Vielzahl von Immigranten zusammensetzte und zusammensetzt. Ein unübersehbares und kaum zu leugnendes Problem besteht in multikulturellen Gesellschaften darin, wie sich die Ansprüche einzelner Teilkulturen zu den Ansprüchen der Gesamtkultur verhalten. Gibt es demnach so etwas wie kulturelle Universalien, d. h. Forderungen und Maximen, die für alle Teilkulturen gleichermaßen gelten bzw. zu gelten haben (z. B. die Forderungen nach Toleranz, Schutz der Menschenwürde, Akzeptanz von Pluralismus usw.) oder sind alle diese Forderungen ihrerseits wieder kulturell bedingt (z. B. als Werte der europäischen Aufklärung und damit „eurozentrisch") und von daher „relativ" zur jeweiligen Kultur (→ *Kulturrelativismus*)?

Das Verhältnis der einzelnen Kulturen zueinander ist also keineswegs „naturgegeben", sondern bedarf einer umfassenden gesellschaftlichen und politischen Integrationsleistung. Gerade aufgrund der herausgehobenen Betonung (bzw. häufigen Überbetonung) eben dieser Schwierigkeiten und der damit verbundenen starken Integrationsforderungen an alle Beteiligten hat sich in den letzten Jahren, nicht nur in den westlichen Industrienationen, sondern ebenso in den osteuropäischen Ländern eine (2) stark normativ besetzte Verwendung dieses Begriffes etabliert. Die multikulturelle Gesellschaft wird aus dieser Perspektive nicht als eine empirisch gegebene Tatsache moderner mobiler Gesellschaften gesehen, sondern entweder als ein stark negativ bewerteter Zustand, den es, wo möglich zu verhindern bzw. sogar zu bekämpfen gilt (ggf. sogar durch sog. ethnische Säuberungen), bzw. als eine positiv bewertete Entwicklung, die es nach Kräften zu unterstützen gilt. Entwickelten sich diese stark normativ geprägten Auseinandersetzungen in den zurückliegenden Jahren vor allem vor dem Hintergrund starker Süd/Nord- bzw. Ost/West-Wanderungen und den damit verbundenen materiellen, sozialen, aber auch psychologischen Problemen für die Ankunftsländer, so gewinnen die gegenwärtigen Auseinandersetzungen um die multikulturelle Gesellschaft neue Dimensionen angesichts immer stärker werdender Fundamentalismen bzw. Nationalismen unterschiedlichster Herkunft (mit ihren entsprechenden Alleinvertretungs- und Hegemonialansprüchen). In diesen Auseinandersetzungen fordert J. Habermas einen zivilisierten Streit der Überzeugungen, in dem eine Partei ohne Preisgabe des eigenen Geltungsanspruchs die anderen Parteien als Mitstreiter um authentische Wahrheiten anerkennt. In multikulturellen Gesellschaften kann dementsprechend die rechtsstaatliche Verfassung nur Lebensformen tolerieren, die sich im Medium nicht-fundamentalistischer Überlieferungen artikulieren, weil die gleichberechtigte Koexistenz dieser Lebensformen die gegenseitige Anerkennung der verschiedenen kulturellen Mitgliedschaften verlangt.

Lit.: Radtke, F. O.: Multikulturell. Die Konstruktion eines sozialen Problems und ihre Folgen, Opladen 1995; Taylor, Ch.: Multikulturalismus und die Politik der Anerkennung. Mit Kommentaren von A. Gutmann (Hg.), S. C. Rockefeller, M. Walzer und S. Wolf. Mit einem Beitrag von J. Habermas, Frankfurt 1993; Cohn-Bendit, D. u. Th. Schmid: Heimat Babylon. Das Wagnis der multikulturellen Demokratie, Hamburg, 1993; Meyer, Th.: Fundamentalismus. Aufstand gegen die Moderne, Reinbek bei Hamburg 1989

▸ Multimedia

Computergesteuerte und über Bildschirme abrufbare Technologie, die Unimedia (z. B. ein Buch) durch die Kombination verschiedener Medien (Multimedia) ersetzt. In einem Multimedia-Angebot können sowohl Texte, Abbildungen und Grafiken über einen Bildschirm aufgerufen werden als auch Töne (Musik-Sequenzen) und Filmausschnitte (Video-Sequenzen). Der Nutzer kann Multimedia interaktiv durch Mausklick oder durch Berühren eines berührungsempfindlichen Bildschirms (sog. Touchscreen) aktivieren. Multimedia kommt zur Anwendung im → *Internet*, in → *elektronischen Büchern* oder in → *DVD*. Im Kulturbereich wird Multimedia als Informationshilfe in großen → *Museen* und → *Ausstellungen* eingesetzt und ersetzt hier künftig möglicherweise den traditionellen Museumsführer.

Multiplex-Kino

Kinozentren mit bis zu 20 integrierten Vorführstationen, die alle mit modernster Technik und häufig mit überdimensionalen Leinwänden arbeiten. (Zur Abgrenzung von bereits vorhandenen Kinocentern werden von den Statistikern solche Häuser als Multiplexe bezeichnet, die über mindestens sechs eigenständige Leinwände verfügen.) Neben der technischen Ausstattung ist die Verbindung mit verschiedenen Service-Leistungen (z. B. Fast-food-Gastronomie, → *Merchandising*) ein weiteres Merkmal von Multiplex-Kinos. Auf diese Weise soll das Erlebnis „Kino“ entstehen; erst in zweiter Linie kommt es zum Erlebnis eines bestimmten Films.

Erste Multiplex-Kinos entstanden in Deutschland Anfang der neunziger Jahre in Köln (Cinedom), Hannover, Essen, Bochum und Gelsenkirchen (Cinemaxx). In der zweiten Hälfte der neunziger Jahre kam es zu einem regelrechten Boom, so daß Ende 1999 bundesweit 104 Multiplex-Kinos mit insgesamt 957 Leinwänden (Kinosälen) gezählt wurden. Damit belegen die Multiplexe bei den Leinwänden inzwischen (Jahr 2000) einen Anteil von 20,6 % (im Vorjahr 16,4 %). Doch da Multiplex-Kinos einen wesentlich größeren Einzugsbereich benötigen als das traditionelle Kino-Center, machen sich inzwischen erste Folgen des harten Verdrängungswettbewerbs auch bei den Multiplexen bemerkbar. Im April 2000 haben deshalb die beiden führenden Multiplex-Unternehmen in Deutschland, nämlich die Ufa (395 Leinwände in 80 Multiplexen) und die Cinemaxx von Hans-Joachim Flebbe (228 Leinwände in 30 Multiplexen), eine Kapitalbeteiligung angestrebt, der 2005 die Vollfusion folgen soll. Nicht zuletzt dadurch sollen Überkapazitäten bei beispielsweise zwei Multiplexen allein in Freiburg/Brsg. künftig vermieden werden.

Lit.: Krall, Th.: Multiplex – Kino der dritten Generation. In: Heinrichs, W. (Hrsg.): Macht Kultur Gewinn? Kulturbetrieb zwischen Nutzen und Profit, Baden-Baden 1997:64–74

▸ Multiplikatoren

In den Kommunikations- bzw. Sozialwissenschaften werden unter Multiplikatoren vor allem Personen und Einrichtungen verstanden, die eine Verbreitung von Kenntnissen, Informationen oder Meinungen bewirken. Neben den institutionalisierten, formalen Multiplikatoren (wie den allgemeinen Medien Presse, Hörfunk, Fernsehen usw.) gibt es, gerade in den Handlungsfeldern von Kunst und Kultur, viele personelle, informelle Multiplikatoren (auch → *„opinion leaders“*, d. h. Meinungsführer), die daran mitwirken, daß Informationen, aber auch Meinungen rasch verbreitet werden. Um eine möglichst effiziente → *Kommunikationspolitik* für kulturelle Einrichtungen und Betriebe zu erreichen, ist es wichtig, sowohl die formalen wie vor allem die informellen Multiplikatoren zu identifizieren und für die eigenen Ziele zu gewinnen.

▸ Multiplikatoreneffekte

Sekundärwirkungen, die von einer vermehrten oder verminderten Investition (Primäreffekt) auf das Volkseinkommen ausgehen. Die multiplikative Wirkung einer Investition hängt ab von dem Verhältnis, in dem das aus der zusätzlichen Güternachfrage entstandene Mehreinkommen verbraucht oder gespart wird. In kulturökonomischen Überlegungen spricht man von Multiplikatoreneffekten im Zusammenhang mit Investitionen in den kulturellen Bereich, die sich beispielsweise in der Gastronomie, im Hotelgewerbe oder in dem Kulturereignis vorgelagerten Dienstleistungen (Frisör, Taxi-Fahrten usw.) niederschlagen. Multiplikatoreneffekte werden ermittelt in einer → *Inzidenz-Analyse*; sie sind ein bedeutsamer Faktor im Kontext des → *Wirtschaftsfaktors Kultur*.

▸ Museum

Das Museum (aus dem griech. museion für Musentempel) ist seit dem 18. Jahrhundert die Bezeichnung für Institutionen zur Sammlung von Kunstwerken und anderen (z. B. naturwissenschaftlichen, technischen, kulturhistorischen usw.) Gegenständen sowie für Bauten, in denen diese untergebracht sind.

Das Museum als Institution gewinnt seine Bedeutung und seine spezifische Funktion als → *kulturelle Einrichtung* aus der Sammlung und Präsentation sinnlich wahrnehmbarer und geistig interpretierbarer Natur- oder Kulturgegenstände. Das Berliner Institut für Museumskunde wählt für seine statistischen Zwecke (→ *Kulturstatistik*) folgende Merkmale als Abgrenzungskriterien: (1) Vorhandensein einer Sammlung und Präsentation von Objekten mit kultureller, historischer oder allgemein wissenschaftlicher Zielsetzung (in Abgrenzung etwa zu Schlössern und Denkmälern ohne Ausstellungsgut, zu Bauwerken unter Denkmalschutz, wie Kirchen und andere Sakralbauten); (2) Zugänglichkeit für die allgemeine Öffentlichkeit (in Abgrenzung etwa zu Fachmessen, Verkaufsgalerien ohne regelmäßige Öffnungszeiten); (3) überwiegend keine kommerziellen Ausstellungen (in Abgrenzung zu Verkaufsgalerien, Läden mit Ausstellungsflächen etc.); (4) klare Eingrenzung des Museumsbereiches (in Abgrenzung etwa zu Bildhauer-Symposien, Kunst am Bau, städtebauliche Ensembles usw.).

Die Klassifizierung der UNESCO, die der internationalen Museumsstatistik zugrunde liegt (in Klammern jeweils der prozentuale Anteil der Museen in Deutschland, Stand 1998), unterscheidet (1) Museen mit heimatkundlichen oder volkskundlichen Sammlungsschwerpunkten (46,8 %); (2) Kunstmuseen (10,4 %); (3) Schloß- und Burgmuseen (4,4 %), (4) Naturkundliche Museen (5,1 %), (5) Naturwissenschaftliche und technische Museen (11,4 %), (6) Historische und archäologische Museen (5,9 %), (7) Sammelmuseen mit komplexen Beständen (1,9 %) sowie (8) Kulturgeschichtliche Spezialmuseen (14,1 %). Das Institut für Museumskunde, das jährlich detailliert die Besucherzahlen ermittelt, zählte 1998 in Deutschland mehr als 5000 Häuser aller Sparten, die über 95,3 Millionen Besuche registrierten.

Zu den wesentlichen Aufgaben von Museen gehören (1) die Sammlung, d. h. Museen sammeln systematisch alle diejenigen Gegenstände ihres Sammlungsgebietes, von denen angenommen werden kann, daß sie für den Nachvollzug von Abläufen und für das Verständnis von Zusammenhängen wichtig sind oder wichtig werden könnten; (2) die Bewahrung, d. h. Museen bewahren und sichern das gesammelte Gut, restaurieren und konservieren es und erfassen es inventarisch; (3) die Erforschung, d. h. Museen erforschen die Bedeutung der gesammelten Gegenstände und versuchen, deren Herkunft zu erschließen. Die Ergebnisse der Forschungstätigkeit werden in geeigneter Weise dokumentiert; (4) die Vermittlung, d. h. Museen vermitteln das Kulturgut, indem sie es sowohl in Schausammlungen präsentieren als auch die Forschungsergebnisse in Katalogen, Broschüren, Büchern und anderen Formen publizieren und somit der Öffentlichkeit zugänglich machen. In diesem Zusammenhang haben auch die Museumsdidaktik und die didaktische Aufbereitung von Schausammlungen eine besondere Bedeutung.

Das Museum als Gebäude muß, um den dargestellten vielfältigen Aufgaben der kulturellen Einrichtung Museum gerecht zu werden, entsprechend ausgestattet sein. Es muß über angemessene Magazine und Lagerräume für die verschiedenen Sammlungen sowie Räumlichkeiten für das betreuende Personal verfügen, d. h. in enger Verbindung mit den Magazinen sollten die Werkstätten und ggf. Labors für die konservatorischen und restauratorischen Aufgaben stehen. Für die wissenschaftliche Arbeit sollten Fachbibliothek, Archiv und die entsprechenden Arbeitsmaterialien vorhanden sein. Die Vorbereitung von → *Ausstellungen* sowie ggf. die eigene Herstellung von Fotos, Plakaten, Publikationen macht entsprechende Werkstätten nötig. Zu den für die Besucher geöffneten Präsentationsräumen – Schausammlungen, Sonderausstellungen und sonstige Museumsveranstaltungen – kommen Räumlichkeiten für Kasse, Garderobe, Verkauf, Cafeteria usw.

Lit.: Schriftenreihe des Instituts für Museumskunde (div. Bände), Berlin; Zimmer, A. (Hrsg.): Das Museum als Nonprofit-Institution.Organisation und Management, Frankfurt am Main 1996

▶ Museumsshop

Verkaufsraum innerhalb eines Museums, in dem Kataloge, Plakate und andere Drucksachen des Museums, aber auch Produkte des → *Merchandisings* und → *Licensings* verkauft werden. Der Museumsshop verfolgt drei Ziele: (1) Produkte des Museumsshops sollen auch noch nach dem Museumsbesuch die Bindung zwischen Museum und Besucher aufrechterhalten (Marketing-Aspekt); (2) Produkte des Museumsshops sollen als Geschenke für Dritte genutzt werden und damit eine Multiplikatorenfunktion übernehmen (PR-Aspekt); (3) Der Verkauf im Museumsshop führt zu zusätzlichen Einnahmen (Finanzierungsaspekt).

Damit ein Museumsshop in diesem Sinne erfolgreich sein kann, sind allerdings verschiedene Voraussetzungen zu erfüllen: (1) Der Shop sollte am Hauptverkehrsweg der Besucher liegen. (2) Das Angebot sollte immer wieder neu präsentiert werden; Produkte zu aktuellen Veranstaltungen müssen aktuell in den Vordergrund gestellt werden. (3) Die Produkte müssen hochwertig sein; kein Ramsch. (4) Die Produkte müssen unverwechselbar sein und die emotionale Situation des Besuchers nutzen (Bezug zu den besonderen Sehenswürdigkeiten der Ausstellung). (5) Der Shop muß so groß sein, daß auch größere Gruppen (Bustouristen) sich darin aufhalten können und innerhalb relativ kurzer Zeit bedient werden können. (6) Es sollten ausreichend Depotflächen in unmittelbarer Nähe zur Verfügung stehen.

Von der Organisationsform her kann der Museumsshop entweder (1) vom Museums direkt betrieben werden (→ *Regiebetrieb*), (2) an einen Pächter verpachtet werden oder (3) einer → *Betreibergesellschaft* übertragen werden. In den beiden letzten Fällen hätte man es mit einer Form des → *Outsourcings* zu tun, bei der das Museum aber über die Pachteinnahmen bzw. – im Falle des Betreibermodells – über evtl. Betriebsüberschüsse finanziell beteiligt wäre.

Lit.: Hütter, H.W.: Bestselling durch Erlebnis Geschichte. Zum Museumsshop im Haus der Geschichte der Bundesrepublik Deutschland. In: Heinrichs, W. und H. Schäfer (Hrsg.): Merchandising und Licensing in Kulturbetrieben, Stuttgart 1999:41–62; Fliedl, G. u. a. (Hrsg.).: Wa(h)re Kunst. Der Museumsshop als Wunderkammer. Theoretische Objekte, Fakes und Souvenirs, Frankfurt am Main 1997

▸ Musikcomputer

Computer zur Erzeugung künstlicher Töne, auch als Synthesizer bezeichnet. Mit Hilfe des Musikcomputers können fast alle Instrumente nachgeahmt und zahlreiche neue Klangbilder erzeugt werden. 1995 drehte Gérard Corbiau den Spielfilm „Farinelli", der das Leben eines berühmten Kastraten des 18. Jahrhunderts schildert. Da Kastratenstimmen heute nicht mehr zur Verfügung stehen, wurde die Film-Stimme über einen Musikcomputer durch Mischung der Stimme eines amerikanischen Blues-Sängers und einer polnischen Sängerin künstlich erzeugt.

▸ Musikförderprogramm

Im Rahmen des → *Kulturfonds des Bundes* wurde 1980 für den Bereich der Musik ein erstes Förderprogramm aufgelegt. Das Patronat wurde dabei vom → *Deutschen Musikrat e.V.* übernommen. Ziel ist es, die nationale und internationale Verbreitung bedeutsamer Musikwerke deutscher zeitgenössischer Komponisten zu fördern. Arbeitsschwerpunkte sind (1) die Schallplattendokumentation des Deutschen Musikrates; (2) die Konzerte des Deutschen Musikrates, die nach 1945 komponierte Werke deutscher Komponisten und junger Solisten einem breiten Publikum vorstellen; (3) der deutsche Chorwettbewerb, der vor allem dem Laienmusizieren Impulse geben soll.

▸ Musikschule

Der Name „Musikschule" ist außer in Bayern in keinem Bundesland geschützt, weshalb sich auch viele rein private und kommerzielle Einrichtungen (z. B. einer Musikalienhandlung) dieser Bezeichnung bedienen, obwohl sie in der Regel weder den inhaltlichen noch den organisatorischen Anforderungen gerecht werden, die an eine kommunale Musikschule als Bildungs- und Kultureinrichtung (→ *kulturelle Einrichtungen*) auch nach den gesetzlichen oder ministeriellen Vorschriften und den Richtlinien des Verbandes deutscher Musikschulen (VdM) – sog. VdM-Musikschulen – gestellt werden.

Musikschulen im Sinne der VdM-Richtlinien sind Bildungseinrichtungen, deren Aufgabe es ist, Kindern, Jugendlichen und Erwachsenen eine musikalische Grundausbildung zu vermitteln, den Nachwuchs für das Laien- und Liebhabermusizieren heranzubilden, Begabungen zu erkennen und zu fördern sowie auf das Studium der Musik vorzubereiten (studienvorbereitende Ausbildung). Neben die Ausbildung in vokalen und instrumentalen Fächern im Einzel- und Gruppenunterricht tritt die Anleitung zur gemeinsamen musikalischen und musischen Betätigung in Orchestern, Instrumentalgruppen, Kammermusikensembles, Chören, Folklore-, Tanz- und Volksmusikgruppen, Jazzcombos, Rockbands u. a. sowie die Musiklehre und Hörerziehung. Das Unterrichtsangebot umfaßt (1) musikalische Grundfächer (musikalische Früherziehung ab dem 4. Lebensjahr und/oder musikalische Grundausbildung ab dem Grundschulalter); (2) instrumentale/vokale Hauptfächer (Streich- und Zupfinstrumente, Blas- und Schlaginstrumente, Tasteninstrumente, Vokalunterricht); (3) Ensemble- und Ergänzungsfächer (Ensemble- und Orchesterspiel, Chor, Musiktheorie, Hörerziehung, studienvorbereitende Ausbildung).

Die inzwischen rund 1000 VdM-Musikschulen in Deutschland werden von den Kommunen entweder als unmittelbare → *kulturelle Einrichtung* (→ *Regiebetrieb*) geführt oder aber privatrechtlich von einem eingetragenen → *Verein*, der wegen der (maßgeblichen) Beteiligung der Kommune als ein auf privatrechtlicher Grundlage verselbständigter Teil der Kommunalverwaltung dieser zuzurechnen ist (→ *formelle Privatisierung)*. Diese Form der formellen Privatisierung kennt man an etwa einem Drittel der dem *VdM* angehörenden Musikschulen. An den fast 1000 VdM-Musikschulen werden rund 1 Mill. Schüler unterrichtet.

Als öffentliche Bildungs- und Kultureinrichtung zeichnet sich die Musikschule durch eine Reihe von Besonderheiten aus, die ihre Einordnung in das Bildungssystem erschweren: Sie will unterschiedliche Altersgruppen in der Bevölkerung ansprechen; die Unterrichtsformen reichen vom Einzel- über den Gruppenunterricht bis hin zum Ensemblemusizieren; vielerorts ist die Musikschule ein Zentrum kulturellen Lebens in der Gemeinde; sie dient der qualifizierten Freizeitbeschäftigung ebenso wie der Heranbildung professioneller

Musiker. Die Musikschule vereint somit Elemente der außerschulischen Jugendbildung, der schulischen Bildung, der Weiterbildung sowie der allgemeinen Kunst- und Kulturpflege. Mit der Fortentwicklung der Musikschule und ihrer allgemeinen öffentlichen Anerkennung hat jedoch bislang ihre rechtliche Anerkennung nicht Schritt gehalten. Problematisch ist insbesondere die fehlende Garantie von Staat und Kommunen zur Förderung der einzelnen Musikschulen sowie des Musikschulwesens insgesamt. Nicht ganz geklärt ist auch die Position, die die Musikschule im Bildungssystem einnimmt: Ist sie als schulische Ausbildung dem Schulbereich und damit der Förderung durch das jeweilige Bundesland zuzuordnen oder aber der Kulturförderung durch die Kommunen?

Trotz „Schulgeldfreiheit" wird in Deutschland die musikalische Ausbildung am Instrument ganz wesentlich von den Schülern bzw. deren Eltern finanziert. In Städten mit mehr als 50 000 Einwohnern werden 35,7 % der Ausgaben einer kommunalen Musikschule über Unterrichtsgebühren finanziert (1994); in kleineren Städten mit wenigen hauptberuflichen Lehrern liegt der relative Anteil sogar über 40 %. Dennoch zahlen die Städte im Durchschnitt pro Schüler einen Zuschuß von 854 DM (1994). Diese schwierige finanzielle Lage dürfte in Zukunft noch dadurch verschärft werden, daß sich kommerzielle Musikschulen vornehmlich die Segmente aus der Angebotspalette herausschneiden, die wirtschaftlich interessant sind, die „unwirtschaftlichen" Angebote aber dem kommunalen Musikschulen überlassen. Der erstaunlich große Erfolg der vielen kommerziellen Musikschulen, die als Franchiseunternehmen geführt werden (→ *Franchising*), dürfte die VdM-Musikschulen in den nächsten Jahren erheblich unter Druck setzen.

Lit.: Wucher, D.: Musikalische Erwachsenenbildung an Musikschulen, Regensburg 1998; Scheytt, O.: Die Musikschule. Ein Beitrag zum kommunalen Kulturverwaltungsrecht, Köln 1989

N

Nachfrageanalyse

Im Gegensatz zur → *Potentialanalyse*, die sich in erster Linie mit den Stärken und Schwächen der eigenen Unternehmung befaßt, geht die Nachfrageanalyse im Rahmen der → *Marketinganalyse* von den tatsächlichen oder möglichen Nachfragern, d. h. Kunden aus. Mit Blick auf die unterschiedlichen (tatsächlichen oder möglichen) Besucher- bzw. Nutzergruppen werden die Marktchancen einer bereits vorhandenen oder geplanten → *kulturellen Einrichtung* oder einer → *kulturellen Veranstaltung* erforscht. So wird z. B. gefragt: Wer sind eigentlich die Besucher des städtischen Theaters? Nach welchen Merkmalen (z. B. Alter, Bildungsabschluß, Geschlecht usw.) gliedert sich das Publikum? Welche Bevölkerungsgruppen werden ganz offensichtlich nicht erreicht? Oder es kann gefragt werden: Gibt es tatsächlich ein ausreichendes Nachfragepotential für ein geplantes Ausstellungshaus? Gibt es genügend Interessenten für das Projekt eines Musiksommers mit spezifischem Veranstaltungsangebot? Wer könnten die möglichen Interessenten sein und in welchem Umkreis (lokal/regional/bundesweit/international) sind diese anzusprechen? Dabei kann differenziert werden in: (1) Stammkunden, (2) Nicht-mehr-Kunden, (3) Noch-nicht-Kunden und (4) Nicht-Kunden, d. h. Personen, die unter keinen wie auch immer gearteten Umständen das angebotene künstlerische oder kulturelle Produkt nachfragen würden.

Während die Nachfrageanalyse im kommerziellen Kulturbetrieb längst zum selbstverständlichen Instrumentarium gehört, hat sie sich zunehmend zu einem Schwerpunkt des → *Kulturmarketings* und des → *strategischen Kulturmanagements* auch im öffentlichen Bereich entwickelt. Für die Nachfrageanalyse wird in der Regel eine Vielzahl externer Daten benötigt (→ *Marktforschung*). Diese Daten können entweder direkt für den speziellen Zweck (etwa durch eine Besucherbefragung) erhoben und ausgewertet werden (Primärdaten) oder aus bereits für andere Zwecke (etwa der Konsumentenforschung) erhobenen Daten abgleitet werden (Sekundärdaten). Denkbare Befragungstechniken sind dabei z. B. die schriftliche Umfrage bei einer nach dem Zufallsprinzip ausgewählten Besuchergruppe; kurze mündliche Befragung während einer Veranstaltungspause; sog. Tiefeninterviews mit speziell ausgewählten Personen usw. (→ *Empirische Kulturforschung*). Entscheidend ist dabei stets, was mit der Befragung erreicht werden soll; danach richtet sich auch der Kreis der zu Befragenden und die Formulierung der Fragen. Eine hohe Qualität erreicht die Nachfrageanalyse erst dann, wenn sie entsprechend umfangreich ist bzw. über einen längeren Zeitraum in immer gleichen Abständen durchgeführt wird; nur dann lassen sich Kundenverhalten und Produktorientierung in ihrer kontinuierlichen Veränderung ablesen.

Lit.: Kastin, K. S.: Marktforschung mit einfachen Mitteln. Daten und Informationen beschaffen, auswerten und interpretieren, München 1995; Weis, H.C. und P. Steinmetz: Marktforschung, Ludwigshafen 1995; Müller-Wesemann, B.: Die Affäre mit dem Publikum. Mit empirischen Marketing-Methoden Besucherpotentiale gezielt mobilisieren. In: HKM, D 2.1; Weigel, M.: Planungs- und Durchführungshilfen für die Marktforschung im Kulturbereich. Techniken zur Erhebung von Informationen, die Entscheidungen begründbar und Konsequenzen abschätzbar machen. In: HKM, D 2.2

Nachgelagerte Bereiche

In einer kulturökonomischen Betrachtung solche Wirtschaftsbereiche, die Kunst- und Kulturgüter an den Endverbraucher vermitteln oder Geräte vertreiben, die die technische Veraussetzung für die Nutzung der Leistungen im engeren kulturellen Bereich bilden. Nach der Ifo-Studie von 1988 (Hummel/Berger 1998) gehören hierzu: Handel mit Büchern, Zeitschriften, Schallplatten, Kunstgegenständen, Musikinstrumenten, rundfunk- und phonotechnischen Geräten sowie die Büchereien und Bibliotheken (→ *Wirtschaftsfaktor Kultur*).

Lit.: Hummel, M und M. Berger: Die volkswirtschaftliche Bedeutung von Kunst und Kultur, Berlin, München 1998

Nachweispflicht → Verwendungsnachweis

Nettoprinzip

Unter Nettoprinzip/Nettorechnung wird im Gegensatz zum → *Bruttoprinzip*/Bruttorechnung die Erfolgsrechnung verstanden, in der Aufwendungen und Erträge saldiert werden. Als Nettoprinzip bezeichnet man in öffentlichen Betrieben gelegentlich auch die → *Budgetierung*, weil der Netto-Zuschuß die entscheidende Größenordnung für den Handlungsspielraum ist.

Netto-Übertragung → Umweg-Rentabilität

Nettowertschöpfung

→ *Bruttowertschöpfung* abzüglich der Abschreibungen und indirekten Steuern (ohne Berücksichtigung der Subventionen); die Nettowertschöpfung entspricht dem Einkommen aus unselbständiger Arbeit sowie aus Unternehmertätigkeit und Vermögen.

Netzplantechnik

Aufwendige Technik der Ablaufplanung (→ *Ablauforganisation*), die terminliche und logische Abläufe sowie den sog. kritischen Weg anzeigt. Da die Netzplantechnik aus darstellungstechnischen Gründen einen definierten Anfangs- und Endpunkt benötigt, eignet sie sich vor allem als Ablaufplanung im → *Projektmanagement*. Sie kann eine Vielzahl einzelner Vorgänge und Daten berücksichtigen und ist – gerade auch mit Hilfe der elektronischen Datenverarbeitung – nahezu unbegrenzt ausbaubar. Wegen der relativ aufwendigen Planerstellung sollte sie aber erst ab mindestens 30 Vorgängen zur Anwendung kommen.

Im Kulturmanagement kommt die Netzplantechnik zum Einsatz, wenn man es mit komplexen Abläufen zu tun hat, die unbedingt termingebunden sind (z. B. Theaterpremieren oder Ausstellungseröffnungen), mehrere, relativ selbständige Betriebsteile betreffen (z. B. Werkstätten) und wenn die (terminlichen und finanziellen) Risiken außergewöhnlich hoch sind. So arbeiten beispielsweise die Bregenzer Festspiele mit Netzplänen, da für jeden Aufführungstag eine doppelte Planung erarbeitet werden muß (Aufführung bei trockenem

Wetter auf der Seebühne, bei regnerischem Wetter im Festspielhaus). Aber auch bei Theaterinszenierungen, bei großen Kunstausstellungen, bei aufwendigeren Buchproduktionen in Verlagen oder bei großen Stadtfesten wird die Netzplantechnik erfolgreich eingesetzt.

Die Erstellung eines Netzplans beginnt mit der Auflistung aller Vorgänge (komplexere Arbeitsabschnitte) und der Bestimmung der Dauer eines jeden Vorgangs (Zeitanalyse). Anschließend werden die Vorgänge und deren Dauer in eine Vorgangsliste eingetragen und zu jedem Vorgang die Vorgänger und Nachfolger bestimmt, d. h. es werden logische Abhängigkeiten festgehalten, ob also ein bestimmter Vorgang erledigt sein muß, bevor ein nachfolgender Vorgang begonnen werden kann.

In einem nächsten Schritt wird die Struktur des Netzplans entworfen, d. h. die einzelnen Vorgänge werden (zunächst nur mit ihrer Kennziffer/laufenden Nummer) so in eine grafische Darstellung übertragen, wie sich dies aus der Zuordnung von Vorgängern und Nachfolgern ergibt. Dann wird für jeden Vorgang ein Netzplan-Knoten erarbeitet, der folgende Informationen enthält:

Kennziffer (laufende Nr.) des Knotens
Bezeichnung des Vorgangs
Dauer des Vorgangs (D)
Frühest möglicher Anfang (FA)
Frühest mögliches Ende (FE)
Spätest möglicher Anfang (SA)
Spätest mögliches Ende (SE)
Pufferzeit (P)

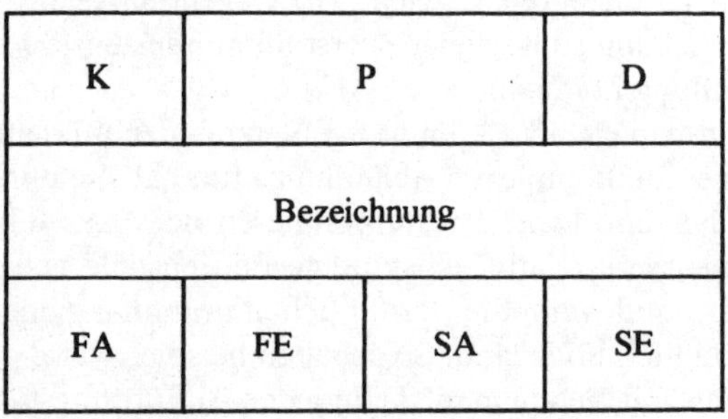

Abb. 7: Netzplan-Knoten

Indem in einer Vorwärtsrechnung für alle Vorgänge der frühest mögliche Anfang und das frühest mögliche Ende ermittelt werden (FA + D = FE), ergibt sich die Gesamtdauer des Projekt. Dabei ist das frühest mögliche Ende eines Vorgangs zugleich der frühest mögliche Anfang des nachfolgenden Vorgangs (FE/1 = FA/2). In einer Rückwärtsrechnung werden nun der spätest mögliche Anfang und das spätest mögliche Ende errechnet (SE – D = SA). Anschließend werden in jedem Netzplan-Knoten gesondert der frühest mögliche Anfang und der spätest mögliche Anfang gegenübergestellt; aus der Differenz (FA – SA = P) ergibt sich die Pufferzeit, d. h. die Zeit, um die ein Vorgang terminlich verschoben werden darf, ohne daß dies Folgen für den Endtermin des gesamten Projekts hätte. Wenn man alle Knoten ohne Pufferzeit (P = 0) miteinander verbindet, erhält man den sog. kritischen Weg. Er zeigt an, welche Vorgänge auf keinen Fall verschoben oder in ihrem zeitlichen Umfang überschritten werden dürfen, wenn es nicht zu einer Verschiebung des Endtermins kommen soll.

Netzpläne zu erstellen, verlangt eine gewisse Übung, auch ist ein nicht unerheblicher Zeitaufwand damit verbunden, weshalb sich der Einsatz eines entsprechenden EDV-Programms durchaus lohnt. Doch zeigt die Arbeit bei komplexen Planungsvorgängen (z. B. Theaterproduktionen, große Ausstellungsprojekte, große Buchprojekte, aufwendige Stadtjubiläen usw.) durchaus große Vorteile: (1) Man erhält eine außerordentlich detaillierte Übersicht über alle logischen und zeitlichen Aspekte eines Projekts; (2) logische Abhängigkeiten in den Abläufen (was muß in welcher Reihenfolge erledigt werden?) lassen sich leicht ablesen; man erkennt deutlich alle Verzweigungen und Parallelitäten, die für den wirtschaftlichen Einsatz von Ressourcen von Interesse sein könnten; (3) für jeden einzelnen Vorgang kann man die Pufferzeit ermitteln und weiß folglich, inwieweit man zeitlich flexibel ist; (4) durch die Darstellung des kritischen Weges ist das entscheidende terminliche Risiko in einem Projekt deutlich markiert.

Lit.: Heinrichs, W.: Kommunales Kulturmanagement. Rahmenbedingungen – Praxisfelder – Managementmethoden, Baden-Baden 1999:218–225; Schwarze, J.: Netzplantechnik. Eine Einführung in das Projektmanagement, Herne, Berlin 6. Aufl. 1990

Neue Medien

Sammelbegriff für Kommunikationsmittel, die über traditionelle Print-, Phono- und Bildmedien hinausgehen. Dazu zählt man vor allem solche Medien, die mit elektromagnetischen oder digitalisierten Informationsträgern arbeiten wie beispielsweise Videos, Compact-Disk, Bildplatte, → *DVD*, → *Internet*, Kabel- und Satelliten-Rundfunk usw. Im Kulturbereich kommen Neue Medien bei der Medienkunst zur Anwendung, also beispielsweise bei Video-Filmen, Video-Installationen oder in → *virtuellen Realitäten*, aber zunehmend auch im Bereich der → *Kommunikationspolitik* und der → *Öffentlichkeitsarbeit*..

Lit.: Zey, R.: Neue Medien. Informations- und Unterhaltungselektronik von A-Z, Reinbek bei Hamburg 1995

Neue Steuerungsmodelle → Dezentrale Ressourcenverantwortung

Neuwert

Wiederbeschaffungswert eines beschädigten oder gestohlenen Kunstwerks ohne Berücksichtigung einer möglichen Wertsteigerung.

Nonprofit-Marketing

Noch bis in die siebziger Jahre hinein verstand die betriebswirtschaftliche Theoriebildung unter Marketing in erster Linie „business-marketing“ und reduzierte dieses auf das → *Absatzmarketing*. Seit Mitte der siebziger Jahre setzte sich allerdings mehr und mehr die Erkenntnis durch, daß viele öffentliche Einrichtungen und Institutionen vor ganz ähnlichen Problemen stehen wie Wirtschaftsunternehmen. Auch Museumsdirektoren, Theaterleiter, kirchliche Instanzen, Wohlfahrtsverbände usw. müssen sich überlegen, welche „Produkte“ sie anbieten, welche → *Zielgruppen* mit welcher → *Kommunikationspolitik* angesprochen werden sollen, welche speziellen Vorteile das Angebot der jeweiligen Einrichtung gegenüber anderen Angeboten hat usw. Bei vielen dieser Transaktionen handelt es sich, wie im kommerziellen Bereich auch, um Leistungstausch gegen Entgelt, auch wenn dies nicht unmittelbar erkennbar ist. So bezahlen etwa Bürger für Museen, Bibliotheken, Theater, Schulen, Kirchen usw. nicht oder nur zu einem geringen Teil direkt, aber sie finanzieren diese Einrichtungen indirekt über ihre Steuern.

Marketing in diesem Verständnis impliziert also nicht notwendigerweise, daß Leistungen direkt bezahlt werden müssen, sondern die Kernidee des Konzeptes von Nonprofit-Marketing liegt darin, daß zwei Parteien freiwillig in eine Austauschbeziehung mit Gütern unterschiedlicher Art (neben Geld auch Zeit, Aufmerksamkeit, Gefühle usw.) eintreten. Non-Business-Marketing, Nonprofit-Marketing bzw. nicht-kommerzielles Marketing ist also eine Ausweitung des Objektbereiches von Marketing, d. h. das Marketing-Konzept wird vom Bereich der erwerbswirtschaftlichen auf den Bereich der nicht-erwerbswirtschaftlichen, nicht-gewinnorientierten Organisationen übertragen. Hierzu zählen etwa Behörden und Gebietskörperschaften (z. B. kommunales bzw. → *Stadtmarketing*), Hochschulen und sonstige Bildungseinrichtungen, öffentliche und privatwirtschaftlich-gemeinnützige Kulturbetriebe (→ *Kulturmarketing*), Wohlfahrts- bzw. Umweltorganisationen (Sozio- bzw. Ökomarketing) usw. Die ursprünglich für kommerzielle Organisationen entwickelten → *Marketinginstrumente* lassen sich (mit bestimmten Modifikationen) auch auf diese Organisationen zur besseren Erreichung ihrer Ziele übertragen.

Lit.: Kotler, Ph.: Marketing für Nonprofit-Organisationen, Stuttgart 1978

▶ Nonprofit-Organisation

Unter Nonprofit-Organisationen versteht man solche Einrichtungen und Institutionen, die zur Erfüllung bestimmter Aufgaben und Zwecke eingerichtet wurden (sog. Bedarfswirtschaften). Nonprofit-Organisationen sind nicht erwerbswirtschaftlich orientiert und agieren vorwiegend auf sog. Nicht-Märkten, d. h. sie verkaufen individuell nutzbare Güter oder Dienstleistungen nicht zu zumindest kostendeckenden Preisen und streben auch nicht an, auf einem Konkurrenzmarkt Gewinne zu erzielen. Zu solchen Nonprofit-Organisationen zählen öffentliche Verwaltungsbetriebe, aber auch privatrechtliche Betriebe wie beispielsweise Vereine, Stiftungen, Verbände, Wohlfahrtsorganisationen, Kirchen, Parteien usw. Dazu gehören auch öffentlich-rechtliche und privatrechtlich-gemeinnützige Kultureinrichtungen.

Hinsichtlich des Managements in Nonprofit-Organisationen ist deutlich zu unterscheiden zwischen Institutionen, die zwar nicht erwerbswirtschaftlich orientiert sind, aber professionell geführt werden (z. B. ein Stadttheater) und solchen Institutionen und Organisationen, die ehrenamtlich geleitet werden (z. B. Kulturvereine). Vor allem in letzteren ergeben sich besondere Herausforderungen an das Management, weshalb es gerechtfertigt erscheint, von einem eigenen Nonprofit-Management oder → *Nonprofit-Marketing* zu sprechen. Ein solches Nonprofit-Management beschäftigt sich beispielsweise mit der Art und Weise der → *Zielsetzung* unter Einbeziehung von ehrenamtlich tätigen Beiräten. Als weitere Problemfelder sind zu nennen die → *Führung* und die ständige → *Motivation* der ehrenamtlichen Mitarbeiter, die Organisation der Realisierung der Leistung und das → *Controlling*. Andererseits gibt es auch in einer ehrenamtlich geleiteten Nonprofit-Organisation zahlreiche Management-Aufgaben, die denen in erwerbswirtschaftlichen Betrieben sehr ähnlich sind, so daß wiederum eine Übertragung betriebswirtschaftlicher Elemente nicht gänzlich ausgeschlossen werden darf.

Lit.: Badelt, Chr.: Handbuch der Nonprofit Organisation. Strukturen und Management, Stuttgart 1999; Schwarz, P. u. a.: Das Freiburger Management-Modell für Nonprofit-Organisationen (NPO), Bern/Stuttgart/Wien 1996

▸ Normalvertrag

Der Normalvertrag ist ein Tarifvertrag, in dem die wesentlichsten Bestimmungen des Dienstvertrages, bezogen auf die Besonderheiten des Bühnenbetriebes, festgehalten sind. Normalverträge gibt es für den Solobereich (daher auch NV-Solo genannt), d. h. für Einzeldarsteller (Schauspieler, Sänger, Tänzer, Spielleiter, Dramaturgen, Kapellmeister, Singchordirektoren, Tanzmeister, Repetitoren, Inspizienten und Souffleure sowie Personen in ähnlicher Stellung), für den Opernchor und die Ballettänzer (Tanzgruppenmitglieder). Wesentliche Bestandteile sind die Bezeichnung der Tätigkeit, die gegenseitigen Leistungspflichten, Sonderregelungen der Arbeitszeit und Ruhezeit, Urlaubs- und Zuwendungsansprüche, die besonderen Voraussetzungen der Aufhebung (Nichtverlängerung) bzw. der Verlängerung des Vertrages sowie die Vereinbarung einer speziellen → *Bühnenschiedsgerichtsbarkeit* für Streitfälle.

Lit.: Kurz, H.: Praxishandbuch Theaterrecht, München 1999

Nutzungsrechte

Der Urheber eines Werks kann nach § 31 des Urheberrechtsgesetzes das Recht auf Nutzung, beispielsweise auf Vermarktung eines Werks, an andere abtreten. Dabei ist zu unterscheiden zwischen einer Wahrnehmungseinräumung und einer Nutzungseinräumung (→ *Licensing*). Im Falle der Wahrnehmungseinräumung nutzt der Lizenznehmer die Rechte nicht selbst, sondern vermittelt sie weiteren Interessenten oder sichert im Auftrag des Urhebers dessen Vergütungsansprüche; letzteres ist die Aufgabe der → *Verwertungsgesellschaften.*

Das Urheberrechtsgesetz unterscheidet das einfache und das ausschließliche Nutzungsrecht. Das einfache Nutzungsrecht berechtigt den Inhaber, das Werk neben dem Urheber oder anderen Berechtigten auf die ihm erlaubte Art zu nutzen (§ 31 Abs. 2 UrhG). Das ausschließliche Nutzungsrecht berechtigt den Inhaber, das Werk unter Ausschluß aller anderen Personen einschließlich des Urhebers auf die ihm erlaubte Art zu nutzen und einfache Nutzungsrechte einzuräumen (§ 31 Abs. 3 UrhG). Ein Theater, das ein Stück eines zeitgenössischen Autors aufführen möchte, erwirbt folglich ein einfaches Nutzungsrecht, während ein Verlag, der das Buch eines Autors publiziert, das ausschließliche Nutzungsrecht erwirbt und damit auch die Rechte für Verfilmung, Vertonung usw. innehat.

Übt der Inhaber eines ausschließlichen Nutzungsrechts das Recht nicht oder nur unzureichend aus und werden dadurch berechtigte Interessen des Urhebers erheblich verletzt, so kann dieser das Nutzungsrecht zurückrufen (§ 41 Abs. 1 UrhG). Allerdings ist dieses Rückrufrecht wegen Nichtausübung an zahlreiche Bedingungen geknüpft – siehe den Zusatz „erheblich" im Gesetzestext –, so daß es in der Praxis nur höchst selten zu einer Ausübung des Rückrufrechts kommen wird.

Lit.: Schulze, G.: Meine Rechte als Urheber. Urheber- und Verlagsrecht. Beck-Rechtsberater im dtv, Bd. 5291, München, 3. Aufl. 1998

O

Oberspielleiter

Während der Begriff des „Spielleiters" identisch ist mit dem des Regisseurs, steht in der Hierarchie des Theaters der Oberspielleiter unter dem Intendanten und über den einzelnen Regisseuren; er besetzt die Führungsposition eines meist auf mehrere Jahre festverpflichteten Regisseurs, der in Mehrspartenbetrieben u.U. auch in der Funktion eines Direktors der Sparte, aber auch neben einem Schauspieldirektor/Operndirektor tätig ist und die künstlerische Gesamtverantwortung für die jeweilige Sparte trägt. Darüber hinaus besteht die Aufgabe des Oberspielleiters vor allem darin, sich um das künstlerische Niveau und die Entwicklung des Ensembles zu kümmern.

Lit.: Deutscher Bühnenverein: Berufe am Theater, Köln 1997

Öffentlicher Kulturbetrieb

Teil des → *Kulturbetriebs* in seiner Gesamtheit. Zum öffentlichen Kulturbetrieb gehören alle Einrichtungen, die sich unmittelbar oder mittelbar in der Trägerschaft der öffentlichen Hand befinden und deren zu erwartender Betriebsverluste aus allgemeinen Deckungsmitteln der öffentlichen Haushalte abgedeckt werden. Nach diesem Verständnis gehören auch → *formal privatisierte* Einrichtungen zum öffentlichen Kulturbetrieb, also beispielsweise eine kommunale → *Musikschule* e.V., weil diesem Verein schon im voraus ein Zuschuß in Höhe des zu erwartenden Verlustes zugesprochen wird. Einrichtungen des öffentlichen Kulturbetriebs können in den verschiedensten → *Rechtsformen* auftreten.

Öffentlichkeitsarbeit

Die Öffentlichkeitsarbeit (bzw. → *Public Relations*) ist eines der Instrumente der → *Kommunikationspolitik*. Sie umfaßt alle Kommunikationsmaßnahmen gegenüber der Öffentlichkeit, um das Verständnis für die eigenen Ziele bzw. Anliegen zu fördern, ein eigenständiges Erscheinungsbild zu schaffen und eine Vertrauensbasis gegenüber der Öffentlichkeit aufzubauen. Öffentlichkeitsarbeit ist deshalb klar abzugrenzen gegenüber Werbung oder Verkaufsförderung. Sie ist auch nicht zu reduzieren auf → *Presse-* und Medienarbeit, da Journalisten zwar die wichtigsten, aber nicht die einzigen Ansprechpartner für vertrauensbildende Maßnahmen sind. Öffentlichkeitsarbeit richtet sich dabei sowohl an ein allgemeines, unspezifisches als auch an ein ganz bestimmtes Publikum (→ *Zielgruppen*). Im Kern geht es darum, daß kulturelle Einrichtungen auf Dauer ihr unverwechselbares Profil erhalten und sich behaupten können.

Lit.: Jürgens, E.: Projekt Öffentlichkeitsarbeit. Mit Öffentlichkeitsarbeit Bürger und Politiker für Kultur gewinnen. In: HKM, D 4.3; Mandel, B.: Kulturelle Öffentlichkeitsarbeit. Eine Kunst für sich. In: HKM, D 4.5; Faulstich, W.: Grundwissen Öffentlichkeitsarbeit. Kritische Einführung in Problemfelder der Public Relations, Bardowick 1992; Hanemann, P.: Kultur in die Öffentlichkeit. Ein Handbuch zur kulturellen Presse- und Öffentlichkeitsarbeit. Essen 1991

▸ Ökonomisches Prinzip → Wirtschaftlichkeitsprinzip

▸ Operatives Management

Ebene des → *Managements*, die sich mit der Umsetzung von strategischen Zielen (→ *strategisches Kulturmanagement*) befaßt. Eine solche Umsetzung zeigt sich vor allem in der → *Planung*, wenn strategische Gesamtziele und -pläne in operative Teilziele und Teilpläne überführt werden. Negativ formuliert kann man als operatives Management die Gesamtheit des Management-Handelns bezeichnen, sofern es nicht strategisch orientiert ist.

▸ Opinion Leader

Opinion Leader bzw. Meinungsführer sind solche Mitglieder einer Gruppe, die einen stärkeren persönlichen Einfluß auf die Gruppe ausüben als andere Gruppenmitglieder, d. h. sie bestimmen weitgehend die Meinung, die innerhalb der Gruppe herrscht und von dieser ggf. auch nach außen getragen wird. Der Meinungsführer hat somit eine gewisse Schlüsselstellung innerhalb einer Gruppe; er entfaltet im Rahmen persönlicher Kommunikation besondere Aktivitäten und übernimmt durch seinen größeren Einfluß auf die Gruppe oft Auslöserfunktionen für die Meinungen und Entscheidungen dieser. Im Rahmen der eigenen Strategien und Zielsetzungen ist es für kulturelle Betriebe und Einrichtungen von besonderer Bedeutung, Meinungsführer in Gruppen zu identifizieren und diese für die eigenen Ziele zu gewinnen.

Opportunitätskosten

Im mikroökonomischen Verständnis (Verhalten einzelner Wirtschaftssubjekte) der entgangene Nutzen aus der besten, nicht gewählten Handlung. Beispielsweise stellt sich für den Fußball-Fan die Frage, wie hoch für ihn der entgangene Nutzen ist, wenn er statt ins Fußballstadion ins Theater geht. Opportunitätskosten sind vor allem dann von großem Interesse für das Kulturmanagement, wenn man neben den „Kosten" einer Kulturveranstaltung auch die benötigte Zeit berücksichtigt. Dann nämlich werden die Opportunitätskosten um so höher, je größer der mit der Kulturveranstaltung verbundene Zeitaufwand (beispielsweise auch für Anfahrt, Kartenreservierung usw.) ist (vgl. auch → *Grenznutzen*). Ein Kulturmanagement muß folglich darauf ausgerichtet sein, vor allem die zeitlichen Opportunitätskosten so niedrig wie möglich zu halten.

Orchestertarife

Kulturorchester werden tarifrechtlich nach ihrer Mindestgröße eingestuft, d. h. ab einer bestimmten Mindestzahl von Musikern wird das Orchester einer entsprechenden Tarifstufe zugeordnet:

Tarifvertrag für Kulturorchester (TVK)	Mindestgröße
Stufe A	99 Musiker
Stufe B	66 Musiker
Stufe C	56 Musiker
Stufe D	weniger als 56 Musiker

In der Praxis ist es allerdings häufig so, daß auch kleinere Orchester nach höheren Tarifen bezahlt werden, um auf diese Weise Musiker von höherer Qualität anwerben und einstellen zu können. Für sehr große Orchester (deutlich über 100 Musiker) werden in der Regel auch übertarifliche Zahlungen vereinbart.

▸ Outsourcing

Ursprünglich die wirtschaftliche Auslagerung von computergestützter Informationsverarbeitung auf Fremdfirmen (z. B. für die Lohnbuchhaltung), heute allgemein jede wirtschaftliche Auslagerung von kompakten betrieblichen Aufgaben.

Wie in anderen Betrieben auch, spielt Outsourcing in Kulturbetrieben eine Rolle beispielsweise bei der Auslagerung werblicher Aufgaben an eine Werbeagentur oder bei der Beauftragung einer Reinigungsfirmen mit der Säuberung der Stadthalle. Eine neue Form von Outsourcing ist in jüngster Zeit zu beobachten, wenn kleinere und mittlere Kommunen beispielsweise die Organisation von Kunstausstellungen an Ausstellungsagenturen verlagern (→ *Privatisierung*).

P

▸ Paddle

Kleines Schild (einem Paddel ähnlich) mit einer Nummer, mit dem der Teilnehmer einer → *Kunstauktion* sein Kaufgebot anzeigt. Um auf großen Auktionen die Bieter nach erfolgtem Zuschlag zurückverfolgen zu können, dürfen sich nur diejenigen im Saal an einer Auktion beteiligen, die im Besitz eines Paddles sind und sich demnach entsprechend haben registrieren lassen.

▸ Pareto-Prinzip

Der italienische Nationalökonom Vilfredo Pareto (1848–1923) konnte mit statistischen Untersuchungen belegen, daß 20 % der Bevölkerung 80 % des Volksvermögens besitzen. Dieses 20:80-Prinzip konnte zwischenzeitlich auch für viele andere Lebensbereiche nachgewiesen werden. So enthalten 20 % des Umfangs einer Zeitung 80 % der relevanten Nachrichten. Zur effektiven Deckung des Informationsbedarfs (→ *Information*) kommt es also entscheidend darauf an, diese 20 % des Zeitungsinhalts zu erkennen und gegebenenfalls auf die restlichen 80 %, die nur 20 % der relevanten Informationen enthalten, zu verzichten.

Dem Grundsatz nach, wenn auch mit gelegentlichen Abweichungen in den konkreten Größenverhältnissen, kann das Pareto-Prinzip auf viele Bereiche im Kulturmanagement übertragen werden. Beispielsweise stellen 20 % der Adressaten, die zur Eröffnung einer Kunstausstellung eingeladen werden, 80 % der Vernissagenbesucher; 20 % derer, die das Konzertprogramm erhalten, stellen 80 % der Konzertbesucher; 20 % derer, die im → *Fund raising* für eine Spende angeschrieben werden, bilden 80 % des Spendenaufkommens usw. Dies zu wissen, relativiert die Erwartungen, die man an eine Mailing-Aktion haben darf. Bedauerlich ist nur, daß man die entscheidenden 20 % leider nur selten vorher genau ausmachen kann.

Personalführung → Führung

Pflichtaufgaben, kommunale

In der kommunalen Praxis wird ganz allgemein zwischen Pflichtaufgaben, zu deren Erfüllung die Gemeinden durch Gesetze verpflichtet sind, und → *freiwilligen Aufgaben*, die sich an der wirtschaftlichen Gesamtsituation und den Handlungsspielräumen der jeweiligen Gemeinde orientieren, unterschieden. Die Pflichtaufgaben – auf deren Erfüllung ein jederzeit einklagbarer Rechtsanspruch des Bürgers besteht – haben dabei Vorrang; die Bereitstellung eines Theaterangebotes kann dagegen nicht eingeklagt werden.

Planung

Gedankliche Vorwegnahme eines künftigen Geschehens; Planung ist eine der wichtigsten → *Managementfunktionen*, weil hier einerseits die Realisierung eines Vorhabens in allen Varianten gedanklich durchgespielt werden kann, ohne daß Ressourcen verbraucht werden und weil andererseits die Qualität der Planung entscheidend ist für die Effizienz der späteren Realisierung. Der Planungsphase unmittelbar voraus geht die → *Zielsetzung*; Planung versteht sich demnach als gedankliche Vorwegnahme der Umsetzung von Zielen. Die eigentliche Planungsphase (ohne Zielsetzungsphase) erfolgt üblicherweise in vier Schritten:

(1) Problemanalyse. Das Problem besteht darin, daß in Form einer Planung Wege gefunden werden müssen, um eine Zielsetzung realisieren zu können. Es gilt folglich zunächst, das Problem zu erkennen und zu analysieren. Dazu ist es sinnvoll, das Problem in Teilprobleme zu gliedern und die Teilprobleme nach Prioritäten und Abhängigkeiten zu ordnen. Gegebenenfalls muß sich eine Detailanalyse der Problemursachen anschließen, um Ansatzpunkte für eine Problemlösung bzw. eine Ursachenbehebung zu erhalten.

(2) Alternativensuche. Nach der Problemanalyse sollten mögliche Lösungen aufgezeigt werden. Dabei kommt es entscheidend darauf an, sich nicht zu früh auf eine denkbare Lösung festzulegen, sondern offen zu bleiben für mehrere Alternativen. Um möglichst eine große

Zahl von Alternativen erörtern zu können, empfiehlt es sich sehr, geeignete → *Kreativitätstechniken* einzusetzen.

(3) Prognose. Sind denkbare Alternativen zur Lösung des Problems gefunden, ist in einem dritten Schritt zu prüfen, welchen Erfolg bzw. welche Wirkung die verschiedenen Lösungsalternativen voraussichtlich haben werden. Dazu kann man sich gegebenenfalls verschiedener → *Prognosetechniken* bedienen. Alle Prognosen sind hinsichtlich ihrer Prognosesicherheit und -wahrscheinlichkeit sorgfältig abzuschätzen.

(4) Bewertung. Am Ende einer Planungsphase sollte man beurteilen können, welche Lösungsmöglichkeit für die Umsetzung der Ziele am ehesten geeignet ist. Diese abschließende Bewertung ist mit Hilfe von festgelegten Bewertungskriterien sorgfältig durchzuführen, da hier die letzte Gelegenheit besteht, auf die Art und Weise der Realisierung Einfluß zu nehmen, ohne daß dazu schon Personal-, Finanz- oder Sachressourcen in Anspruch genommen werden müssen.

Wie dem eigentlichen Planungsprozeß die Zielsetzung vorausgeht, folgt ihm die → *Entscheidung*. Sie beendet gleichzeitig die gedankliche Vorwegnahme der Realisierung und leitet über in die tatsächliche, ressourcenabhängige Umsetzung der Ziele.

Zusammenfassend handelt es sich bei der Planung mithin um einen komplexen und mehrstufigen Prozeß, der rational und methodisch-systematisch vonstatten geht. Dennoch bleibt die Planung immer mit Risiken behaftet, da sie auf eine unsichere und nicht überschaubare Zukunft ausgerichtet ist.

Lit.: Heinrichs, W.: Kommunales Kulturmanagement. Rahmenbedingungen – Praxisfelder – Managementmethoden, Baden-Baden 1999:180–185; Franke, R. und M.P. Zerres: Planungstechniken. Instrumente für zukunftsorientierte Unternehmensführung, Frankfurt/Main 4. Aufl. 1994; Schneck, O.: Management-Techniken. Einführung in die Instrumente der Planung, Strategiebildung und Organisation, Frankfurt am Main 2. Aufl. 1996

♦ Portfolio-Analyse

Die Portfolio-Analyse ist eine ursprünglich der Finanzwirtschaft zuzuordnende Planungsmethode zur Zusammenstellung eines Bündels verschiedener Wertpapiere („portefeuille"), das, nach bestimmten Kriterien bewertet, eine möglichst optimale Verzinsung des an der Aktienbörse investierten Kapitals erbringen soll. Anfang der siebziger Jahre wurde diese Methode auf Unternehmungen mit unterschiedlichen Geschäftseinheiten übertragen. Ziel war und ist es, die einzelnen „strategischen Geschäftseinheiten (SGE)" (im Theaterbereich beispielsweise Schauspiel-, Opern, Operetten-, Musical-, Kinder- und Jugendprogramme; im Musikschulbereich etwa Ensemblespiel, verschiedene Gruppenunterrichte, Einzelunterrichte, Aufführungen; im Bibliotheksbereich etwa Ausleihe von Belletristik, Sachbüchern, Zeitschriften, Videos, CDs und Musikkassetten usw.; im Volkshochschulbereich etwa Sprachunterricht, Computerausbildung, politische Themen, handwerkliche Kurse usw.) nicht isoliert, sondern ganzheitlich im Zusammenhang mit dem Marktgeschehen zu betrachten und eine ganzheitliche Planung des Verbundes aller „strategischen Geschäftseinheiten" anzustreben.

Dabei lassen sich unterschiedliche Kriterien zur Beurteilung des Umfeldes bzw. der eigenen Position auf dem Markt vorstellen. Die Portfolio-Matrix der Boston-Consulting-Group beispielsweise geht von den beiden wesentlichen Beurteilungskriterien (die zugleich die rechtwinkligen Koordinaten einer graphischen Darstellung bilden) „relativer Marktanteil" (als horizontale Achse Ausdruck der Wettbewerbsposition der eigenen Unternehmung) und „Marktwachstum" (als Vertikale Ausdruck der Attraktivität eines Marktes) aus. Die eigenen Geschäftseinheiten lassen sich nun – je nachdem, welchen Wert der eigene Marktanteil bzw. das Produkt innerhalb des Marktwachstums einnimmt – innerhalb dieser Koordinaten positionieren. Die Matrix teilt das Gesamtfeld in vier Teilfelder mit zugehörigen Strategien der Ressourcenzuteilung bzw. der Investitionsaufforderung auf, deren Gesamtziel ein Gleichgewicht der Zahlungsströme sowie eine ausgewogene Investitionspolitik ist.

Im (1) Feld mit einem hohen Marktwachstum, aber eigenem niedrigen Marktanteil stehen die „Fragezeichen". Dies wird für die meisten Geschäftseinheiten in der Anfangssphase zutreffen, denn durch ihre Gründung will sich die Unternehmung bzw. Einrichtung Zutritt zu einem „Wachstumsmarkt" verschaffen. Hier wird eine selektive Strategie vorgeschlagen, denn die Leitung des Betriebes muß sich immer wieder fragen, ob sich weitere Investitionen in dieser Geschäftseinheit lohnen oder man nicht besser aus diesem Marktseg-

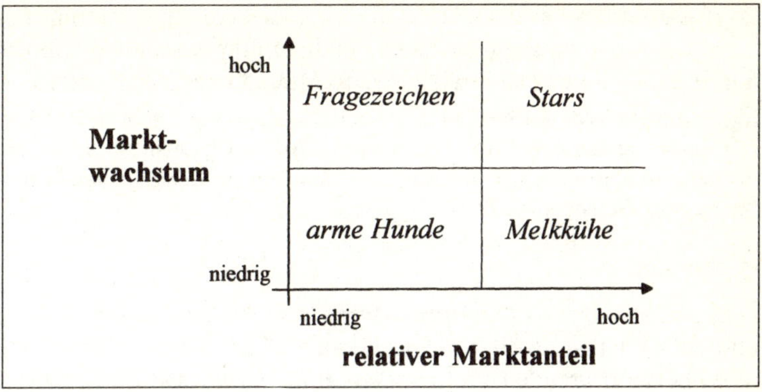

Abb. 8: Portfolio-Analyse

ment aussteigen sollte. In dem attraktivsten (2) Feld mit sowohl hohem Marktwachstum als auch eigenem hohen Marktanteil existieren die „Stars", in die es zu investieren und die es zu fördern gilt, denn sie machen die Stärke einer Unternehmung aus. Im (3) Feld mit niedrigem Marktwachstum, aber eigenem hohen Marktanteil dagegen grasen die „Melkkühe", deren Position es zu halten gilt und deren Erträge zu ernten sind; diese Geschäftseinheiten haben nur noch wenig Zukunft (Wachstum), erbringen aber, da sie nicht mehr durch Investitionen belastet werden, hohe Erträge. Im (3) Feld mit niedrigem Marktwachstum und niedrigem eigenen Marktanteil vegetieren die „Armen Hunde"; hier wird ebenfalls Ertragsabschöpfung, aber auch Desinvestition bzw. Aufgabe der Geschäftseinheit vorgeschlagen.

Betrachtet man die vier Matrixfelder im Zusammenhang, so wird deutlich, daß es sich bei der Portfolio-Analyse nicht um ein starres System handelt, sondern Prozesse aufgezeigt werden, in denen die einzelnen Geschäftseinheiten längerfristig ihre Positionen verändern können. Aus den „Fragezeichen" von heute können die „Stars" von morgen werden; aus den „Stars" von heute die „Melkkühe" von morgen. Aus strategischer Sicht sollte man deshalb bemüht sein, stets alle vier Portfolio-Felder mit eigenen Geschäftseinheiten besetzt zu haben, um durch die Weiterentwicklung der Geschäftseinheiten nicht irgendwann in eine schwierige Situation zu geraten. Die

Portfolio-Analyse bietet ein relativ einfaches Analyse-Instrument, um diese Entwicklung nicht dem Zufall zu überlassen, sondern sie durch geeignete eigene Strategien und Maßnahmen zu steuern.

Lit.: Heinrichs, W.: Perdendosi al fine oder da capo con variationi? Musikschulen in der Krise. In: HKM, B 3.2; Syring, A.: Management innovativer Informationssysteme.Portfolio-Methodik zur Bewältigung der Komplexität des Übergangs, Göttingen 1993

▸ Postkäufer

Begriff aus dem → *Database-Marketing*. Versandhäuser, Verlage und selbst Hilfsorganisationen verkaufen ihre Kundendateien an nicht-konkurrierende Unternehmen für Zwecke des → *Direkt-Marketings*. Dabei handelt es sich um Personen, die regelmäßig per Post kaufen oder auf Postsendungen reagieren und die damit einer schriftlichen Werbung grundsätzlich positiv gegenüberstehen. Allerdings sind solche Postkäufer-Dateien für den Kulturbereich nur dann sinnvoll, wenn sie bereits nach Merkmalen ausgewählt wurden, die wenigstens weitgehend mit denen der eigenen Zielgruppe deckungsgleich sind.

▸ Potentialanalyse

Die Potentialanalyse als Teil der → *Marketinganalyse* bzw. eines → *strategischen Kulturmanagements* befaßt sich mit der Position der eigenen Organisation bzw. des Betriebs und dem möglichen Leistungsangebot hinsichtlich des Umfangs und der Qualität. Im Vordergrund steht dabei die Frage, was dem eigenen Betrieb überhaupt möglich ist, z. B. ob das geplante Vorhaben personell, räumlich, finanziell und organisatorisch geleistet werden kann. Als → *Managementtechnik* in einer Potentialanalyse eignet sich vor allem eine standardisierte → *Stärken-Schwächen-Analyse* des eigenen Betriebs bzw. der Einrichtung, aus der sich ein Stärken-Schwächen-Profil ableiten läßt.

▸ Preispolitik, Konditionenpolitik

Als ein wesentliches → *Marketinginstrument* umfaßt die Preis- und Konditionenpolitik alle Regelungen bezüglich des zu zahlenden

Entgelts für des Leistungsangebot, der möglichen Preisnachlässe in Form von Rabatten bzw. darüber hinausgehenden Lieferungs-, Zahlungs- und Kreditierungsbedingungen. Zentrale Elemente sind hierbei die Preispolitik (d. h. die Frage, nach welchen Gesichtspunkten die Preise festgelegt werden) und die Rabattpolitik (d. h. die Frage, welche Preisnachlässe gewährt werden, z. B. Barzahlungsrabatt/Skonto, Warenrabatt, Frühbezugsrabatt/Subskription, Treuerabatt usw.).

Wesentliche Bestimmungsfaktoren der Preisbildung sind (1) die Bedingungen der Lieferanten, z. B. Honorare von Schauspielern, Musikern, Künstlern, (2) die Situation der Abnehmer, z. B. die Frage, welchen Preis das Publikum bereit ist zu zahlen, (3) die Konkurrenz, z. B. ob ein privater Konzertveranstalter dasselbe Konzert günstiger anbietet als ein öffentlicher Anbieter und (4) die eigene Situation bzw. das eigene Zielsystem des Produzenten, z. B. ob aus bildungs-, sozial- oder kulturpolitischen Gründen Kulturveranstaltungen subventioniert werden sollen. Über eine differenzierte Preisgestaltung können häufig Besucherströme gelenkt werden (z. B. niedriger Eintritt an besonderen Wochentagen, Gruppenkarten, Gutscheinheft, unterschiedlich teure Sitzplätze, Kino-Tag/Kino-Nacht usw.).

Preistheorie

Teil der Wirtschaftstheorie; sie beschäftigt sich mit der Preisbildung auf dem Markt. Die Preistheorie ist historisch in einem engen Zusammenhang mit der → *Werttheorie* zu sehen, was schon die Unterscheidung zwischen objektiver und subjektiver Preisbildung zeigt. Die objektive Preisbildungtheorie geht von der Arbeitswerttheorie aus (der Preis eines Produkts sollte dem Wert der darin eingegangenen Arbeit entsprechen), die subjektive Preisbildungstheorie stellt dagegen die subjektive Wertschätzung des Käufers (Nutzen) als Maßstab in den Mittelpunkt. Die moderne Preistheorie versucht, objektive (Marktformen, Produktionsbedingungen) und subjektive Elemente (Bedürfnis- und Präferenzskalen, Ziele und Verhaltensweisen der Wirtschaftssubjekte) miteinander zu verbinden.

Für eine kulturökonomische Betrachtung ist allein die subjektive Preistheorie von Nutzen, da nur sie die Entstehung eines Preises beispielsweise für ein Kunstwerk mit geringem Arbeitsaufwand erklären kann; nach der objektiven Preistheorie müßten solche Arbeiten im Preis weit niedriger angesetzt werden.

▶ Pressearbeit

Die Pressearbeit ist ein zentrales Element der → *Öffentlichkeitsarbeit* bzw. der → *Kommunikationspolitik* einer kulturellen Einrichtung und gehört zu den Leitungsaufgaben. Während sich die allgemeine Öffentlichkeitsarbeit an die Öffentlichkeit insgesamt bzw. an spezifische → *Zielgruppen* richtet, ist Presse- und Medienarbeit ausschließlich Öffentlichkeitsarbeit, die sich an Journalisten richtet. Deshalb sind hier ganz besonders die spezifischen Arbeitsbedingungen und Wahrnehmungsweisen von Journalisten zu berücksichtigen. Zu den wichtigsten Instrumenten der Pressearbeit zählen die → *Pressemitteilung* bzw. die → *Pressekonferenz*. Darüber hinaus sind solide, dauerhafte und möglichst persönliche Medienkontakte („Hintergrundgespräche") gerade im Kulturbereich, in dem häufig ein Ereignis das andere verdrängt, von besonderer Bedeutung.

Pressearbeit als Kommunikation ist nie nur Ein-Weg-Kommunikation, in der ausschließlich der „Sender" (Kulturbetrieb) seine Informationen an den „Empfänger" (Journalist) absetzt, sondern immer auch ein Dialog, in dem von beiden Seiten wichtige Informationen gesendet und empfangen werden. Um Pressearbeit möglichst effizient zu gestalten, ist angesichts der Vielzahl von Informationen, die eine Redaktion ständig erhält, eine möglichst spezifische Ansprache der jeweiligen Adressaten unabdingbar. Eines der wichtigsten Arbeitsmittel der Presse- und Medienarbeit ist deshalb ein nach spezifischen journalistischen Zielgruppen differenzierter, laufend aktualisierter Anschriftenverteiler, der die jeweils für die einzelnen Bereiche zuständigen Redakteure und Journalisten erfaßt. Bei größeren Zeitungen bzw. bei Hörfunk- und Fernsehanstalten sind z. B. Ausstellungseinladungen in der Regel nur an das Ressort für Bildende Kunst, Theaterkarten nur an das entsprechende Theaterressort und nicht allgemein an „das → *Feuilleton*" oder „die Kulturredaktion" zu senden. Wo immer möglich, sind darüber hinaus die Adressaten namentlich anzusprechen, um den Aufmerksamkeitswert zu erhöhen.

Bei der Gestaltung einer möglichst effizienten Pressearbeit ist nach dem möglichen Interesse bzw. der Reichweite der Information zu differenzieren und sind demnach die entsprechenden Medienpartner anzusprechen: (1) Lokales Interesse (Lokalzeitungen, Stadtteilzeitungen, Anzeigenblätter, Bürgerzeitungen, Veranstaltungskalender, Szene-Blätter, Vereinsnachrichten, Kirchenzeitungen, lokale Rundfunkstationen usw.); (2) regionales Interesse (wie lokal, darüber hinaus: Regionalzeitungen, Zeitungsgruppen mit entsprechendem Regionalteil, regionale Hörfunk- und Fernsehanstalten, regionale Kulturzeitschriften usw.); (3) Überregionales allgemeines Interesse (überregionale Tages- und Wochenzeitungen, Zentralredaktionen der Hörfunk- und Fernsehanstalten, Presseagenturen und -dienste, ausgewählte Kultur- und Publikumszeitschriften, Programmzeitschriften usw.); (4) Überregionales Fachinteresse (zusätzlich zum allgemeinen Interesse Fachzeitschriften, Spezial-Informationsdienste, Organe von Fachverbänden, Berufsorganisationen usw.). Auf allen Ebenen der Kulturberichterstattung sind in der Regel zahlreiche freiberufliche Journalisten tätig, die sich auf Kultur-Themen spezialisiert haben und ihre Beiträge an überregionale Presse- oder Rundfunkanstalten absetzen. Hier ist eine enge Zusammenarbeit besonders wichtig, da diese Journalistengruppe in der Regel ein besonders großes Interesse an der Berichterstattung hat. Die entsprechenden Adressen wichtiger Presse- und Medienorganisationen bzw. freier Journalisten finden sich in folgenden Nachschlagewerken:

Adressenverzeichnisse: STAMM. Presse- und Medienhandbuch. Leitfaden durch Presse und Werbung, Essen (erscheint jährlich); Oeckl, A. (Hrsg.): Taschenbuch des Öffentlichen Lebens, Bonn (erscheint jährlich); Kroll, J. M. (Hrsg.): Presse-Taschenbuch Kunst, Architektur, Design 1998/1999, Seefeld 1999

Lit.: Heinemann, B: Der heiße Draht zu Journalisten. Wie Pressechefs ihre Organisation professionell, effizient und vielschichtig in die Medien bringen. In: HKM, D 4.1; Pauli, K. S.: Leitfaden für die Pressearbeit. Beck-Wirtschaftsberater im dtv, München 1993; Hanemann, P.: Kultur in die Öffentlichkeit. Ein Handbuch zur kulturellen Presse- und Öffentlichkeitsarbeit, Essen 1991; Deutscher Städtetag: Städtische Presse- und Öffentlichkeitsarbeit heute. Eine Arbeitshilfe (DST-Beiträge zur Kommunalpolitik, Reihe A Heft 14), Köln 1991 Stegert, G.: Feuilleton für alle. Strategien im Kulturjournalismus der Presse, Tübingen 1998

▶ Pressekonferenz

Die Pressekonferenz ist ein wichtiges Instrument der → *Pressearbeit*, das allerdings nur bei besonders wichtigen Anlässen eingesetzt werden sollte. Zentrale Frage ist deshalb vor Einberufung einer Pressekonferenz, ob der zu berichtende Anlaß hierfür wichtig genug ist oder sich die Information nicht – für beide Seiten – effektiver über eine → *Pressemitteilung* darstellen läßt. Da die Durchführung einer Pressekonferenz – wiederum für beide Seiten! – wichtige Zeit bindet, ist sie besonders effizient vorzubereiten. Neben den zentralen Fragen: Wer lädt ein?/Wer wird eingeladen? zählen hierzu vor allem ein exaktes „Timing“, eine möglichst originelle Ortswahl sowie vor allem eine optimale Materialerstellung.

Hinsichtlich (1) des „Timing“, d. h. der Wahl des optimalen Zeitpunktes der Konferenz, gilt es eine Vielzahl von Faktoren zu berücksichtigen, die zum einen aus den Arbeitsbedingungen der Medien, zum anderen aus dem Ereignis selbst resultieren (z. B. zeitliche Nähe/Ferne zum Ereignis, Redaktionsschluß von jeweils Tages-, Wochen- oder Monatszeitschriften, ggf. Vereinbaren einer sog. Sperrfrist, um allen Medien gleiche Startbedingungen zu geben usw.); (2) der Ort muß einerseits bestimmten technischen Voraussetzungen entsprechen (z. B. Schreib- und ggf. Telefon-/Telefaxmöglichkeiten, akustische Abschirmung, insbesondere bei Originaltonaufnahmen wie Interviews, Statements usw.), andererseits sollte er im Sinne einer plastischen Berichterstattung möglichst anregend sein (z. B. Probenteilnahme, Ausstellungsaufbau usw.); (3) die Materialerstellung sollte die erwarteten Journalisten in ausreichendem Umfang mit allen Materialien versorgen, die für ihre Berichterstattung relevant sind (Pressemappen, Kurzinformation/Langtext, Bildmaterial, Tonkassetten bzw. CD bei Konzerten, ggf. Videomaterial usw.). Nach Ablauf der Pressekonferenz ist anhand einer ausgelegten Anwesenheitsliste festzustellen, welche Medien der Einladung nicht gefolgt sind; diese sind direkt anzusprechen und bei Interesse mit dem Material der Pressekonferenz zu versorgen.

Lit.: Heinemann, B.: Der heiße Draht zu Journalisten. Wie Pressechefs ihre Organisation professionell, effizient und vielschichtig in die Medien bringen. In: HKM, D 4.1

Pressemitteilung

Die Pressemitteilung bzw. Presseinformation ist ein wichtiges Instrument der → *Pressearbeit*. Anders als die → *Pressekonferenz*, auf der durch die Möglichkeit der Fragenstellung prinzipiell ein Dialog möglich ist, ist die Pressemitteilung eine Ein-Weg-Kommunikation, in der ein Sender (Kultureinrichtung) einem Empfänger (Medien) eine Information mitteilt. Die Pressemitteilung muß gewissen inhaltlichen und formalen Kriterien entsprechen; darüber hinaus sollte sie bestimmte Relevanzkriterien erfüllen, um die Chancen ihrer tatsächlichen Veröffentlichung zu erhöhen. (1) Unter inhaltlichen Gesichtspunkten muß die Pressemitteilung Anworten geben auf die sog. W-Fragen: Was? Wer? Wann? Wo? Mit wem? Für wen? Wie? Warum? (2) Unter formalen Gesichtspunkten gilt es die klare Identifikation des Absenders zu berücksichtigen, die Plazierung der Hauptinformation am Anfang (da in den Redaktionen in der Regel von hinten gekürzt wird), die absatzweise Zusammenfassung von Einzelinformationen (der Redakteur kann dann nach Wichtigkeit absatzweise kürzen), eine kurze, klare und prägnante Schreibweise sowie die einseitige Beschriftung des Papieres. (3) Unter Relevanzaspekten ist z. B. zu achten auf die Aktualität bzw. Besonderheit des Themas (→ *Event-Marketing*), seine Nähe zum jeweiligen Publikum, seine öffentliche Bedeutung, seine Identifikationsmöglichkeiten für die Leser, Zuschauer, Zuhörer sowie schließlich den jeweiligen Interessantheitsgrad (z. B. emotionaler Gehalt, Kuriosität, Prominenz, Folgenschwere, Reichweite usw.)

Lit.: Heinemann, B.: Der heiße Draht zu Journalisten. Wie Pressechefs ihre Organisation professionell, effizient und vielschichtig in die Medien bringen. In: HKM, D 4.1

Prinzipien staatlicher Kulturförderung

Die → *Kulturförderung* des Bundes und der Länder erfolgt weitgehend einheitlich nach Prinzipien, die sich aus der Garantie der → *Kunstfreiheit* im Sinne des Grundgesetzes und dem Grundsatz der persönlichen und räumlichen Chancengleichheit ergeben. Vier Prinzipien stehen dabei einheitlich im Vordergrund: (1) Liberalität zur Sicherung der Kunstfreiheit, (2) Pluralität zur Förderung von

Spitzen- und → *Breitenkultur*, (3) Subsidiarität als Grundsatz der nachgeordneten staatlichen Förderung sowie (4) Dezentralität zur Sicherung gleicher Lebensbedingungen auch in unterschiedlichen Regionen.

Lit.: Rettich, H. (Red.): Kunstkonzeption des Landes Baden-Württemberg, Stuttgart 1990

Privatisierung

Überführung öffentlich-rechtlicher Einrichtungen in eine privatrechtliche → *Rechtsform*. In der Regel handelt es sich nicht um → *materielle*, sondern lediglich um → *formelle Privatisierungen*.

Von zunehmender Bedeutung ist heute die Privatisierung von Veranstaltungen (→ *Outsourcing*), wenn also öffentliche Träger einen Teil ihrer Aufgaben nicht mehr selbst und unmittelbar wahrnehmen, sondern damit erwerbswirtschaftlich arbeitende Institutionen und → *Agenturen* beauftragen. Dies zeigt sich beispielsweise deutlich im Ausstellungsbereich, wo kleinere Kommunen zum Teil schon ganz auf die Konzeption und Organisation eigener Ausstellungen verzichten und statt dessen privatwirtschaftliche Ausstellungsbüros oder Galerien dafür unter Vertrag nehmen. Ähnliche Beobachtungen kann man im Konzertbetrieb machen, wo Künstleragenturen nicht mehr nur als Künstlervermittler (→ *Konzertdirektion*), sondern auch als eigene Veranstalter auftreten, oder im Bereich von Kulturfesten und → *Kultur-Events*, die zunehmend von Spezial-Agenturen – im Auftrag und auf Kosten der öffentlichen Hand – veranstaltet werden. Die staatliche oder kommunale Institution erspart sich damit die Einstellung von Personal, was die Stellenpläne entlastet und den Anteil der Personalkosten am Haushalt herabsetzt, und schützt sich vor Kostenrisiken, da in der Regel Pauschalpreise für die Leistungen der privaten Anbieter vereinbart werden.

So sehr diese positiven Aspekte überzeugen, darf doch nicht übersehen werden, daß damit beispielsweise einer Stadt Gestaltungsräume verlorengehen, zumal wenn aus Kostengründen Veranstaltungen „eingekauft“ werden, die auch in zahlreichen anderen Städten angeboten werden. Es kommt also darauf an, sich einerseits die kostengünstigen Angebote erwerbswirtschaftlicher Veranstalter zunutze zu machen, wie andererseits durch entsprechende vertragliche Vereinbarungen sich noch einen Spielraum für ortsspezifische Gestaltungen zu wahren.

Lit.: Wißkirchen, F.: Outsourcing-Projekte erfolgreich realisieren. Strategie, Konzept, Partnerwahl, Stuttgart 1999

▸ Privatrechtlich-gemeinnütziger Kulturbetrieb

Teil des → *Kulturbetriebs* in seiner Gesamtheit. Es handelt sich um Institutionen, die privatrechtlich organisiert und als gemeinnützige Einrichtungen im Sinne der Abgabenordnung anerkannt sind (z. B. gemeinnützige → *Vereine* und → *Stiftungen*). Privatwirtschaftlich-gemeinnützige Kulturbetriebe arbeiten nicht gewinnorientiert und finanzieren sich aus Mitgliederbeiträgen, selbst erwirtschafteten → *Erlösen*, → *Spenden*, → *Sponsoring* und öffentlichen → *Zuwendungen*. Neben professionell geführten Einrichtungen (z. B. → *Kunstvereine* mit hauptberuflichen Geschäftsführern) sind hier vor allem die zahlreichen ehrenamtlich geführten Organisationen zu nennen. Vor allem für solche Einrichtung hat sich inzwischen ein eigenes Nonprofit-Management (→ *Nonprofit-Organisationen*) und → *Nonprofit-Marketing* herausgebildet. Privatrechtlich-gemeinnützige Kulturbetriebe sind Teil des sog. → *Dritten Sektors*.

Lit.: Strachwitz, R.: Dritter Sektor – Dritte Kraft. Versuch einer Standortbestimmung, Stuttgart 1998

▸ Privatrechtlich-kommerzieller Kulturbetrieb

Teil des → *Kulturbetriebs* in seiner Gesamtheit. Hierzu gehören alle Organisationen und Institutionen, die erwerbswirtschaftlich ausgerichtet sind und sich demnach ausschließlich aus selbst erwirtschafteten → *Erlösen* und → *sonstigen betrieblichen Erträgen* finanzieren (z. B. Verlage, Konzertdirektionen, Kunsthändler).

▸ Privattheater

Die Bezeichnung Privattheater ist als Gegensatz zum öffentlichen Theater auf den ersten Blick zwar eindeutig, jedoch werden bei genauerer Betrachtung unter dieser Bezeichnung sehr unterschiedlich verfaßte Bühnen verstanden. Die in der Rechtsform der → *GmbH* oder des eingetragenen → *Vereins* oder der BGB-Gesellschaft (Gesellschaft bürgerlichen Rechts) privatrechtlich organisierten, aber von der öffentlichen Hand (Land/Stadt) als alleinigen Gesellschaftern oder Mitgliedern betriebenen Staats-, Stadt- oder Landestheater sind zwar dem Rechtscharakter nach nicht, ihrer tatsächlichen Betriebsführung entsprechend jedoch Privattheater (→ *formelle Privatisierung)*. Ein eindeutigeres Unterscheidungskriterium liegt daher im Ökonomischen: Demnach sind Privattheater privatwirtschaftliche Betriebe mit allen finanziellen Risiken für den jeweiligen Betreiber, während in öffentlichen Theater im privatrechtlichen Rechtsformen das volle finanzielle Risiko vom jeweiligen Träger (Kommune/Land) getragen wird.

In der Einteilung des → *Deutschen Bühnenjahrbuches* können Bühnen mit festem Haus (im Gegensatz zum → *Tourneetheater*) sowohl in gemeinnütziger als auch gewerblicher Form unternehmerisch geführt werden. Als Privattheater gelten demnach nur in gewerblicher Form betriebene Theater. Hierzu zählen demnach auch die Freien Theatergruppen. Allerdings ist auch diese Abgrenzung nicht unproblematisch, da gegenwärtig nahezu sämtliche gewerblichen Privattheater öffentliche Zuschüsse erhalten und sogar die Tourneetheater durch die gemeindlichen Zuschüsse der einladenden Kulturämter oder Theatervereine quasi → *Subventionen* erhalten; so taugt das frühere Unterscheidungsmerkmal: hier öffentliche Theater, weil aus Steuergeldern bezuschußt, dort Privattheater, weil ohne öffentliche Zuschüsse durch die Gebietskörperschaften, kaum noch.

▸ Product Placement

Unter Product Placement versteht man die zielgerichtete und vorwiegend werblichen Zwecken dienende Integration von → *Produkten* (d. h. werbefähigen Gütern und Diensten) als realem Requisit (z. B. Autos, Uhren, Whiskeymarken usw.) in den Handlungsablauf von Unterhaltungsprojekten bzw. von Medienprogrammen, vornehmlich in Kino-, Fernseh- und Videofilmen, seltener in den Funk und Printmedien. Product Placement spielt eine besondere Rolle im → *Marketing* bzw. → *Sponsoring*. Nach der Form des Placements unterscheidet man (1) *on set placement* durch Requisiten ohne Rollenzuweisung und (2) *creative placement* durch Handlungsrollen für bestimmte Produkte sowie (3) *visual placement* durch bildliche bzw. (4) *verbal placement* durch sprachliche Erwähnung.

Offensives bzw. agressives Product Placement gerät in die Nähe der sog. Schleichwerbung, d. h. einer Werbemaßnahme, die ohne Vorliegen einer entsprechenden Genehmigung durch unentgeltliche Nutzung eines Massenmediums erfolgt. Außerhalb Deutschlands ist es in vielen Ländern möglich, über Werbe- bzw. Sponsoringagenturen gerade in Realisation befindliche Film- und TV-Projekte abzufragen und aufgrund von Drehbuchexzerpten die Integrierbarkeit bestimmter Produkte zu prüfen (Skript breakdown). Aufgrund der hohen Produktionskosten sind Drehbuchautoren zunehmend auch dazu bereit, Szenen so umzugestalten, daß gewünschte Produkte darin wie zwangsläufig vorkommen (Product plugging). Für diese Aktivitäten gibt es Preislisten, die sich auf der Basis ausgehandelter Sendetermine oder Aufführungsrechte errechnen. In Deutschland besteht dagegen im Fernsehen die Pflicht zur Kennzeichnung als Werbung und zur Nichtbeeinflußung des Programmes. Zu unterscheiden ist zwischen (1) offener, aber erschlichener Werbung (z. B. in Filmen oder Fernsehen), die zwar nicht verboten ist, bei denen die Medien jedoch weitgehend bestrebt sind, sie zu vermeiden sowie (2) redaktionell gestaltete und somit „getarnte" Werbung, die zu erreichen versucht, daß der Empfänger den werblichen Charakter (z. B. bei einer Anzeige) nicht auf Anhieb durchschaut. Letzteres verstößt gegen das Gesetz gegen unlauteren Wettbewerb und stellt einen Verstoß gegen das Presserecht dar und ist somit unzulässig; als Konsequenz müssen Anzeigen immer als solche gekennzeichnet sein, auch wenn sie noch so geschickt aufgemacht sind. Eine Zwitterstellung nehmen insofern Game shows ein, als bei ihnen Produkte als Preise oder Mitwirkendenausstattung plaziert werden.

Lit.: Pepels, W.: Kommunikationsmanagement. Marketing-Kommunikation vom Briefing bis zur Realisation, Stuttgart 1994

▸ Produkt

Unter Produkt im engeren Sinne versteht man das Ergebnis der Produktion einer Unternehmung; das Produkt dient im ökonomischen Sinne der Befriedigung von Bedürfnissen. Produkt (oder Gut) im weiteren Sinne steht als Oberbegriff für → *Sachgüter* (materielle Güter) und → *Dienstleistungen*. Häufig zeigt sich ein kulturelles Produkt sowohl als Sachgut (z. B. der materielle Gegenstand des Spielfilms, der übertragbar und transportabel ist) als auch als Dienstleistungen (z. B. die Vorführung des Films, die als Ereignis nicht transportabel ist). Ähnlich ist es im literarischen Bereich, wo man es mit dem Sachgut Buch und der Dienstleistungen Autorenlesung zu tun hat. Im Kulturbereich ist der Begriff Produkt zwar gerechtfertigt, wird aber bevorzugt durch das – ökonomisch unscharfe – Wort Angebot ersetzt. Im Konzept der → *Dezentralen Ressourcenverwaltung* werden mit dem Begriff Produkt sämtliche Leistungserbringungen der öffentlichen Verwaltung bezeichnet.

▸ Produktionswert

Wert der Verkäufe von Waren und Dienstleistungen (zuzüglich des Werts der Lagerveränderungen und der selbsterstellten Anlagen) an andere Wirtschaftseinheiten. In gewinnorientierten Unternehmen wird der Wert mit den am Markt erzielten Preisen (zu Marktpreisen) ermittelt, in → *Nonprofit-Organisationen* (z. B. öffentliche Theater) werden die Leistungen nach den Kosten der eingesetzten Produktionsfaktoren bewertet (zu Faktorkosten).

▸ Produktivität

Das Verhältnis des Produktionsergebnisses (Output) zu den eingebrachten Produktionsfaktoren (Input), also die Ergiebigkeit eines Produktionsprozesses (z. B. Anzahl Doppelzentner Kartoffeln pro Hektar Boden). Die Produktivität ist eine wichtige Meßzahl für die Leistungs- und Wettbewerbsfähigkeit eines Unternehmens, eines Wirtschaftszweigs oder einer Volkswirtschaft. Sie ist nicht zu verwechseln mit der → *Wirtschaftlichkeit* (Verhältnis von Mitteleinsatz und Zielerreichung) und der → *Rentabilität* (Verhältnis von Betriebsgewinn zum eingesetzten Betriebskapital).

Produktpolitik

Als ein wesentliches → *Marketinginstrument* umfaßt die Produkt- und Programmpolitik sämtliche bezüglich der einzelnen anzubietenden Leistungen bzw. → *Produkte* zu treffenden Entscheidungen, d. h. die Frage, ob (1) neue Leistungen bzw. Produkte anzubieten sind, z. B. die Uraufführung eines Musik- oder Theaterstückes (Innovation), ob (2) bereits auf dem Markt befindliche Leistungen bzw. Produkte modifiziert werden, z. B. Neuinszenierung eines bekannten Stückes (Leistungsmodifikation) oder ob (3) bisherige Leistungen aus dem Programm genommen werden sollen, z. B. Herausnahme eines Theaterstückes aus dem → *Spielplan*. Wesentliches Kennzeichen der Produktpolitik im öffentlichen Kulturbetrieb ist, daß – im Gegensatz zur kommerziellen Produktion – das künstlerische bzw. kulturelle Produkt nicht den Bedürfnissen der Nachfrager angepaßt wird; nur so legitimieren sich die öffentlichen Zuwendungen (Kultursekretariat Nordrhein-Westfalen: „Fördern was es schwer hat").

Professionalisierung

Anspruch öffentlicher und privatrechtlich-gemeinnütziger → *Kulturbetriebe*, zu einem Kulturmanagement zu gelangen, das sich an ein professionelles → *Management* anlehnt. Diesem Anspruch sollen nicht zuletzt die verschiedenen Möglichkeiten von → *Aus- und Fortbildung* dienen.

Lit.: Heinze, Th. (Hrsg.): Kulturmanagement. Professionalisierung kommunaler Kulturarbeit, Opladen 1994

Prognose

Als Prognose bezeichnet man eine methodisch-systematisch gewonnene Vorhersage einer künftigen Entwicklung oder eines künftigen Ereignisses. Ausgehend von Erkenntnissen aus Vergangenheit und Gegenwart und gestützt auf eine allgemeine Stabilitätshypothese (bestimmte Dinge werden sich auch in Zukunft nicht verändern), werden Variablen analysiert, auf deren Veränderung man keinen Einfluß hat. Die Prognose umfaßt mithin nicht eine allgemeine Vorhersage, sondern beschränkt sich immer nur auf ausgewählte Variablen vor dem Hintergrund bestimmter Konstanzen. Um zu einer verwertbaren Aussage zu gelangen, sollte die Prognose stets eingegrenzt werden hinsichtlich des Zeitraums (kurz-, mittel- oder langfristig), des räumlichen Umfangs (z. B. das Verhalten der Theaterbesucher einer Stadt) und natürlich hinsichtlich des Gegenstands (z. B. die Entwicklung der Kinobesuche). Zur Analyse, Beschreibung und Interpretation dieser Variablen werden → *Prognosetechniken* eingesetzt.

▶ Prognosetechniken

Methodisch-systematische Vorgehensweisen zur Analyse, Beschreibung und Interpretation von Variablen in einer → *Prognose*. Man unterscheidet folgende Arten von Prognosetechniken:

1. Informelle Prognosetechniken

Dazu gehören Schätzungen, Erfahrungswerte, Intuition und Fingerspitzengefühl. Diese Verfahren sind wenig systematisiert, können aber durchaus verfeinert werden, wenn Schätzungen beispielsweise nicht nur von einer, sondern von mehreren Personen gemeinsam durchgeführt werden. Die informellen Prognosetechniken sind im Kulturmanagement (zu) weit verbreitet (vgl. auch → *„Marketing aus dem Bauch“*); sie erscheinen dort beispielsweise als Einschätzung von Veranstaltern, ob eine Veranstaltung vom Publikum angenommen werden wird oder nicht. So sehr diese intuitive Fähigkeit sicherlich unverzichtbar ist, sollte sie nicht auch auf Bereiche ausgedehnt werden, in denen methodisch-systematische Prognosen durchaus möglich und von größerer Wahrscheinlichkeit sind.

2. Formelle Prognosetechniken

Alle Prognosetechniken, die sich nicht auf ein intuitives Vorgehen beschränken, sondern ihre Ergebnisse aus einem weitgehend formalisierten Verfahren beziehen. Innerhalb der formellen Prognosetechniken unterscheidet man wiederum quantitative und qualitative Verfahren: (1) Quantitative Prognosetechniken. Mathematisch-statistische Verfahren, bei denen bekannte Datenreihen aus Vergangenheit und Gegenwart nach methodischen Vorgaben in die Zukunft fortgeschrieben werden. Das bedeutet, daß die Logik der Zusammenhänge, wie sie in der Vergangenheit galt, auch für die Zukunft weitergelten muß und daß davon ausgegangen wird, daß es zu keinen schwerwiegenden Einbrüchen in der Fortschreibung kommen wird. Dennoch sind mathematisch-statistische Verfahren sehr hilfreich, um beispielsweise Entwicklungen in der Nachfrage zu einem kulturellen Angebot parallel zur Bevölkerungsentwicklung prognostizieren zu können. Zu den bekanntesten quantitativen Prognosetechniken gehören die → *Trendextrapolation*, die Indikatorprognose und die exponentielle Glättung. (2) Qualitative Prognosetechniken. Beschreibende Verfahren, bei denen informelle Prognosen methodisch-systematisch erhoben und zusammengeführt werden. Durch die Kombination von quantitativen mit qualitativen Prognosetechniken kann die Wahrscheinlichkeit einer Vorhersage auch im Falle von Einbrüchen oder schwerwiegenden Trendänderungen relativ groß bleiben. Gerade im Kulturmanagement bietet sich eine solche Kombination an, weil man es häufig mit Entwicklungen zu tun hat, die von nicht formalisierbaren Faktoren (Moden, Wertewandel, interkulturelle Einflüsse) stärker beeinflußt werden als von fortschreibbaren Daten. Als Prognosetechniken empfehlen sich hier die → *Szenario-Technik* und die → *Delphi-Methode*.

Lit.: Schneck, O.: Management-Techniken. Einführung in die Instrumente der Planung, Strategiebildung und Organisation, Frankfurt am Main 2. Aufl. 1996

▸ Projekt

Ein Projekt zeichnet sich durch folgende Merkmale aus: (1) einmaliger (azyklischer) Ablauf, (2) definierter Anfangs- und Endzeitpunkt und damit eine zeitliche Befristung, (3) eindeutige Zielsetzung, Aufgabenstellung und Verantwortung, (4) begrenzte finanzielle und personelle Ressourcen, (5) komplex in seinen Inhalten und Aufgaben, (6) interdiziplinär hinsichtlich der erforderlichen personellen Kompetenz sowie (7) relativ innovativ.

Projekte im Kulturmanagement können beispielsweise sein: Stadtfeste/Stadtjubiläen, ein einmaliges Open-Air-Festival, ein kulturelles Event (→ *Kultur-Event)*, eine einmalige und herausragende Ausstellung, ein wissenschaftliches Symposium usw.

▸ Projektmanagement

Als Projektmanagement bezeichnet man die Planung, Steuerung und Kontrolle von → *Projekten*. Ein Projektmanagement ist im Kulturmanagement deshalb von Interesse, weil sich dadurch relativ neuartige (innovative) Vorhaben organisieren lassen, die in der Regel zwei Probleme mit sich bringen: (1) Es müssen interdisziplinär zusätzliche personelle Ressourcen bereitgestellt werden, ohne daß die vorhandene Organisationsstruktur durchbrochen wird, und (2) es müssen → *Finanzierungsinstrumente* beschafft werden, die für die Finanzierung des laufenden Betriebs nicht eingesetzt werden können.

Das Projektmanagement versucht deshalb, die personellen und finanziellen Ressourcen so zu organisieren, daß eine Verbindung zur Grundstruktur erhalten bleibt, aber dennoch zusätzliche Ressourcen genutzt werden können. Dazu eignet sich eine → *Aufbauorganisation*, die (1) die vorhandene Organisation um Stäbe (→ *Stab-Linienorganisation)* und (2) eine in sich geschlossene Projekteinheit ergänzt (sog. autonome Projektorganisation, bei der eine Abteilung oder ein Sachgebiet zusätzlich an die vorhandene → *Linienorganisation* angefügt wird), oder aber (3) eine → *Matrixorganisation*, weil auf diese Weise die Ebene des laufenden Betriebs mit der Ebene des Projektmanagements relativ eng gekoppelt bleibt. Die Mitarbeiter des Projekts kommen entweder aus dem laufenden Betrieb und werden für das Projekt (teilweise) freigestellt oder sie werden im Rahmen von Werkverträgen zusätzlich für diese Aufgabe eingestellt.

Weil das Projekt ein in sich geschlossenes Vorhaben ist, eignet es sich sehr gut für eine → *Ablauforganisation*. Dazu wird zunächst ein → *Projektstrukturplan* entworfen, aus dem sich Arbeitspakete ergeben, die in eine Ablaufplanung eingebracht werden können. Als Methoden haben sich hier das → *Balkendiagramm*, die → *Meilenstein-Planung* oder die → *Netzplan-Technik* bewährt.

Der Projektstrukturplan kann auch die Grundlage für den → *Kostenplan* bilden, weil die ohnehin recht detaillierten Arbeitspakete hinsichtlich ihrer Kosten leichter zu beurteilen sind als ein komplexes Vorhaben. Mit Hilfe der Kombination von Arbeitspaketen und Ablaufplanung kann ermittelt werden, wann welche Kosten anfallen werden und wie die Finanzierung - beispielsweise mit Blick auf die Liquidität - erfolgen sollte.

Ein weiterer Vorteil des Projektmanagements zeigt sich bei der Finanzierung. → *Zuwendungen* der öffentlichen Hand, → *Spenden* und vor allem → *Sponsoring* sind zur Finanzierung des laufenden Betriebs nicht geeignet, werden aber mit relativ großer Bereitschaft für in sich geschlossene Projekte zur Verfügung gestellt. Damit ergeben sich aus dem Projektmanagement zusätzliche → *Finanzierungsinstrumente*, an die man sonst nicht oder nur sehr schwer gelangen könnte. Auch dient die Projekt-Finanzierung der Verminderung von Risiken, wenn beispielsweise finanziell nicht gänzlich gesicherte Vorhaben aus dem laufenden Betrieb ausgeklammert und als Projekte finanziert werden. Fallen die geplanten Einnahmen aus, kann man das Projekt immer noch stornieren, ohne aber gleich die Finanzierung der Institution zu gefährden.

Projektmanagement bietet damit im Kulturmanagement zahlreiche Vorteile. Dies gilt nicht zuletzt für den → *öffentlichen Kulturbetrieb*, weil sich über das Projektmanagement die Möglichkeit bietet, (1) die relativ starre Linienorganisation zumindest vorübergehend zu verlassen, ohne sie gänzlich in Frage zu stellen, (2) über Werkverträge zusätzliches Personal einzustellen, ohne erst langwierig über den Stellenplan eine zusätzliche Stelle beantragen zu müssen, (3) sehr flexibel eine Ablauforganisation zu realisieren, die den betrieblichen Erfordernissen entspricht, (4) eine → *dezentrale Ressourcenverantwortung* umzusetzen, selbst wenn die Gesamtverwaltung damit noch zögert sowie (5) zusätzliche Finanzmittel zu beschaffen, um damit Haushaltsengpässen wenigstens teilweise aus dem Weg zu gehen.

Lit.: Heinrichs, W.: Kommunales Kulturmanagement. Rahmenbedingungen, Praxisfelder, Managementmethoden, Baden-Baden 1999:213–236; Schelle, H.: Projekte zum Erfolg führen. Beck-Wirtschaftsberater im dtv, Bd. 5888, München 2. Aufl. 1999; Lock, D.: Projektmanagement. Projektplanung, Projektfinanzierung, Projektcontrolling, Computersysteme, Netzplantechnik, Notfallmodifizierung, Verträge, Fallstudien, Wien 1997

▸ Projektstrukturplan

Der Projektstrukturplan ist ein wichtiges Planungs- und Steuerungsinstrument im → *Projektmanagement*. Er gliedert ein Projekt in Teilaufgaben und macht logische und organisatorische Abhängigkeiten deutlich; er kann funktions- oder objektorientiert ausgerichtet sein. In einer zweiten Phase der Planung werden den Einheiten des Projektstrukturplans Arbeitspakete zugeordnet. Dabei handelt es sich um Teilaufgaben, die hinsichtlich ihrer Eigenständigkeit von

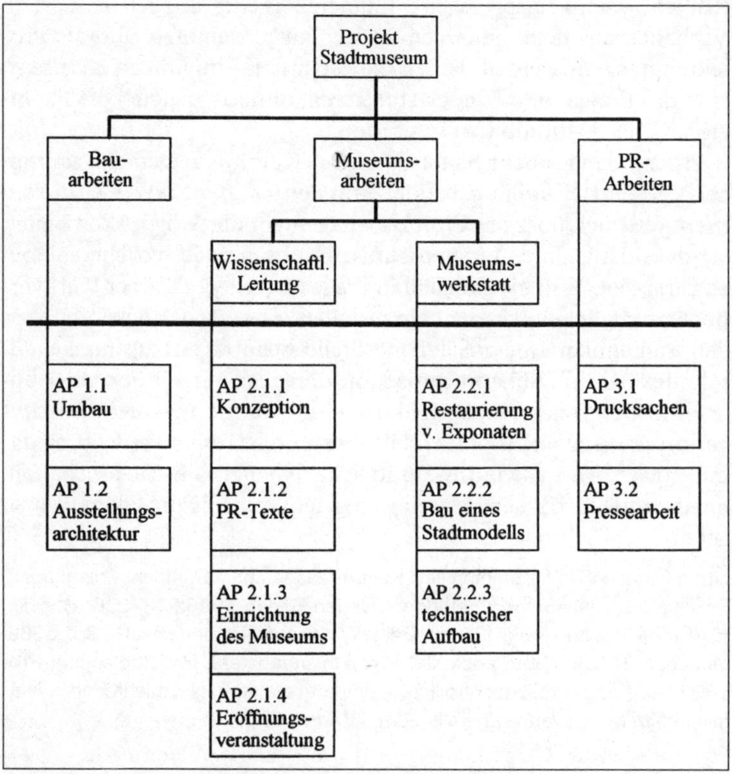

Abb. 9: Projektstrukturplan und Arbeitspakete (AP) zur Planung eines Stadtmuseums (Auszug)

personeller Kompetenz und zeitlichem Umfang definiert werden können. Jedes Arbeitspaket sollte so ausgerichtet sein, daß es zu konkreten Teilergebnissen führt. Die Arbeitspakete bilden die Grundlage für (1) die → *Aufbauorganisation* und damit für die Zuteilung von Aufgaben, (2) die → *Ablauforganisation* und damit für zeitlichen Dimensionen des Projekts sowie (3) den → *Kostenplan*, weil sie eine hervorragende Basis für eine sehr realitätsdichte → *Kostenschätzung* und -berechnung bilden.

▶ Projektzuwendung

Im Gegensatz zur institutionellen Zuwendung (→ *Zuwendung, institutionelle*) dient die Projektzuwendung zur Deckung von Ausgaben für einzelne, abgegrenzte und noch nicht begonnene Vorhaben. Sie ist somit das Gegenteil von jeder Form institutioneller Förderung. Die Projektzuwendung stellt eine → *Zuwendung* für zeitlich und inhaltlich begrenzte Maßnahmen dar (→ *Projektmanagement*); in diesem Rahmen können in bestimmtem Umfang Personal-, Betriebskosten und investive Ausgaben bezuschußt werden. Die Bewilligung (→ *Zuwendungsbescheid*) und die Vergabe erfolgen für den jeweiligen Förderzeitraum; nach Abschluß des Projektes ist vom Zuschußempfänger zumeist ein detaillierter → *Verwendungsnachweis* beim Zuschußgeber vorzulegen.

Mögliche Vorteile der Projektförderung liegen in einem gewissen Innovationszwang beim Geförderten und der Vermeidung des Aufbaus dauerhafter, zur Unflexibilität neigender Organisationen und „Apparate"; Nachteile liegen in einer gewissen finanziellen und zumeist auch existentiellen Unsicherheit bei den Projektträgern. Die häufigste Finanzierungsart im Rahmen der Projektförderung ist die → *Anteilsfinanzierung* (d. h. eine bestimmte prozentuale Beteiligung des Zuschußgebers an der Gesamtsumme), aber auch Formen der → *Fehlbedarfsfinanzierung* (d. h. der Übernahme einer bestimmten Festsumme, die nicht durch Einnahmen gedeckt wird) bzw. einer → *Festbetragsfinanzierung* (d. h. die Gewährung eines bestimmten Zuschußbetrages unabhängig vom tatsächlichen Fehlbedarf) bzw. der Gewährung von → *Ausfallgarantien* (d. h. einer vorab begrenzten Fehlbedarfsdeckung im Ausnahmefall) sind vorstellbar.

▸ Public-Private-Partnership

Relativ neue Form der Zusammenarbeit zwischen öffentlichen und privaten Institutionen, bei der der Gedanke im Vordergrund steht, das → *Sponsoring* mäzenatischer zu gestalten. Dazu verzichtet man auf einzelne Sponsorenaktionen mit ihrer klaren Orientierung an eine Gegenleistung im → *Marketing* und bindet statt dessen mehrere privatwirtschaftliche Unternehmen zusammen mit öffentlichen Partnern in einen Finanz-Pool ein (in der Regel in der Rechtsform eines eingetragenen → *Vereins* oder einer → *Gesellschaft des bürgerlichen Rechts*), aus dem Kulturprojekte gefördert werden können. Nach außen wird auf diese Weise zwar deutlich, wer sich als Sponsor am Pool und damit an der Finanzierung eines Vorhabens beteiligt, doch wird nicht erkennbar, wer in welchem Umfang in den Pool einzahlt.

Die Gegenleistung besteht im wesentlichen darin, daß die Verantwortungsbereitschaft der betreffenden Unternehmen gegenüber öffentlichen Aufgaben deutlich wird, was zur Förderung des Ansehens der beteiligten Unternehmen beitragen dürfte. Durch die direkte Beteiligung der öffentlichen Hand - auch sie zahlt in den Pool ein - wird der Charakter der Verantwortung gegenüber öffentlichen Aufgaben noch deutlicher.

Aus dem Pool werden kulturelle Vorhaben finanziert, auf die sich die am Pool Beteiligten gemeinsam verständigen. Dadurch können größere Projekte realisiert werden, als es über ein einzelnes Sponsoring möglich wäre. Gleichzeitig ergibt sich unter dem Gesichtspunkt der Kontinuität kultureller Aufgaben der Vorteil, daß Vorhaben auch dann realisiert werden können, wenn einzelne Unternehmen aus finanziellen Gründen vorübergehend zurücktreten müssen. Auch setzt sich die öffentliche Hand unter Zugzwang, weil sie sich nicht aus der Finanzierung des Pools zurückziehen kann, ohne die gesamte Public-Private-Partnership zu gefährden.

Lit.: Sievers, N.: Neue Wege in der Kulturpartnerschaft, Bonn 1998; Ebert, R. u. a. (Hrsg.): Partnerschaften für die Kultur: Chancen und Gefahren für die Stadt. Neue Formen der Zusammenarbeit zwischen Staat und Wirtschaft bei kulturellen Projekten. Dortmunder Beiträge zur Raumplanung 57, Dortmund 1992

▸ Public Relations

Der englische Begriff Public Relations (abgekürzt PR) meint wörtlich die „öffentlichen Beziehungen" und kennzeichnet damit das Bemühen um öffentliches Vertrauen (Vertrauenswerbung) und wird deshalb häufig mit → *Öffentlichkeitsarbeit* gleichgesetzt. Zwar gab es bereits im Mittelalter und in der beginnenden Neuzeit Anstrengungen von Handelshäusern und Bankherren hinsichtlich der Werbung um öffentliches Verständnis und Vertrauen, doch wird allgemein die Jahrhundertwende als Geburtsphase der PR bezeichnet; 1897 wird der Begriff erstmals im „Year Book of Railway Literature" in den USA verwendet. PR beschreibt die öffentliche Meinungs- und Beziehungspflege mit publizistischen Mitteln durch Einzelpersonen (z. B. Künstler, Kulturschaffende usw.) oder durch Verbände und Unternehmen.

Grundlegende Merkmale der PR sind ihre Bereitschaft zur klaren und exakten (1) Information (statt Propaganda bzw. Agitation); ihre (2) eindeutige Intention (Vertrauen zu schaffen) sowie (3) Publizität (grundsätzliche Offenheit bzw. allgemeine Zugänglichkeit von Informationen). PR bezeichnet somit eine informelle Beziehung zwischen dem Initiator und der Öffentlichkeit mit dem Ziel einer möglichst weitreichenden Akzeptanz bis hin zur partiellen Interessenidentität (Vertrauen) der Zielgruppe mit dem Träger. PR soll dabei ein möglichst positives Bild (Image) des Auftraggebers in der Öffentlichkeit vermitteln.

Die Deutsche Public-Relations-Gesellschaft e.V. – Bundesverband für Öffentlichkeitsarbeit (DPRG) definierte 1965 Public Relations als „das bewußte und legitime Bemühen um Verständnis sowie um Aufbau und Pflege von Vertrauen in der Öffentlichkeit auf der Grundlage systematischer Erforschung". PR ist demnach abzugrenzen gegenüber Werbung, Verkaufsförderung, aber auch → *Marketing*.

Lit.: Kunczik, M.: Public Relations. Konzepte und Theorien, Köln 1993; Avenarius, H.: Public-Relations. Die Grundform der gesellschaftlichen Kommunikation, Darmstadt 1995; Schulz, B.: Strategische Planung von Public relations. Das Konzept und ein Fallbeispiel, Frankfurt am Main/New York 1992

R

▸ Rat für Baukultur

Der Rat für Baukultur wurde 1983 als Sektion des → *Deutschen Kulturrates* gegründet. Zu seinen Mitgliedsorganisationen zählen die Fachverbände der Architekten (einschließlich der Innen- und Landschaftsarchitekten), der Restauratoren und Denkmalpfleger sowie Einrichtungen des Denkmalschutzes. Vorrangige Ziele sieht er (1) in der Intensivierung des öffentlichen Dialogs über den gesellschaftlichen Stellenwert von Baukultur und → *Denkmalpflege* und der Auseinandersetzung mit dem überlieferten kulturellen Erbe in Europa; (2) in der Behandlung von Fragen der Baukultur und des Denkmalschutzes wie auch der beruflichen Praxis mit Blick auf den europäischen Binnenmarkt; (3) in der Unterstützung entsprechender Aktivitäten in den osteuropäischen Staaten, u. a. durch die Verbreitung von Fachveröffentlichungen; (4) in der Unterstützung der Aktivitäten zur Rettung und Sanierung erhaltenswerter Bausubstanz in der ehemaligen DDR, u. a. durch den Aufbau von Kooperationsbeziehungen zu Einrichtungen und Organisationen in den neuen Ländern.

▸ Rat für darstellende Künste

Die Arbeitsgemeinschaft wurde 1982 gegründet und umfaßt als Sektion des → *Deutschen Kulturrates* mit 23 Bundesverbänden das gesamte Organisationsspektrum der Theater- und Tanzszene der Bundesrepublik Deutschland. Vertreten sind Verbände, Gewerkschaften und Ausbildungsinstitutionen der Theater- und Tanzberufe, der semiprofessionelle und Amateurbereich, die Theater- und Tanzvermittlung, Verbände der → *Freien Theater*, der → *Figurentheater*, → *Kindertheater*, Theater- und Tanzpädagogen, der → *Amateurtheater*, der gemeinnützigen → *Besucherorganisationen* Theatergemeinde und Volksbühne sowie der Theater- und Tanzdokumentation und Theaterforschung. 1991 gründeten die Tanzorganisationen eine eigene Fachgruppe innerhalb des Rates. Aufgaben nach dem

Statut sind: (1) das Herausarbeiten der Interessen und Gemeinsamkeiten der Mitglieder für die Arbeit der Sektion im → *Deutschen Kulturrat*; (2) die Organisation der Mitarbeit im Deutschen Kulturrat, insbesondere die Entsendung von Sprechern und Delegierten in dessen Organe; (3) Abstimmung und Realisierung anderer, gemeinsam interessierender Programme und Einzelprojekte.

Rat für Soziokultur und kulturelle Bildung

Dem 1982 gegründeten Rat für Soziokultur als Sektion des → *Deutschen Kulturrates*, der seit 2000 auch die „kulturelle Bildung" im Namen führt, gehören zwölf Bundesorganisationen an, die im engeren oder weiteren Sinne im soziokulturellen Feld aktiv sind. Sowohl die Gründung der → *Kulturpoltischen Gesellschaft* (1976) als spartenübergreifendes Diskussionsforum für eine → *Neue Kulturpolitik* wie auch der Aufbau des Deutschen Kulturrates haben auf je besondere Weise mit → *Soziokultur* zu tun. Die → *Kulturpolitische Gesellschaft* hat von jeher der Förderung soziokultureller Initiativen und ihrer kulturpolitischen Anerkennung ihr Hauptinteresse gewidmet; der Deutsche Kulturrat hat mit der Aufnahme der Sektion Soziokultur explizit den Anspruch auf Gleichberechtigung der Soziokultur gegenüber den klassischen Kultursparten anerkannt. Die Aufgaben des Rates für Soziokultur bestehen vor allem in der aktiven Vernetzung und gegenseitigen Information der im soziokulturellen Feld agierenden Verbände. Der Rat versteht sich als Plattform und Forum für die durch ihn zusammengefaßten Verbandsinteressen und ergreift konkrete Initiativen, um die Belange der Soziokultur auf Bundesebene zur Geltung zu bringen.

Rechnungswesen

Die Betriebswirtschaftslehre unterscheidet zwischen dem internen und externen Rechnungswesen. Das externe Rechnungswesen soll Auskunft geben über den wirtschaftlichen Erfolg oder Mißerfolg eines Unternehmens, wie dies etwa für den Aktionär und Gesellschafter oder auch für die Öffentlichkeit von Interesse ist. Kernbereiche des externen Rechnungswesens sind die Bilanz und die Gewinn- und Verlustrechnung (GuV). Das interne Rechnungswesen ist demgegenüber nach innen gerichtet; es ist darauf ausgerichtet, die Aktivitäten des Unternehmens jederzeit in ihren wirtschaftlichen Größenordnungen zu dokumentieren. Kernbereich des internen Rechnungswesens ist die → *Kosten- und Leistungsrechnung.*

Angesichts der Knappheit der Finanzmittel und der sich daraus ableitenden Forderung nach mehr Transparenz im Finanzgebahren auch öffentlicher und gemeinnütziger Kulturbetriebe kommt auch im Nonprofit-Kulturbereich einem professionellen Rechnungswesen eine immer größere Bedeutung zu (vgl. auch → *Controlling*).

▸ Rechtsformen im öffentlichen Kulturbetrieb

Kommunen und Städte können in denjenigen Bereichen, die nicht die hoheitliche Leistungsverwaltung betreffen und für die es keinen Rechtsformenzwang gibt, zwischen öffentlich-rechtlichen und privatrechtlichen Organisationsformen für ihre öffentlichen Einrichtungen wählen. Dies trifft aus der Natur der Sache insbesondere für den Kulturbereich zu (z. B. Theater, Museen, Orchester, Musik- und Volkshochschulen, Stadthallen usw.), dessen Aufgaben nur ganz bedingt durch hoheitliche Regelungen bzw. durch gesetzliche Vorgaben festgelegt sind.

Nach dem Grad der Verselbständigung lassen sich bei den Rechtsformen des öffentlichen Rechts der → *Regiebetrieb*, der → *Eigenbetrieb*, die → *Anstalt* sowie die → *Körperschaft* (z. B. → *Zweckverband*) *des öffentlichen Rechts* unterscheiden. Als Rechtsformen des Privatrechts kommen für die staatlichen bzw. kommunalen Einrichtungen die → *Gesellschaft bürgerlichen Rechts* (GbR), der eingetragene → *Verein* (e.V.), die → *Gesellschaft mit beschränkter Haftung* (GmbH) und die Aktiengesellschaft (AG) sowie die → *Stiftung* in Betracht. Die Rechtsform entscheidet vor allem sowohl über die Rechtsverhältnisse innerhalb der jeweiligen Einrichtung als auch über das Verhältnis zwischen dem jeweiligen Rechtsträger und der Einrichtung.

Lit.: Hartung, W. und R. Wegener: Kultur in neuer Rechtsform. Problemlösung oder Abwicklung? (Friedrich-Ebert-Stiftung, Kommunalpolitische Texte 11), Bonn 1998; Deutscher Städtetag: Neue Rechtsformen für Kultureinrichtungen, Köln 1996

▸ Rechtssetzung, kommunale

Die in Art. 28 (2) des Grundgesetzes ausgesprochene Selbstverwaltungsgarantie gewährleistet den Gemeinden die Rechtssetzungsbefugnis in allen Angelegenheiten der örtlichen Gemeinschaft, allerdings nach näherer Bestimmung, insbesondere durch die entsprechende Landesgesetzgebung. Dazu gehören auch → *Satzungen*, die die Arbeit von Kultureinrichtungen regeln (z. B. Satzung der Volkshochschule, → *Entgeltordnung* der Musikschule, Benutzungsordnung der Stadtbibliothek).

Lit.: Küppers, J. und H. Müller: Kommunale Rechtssetzung im Kulturbereich (Schriftenreihe Kulturpraxis und Recht), Köln 1994; Scheytt, O.: Rechtsgrundlagen der kommunalen Kulturarbeit (Schriftenreihe Kulturpraxis und Recht) Köln 1994; Gern, A.: Deutsches Kommunalrecht, Baden-Baden 1994

▸ Reengineering

Managementoptimierungssystem der neunziger Jahre, bei dem die Gesamtstruktur eines Unternehmens grundlegend und radikal in Richtung auf kundenorientierte Prozeßabläufe verändert wird. Zentraler Gedanke ist dabei der Abbau oder zumindest die partielle Überwindung der → *Arbeitsteilung*, um die damit einhergehenden Schnittstellenprobleme besser bewältigen zu können. In einer solchen Überwindung von Schnittstellenproblemen kommt vor allem dem → *Controlling* als ganzheitlichem Steuerungsinstrument und → *Managementinformationssystem* eine zentrale Bedeutung zu.

Reengineering spricht auch viele Probleme an, die in Kulturbetrieben anzutreffen sind. Beispielsweise leiden viele → *Theater* unter Informations- und Koordinationsproblemen, die es zwischen den Abteilungen Kunst, Technik und Verwaltung gibt. Die strenge Arbeitsteilung hat bei vielen Managementaufgaben zu sogenannten Insellösungen mit all ihren negativen Folgen für das Betriebsklima und die innerbetriebliche Transparenz geführt. Dabei wurde das eigentliche Ziel, nämlich Theater für Besucher zu machen, häufig aus dem Auge verloren. In einem Reengineering würde man deshalb den Theaterbetrieb so umorganisieren, daß künftig nicht nur die auf der Bühne agierenden Künstler, sondern auch die Mitarbeiter der

Technik und der Verwaltung ihre Arbeit auf den Kunden hin orientieren müßten.

Lit.: Hammer, M. und J. Champy: Business Reengineering, Frankfurt am Main 1994

▸ Regie

Zu den zentralen Funktionen in der darstellenden Kunst, d. h. also vor allem im Bereich von → *Theater* und → *Film*, gehört die künstlerische Regie. Zu ihren Aufgaben zählen in erster Linie die dramaturgische Einrichtung des Spieltextes (Erstellung des Regiebuchs, meist in enger Abstimmung mit dem → *Dramaturgen*), das Arrangement des Bühnenraums und die Leitung der Proben bis zur Aufführung. In der Antike führten meist die Autoren selbst Regie, im mittelalterlichen Mysterienspiel Priester und Lehrer, in der Renaissance und im Barock vielfach Bildende Künstler, später durchweg prominente Schauspieler. Erst im 18. Jahrhundert verselbständigte sich die Aufgabe der Regie, vor allem in der Zeit des Realismus und Naturalismus. So entstand der professionelle Regisseur/Spielleiter (vgl. → *Oberspielleiter*) als mittlere Instanz zwischen Autor und Ensemble. Trotz der mittlerweile am Theater und vor allem beim Film und Fernsehspiel üblichen Teamarbeit (Regisseur, Bühnenbildner, Produktionsdramaturg, Assistenten) nimmt der Regisseur noch immer eine zentrale Position ein. Er ist maßgeblich am Konzept einer Aufführung bzw. Film- und Fernsehproduktion beteiligt und bestimmt weitgehend den Rhythmus und die Methode des Probenablaufs sowie die darstellerische Gestaltung. Wichtigstes Moment der gesamten Arbeit ist die Frage, welche grundsätzliche Interpretation der Regisseur dem Stück geben will, anhand derer er die Regiekonzeption festlegt.

Lit.: Doll, H.P. und G. Erken: Theater. Eine illustrierte Geschichte des Schauspiels, Stuttgart 1985

▸ Regiebetrieb

Unter den möglichen → *Rechtsformen* öffentlicher Einrichtungen weist der Regiebetrieb die größte Nähe zum Rechtsträger auf: Er ist weder rechtlich noch rechnungsmäßig noch organisatorisch selbständig. Dies heißt, daß die Finanzplanung im Rahmen des → *Haushaltsplanes* erfolgt, daß er organisatorisch als Amt oder Abteilung eines Amtes in die kommunale Hierarchie eingebunden ist und rechtlich zur Behörde gehört. Da der Regiebetrieb verwaltungstechnisch in die übrige Verwaltung eingebunden ist, erfolgt die Willensbildung über die Instanzen der Trägerkörperschaft, d. h. der jeweilige Gemeinderat wirkt im Rahmen der in den Gemeindeordnungen vorbehaltenen Zuständigkeiten an der Führung des Regiebetriebes (z. B. eines Theaters oder eines Orchesters) mit. Alle Einnahmen und Ausgaben werden im Trägerhaushalt ausgewiesen, zentrale Aufgaben werden von den Querschnittsämtern wahrgenommen, und es gilt die → *kameralistische* Rechnungsführung. Die Gemeindeordnung eröffnet dem Regiebetrieb allerdings die Möglichkeit, wie ein → *Eigenbetrieb* geführt zu werden; die Grenzen des Regiebetriebes zum Eigenbetrieb bzw. zur Eigengesellschaft (AG, → *GmbH*) sind also fließend. Wie die Theaterstatistik des Deutschen Bühnenvereins für die Jahre 1997/1998 ausweist, dominiert die Rechtsform des Regiebetriebes für die öffentlichen Theater eindeutig mit 72 gegenüber allen anderen möglichen Rechtsformen (→ *Eigenbetrieb*, → *Zweckverband*, → *öffentlich-rechtliche Anstalt*, → *GbR*, → *Verein* bzw. → *GmbH*).

Lit.: Röckrath, G.: Vom Regiebetrieb zur GmbH. Rechtsformen für Kultureinrichtungen, dargestellt am Beispiel der Theater. In: HKM, H 4.2

▶ Rentabilität

Verhältnis des Gewinns zum eingesetzten Kapital in einer Rechnungsperiode. Zu unterscheiden ist die Gesamtkapital-Rentabilität (Gewinn/Gesamtkapital), die Eigenkapital-Rentabilität (Gewinn/Eigenkapital) und die Umsatz-Rentabilität (Gewinn/Nettoumsätze). Die Rentabilität ist deutlich zu unterscheiden von der → *Produktivität* und der → *Wirtschaftlichkeit*. Im Kulturmanagement wird Rentabilität nur in → *privatrechtlich-kommerziellen Kulturbetrieben* angestrebt, da → *Nonprofit-Organisationen* und öffentliche Kulturbetriebe nicht gewinnorientiert arbeiten.

Repertoire

Unter Repertoire versteht man im → *Theater* im weiteren Sinne die Gesamtheit aller spielbaren Stücke (bei einem Schauspieler: der Rollen) die einem Künstler prinzipiell zur entsprechenden Umsetzung zur Verfügung stehen, im engeren Sinne die auf dem jeweiligen → *Spielplan* stehenden Stücke. Darüber hinaus werden als Repertoirestücke solche bezeichnet, die allgemein in einem Land mit gewisser Regelmäßigkeit auf den Spielplänen erscheinen (der → *Deutsche Bühnenverein* veröffentlicht hierzu die alljährlich erscheinende Spielplanstatistik „Wer spielt was?"). Repertoire-Theater sind (im Gegensatz zu Theatern, die ein Stück → *En-Bloc*, d. h. über mehrere Tage hinweg bzw. → *En-Suite*, d. h. mehr oder weniger ununterbrochen in Folge spielen) solche, die genügend spielbare Stücke zur Verfügung haben, um fast täglich ein anderes ansetzen zu können. Voraussetzung hierfür ist ein Ensemblebetrieb, d. h. ein Theater, an dem eine ganze Reihe von Schauspielerinnen und Schauspielern über einen längeren Zeitraum hinweg fest angestellt sind. Ensemblebetrieb, Repertoiresystem und → *Kundenbindung* durch → *Abonnements* bzw. → *Besucherorganisationen* sind die wesentlichen Merkmale des öffentlichen Theaters in Deutschland.

Rücklaufquote

Prozentualer Anteil der Rücksendungen bei → *Mailing*-Aktionen im Rahmen von → *Database-Marketing* oder → *Fund raising*. Eine Mailing-Aktion gilt dann als erfolgreich, wenn eine Rücklaufquote von 2 % erreicht oder gar überschritten wird. Gerade diese niedrige Rücklaufquote, mit der realistischerweise gerechnet werden muß, macht deutlich, daß alle Mailing-Aktionen immer auch in einem vertretbaren Verhältnis von Aufwand und Ertrag stehen müssen.

Rundfunk

Oberbegriff für Hörfunk und Fernsehen; nach dem Rundfunkstaatsvertrag von 1991 bezeichnet Rundfunk „die für die Allgemeinheit bestimmte Veranstaltung und Verbreitung von Darbietungen aller Art in Wort, in Ton und in Bild unter Benutzung elektrischer

Schwingungen ohne Verbindungsleitungen oder längs oder mittels eines Leiters. Der Begriff schließt Darbietungen ein, die verschlüsselt verbreitet werden oder gegen besonderes Entgelt empfangbar sind, sowie Fernsehtext".

Der öffentlich-rechtliche Rundfunk gliedert sich in Deutschland in die 10 Landesrundfunkanstalten, die zum Teil noch von den Besatzungsmächten nach 1945 gegründet wurden, die aber heute zum Teil auch bereits als Mehrländerrundfunkanstalten neu gegliedert sind; sie schlossen sich 1950 zur *ARD* (Arbeitsgemeinschaft öffentlich-rechtlicher Rundfunkanstalten der Bundesrepublik Deutschland) zusammen. 1953 gründeten die Landesrundfunkanstalten das Deutsche Fernsehen; zehn Jahre später (1963) folgte das Zweite Deutsche Fernsehen, das ebenfalls von den Ländern getragen, aber zentral und nicht als Arbeitsgemeinschaft geführt wird. Schon 1953 war die Deutsche Welle (zunächst als ARD-Einrichtung, ab 1960 als Bundesanstalt) gegründet worden, um über Kurzwelle deutsche Programme für das Ausland zu senden. Ebenfalls auf das Ausland, insbesondere aber auf die benachbarte DDR ausgerichtet, war der Deutschlandfunk, der ab 1960 sendete. Er wurde 1993 aufgelöst und 1994 zusammen mit dem RIAS Berlin in das Deutschlandradio überführt.

Die Organisationsstruktur der öffentlich-rechtlichen Rundfunkanstalten ist weitgehend ähnlich. Alle Rundfunkanstalten besitzen drei Organe, den Rundfunkrat (beim ZDF Fernsehrat), den Verwaltungsrat und einen → *Intendanten*. Die Rundfunkräte sollen die relevanten Gruppen der Gesellschaft repräsentieren, also beispielsweise Parteien, Kirchen, Gewerkschaften, Wirtschaftsverbände, aber auch Theater (Vertreter des → *Deutschen Bühnenvereins*), Hochschulen und Schulen. Die Mitglieder des Rundfunkrates sind aber als Vertreter der Allgemeinheit zu sehen, d. h. sie sind nicht an Aufträge und Weisungen der Interessengruppen gebunden. Sie haben die Aufgabe, die Einhaltung des Programmauftrags und der Programmvielfalt im Interesse der Allgemeinheit zu überwachen. Der Verwaltungsrat ist von der Anzahl der Mitglieder her wesentlich kleiner; er wird überwiegend von den Mitgliedern des Rundfunkrats (aber nicht aus deren Mitte) gewählt. Er überwacht die Geschäftsführung des Intendanten und ist für die Finanz- und Entwicklungsplanung sowie für die Auswahl der leitenden Mitarbeiter zuständig.

Der Intendant wird in der Regel für die Dauer von sechs Jahren vom Rundfunkrat gewählt; er ist für die Geschäftsführung der Rundfunkanstalt verantwortlich.

Seit 1984 hat sich die Rundfunk-Landschaft in Deutschland entscheidend verändert; die ehemalige Monopolstellung der öffentlich-rechtlichen Rundfunkanstalten wurde durch private Rundfunksender mit Nachdruck in Frage gestellt (duales Rundfunksystem). Als Folge dieser Entwicklung gibt es heute zahlreiche private Hörfunk- und Fernsehsender, die über die in den achtziger Jahren gegründeten Landesmedienanstalten freie Sendefrequenzen zugewiesen bekommen. Viele der Hörfunksender strahlen nur regional (teilweise sogar nur lokal) aus oder bieten nur sog. Fensterprogramme an (zeitlich begrenzte Sender). Dagegen haben sich etliche private Fernsehsender (z. B. SAT.1, RTL, PRO7, Kabelkanal, Vox usw.) als nationale und zeitliche Vollsender etabliert.

Private Fernsehsender werden vorwiegend getragen von Medienkonzernen wie beispielsweise der Beta/Taurus-Gruppe des Medienunternehmers Leo Kirch, der Axel Springer AG, dem Bertelsmann-Konzern sowie der Compagnie Luxembourgeoise de Telédiffusion. Bis auf die Pay-TV (z. B. Premiere) finanzieren sich alle privaten Rundfunksender aus Werbeeinnahmen, während die öffentlich-rechtlichen Rundfunkanstalten neben Werbeeinnahmen auch Rundfunkgebühren erheben dürfen. Da die Höhe der Werbeeinnahmen der privaten Sender wiederum abhängig ist von der Höhe der Einschaltquoten, unternehmen die Privaten große Anstrengungen, um bei ihrem Publikum fortwährend populär zu sein. Und dies nicht ohne Erfolg, wie die Statistik zeigt: Entfielen noch 1988 mehr als 77 % der Fernseh-Marktanteile auf ARD und ZDF, waren es 1993 nur noch 35 %. Einen gleich hohen Anteil hatten 1993 aber auch die beiden erfolgreichsten Privaten RTL und SAT.1. Diese Entwicklung hatte zum Teil katastrophale Auswirkungen auf die Werbeeinnahmen der öffentlich-rechtlichen Rundfunkanstalten. Noch 1988 erzielten ARD und ZDF zusammen 1,977 Mrd. DM an Werbeeinnahmen, die Privaten aber nur 0,368 Mrd. DM. Bis 1998 aber gingen die Werbeinnahmen der öffentlich-rechtlichen Anstalten auf 0,664 Mrd. DM zurück, während die Werbeeinnahmen der Privatsender auf 7,24 Mrd. DM stiegen.

Lit.: Media-Perspektiven. Basisdaten. Daten zur Mediensituation in Deutschland 1999 (Hrsg. Im Auftrag der Arbeitsgemeinschaft der ARD-Werbegesellschaften), Frankfurt am Main (erscheint jährlich); Noelle-Neumann, E. u. a. (Hrsg.): Fischer Lexikon Publizistik/Massenkommunikation, Frankfurt am Main 2. Aufl. 1994; Ricker, R.: Das duale Rundfunksystem – Bilanz und Ausblick, Bertelsmann Briefe, Mai 1993; Berg, K. und M.-L. Kiefer: Massenkommunikation IV, Baden-Baden 1992

S

▸ Sachgüter

Materielle Güter im ökonomischen Sinne, die zum Verbrauch oder Gebrauch bestimmt sind. Sachgüter sind im Gegensatz zu → *Dienstleistungen* transportabel, lagerfähig und übertragbar. Im Kulturbereich hat man es sowohl mit Dienstleistungen (z. B. eine Theateraufführung) als auch mit Sachgütern zu tun (z. B. Bücher, Werke der Bildenden Kunst); beide Begriffe werden unter den Oberbegriffen Gut oder → *Produkt* zusammengefaßt.

▸ Satzung

Schriftlich niedergelegte Ordnung als Rechtsgrundlage einer Organisation oder eines Handelns. Im Privatrecht ist die Satzung die Grundordnung körperschaftlicher Organisationen (z. B. Vereinssatzung), im öffentlichen Recht kommt in der Satzung das Recht der Kommunen zum Ausdruck, im Rahmen ihrer Selbstverwaltung eigene Rechtsvorschriften zu erlassen (→ *Rechtssetzung, kommunale)*.

In → *privatrechtlich-gemeinnützigen* und in → *öffentlichen Kulturbetrieben* sind Satzungen als Grundlage des Handelns und zur Bestimmung des Rechtsstatus allgemein üblich, teilweise sogar zwingend erforderlich. So muß sich der → *Kunstverein* als eingetragener Verein ebenso eine Satzung geben wie die kommunale → *Musikschule*, die in einer → *formalen Privatisierung* als Verein geführt wird. Doch selbst rein kommunale öffentliche Einrichtungen wie → *Bibliotheken*, → *Volkshochschulen* oder → *Kunstschulen* geben sich häufig eine Satzung als Rechts- und Geschäftsgrundlage. Die Satzung trifft nicht zuletzt eine Aussage über die sehr wesentliche Frage, ob nur gemeinnützige oder auch wirtschaftliche Zwecke verfolgt werden. Diese Festlegung ist die wichtigste Grundlage für die (steuerlich interessante) Anerkennung der → *Gemeinnützigkeit.*

Privatrechtliche Satzungen sind in der Gestaltung grundsätzlich frei, doch schreibt das Bürgerliche Gesetzbuch beispielsweise für die Vereinssatzung zwingend folgende Inhalte vor: (1) Vereinsname, (2) Sitz des Vereins, (3) Zweck des Vereins, (4) Ein- und Austrittsmodalitäten der Mitglieder, (5) Beitragspflicht, (6) Berufung des Vorstand und dessen Vertretungsrechte, (7) Einberufung der Mitgliederversammlung (vgl. → *Verein*).

Lit.: Friedrich, W.J.: Vereine und Gesellschaften. Beck-Rechtsberater im dtv, 8. Aufl. München 1997

Schenkung

Eine Schenkung ist eine Zuwendung, durch die jemand aus seinem Vermögen einen anderen bereichert, wenn beide Teile darüber einig sind, daß die Zuwendung unentgeltlich erfolgt. Ist die Zuwendung ohne den Willen des anderen erfolgt, so kann ihn der Zuwendende unter Bestimmung einer angemessenen Frist zur Erklärung über die Annahme auffordern. Nach dem Ablauf der Frist gilt die Schenkung als angenommen, wenn der andere sie nicht vorher abgelehnt hat. Eine Schenkung kann unter bestimmten Auflagen erfolgen, d. h. der Schenker eines Gemäldes kann u.U. verlangen, daß das Bild ständig in der Schausammlung des → *Museums* präsent sein muß und nicht ins Magazin verbracht werden soll oder daß sein Name auf einer Tafel neben dem Bild angebracht wird. Schenkungen an → *gemeinnützige* Einrichtungen bleiben auch auf seiten des Schenkers erbschafts- und schenkungssteuerfrei.

Science Center

Als Science Center bezeichnet man interaktive Wissenschaftsmuseen, in denen Wissen auf spielerische Weise vermittelt wird, indem die Besucher in besonderem Maße zum Mitmachen angeregt werden. Ursprünglich in den USA als Kindermuseen konzipiert, richten sich heutige Science Center auch an ein Erwachsenenpublikum. Im Mittelpunkt stehen jeweils zahlreiche sog. Hand's On, d. h. Exponate, die angefaßt, erlebt und erfahren werden können; sie stehen nicht im (unnatürlichen) Schutzraum einer Vitrine oder hinter einer Absperrung. Aus dem Begreifen der Materialien (Hand's On) soll ein

Verstehen der Vorgänge (Mind's On) erleichtert werden. Gerade dies zeigt wiederum die Nähe zur Museumspädagogik, weshalb das (amerikanische) Konzept unserer Museumstradition doch nicht so völlig fremd ist. Dennoch besteht ein grundsätzlicher Unterschied im Selbstverständnis und in der Ausrichtung auf die besonderen Bedürfnisse nicht-wissenschaftlicher Besucher. Die modernen Science Center stehen damit zwischen wissenschaftlichen Museen traditioneller Prägung und kommerziellen Freizeitparks. Sie übernehmen gleichsam die Erlebnisorientierung (→ *Erlebnisgesellschaft*) der Freizeitparks, ohne aber auf den Anspruch eines Museums gänzlich zu verzichten.

Erstes interaktives Wissenschaftsmuseum der Welt war das 1968 in San Francisco von Frank Oppenheimer gegründete *Exploratorium*. In Europa wurde die Idee der Science Center vor allem durch das Wissenschaftszentrum *La Citè des Sciences et de L'Industrie* in La Vilette bei Paris und das *Futroscope* bei Poitiers bekannt. 1999 zählte man weltweit 1170 Science Center, von denen aber nur 252 in Europa und davon wiederum nur 4 in Deutschland angesiedelt waren. Angesichts der weltweiten Erfolge der Science Center (1999 verzeichnete man weltweit 184,3 Mio. Besuche), kann allerdings davon ausgegangen werden, daß auch in Deutschland die Zahl der Zentren bald deutlich zunehmen wird.

Lit.: Freienstein, R. und S. Wiegand: Bitte anfassen! Hand's On in Kindermuseen und Science Centern. In: HKM, C 3.5

▸ Servicepolitik

Die Servicepolitik ist eines der → *Marketinginstrumente*, das in Zukunft angesichts der zunehmenden Konkurrenz (→ *Konkurrenzanalyse*) im Freizeitbereich insgesamt und speziell im → *Kulturbetrieb* immer mehr an Bedeutung gewinnen wird. Unter Service versteht man eine besondere Leistung oder Tätigkeit, die gegenüber einem Kunden (1) als eigenständige Leistung (Service als Hauptleistung, etwa im Kundenverkehr von Banken, Versicherungen, Krankenkassen, Teilen der öffentlichen Verwaltung, in allen Beratungsleistungen, aber auch im technischen Kundendienst), (2) als Servicepaket (Service als Gesamtlösung umfaßt zum einen die Kernleistung, zum anderen aber auch eine ganze Reihe von sonstigen (Dienst-)Leistungen, z. B. im Rahmen einer Kulturreise) oder (3) als Ergänzung zu einer Kernleistung (Service als Zusatzleistung in Form eines Value-Added-Sevices, d. h. Sekundärleistungen, die immer in Kombination mit einer Primärleistung angeboten werden) erbracht werden. Ein wichtiges Element der Servicepolitik ist ein aktives → *Beschwerdemanagement.*

Sicherheitsregelwerke im Kulturbetrieb

Sehr umfangreiche Sammlung von Vorschriften, mit denen die Sicherheit von Veranstaltungsbesuchern sowie von Mitarbeitern in Kulturbetrieben gewährleistet werden soll. Die Sicherheitsregelwerke finden sich einerseits in der → *Versammlungsstättenverordnung* (bauliche Vorschriften und Regeln für Sicherheit von Veranstaltungen) sowie andererseits in Unfallverhütungsvorschriften, beispielsweise für den Theaterbetrieb (vgl. auch → *Bestuhlungsplan*, → *Bühnenmeister).*

Lit.: Mäcken, W.: Verordnete Verantwortung. Sicherheitsregelwerke im Kulturbetrieb. In: HKM, H 10.1

Sonstige betriebliche Erträge

Einnahmen, die aus Strukturen erzielt werden, die zwar außerhalb der unmittelbaren Leistungsproduktion liegen und deshalb keine → *Umsatzerlöse* sind, die aber doch mit der spezifischen Situation des konkreten Kulturbetriebs unmittelbar und untrennbar verbunden sind, bezeichnet die Betriebswirtschaftslehre als sonstige betrieblichen Erträge, weil sie außerhalb des gewöhnlichen Geschäftsbetriebs liegen.

Zu diesen sonstigen betrieblichen Erträgen sind im Kulturbereich beispielsweise zu rechnen: (1) Einnahmen aus der Verpachtung einer Cafeteria bzw. eines Restaurants oder eines → *Museumsshops* innerhalb einer kulturellen Einrichtung; (2) Einnahmen aus der Vermietung von Räumlichkeiten an Nutzer und für Zwecke, die außerhalb der eigentlichen Zweckbestimmung des Kulturbetriebs stehen (z. B. Modenschau im Theaterfoyer, Dreikönigstreffen der F.D.P. im Großen Haus der Stuttgarter Staatstheater usw.); (3) Kapitalerträge aus Rücklagen in gemeinnützigen → *Vereinen* und → *GmbHs*; (4) Mitgliederbeiträge aus Trägervereinen, also beispielsweise die Vereinsbeiträge der Mitglieder eines → *Kunstvereins*; (5) Mitgliederbeiträge und Spenden aus → *Fördervereinen*, die entweder zur Förderung einer bestimmten Kultureinrichtung gegründet wurden (z. B. Freunde des Ulmer Museums e.V.) oder die sich die allgemeine Förderung des Kulturlebens in einer Stadt zum Ziel gesetzt haben (z. B. Förderverein für Kunst und Kultur in der Stadt Dülmen e.V.) und aus ihrem Beitragsaufkommen gezielt an einzelne Kultureinrichtungen Zuschüsse zahlen; (6) Ausschüttungen aus betriebsnahen → *Stiftungen*, deren Zweck ausschließlich auf die Förderung einer bestimmten Kultureinrichtung ausgerichtet ist.

Lit.: Heinrichs, W.: Kulturpolitik und Kulturfinanzierung. Strategien und Modelle für eine politische Neuorientierung der Kulturfinanzierung, München 1997:174f.

▸ Soziokultur

Das Konzept der Soziokultur ist ein zentrales Element im Konzept der sog. → *Neuen Kulturpolitik*. Der Begriff wurde vor allem von H. Glaser („Perspektiven und Modelle einer neuen Soziokultur") 1974 in die kulturpolitische Diskussion eingeführt und begründet. Er entwickelte sich aus einem Unbehagen an der traditionellen → *Kulturpflege* der fünfziger und sechziger Jahre und richtete sich vor allen Dingen gegen den sog. → *affirmativen Kulturbegriff*, wie ihn H. Marcuse kritisiert hatte. Die traditionsorientierte Pflege des Wahren, Schönen und Guten sollte ergänzt werden durch eine gesellschaftsrelevante → *Kulturpolitik*, die die Trennung von Kunst und Alltag, von Kultur und Gesellschaft aufhebt.

Der Begriff der Soziokultur entwickelte sich in den siebziger Jahren rasch zu einem Sammelbegriff für neue Ansätze in der → *Kulturpolitik* und Kulturarbeit überhaupt, allerdings zu Lasten seiner Präzision. Sinnvollerweise sollten deshalb drei Bedeutungsvarianten bzw. Verwendungszusammenhänge des Begriffes unterschieden werden: (1) Als → *Kulturbegriff* meint Soziokultur die Erweiterung des tradierten Kulturverständnisses, das sich nicht nur auf ästhetische Produktions- und Vermittlungsformen beschränkt, sondern

Kultur – je nach kulturtheoretischem Standpunkt – als Lebensweise, als Ferment, als Subsystem, als Medium oder als Methode des gesellschaftlichen Prozesses verstanden wissen will. (2) Als → *Kulturpolitikbegriff* bezeichnet Soziokultur zunächst eine spezifische Programmatik, die sich nicht allein auf Kunstpflege und -förderung bezieht, sondern aktiv Einfluß nehmen will auf kulturelle Entwicklungsprozesse mit dem Ziel der Demokratisierung der Gesellschaft durch Kultur. Dieser Konzeption liegt ein Politikbegriff zugrunde, der nicht nur das politisch-administrative System als Akteur kennt, sondern (potentiell) alle gesellschaftlichen Gruppierungen. (3) Als → *Kulturpraxisbegriff* verweist Soziokultur vor allem auf die Konzepte und Anwendungsbeispiele konkreter Kulturarbeit, die sich an den im Kulturpolitikbegriff entwickelten Zielsetzungen orientiert. Diese Initiativen können entweder öffentlich organisiert, finanziert bzw. unterstützt sein oder durch das private Engagement freier Kulturgruppen getragen sein und beziehen sich auf alle Sparten der Kunst sowie auf neue Formen ästhetisch-kreativen und sozialkulturellen Wirkens.

Der Begriff der Soziokultur entfaltete seine volle Wirkung vor allen Dingen als Kulturpraxisbegriff und wurde in seiner Durchsetzungsphase rasch zu einem Synonym bzw. zu einem positiv besetzten Nachfolgebegriff für → *Subkultur* bzw. → *Alternativkultur*. Nach der Deutschen Einheit 1989 erlebte die Soziokultur eine weitere Begriffsvariierung, da das Kulturverständnis der fünf neuen Bundesländer aufgrund der hsitorischen Entwicklung der DDR sehr stark von einem Alltagskulturverständnis geprägt war, das nun in diesen Begriff einfloß.

Lit.: Sievers, N. und B. Wagner (Hrsg.): Bestandsaufnahme Soziokultur. Beiträge, Analysen, Konzepte. Dokumentation des gleichnamigen Forschungsprojektes der Kulturpolitischen Gesellschaft im Auftrag des Bundesministeriums des Innern, Stuttgart/Berlin/Köln 1992

Soziokulturelle Zentren

Soziokulturelle Zentren gehören zum Kernbereich der → *Soziokultur*. Sie arbeiten in bunter Vielfalt und mit erheblichen Unterschieden als Kultur- und Kommunikationszentren, Bürgerhäuser,

Stadtteilzentren oder Kulturläden. Die Bandbreite ihrer Arbeit und Angebote reicht von der → *kulturellen Bildung,* der Erwachsenenbildung, der Sozialarbeit, der psychosozialen und politischen Arbeit, der Projektarbeit bis hin zur Veranstaltungstätigkeit in allen Kunstsparten. Gleichzeitig sind sie Ort für Information und Kommunikation, Gastronomie, Raumanbieter für verschiedene gesellschaftliche Gruppen, politisches und soziales Lernfeld, Kooperationspartner und Meinungsträger, Abrechnungs- und Verwaltungsträger.

Trotz dieser Vielfalt weisen soziokulturelle Zentren nach der Satzung ihres 1979 gegründeten Bundesverbandes folgende gemeinsame Merkmale auf: (1) Basis- und Nutzerorientierung; (2) Integration verschiedener Altersgruppen, sozialer Schichten und Nationalitäten; (3) Offenheit und Transparenz; (4) Formen sozialer politischer Arbeit sowie demokratischer Kultur (d. h. Initiierung sozialer, politischer und kultureller Lernprozesse); (5) Betonung des demokratischen und humanistischen Gehalts von Kultur und Widerstand gegen faschistische und menschenverachtende Betrebungen; (6) demokratische Entscheidungsstrukturen; (7) nicht-kommerzielle Ausrichtung.

Eine 1994 von der Bundesvereinigung für soziokultureller Zentren e.V. in Kooperation mit den einzelnen Landesarbeitgemeinschaften durchgeführte empirische Untersuchung in 222 soziokulturellen Zentren ergab, daß die Existenz solcher Zentren längst nicht mehr auf Großstädte beschränkt ist, sondern diese Einrichtungen inzwischen zu 26,5 % in Städten mit 50 000 bis 200 000 Einwohnern und zu 29,6 % in Gemeinden unter 50 000 Einwohnern angesiedelt ist. Es zeigte sich auch, daß die Entstehung soziokultureller Zentren keineswegs ein Phänomen der siebziger oder achtziger Jahre ist: Zwar entstanden 67,1 % dieser Zentren vor 1990, aber alleine von 1991 bis 1994 wurden 32,9 % der existierenden Zentren gegründet. Die Angebotspalette der Häuser läßt sich in vier große Bereiche unterteilen: (1) Veranstaltungen (Musik, Theater, Diskussionen, Vorträge, Lesungen, Disco u. a.); (2) Kurse und Workshops (Spracherwerb, politische Bildung, Kreatives Gestalten, Körpererfahrung u. a.); (3) Zielgruppenorientierte Arbeit, Beratungs- und Offene Angebote (Kinder, Jugendliche, Frauen, Senioren, Migranten); (4) Gastronomie (Café, Kneipe, Teestube u. a.) als ein wesentlicher Kommunikationsbereich.

Die Einnahmesituation der Zentren offenbart ein strukturelles Problem: Mit Ausnahme der Städtegrößenklasse über 1 Mill. Einwohnern liegt der Anteil der öffentlichen Förderung, der unmittelbar zur Aufrechterhaltung des laufenden Betriebs der Zentren eingesetzt werden kann, nur zwischen 44,4 und 58 %; Sponsoring spielt mit Einnahmeanteilen zwischen 0,1 % und 2,1 % kaum eine Rolle. Umgerechnet auf die einzelnen Besucher fördern die Städte mit 1 Mill. und mehr Einwohnern die Soziokultur mit 11,79 DM/pro Besuch, in Städten zwischen 500.00 und 1 Mill. Einwohnern mit 6,46 DM, in Städten mit 200 000 bis 500 000 Einwohnern mit 6,62 DM, zwischen 100 000 bis 200 000 Einwohnern mit 5,60 DM und in Städten mit 50 000 bis 100 000 Einwohnern mit 4,71 DM. Die Ausgaben fließen im Durchschnitt zu 44,6 % in Personalausgaben, zu 16,6 % in Bau- und Investive Ausgaben, zu 21,4 % in Veranstaltungen, zu 7,9 % in Betriebskosten, zu 3,6 % in Sachkosten, zu 2,9 % in Verwaltung und zu 2,9 % in Sonstiges. Nach wie vor nimmt die ehrenamtliche Tätigkeit einen sehr hohen Anteil in diesen Einrichtungen ein.

Lit.: Spiekermann, G.: Soziokulturelle Zentren und Initiativen in der Bundesrepublik Deutschland. In: Verband Deutscher Städtestatistiker (Hrsg.): Städte in Zahlen /Heft 8. Ein Strukturbericht zum Thema Kultur und Bildung, Oberhausen 1998 S. 215–239; Husmann, U. und Th. Skinert: Soziokulturelle Zentren. Rahmenbedingungen und Grundfunktionen, Berufsfeld und Qualitätsvoraussetzungen, Hagen, Essen 1993; Sievers, N. und B. Wagner: (Hrsg.): Bestandsaufnahme Soziokultur. Beiträge, Analysen, Konzepte. Stuttgart/Berlin/ Köln 1992 (Schriftenreihe des Bundesministeriums des Innern Bd. 23)

▶ Spenden

Private Zuwendungen eines → *Mäzens*, die in der Regel zwar an eine klare Zweckbindung, im Gegensatz zum → *Sponsoring* aber nicht an eine Gegenleistung gebunden sind. Es sind Geld-, Sach- und Aufwandsspenden zu unterscheiden. (1) Geldspenden können in unbegrenzter Höhe geleistet werden; lediglich für die steuerliche Begünstigung gibt es gewisse Höchstgrenzen. Bei Spenden von bis zu 100 DM genügt der Nachweis des Bareinzahlungsbelegs oder die Buchungsbestätigung eines Kreditinstituts; für alle darüber hinausgehenden Spenden ist eine förmliche → *Spendenbescheinigung* erforderlich. (2) Als Sachspenden kommen Wirtschaftsgüter aller Art in Betracht. Dazu ist es erforderlich, daß der Spender dem Begünstigten das Eigentum an der Sache verschafft (tatsächliche Verfügungsmacht) und die Sache dem gemeinnützigen Zweck dient. Werden dagegen einem gemeinnützigen Verein beispielsweise von einer Schreinerei Tische und Bänke für ein Vereinsfest geschenkt, so handelt es sich nicht um eine Sachspende, weil das Vereinsfest zum steuerpflichtigen wirtschaftlichen Geschäftsbetrieb zählt. Die Sachspenden sind grundsätzlich mit dem gemeinen Wert (Verkehrswert einschließlich Umsatzsteuer) des Wirtschaftsgutes steuerlich absetzbar, insbesondere wenn sie aus dem Privatvermögen des Spenders stammen. Wird die Sachspende dem Betriebsvermögen des Steuerpflichtigen entnommen, kann die Spende in Höhe des Teilwertes oder des Buchwertes steuerlich geltend gemacht werden (→ *Buchwertprivileg*). Dies gilt auch für die Verwendung der Sachspende in einer Tombola. Bei allen Sachspenden hat der Begünstigte in der Spendenbestätigung die Grundlagen der Wertermittlung gesondert darzustellen und die erforderlichen Nachweise und Unterlagen aufzubewahren. (3) Werden Nutzungen (z. B. Überlassung von Räumen) und Leistungen (z. B. Arbeitsleistung) entgeltlich erbracht, so kann bei Verzicht auf den rechtswirksam entstandenen Vergütungs- und Aufwendungsersatzanspruch eine steuerbegünstigte Spende vorliegen (sog. Aufwandsspende). Unentgeltliche Nutzungen (z. B. kostenlose Überlassung von Räumen) und Leistungen (z. B. ehrenamtliche Tätigkeit) können dagegen nicht wie eine Sachspende behandelt werden, da dem Steuerpflichtigen insoweit kein finanzieller Aufwand entsteht. Auch die unentgeltliche Arbeitsleistung eines Vereinsmitglieds ist deshalb keine Spende. Damit es zu einer sog. Aufwandsspende kommt, ist ein tatsächlich Geldfluß nicht erforderlich, doch muß der zugrundeliegende Aufwandsersatzanspruch vertraglich geregelt sein.

Spenden können seit der Neuregelung des steuerlichen Spendenrechts zum 1. 1. 2000 von jedem Spendenempfänger, der einen steuerbegünstigten gemeinnützigen → *Zweckbetrieb* führt, direkt entgegengenommen werden; der Umweg über das → *Durchlaufspendenverfahren* ist nicht mehr erforderlich.

Spenden, soweit sie zur Förderung mildtätiger, kirchlicher, religiöser, wissenschaftlicher und der als besonders förderungswürdig anerkannten → *gemeinnützigen Zwecke* (z. B. gemeinnützige kulturelle Vereine) bestimmt sind, können von der Einkommen- und Körperschaftsteuer steuermindernd abgesetzt werden. Voraussetzung für eine steuerbegünstige Spende ist allerdings, daß die Spende tatsächlich dem steuerbegünstigten Zweck der Körperschaft zugeführt wird und nicht etwa einem steuerpflichtigen wirtschaftlichen Geschäftsbetrieb (z. B. einem Vereinsfest) und daß eine Spendenbescheinigung vorgelegt werden kann. Bei der Einkommensteuer können solche Spenden bis zur Höhe von 5 % des Gesamtbetrags der Einkünfte als Sonderausgaben abgezogen werden. Bei Ausgaben für besonders förderungswürdige kulturelle Zwecke – solche Zwecke (Einrichtungen) sind in der Anlage 1 zu § 48 Abs. 2 Einkommensteuerdurchführungsverordnung (EstDV) aufgeführt – erhöht sich der Höchstbetrag auf 10 %. Einzelspenden von mindestens 50 000 DM für wissenschaftliche, mildtätige oder als besonders förderungswürdig anerkannte kulturelle Zwecke, die diese Höchstsätze überschreiten, können bis zum vollständigen Verbrauch im Rahmen der Höchstsätze im vorangegangenen und den fünf folgenden Jahren berücksichtigt werden. An die Stelle des nach dem Gesamtbetrag der Einkünfte berechneten Höchstsatzes kann der Steuerpflichtige, wenn es für ihn günstiger ist, den Satz von 0,2 % der Summe seiner gesamten Umsätze und der im Kalenderjahr aufgewendeten Löhne und Gehälter als Höchstbetrag wählen.

▸ Spendenbescheinigung

Wer → *Spenden* zur Förderung von Zwecken, die steuerlich begünstigt sind, leistet, erhält eine Spendenbescheinigung, die im Rahmen der Steuererklärung als Sonderausgabe geltend gemacht werden kann. Benötigten vor allem Kulturvereine zur Ausstellung von Spendenbescheinigungen früher das komplizierte → *Durchlaufspendenverfahren*, so gilt nach einer Änderung der Einkommensteuer-Durchführungsverordnung (EstDV) zur steuerlichen Behandlung von Spenden seit dem 1. Januar 2000 das vereinfachte Verfahren einer direkten Zuwendungsbestätigung.

Als Kernstück enthält die Neuregelung die Befugnis für alle als steuerbegünstigt anerkannten Körperschaften, Personenvereinigungen und Vermögensmassen, selbst unmittelbar steuerbegünstigte Spenden entgegenzunehmen und hierüber Spendenbescheinigungen (Zuwendungsbestätigungen) auszustellen. Die Steuerbegünstigung setzt voraus, daß die Körperschaft, Personenvereinigung oder Vermögensmasse nach § 5 Abs. 1 Nr. 9 Körperschaftsteuergesetz (KStG) von der Körperschaftsteuer befreit ist und vom Finanzamt wegen Förderung der in § 10 b des Einkommensteuergesetzes (EStG) aufgeführten Zwecke als steuerbegünstigte Körperschaft anerkannt ist.

▸ Spielplan

Der Spielplan eines → *Theaters* besteht aus der Folge der aufzuführenden oder bereits aufgeführten Stücke. Er ist damit die zentrale Grundlage für alle weiteren zu treffenden Entscheidungen (Personalplanung, Budgetplanung, Werbeplanung usw.). Theater stellen ihren Spielplan nach Spielzeiten zusammen, die in der Regel im Herbst beginnen und im Sommer enden; dazwischen liegen Theaterferien. Er kann → *Uraufführungen*, → *Erstaufführungen*, Neuinszenierungen, Übernahmen von Inszenierungen aus der abgelaufenen Spielzeit und Wiederaufnahmen nach längerer Pause enthalten. Die deutschen öffentlichen Theater (→ *Staats- und Stadttheater;* → *Landestheatern* bzw. *Landesbühnen*) publizieren ihre Spielplanvorschau in der Regel im Frühjahr für die Abonnenteninformation (→ *Abonnementsystem*) und -werbung der nächsten Spielzeit und geben am Ende einer Spielplansaison oder Ära Spielplanübersichten. Der Begriff Spielplan wird häufig auch allgemeiner im Sinne von → *Repertoire* gebraucht. Repertoire-Theater, die fast täglich ein anderes Stück spielen, veröffentlichen Monats- bzw. Wochenspielpläne. Hier meint der Begriff eine genaue und vollständige Festlegung der Aufführungsfolge.

▸ Sponsoring

Unterstützung von Einrichtungen oder Personen vorwiegend im sozialen, sportlichen, kulturellen oder ökologischen Bereich durch Finanz- oder Sachmittel eines Unternehmens. Zunehmende Bedeutung hat in jüngster Zeit auch das Sponsoring von Rundfunkprogrammen erlangt (Mediensponsoring). Mit dem Sponsoring ist immer ein → *Marketing-* oder Kommunikationsziel verbunden, d. h. der Sponsor erwartet – anders als der → *Mäzen* – vom Begünstigten eine Gegenleistung zur Stützung seiner eigenen unternehmerischen Ziele. Folglich ist ein Sponsoring steuerlich nicht als Sonderausgabe absetzbar (vgl. → *Spende*), sondern als Werbungskosten bzw. Betriebsausgabe.

Sponsoring ist allerdings nicht nur als Bezuschussung von Maßnahmen Dritter, also beispielsweise öffentlicher Kultureinrichtungen, zu verstehen, sondern umfaßt auch die eigene Veranstaltungstätigkeit des Sponsors. Da sich das Engagement der Sponsoren in einer Partnerschaft mit öffentlichen Einrichtungen oft nicht so darstellt, wie die Sponsoren sich dies erhofften, sind viele inzwischen dazu übergegangen, Kulturförderung in eigener Verantwortung vorzunehmen. Da ohnehin der Anteil der Sponsorengelder am Gesamtförderungsbedarf des Kulturbetriebs relativ gering geblieben ist, hat die neuere Entwicklung im Sponsoring die Bedeutung dieser Finanzierungsform für öffentliche Kultureinrichtungen weiter geschmälert. Die öffentliche Hand drängt deshalb verstärkt darauf, Sponsoring durch → *Public-Private-Partnership* zu ersetzen.

Nach Erhebungen der ISPR (Internationale Sportrechteverwertungsgesellschaft) entfielen 1999 vom gesamten Sponsoring-Aufkommen von 4,4 Mrd. DM 59 % auf Sportsponsoring, 18 % auf Medien-Sponsoring und 14 % auf → *Kultursponsoring*. Die ISPR geht davon aus, daß sich das Sponsoring-Aufkommen bis 2002 auf etwa 5,4 Mrd. DM erhöhen wird. In diesen Prognosen wird vor allem eine Steigerung im Sport- und Mediensponsoring erwartet, während das Kultursponsoring nur leicht steigen und die anderen Sponsoringzwecke weitgehend stabil bleiben werden.

Da Sponsoring für das Wirtschaftsunternehmen Teil einer mittel- bis langfristigen Marketing- und Kommunikationsstrategie ist, darf es auch für den Begünstigten nicht als spontaner Notnagel für überraschende Finanzlöcher eingesetzt werden, sondern muß auch hier strategisch angelegt werden. Eine solche Sponsoring-Strategie enthält mindestens folgende Punkte: (1) Profil des Vorhabens (Idee, Beschreibung der → *Konzeption* und des Programms), (2) Publikum bzw. → *Zielgruppe*, (3) → *Kosten-* und → *Finanzie-*

rungsplans, (4) Wirkungsradius (z. B. → *Öffentlichkeitsarbeit* und Medienpräzenz), (5) Angestrebte Sponsorenbeteiligung, (6) Mögliche Gegenleistungen, (7) Steuerliche Aspekte, (8) Schnittstellenanalyse, d. h. das Aufzeigen von Gemeinsamenkeiten zwischen Sponsoringgeber und Sponsoringnehmer und zwar hinsichtlich (8.1) → *Produkte* und → *Dienstleistungen*, (8.2) Unternehmenssituation, (8.3) Zielgruppen oder (8.4) Imagedimension. Erst dann folgt die eigentliche Akquisition: (9) Vorbereitung eines Sponsoren-Gesprächs (Suche nach Ansprechpartnern und Türöffnern, → *Gatekeeper/Gateopener*), (10) Sponsorengespräch, (11) Sponsoringvertrag (mit den Elementen: Leistungen des Sponsors, Gegenleistung des Sponsoringnehmers, finanztechnische Abwicklung, gegenseitige Informationspflicht und Ausschluß inhaltlicher Einflußnahme).

Für den weiteren Erfolg des Sponsorings sind vor allem die Erfahrungen entscheidend, die die Sponsoren in der Vergangenheit mit den Sponsoringnehmern gesammelt haben; diese Frage steht deshalb im Mittelpunkt der jährlichen Umfragen der ISPR. Insgesamt wird diese Zusammenarbeit von den Sponsoren eher durchschnittlich beurteilt. Lediglich die Kooperation im Mediensponsoring entspricht den Erwartungen der Sponsoren; sie erweisen sich als kompetent, kreativ und flexibel. Gute Noten erhält auch das Sportsponsoring, während das Kultursponsoring nur als durchschnittlich bewertet wird. Hier sei zwar der Wille zur Zusammenarbeit gegeben, doch würden zu wenige bemerkenswerte Akzente gesetzt. Das Schlußlicht in der Bewertung der Sponsoren bilden die Bereiche Ökologie und Soziales. Gerade diese Einschätzung der Sponsoren zeigt, daß ein Sponsoring für beide Seiten nur dann erfolgreich sein kann, wenn es auch von Seiten des Sponsoringnehmers mit der erforderlichen Professionalität betrieben wird.

Lit.: Bruhn, M.: Sponsoring. Systematische Planung und integrativer Einsatz, Wiesbaden 3.Aufl. 1998; Bortoluzzi Dubach, El. und H. Frey: Sponsoring. Der Leitfaden für die Praxis, Bern 1997; Hermanns, A.: Sponsoring. Grundlagen, Wirkungen, Management, Perspektiven, München 2.Aufl. 1997; Bruhn, M. und R. Mehlinger: Rechtliche Gestaltung des Sponsorings (2. Bände), München 1994 und 1995; Brockes, H.-W. (Hrsg.): Leitfaden Sponsoring & Event-Marketing für Unternehmen, Sponsoring-Nehmer und Agenturen, Stuttgart

1995 ff. (Loseblattsammlung); Strahlendorf, P. (Hrsg.): Jahrbuch Sponsoring, Hamburg (erscheint jährlich)

Sponsoring-Agenturen

Privatwirtschaftliche Beratungsbüros, die für Sponsoren geeignete Projekte und → *Kultur-Events* suchen und andererseits auch interessierten Kultureinrichtungen Sponsoren vermitteln. Eine wichtige Aufgabe der Sponsoring-Agenturen ist zudem die Entwicklung einer → *Marketingstrategie* für den Einsatz von Sponsorengeldern.

Lit.: Strahlendorf, P. (Hrsg.): Jahrbuch Sponsoring, Hamburg (erscheint jährlich)

Staatsminister für Angelegenheiten der Kultur und der Medien

→ Kulturpolitik des Bundes

Staatstheater und Stadttheater

Der → *Deutsche Bühnenverein* ordnet einen Teil seiner Mitgliedsbühnen unter diese beiden Gruppen ein. Die unterschiedliche Bezeichnung Staatstheater bzw. Stadttheater resultiert weitgehend aus unterschiedlichen historischen Entwicklungen und ist zunächst von den jeweils höfischen bzw. bürgerlichen Gründungen herzuleiten. Bei Staatstheatern liegt die Trägerschaft beim jeweiligen Bundesland, beim Stadttheater bei der Kommune. Dementsprechend sind bei Staatstheatern die finanziellen Zuschüsse und auch die kulturpolitische Einflußnahme des Landes erheblich höher als bei Stadttheatern. Die Bezeichnung sagt allerdings noch nichts über die jeweilige Rechtsform (→ *Theater, Rechtsformen*) aus.

Stab-Linienorganisation

Diese Form der → *Aufbauorganisation* behält die klassische Linienstruktur bei, sichert folglich auch weiterhin die Einheitlichkeit der Leitung und des Auftragsempfangs, ergänzt sie aber durch eine gleichsam übergelagerte Ebene. Stäbe liegen außerhalb der Instanzen des Liniensystems, sind also freigestellt von jeder Routine, haben aber kein Weisungsrecht gegenüber anderen Organisationsein-

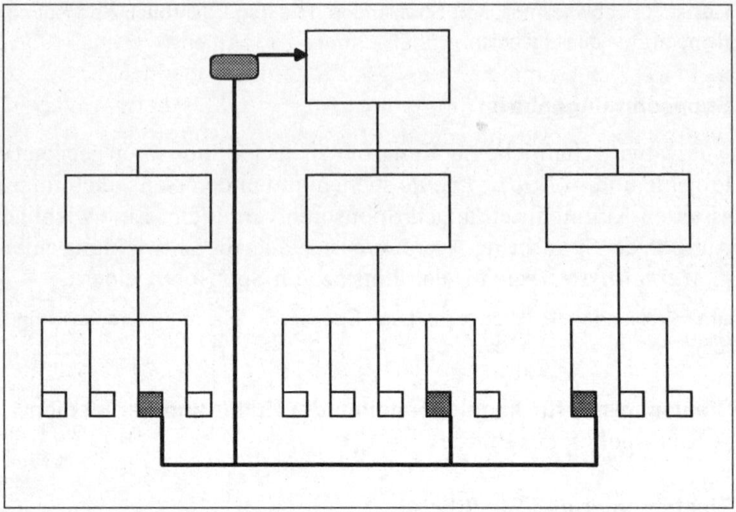

Abb. 10: Stab-Linienorganisation

heiten. Stabsstellen erhalten Anweisungen, ohne selbst Anweisungen weitergeben zu können.

Für das Kulturmanagement besteht ein großer Vorteil dieses Leitungssystems vor allem in der Möglichkeit, auf diese Weise Sonderaufgaben und Projekte sehr flexibel bearbeiten zu können, ohne daß die Erledigung der Kernaufgaben beeinträchtigt wird. Dazu können vorhandene Mitarbeiter freigestellt oder über Werkverträge zusätzliche Mitarbeiter in die Organisation eingebunden werden. Ein weiterer Vorteil dieses Leitungssystems besteht darin, daß Stabsstellen die Leiter entlasten und über Stäbe auch Koordinierungsaufgaben wahrgenommen werden können. Ein Nachteil solcher Stabsstellen ist darin zu sehen, daß sich wegen der engen Anbindung der Stäbe an Leitungspositionen Konflikte in der → *Führung* ergeben können. Stabsmitarbeiter können anderen Mitarbeitern als indirekte Kontrollinstanzen der Leitung erscheinen, was die → *Kommunikation* und die Informationsbereitschaft gegenüber den Stäben deutlich einschränken wird. Da Stäbe an Entscheidungen nur indirekt und vorbereitend beteiligt sind, die Entscheidung selbst aber immer der

Linie vorbehalten ist, haben Stäbe in der Regel einen großen Einfluß, ohne Verantwortung übernehmen zu müssen (was man allgemein als „graue Eminenz“ bezeichnet). Dennoch handelt es sich für das Kulturmanagement um ein sehr interessantes Leitungssystem, weil auf diese Weise eine traditionelle Aufbauorganisation durchbrochen werden kann, um besondere Herausforderungen wahrnehmen zu können (→ *Projektmanagement*).

▸ Stadtkultur

In Anlehnung an den sog. „weiten“ → *Kulturbegriff* läßt sich Stadtkultur bzw. Urbanität verstehen als die typischen Verhaltensmuster der Bürgerinnen und Bürger und Organisationen in einer Stadt, die geprägt sind von bestimmten Einstellungen und Erfahrungen, Normen und Werten, Sitten und Gebräuchen, Nationalitäten und Mentalitäten. Das Zusammenspiel und die Ausprägung dieser unterschiedlichen Faktoren ergeben eine jeweils spezifische Ausprägung städtischer Kultur.

Lit.: Kirchberg, V. und A. Göschel (Hrsg.): Kultur in der Stadt. Stadtsoziologische Analysen zur Kultur, Opladen 1998

▸ Stadtmarketing

Durch den zunehmenden Wettbewerb der Städte und Regionen untereinander als Wirtschaftsstandort und als Lebensraum zum Wohnen, Arbeiten, Einkaufen sowie zur Freizeitgestaltung wird professionelles → *Marketing* auch für die Kommunen immer wichtiger. Eine Stadt, die sich in diesem interkommunalen Wettbewerb erfolgreich positionieren will, muß ebenso wie ein Industrieunternehmen ihre Stärken und Schwächen analysieren, darüber hinaus ihre sog. harten und weichen → *Standortfaktoren* ermitteln, definieren und diese in ein schlüssiges Marketingkonzept bringen, das nach außen wie nach innen wirkt. Das Positionierungsziel muß erreichbar und auf die Zukunft bezogen sein.

Stadtmarketing als Management-Aufgabe ist sehr viel mehr als bloße Stadtwerbung bzw. Stadtimage: es ist (1) eine Maxime bzw. „Philosophie“, wie eine Institution („Firma Stadt“) geführt wird; (2) eine Methode, um eine systematische Entscheidungsfindung nach

Prioritäten der Stadt und der anvisierten Zielgruppe(n) durchführen zu können und (3) ein Instrument, um Präferenzen bei den angesprochenen Bürgern durch die Gestaltung bestimmter Bereiche zu schaffen. Dies bedeutet: Kundenbedürfnisse erkennen („Der Bürger als Kunde"), Kundennutzen schaffen, Kundenvorteile kommunizieren (Erzeugung von Nachfrage) und dadurch Wettbewerbsvorteile dauerhaft nach innen und außen sichern. Besonders unter dem Gesichtspunkt einer Neuordnung der kommunalen Verwaltung weg von der Ordnungsverwaltung hin zur Dienstleistungsverwaltung (→ *Dezentrale Ressourcenverantwortung*) kommt dem so verstandenen Stadtmarketing in der Zukunft eine besondere Bedeutung zu. Um ein so konzipiertes Stadtmarketing trennscharf von bloßer Stadtwerbung abzuheben, wird in jüngster Zeit auch der Begriff der Stadtkonzeption verwendet.

Lit.: Töpfer, A. (Hrsg.): Stadtmarketing. Herausforderungen und Chance für die Kommunen, Baden-Baden 1993; Funke, U.: Vom Stadtmarketing zur Stadtkonzeption Köln 1994 (Neue Schriften des Deutschen Städtetages, Heft 68); Heinrichs, W.; Klein, A. und P. Hellmig: Kultur und Stadtmarketing in Mittelstädten. Teilergebnisse eines Forschungsprojekts der Wüstenrot-Stiftung. In: Heinrichs, W. und A. Klein (Hrsg.): Deutsches Jahrbuch für Kulturmanagement 1998, Band 2, Baden-Baden 1999: 113–140

▸ Stadtteilkulturarbeit

Das Konzept der Stadtteilkulturarbeit wurde seit Beginn der siebziger Jahre im Rahmen der Neuen Kulturpolitik (→ *Kulturpolitik, Neue*) aus der Kritik an der Konzentration des kommunalen Kulturgeschehens fast ausschließlich auf das jeweilige Stadtzentrum entwickelt. Kritisiert wurde vor allem, daß nahezu sämtliche → *kulturellen Einrichtungen* (wie Theater, Museen, Bibliotheken, Volkshochschulen usw.), aber auch die → *kulturellen Veranstaltungen* ihren Standort in den Innenstädten haben. Demgegenüber drohten die übrigen Stadtteile zu veröden und zu reinen Schlafstädten zu werden. Kultur wurde hier als Medium begriffen, das dieser Entwicklung und der damit verbundenen Krise alltäglicher Lebensbewältigung entgegenwirken sollte. Kulturelle Breitenarbeit (→ *Breitenkultur)* soll dementsprechend an der Basis ansetzen, d. h. dort, wo die Menschen wohnen und leben, also im Orts- bzw. Stadtteil.

Kultur im Stadtteil bezieht ihre Inhalte aus dem unmittelbaren Lebens- und Erfahrungsbereich der Menschen und verleiht ihnen mit kulturellen und künstlerischen Mitteln Ausdruck (→ *Soziokultur*). Zur Stadtteilkulturarbeit gehören deshalb nicht zuletzt Begegnungsstätten, Bürgerhäuser und Kulturläden (→ *soziokulturelle Zentren*).

Lit.: Kirchberg, V. und A. Göschel: Kultur in der Stadt. Stadtsoziologische Analysen zur Kultur, Opladen 1998; Kreißig, G.und J. Grabbe: Kultur vor Ort. Hinweise und Materialien zur Förderung der offenen Kulturarbeit in den Städten, Köln 1987 (Schriften des Deutschen Städtetages, Heft 57)

Standortfaktor Kultur

Als Standortfaktoren bezeichnet man die Determinanten für die Standortwahl eines Unternehmens oder eines Unternehmenszweigs. Diese Determinanten können sich auf den Beschaffungsmarkt (z. B. Arbeitsmarktbedingungen), die Produktion (technische Bedingungen) oder den Absatzmarkt (z. B. Kundennähe) beziehen. In einer marketingorientierten Standortbewertung unterscheidet man harte (z. B. Bodenschätze, Autobahnanschluß, räumliche Nähe zum Absatzmarkt) und weiche Standortfaktoren (z. B. das Image der Stadt, die Attraktivität der Kultur- und Freizeitangebote für gehobene Mitarbeiter und Mitarbeiterinnen, die Fühlungsvorteile gegenüber branchenverwandten Betrieben usw.).

Im Kontext einer ökonomischen Betrachtung von Kulturangeboten ging man in den achtziger Jahren davon aus, daß Kultur als Standortfaktor von großer Bedeutung sei. Der damalige Ministerpräsident von Baden-Württemberg, Lothar Späth, vermutete sogar, daß das Kulturangebot einer Stadt für die Standortpolitik eines Unternehmens wichtiger sei als ein Gleisanschluß, Kultur mithin den Stellenwert eines harten Standortfaktors habe. Diese Erwartung hat sich aber empirisch nicht bestätigt. Wie eine Untersuchung des Ludwigsburger Instituts für Kulturmanagement und der Hamburger Hochschule für Wirtschaft und Politik im Auftrag der Wüstenrot-Stiftung gezeigt hat, kommt dem Standortfaktor Kultur nur im Personalmanagement (insbesondere bei der Akquisition von leitenden Mitarbeitern mit einem entsprechenden Anspruch an ein Kultur- und Bildungsangebot) und im Unternehmensmarketing (vor allem im Bereich Öffentlichkeitsarbeit) eine gewisse Bedeutung zu. Aber auch dies gilt nur unter zwei Einschränkungen, nämlich zum einen muß das Kulturangebot besonders signifikant und im Fremdimage verankert sein und zum zweiten sind Kulturangebote als Standortfaktor immer nur gemeinsam mit weiteren Bildungs- und Freizeitangeboten zu sehen. Dagegen hat das Kulturangebot einer Stadt für die Standortsicherung (Verzicht auf Standortverlegung) einen höheren Stellenwert als für die Standortwahl (Neuansiedlung). Kultur als Standortfaktor ist allerdings dann von größerer Bedeutung, wenn das überdurchschnittliche kulturelle Angebot noch durch ein kulturell geprägtes Stadtbild oder durch besondere kulturelle Sehenswürdigkeiten verstärkt wird.

Lit.: Wüstenrot Stiftung (Hrsg.): Kultur und Stadtentwicklung. Kulturelle Potentiale als Image- und Standortfaktoren in Mittelstädten. Forschungsprojekt im Auftrag der Wüstenrot Stiftung, erarbeitet von W. Heinrichs, A. Klein und P. Bendixen, unter Mitarbeit von P. Hellmig und A. Sikorski, Ludwigsburg 1999
Grabow, B.; D. Henckel und B. Hollbach-Grönig: Weiche Standortfaktoren. Schriftenreihe des Deutschen Instituts für Urbanistik, Band 89, Stuttgart 1995

▶ Stärken-Schwächen-Analyse

Wichtiges Instrument der → *Potentialanalyse* ist die standardisierte Stärken-Schwächen-Analyse, bei der einzelne Angebots- bzw. Geschäftsbereiche von internen und externen Experten auf einer Skala (z. B. von -5 bis +5) beurteilt werden. Entscheidend ist, daß diese Beurteilung nach möglichst objektiven Kriterien erfolgt, sei es, daß man bestimmte → *Kennzahlen* (z. B. Unterrichtseinheiten der → *Volkshochschule* pro 1000 Einwohner) im Landes- oder Städtevergleich heranzieht (→ *Kulturstatistik*) oder daß man Beurteilungen aus einer Publikumsbefragung in die Stärken-Schwäche-Analyse einfließen läßt. Aus dieser Skalierung läßt sich ein Stärken-Schwächen-Profil ablesen, das wiederum bestimmte Strategien nahelegt, etwa Schwächen zu kompensieren, Stärken besonders herauszustellen usw.

▶ Steuerpflichtiger wirtschaftlicher Geschäftsbetrieb

→ Zweckbetrieb

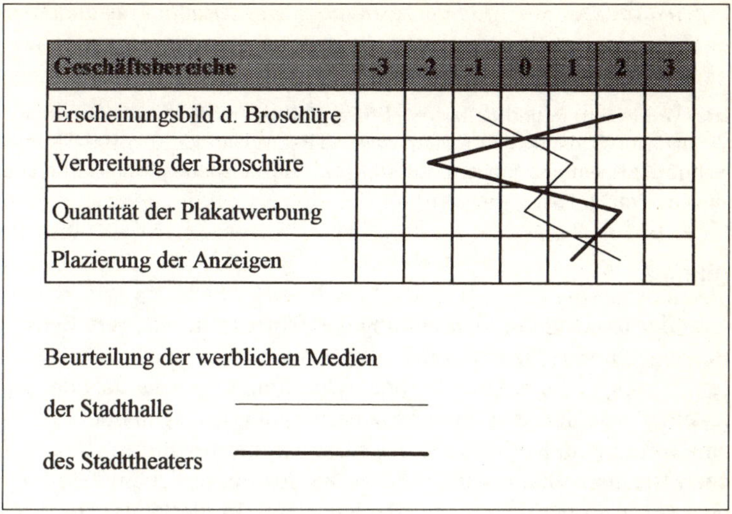

Abb. 11: Stärken-Schwächen-Profil

Steuerrecht im Kulturbetrieb

Grundsätzlich gilt, daß → *privatrechtlich-kommerzielle Kulturbetriebe* in gleichem Umfang steuerpflichtig sind wie jeder andere erwerbswirtschaftliche Wirtschaftsbetrieb; lediglich für die → *Umsatzsteuer* gilt für einige kulturelle Produkte der ermäßigte Steuersatz von 7 % (z. B. für Bücher). Genauso generell gilt die umgekehrte Regelung für alle → *privatrechtlich-gemeinnützigen* und für alle → *öffentlichen Kulturbetriebe*; sie sind nämlich von der Steuerpflicht befreit, sofern sie nicht innerhalb ihres gemeinnützigen Betriebs wirtschaftliche Geschäftsbereiche mit einem Umsatz von mehr als 60 000 DM im Jahr zu verzeichnen haben (vgl. → *Körperschaftssteuer*). (Diese Steuerbefreiung gilt selbstverständlich nicht für die Steuer- und Abgabenpflicht der haupt- oder nebenberuflich Beschäftigten.)

Neben diesen beiden Grundsätzen sind die Regelungen und Ausnahmen im Einzelfall – wie im Steuerrecht allgemein – sehr kompliziert; vgl. dazu auch → *Ausländersteuer,* → *Bewertung von Kunst-*

gegenständen, → Gewerbesteuer, → Künstlerbesteuerung, → Spenden, → Spendenbescheinigung, → Sponsoring, → Verkaufsprovision.

Lit.: Vermeulen, P. und K. Michel: Steuerpflichten für Kulturschaffende und Veranstalter. Schriftenreihe Kulturpraxis und Recht, Band 2, Köln 1994; Rühlemann, G.: Kunst und Steuern. Kunstbesitz, Kunstausübung, Kunstförderung im Steuerrecht, Herne, Berlin 1994

▸ Stiftung

In der praktischen Verwendung des Wortes sind mehrere Bedeutungen zu unterscheiden: Entweder (1) handelt es sich bei einer Stiftung um eine zum raschen Verbrauch bestimmte → *Spende*; oder um (2) eine → *Schenkung* unter ganz bestimmten Auflagen oder (3) um eine Stiftung im Rechtssinne. Rechtsregeln für die Stiftung bürgerlichen Rechts enthalten die §§ 80 bis 88 des Bürgerlichen Gesetzbuches (BGB) sowie Regelungen der einzelnen Bundesländer zum Stiftungsrecht. Zu unterscheiden ist zwischen (1) Privaten Stiftungen (rechtsfähige bzw. nichtrechtsfähige Stiftungen des Privatrechts) und (2) Öffentlichen Stiftungen (Stiftungen des öffentlichen Rechts).

Merkmale von Kunst- und Kulturstiftungen sind: (1) ein eindeutiger Stifterwille, der Teile seines Vermögens einem nützlichen Zweck zuführen und dazu aus dem eigenen Vermögen ausgliedern will; (2) ein vom Stifter gesetzter Stiftungszweck, der zwar auch privatnützig sein darf, in der Regel aber → *gemeinnützig* sein wird; (3) die Dauerhaftigkeit des Stiftungszweckes (die sie von der auf Verbrauch gerichteten Spende abgrenzt); (4) die Ausstattung mit einem eigenen Sondervermögen, das Erträge zu erwirtschaften in der Lage ist, aus denen der Stiftungszweck realisiert wird; (5) die Einrichtung einer auf Dauer stabilen Organisation zur Durchsetzung des Stifterwillens; (6) ein konstitutiver Genehmigungsakt des Staates (d. h. des jeweiligen Bundeslandes, in dessen Gebiet die Stiftung ihren Sitz haben soll) und der auch die Stiftungsaufsicht als Garant des Stifterwillens bedingt. Errichtet werden Stiftungen durch einen Stiftungsakt, der mindestens enthalten soll: Name, Sitz und Zweck der Stiftung, deren Organe, das Vermögen und die Verwendung von dessen Erträgen für den Stiftungszweck.

Für das Kulturmanagement sind Stiftungen in mancher Hinsicht von großem Interesse. Zunächst einmal kann eine Stiftung Träger einer kulturellen Einrichtung sein. Hier sind drei Formen zu unterscheiden: (1) Trägerstiftung/Anstaltsstiftung (die Stiftung ist Träger einer Einrichtung, wie beispielsweise die Stiftung Henri und Eske Nannen als Trägerin der Kunsthalle Emden); (2) Einkommensstiftung (eine Stiftung, die kein Vermögen besitzt, sondern regelmäßig aus Zuwendungen der öffentlichen Hand gespeist wird (z. B. Haus der Geschichte der Bundesrepublik Deutschland); es handelt sich letztlich nur um eine formale Stiftung, ohne den konstitutionellen Aspekt der Vermögenswidmung, aber mit einer hohen Absicherung auf Dauer, um sie beispielsweise von politischen Veränderungen unabhängig zu machen); (3) Publikumsstiftung oder Sammelstiftung (amerik.: community foundations) (es handelt sich um eine sogenannte „wachsende Stiftung", d. h. sie finanziert sich über Zustiftungen verschiedener Personen und Institutionen, die Teile ihres Vermögens in das bereits vorhandene Stiftungsvermögen einbringen, z. B. Stiftung Festspielhaus Baden-Baden).

Zudem kann eine Stiftung auch in der Kulturförderung tätig werden. Hier sind zwei Arten von Stiftungen deutlich zu unterscheiden: (1) Projektstiftung oder operative Stiftung (sie führt eigene Projekte entsprechend dem Stiftungszweck durch; eine Förderung Dritter ist nur in der Weise möglich, daß die Projektstiftung das Projekt eines Dritten als eigenes übernimmt, d. h. die Stiftung wird Veranstalter und die zu fördernde Einrichtung führt das Projekt im Auftrag der Stiftung durch; z. B. Siemens-Stiftung, Wüstenrot-Stiftung); (2) Förderstiftung (sie fördert vorrangig oder ausschließlich Projekte Dritter, ohne selbst Veranstalter zu werden; z. B. Sparkassen-Stiftungen, Jürgen-Ponto-Stiftung); (3) betriebsnahe Stiftung (arbeitet ähnlich wie ein Förderverein, d. h. die Stiftung dient ausschließlich dem Zweck, eine bestimmte Einrichtung, z. B. ein Theater oder ein Museum, zu fördern; betriebsnahe Stiftungen sind häufig als Publikumsstiftungen (s. o.) organisiert).

Im März 2000 hat der Bundestag das „Gesetz zur weiteren steuerlichen Förderung von Stiftungen" beschlossen. Während bisher auch für Stiftungen im wesentlichen die gleichen steuerlichen Regeln wie für → *Spenden* galten, wurden nun steuerliche Anreize geschaffen, die über die Anreize zu spenden hinausgehen. Konkret besteht nun die Möglichkeit, Beiträge an Stiftungen bis zum Höchstbetrag von jährlich 40 000 DM steuerlich abzusetzen. Da die neue Regelung unabhängig von den weiterhin bestehenden Obergrenzen im Spendenrecht (5 % bzw. 10 % des Einkommens) gilt, ist sie allein für Stifter mit einem zu versteuernden Jahreseinkommen von bis zu 400 000 DM interessant, weil darüber hinaus die alte Regelung günstiger war. Neu ist dagegen die Regelung, daß Beiträge zu Stiftungen nun generell von der Erbschaftsteuer befreit sind (galt bisher nur für Wissenschaftsstiftungen) und daß für Beiträge zu Stiftungen aus dem Betriebsvermögen nun das → *Buchwertprivileg* gilt, d. h. eine Entnahme aus dem Betriebsvermögen gilt nicht mehr als verdeckte Gewinnentnahme und muß demnach auch nicht vorher versteuert werden. Daneben tritt die Möglichkeit, die erstmalige Vermögensausstattung einer Stiftung im Jahr der Zuwendung und in den folgenden neun Veranlagungszeiträumen bis zur Höhe von insgesamt 600 000 DM abzusetzen. Zudem wird den Stiftungen nun erlaubt, jährlich ein Drittel statt bisher ein Viertel ihrer Kapitalerträge einer freien Rücklage und damit wieder ihrem Vermögen zuzuführen. Vor allem diese Regelung macht die Stiftungen im Vergleich zu → *Vereinen* besonders interessant, weil hier das Prinzip des Thesaurierungsverbots weitgehend aufgehoben ist.

Lit.: Seifart, W. und v. Campenhausen, A. (Hrsg.): Handbuch des Stiftungsrechts, München 2. Aufl. 1999; Bertelsmann Stiftung (Hrsg.): Handbuch Stiftungen. Ziele – Projekte – Management – Gestaltung, Wiesbaden 1998; Strachwitz, R.: Stiftungen – nutzen, führen und errichten: ein Handbuch, Frankfurt am Main 1994

▶ Strategisches Kulturmanagement

Teilbereich des → *Managements*, der sich mit der Sicherung künftiger Potentiale einer Unternehmung für die Erfolge von morgen befaßt. Strategisches Management bezieht sich deshalb nicht allein auf langfristige Vorhaben, sondern in erster Linie auf die Gestaltung einer Unternehmensumwelt, die heute noch nicht absehbar ist. Im Kulturmanagement beispielsweise zählt es zum strategischen Management, heute Potentiale zu schaffen, um etwa die deutsche → *Film-*

wirtschaft in einem Zeitraum von 10 Jahren so stark zu machen, daß sie sich der amerikanischen Konkurrenz stärker erwehren könnte (denn dazu müßten heute Studios ausgebaut, Produktions- und Vertriebsgesellschaften gegründet und das notwendige Know-how vermittelt werden).

Strategisches Management beginnt immer mit einer strategischen Analyse, die aus mindestens zwei Komponenten besteht: (1) Es ist eine → *Umfeldanalyse* durchzuführen, um sich abzeichnende oder zu erwartende Veränderungen in der Unternehmensumwelt zu erkennen und zu beurteilen. Dazu gehören z. B. gesellschaftliche und politische Veränderungen, ein sich abzeichnender Wertewandel, Veränderungen im Freizeitverhalten, technologische Entwicklungen (z. B. die sog. → *Neuen Medien*) usw. (2) Weiter ist zu analysieren, wie sich die Entwicklung der eigenen Unternehmung langfristig darstellen wird (→ *Potentialanylse)*. Werden die erforderlichen Ressourcen (auch finanzieller Art) zur Verfügung stehen? Sind schon heute die personellen Kompetenzen erkennbar, die morgen benötigt werden? Welche Spielräume für Innovationen werden langfristig noch gegeben sein?

Um solche und ähnliche Fragen zu beantworten, sollten entsprechende Analysetechniken wie die → *Stärken-Schwächen-Analyse*, die → *Portfolio-Analyse* oder auch Prognosetechniken wie beispielsweise die → *Szenario-Technik* eingesetzt werden. Das Ergebnis einer solch zweifachen strategischen Analyse werden strategische Optionen (Alternativen) sein, die die Grundlage für eine strategische Einscheidung bilden können. Die Umsetzung der strategischen Entscheidung erfolgt dann im → *operativen Management*.

Im Kulturmanagement zeigt sich strategisches Denken und Handeln vor allem in der → *Kulturentwicklungsplanung*.

Lit.: Lit.: Heinrichs, W.: Strategisches Kulturmanagement. Frühzeitig Potentiale für den Erfolg von morgen schaffen. In: HKM, C 1.2; Bea, F. X. und J. Haas: Strategisches Management, Stuttgart 2. Aufl. 1997; Hinterhuber, H.H.: Strategisches Denken. Vision, Unternehmenspolitik, Strategie, Berlin 6. Aufl. 1996; Hinterhuber H.H.: Strategisches Handeln. Direktiven, Organisation, Umsetzung, Unternehmenskultur, Strategisches Controlling, Strategische Führungskompetenz, Berlin 6. Auf. 1997

Subkultur

Subkulturen (wörtlich: „Unter"-Kulturen) sind relativ eigenständige Kultureinheiten innerhalb eines größeren Kulturganzen (→ *Kulturbegriff*). Der Begriff der Subkultur wird zum einen als Bezeichnung für die Sonderkulturen ethnischer bzw. regionaler Gruppen bzw. Minderheiten gebraucht, ohne damit automatisch eine (positive oder negative) Abgrenzung gegenüber den Normen der übergeordneten Kultur vorzunehmen. Zum anderen kann der Begriff aber auch explizit als Gegenentwurf bestimmter (etwa schicht- oder altersspezifischer) Gruppen einer Gesellschaft gegen die jeweils dominante Kultur verwandt werden. Diese Subkulturen verfügen über einen Vorrat an gemeinsamen Werten, Normen, Einstellungen, Symbolen, Begriffen, Verhaltensweisen usw. Altersspezifische Subkulturen entwickelten sich seit den fünfziger Jahren (z. B. Beat-Generation, Gammler, Hippies, Flower Power usw.). Seit den siebziger Jahren trat an die Stelle des Begriffes der Subkultur zunehmend der der → *Alternativkultur*.

Lit.: Schwendter, R.: Theorie der Subkultur, Frankfurt 2.Aufl. 1978

Subsidiaritätsprinzip

In der Finanzwissenschaft u. a. das Prinzip, daß der Staat sich nur dann wirtschaftlich betätigen darf, wenn die Privatwirtschaft dazu – aus welchen Gründen auch immer – nicht in der Lage ist. Dieses Prinzip hat für den Kulturbereich in zweierlei Hinsicht große Bedeutung. (1) Zunächst einmal ist die Einrichtung von Theatern, Museen, Musikschulen oder anderen → *kulturellen Einrichtungen* keine hoheitliche Aufgabe; wie bekannt, gibt es auch Theater, Musikschulen, Museen und andere Kultureinrichtungen in privatwirtschaftlicher Form. Von daher müßte es den Kommunen eigentlich untersagt sein, Kultureinrichtungen zu unterhalten, zumal dann, wenn am Ort eine solche Einrichtung als privatwirtschaftliches Unternehmen bereits besteht (z. B. ein → *Privattheater*). Doch ist im Kommunalrecht (z. B. § 88 Abs. 2 Ziff.2 der Gemeindeordnung von Nordrhein-Westfalen) ausdrücklich festgehalten, daß Einrichtungen der Kultur (wie auch des Sports, des Sozialwesens, des Gesundheitswesens usw.) nicht als Wirtschaftsunternehmen in diesem Sinne gelten und deshalb auch nicht unter das Subsidiaritätsprinzip fallen. Dem Betrieb eines → *Stadttheaters* neben einem kommerziellen Privattheater steht also rechtlich nichts im Wege. (2) Strittig ist dagegen die Frage, ob eine Kommune auch dann eine Kultureinrichtung errichten darf, wenn die Privatwirtschaft in diesem Sektor eine Vorreiterrolle übernommen und den Markt vorbereitet hat. Dann dürfte das Subsidiaritätsprinzip wieder greifen, zumal wenn die Kommune die Absicht hat, die kulturelle Einrichtung mit Gewinn oder kostendeckend zu betreiben. Letzteres gilt für die Überlegung mancher Theater, den vorübergehenden Boom der privaten Musical-Theater für ein eigenes, separates Musical-Angebot (außerhalb des eigenen Hauses) zu nutzen.

Substitute

Ersatz marktfähiger Produkte durch andere. Substitute spielen im Kulturmanagement eine gewisse Rolle, wenn beispielsweise Weiterbildungsinteressenten „irgendwas machen" wollen, also keine klare Vorstellung von ihren Weiterbildungswünschen haben. Das Ergebnis kann dann sehr zufällig sein, nämlich ein Sprachkurs oder ein Gymnastikkurs oder etwas gänzlich anderes. Die Entscheidung fällt also auf einer Ebene, die von den eigentlichen Inhalten noch weit entfernt ist. In den USA hat man durch empirische Erhebungen festgestellt, daß Substitute vor allem dann zur Geltung kommen, wenn ein Kulturangebot wenig spezifisch und deshalb verwechselbar ist. Konkret hat sich gezeigt, daß Besucher anspruchsvoller Theatervorstellungen nicht dazu neigen, zu Substituten zu wechseln, während Besucher von Musicals, Operetten oder Boulevardtheater eher bereit sind, den Theaterbesuch durch einen Kinobesuch oder gar durch das heimische Fernsehen zu ersetzen.

Lit.: Pommerehne, W.W. und B.S. Frey: Musen und Märkte. Ansätze einer Ökonomik der Kunst, München 1993

Subventionen

Zweckgebundene Unterstützungszahlungen der öffentlichen Hand an einzelne Unternehmen oder Wirtschaftszweige zur Steigerung deren Produktivität; Subventionen erfolgen ohne direkte marktwirtschaftliche Gegenleistung an den Subventionsgeber. Typische Subventionen in diesem Sinne sind etwa die Zahlungen des Bundes an den Steinkohlenbergbau.

In einem solchen Verständnis sind nur Leistungen an privatrechtlich-kommerzielle und privatrechtlich-gemeinnützige Kultureinrichtungen als Subventionen zu bezeichnen; in allen anderen Fällen (bei rein öffentlich-rechtlichen Einrichtungen) handelt es sich um einen vorweggenommenen Verlustausgleich des Trägers der Einrichtungen. Eine Stadt, die ein Theater unterhält, zahlt schließlich nicht Mittel an einen Dritten (wie dies bei volkswirtschaftlichen Subventionen zwingend der Fall ist), sondern zahlt das, wozu sie als Träger der Einrichtung verpflichtet ist (gerade so, wie Eltern für ihre Kinder zur Zahlung von Unterhalt verpflichtet sind). Leider wird dennoch häufig gerade im öffentlichen Kulturbereich von subventionierten Kulturbetrieben gesprochen. Doch wird damit eine Ferne zwischen Einrichtung und Träger signalisiert, die weder rechtlich korrekt noch politisch gerechtfertigt ist. Ganz im Gegenteil sollten die öffentlichen Kultureinrichtungen deutlich machen, daß sie keine Subventionsempfänger sind, sondern einen Anspruch auf eine angemessene finanzielle Absicherung durch ihren Träger haben.

Davon zu unterscheiden sind → *Zuwendungen*, die zwar auch zweckgebundene Unterstützungszahlungen der öffentlichen Hand beispielsweise an einen Kunstverein sind, primär aber der Realisierung eines bestimmten Ziels und weniger der Sicherung oder Steigerung der Produktivität und wirtschaftlichen Leistungsfähigkeit des Zuwendungsempfängers dienen.

▸ SWOT-Analyse

Die SWOT-Analyse (englisch für *S*trengths, *W*eaknesses, *O*pportunities, *T*hreats; deutsch: Stärken, Schwächen, Chancen, Risiken) ist eine Weiterentwicklung der → *Stärken-Schwächen-Analyse*, die über diese hinausgehend die möglichen Chancen, aber auch Risiken für eine Unternehmung miteinbezieht. Gerade im Kunst- und Kulturbereich, der vom schnellen Wandel und Wechsel lebt, ist eine genaue Beobachtung der Entwicklung der Umwelt von besonderer Bedeutung. Chancen bzw. Risiken erwachsen aus politischen und gesellschaftlichen Veränderungen, aus wirtschaftlichen Trends und technologischen Entwicklungen, aus dem Wandel der finanziellen und rechtlichen Rahmenbedingungen sowie schließlich durch die Veränderungen der → *Lebensstile*. Hierauf haben kulturelle Einrichtungen und Betriebe sehr sensibel zu reagieren, um eigene Möglichkeiten (Marktchancen) zu erkennen, aber auch um möglichen Risiken rechtzeitig begegnen zu können.

▸ Szenario-Technik

Qualitative → *Prognosetechnik*, die in einem methodisch-systematischen Verfahren Bilder (Szenarien) einer zukünftigen Entwicklung oder eines Ereignisses entwirft (→ *Prognose*). Aus dieser offenen Ausgangssituation und einem relativ freien Verfahren ergibt sich der Vorteil, daß fast alle Aspekte der künftigen Entwicklung berücksichtigt werden können, vor allem also auch solche, die sich nicht quantifizieren lassen (z. B. Wertewandel, Moden, soziokulturelle Verhaltensweisen, interkulturelle Einflüsse usw.). Damit ist die Szenario-Technik das Verfahren mit der größten Komplexität, weshalb sie gerade für das Kulturmanagement sehr gut geeignet ist.

Am Verfahren sollten mehrere Personen beteiligt sein, wobei es sich um eine möglichst interdisziplinär besetzte Expertengruppe handeln sollte. Man beginnt mit einer Definition und Abgrenzung des Untersuchungsfeldes und sammelt alle erreichbaren statistischen Daten, die in ein Szenario mit einbezogen werden können. Anschließend bestimmt das Team mindestens fünf Einflußbereiche (sogenannte Umfelder), die die Entwicklung nachhaltig beeinflussen könnten (z. B. allgemeine wirtschaftliche Entwicklung, Interessen- und Wertewandel, Konkurrenten auf dem Kultur- und Freizeitmarkt usw.). Für diese Einflußfaktoren werden gegebenenfalls Teil-Szenarien gebildet, indem vor allem externe und interne Faktoren sowie positive und negative Wirkungen festgehalten werden. Zusätzlich entwickelt man ein oder mehrere Stör-Szenarien, die die Frage beantworten sollen, wie die Entwicklung verlaufen wird, wenn sich eine Situation grundlegend verändert. (Ein typisches Stör-Szenario, diesmal aber im positiven Sinne, wäre es gewesen, wenn man 1988 in einem Szenario den Fall der Mauer simuliert hätte!)

Aus den Einflußfaktoren, den Teil-Szenarien und den Stör-Szenarien sollte die Expertengruppe nun ein abschließendes Bild von der Zukunft entwerfen. In aller Regel wird man dieses Bild beschreiben, man kann aber auch grafische Umsetzungen versuchen. Der Vorteil dieses Verfahrens besteht darin, daß möglichst viele Aspekte in das abschließende Bild einfließen können. Da andererseits der Zwang besteht, auch negative Aspekte zu berücksichtigen, wird das Ergebnis nie blauäugig und zu optimistisch sein. Es bietet deshalb in der Regel eine gute Grundlage für zukunftsorientierte Entscheidungen. Der Nachteil besteht darin, daß innerhalb der Gruppe leicht bestimmte Positionen dominieren können. Deshalb ist es besonders notwendig, konsequent auf der Auflistung positiver und negativer Einflußfaktoren zu bestehen.

Die Szenario-Technik läßt sich im Kulturmanagement vielfältig einsetzen; dazu einige Anregungen: Wie wird sich das Interesse am traditionellen Stadttheater in den nächsten 20 Jahren entwickeln? Wird in den nächsten 10 Jahren eher ein Bedarf für ein neues Volkshochschul- oder für ein neues Musikschulgebäude bestehen? Wird der Trend zur Musical-Event-Kultur anhalten oder ist im Laufe der nächsten 10 Jahre mit einem Umschwung zu rechnen? Wird die Bibliothek zum Medien- und Kommunikationszentrum werden oder wird sich die Mediennutzung eher auf verkabelte Privathaushalte konzentrieren? Zwar kann die Szenario-Technik solche und ähnliche Fragen nicht abschließend beantworten, aber sie kann doch die Komplexität der einwirkenden Aspekte überschaubarer machen.

Lit.: Gansemeier, J.; Fink, A. und O. Schlake: Szenario-Management. Planen und Führen mit Szenarien, München 2. Aufl. 1996

T

Tantieme

Tantieme ist ein Begriff aus dem → *Urheberrecht* und bezeichnet die Vergütung eines Urhebers eines Kunstwerkes (z. B. Schauspielautor, Komponist/Librettist, Choreograph), der die Nutzung (d. h. Aufführung) seines Werkes einem Theater überläßt und hierfür pro Aufführungsabend einen gewissen Prozentsatz aus den Einnahmen des Kartenverkaufs erhält. Der Urheberanteil (für Theaterverlag/Autoren) beträgt in der Regel 10 % der Kasseneinnahmen, kann allerdings im Einzelfall zwischen 6 % und 18 % schwanken. Ein aufgeführtes Werk ist bis 70 Jahre nach dem Tod des Autors tantiemepflichtig. Tantiemen fallen an für sog. große Rechte, d. h. für Urheberrechte aus abendfüllenden Werken. Bei Teilleistungen (z. B. ein einzelnes Musikstück in einem Konzert oder eine Musikeinspielung vom Band während einer Schauspielaufführung) spricht man von sog. kleinen Rechten bzw. → *Verwertungsrechten*. Während die Tantiemen über die Verlage abgerechnet werden, sind für die kleinen Rechte die → *Verwertungsgesellschaften* zuständig.

Lit.: Rüll, A.: Allgemeiner und urheberrechtlicher Persönlichkeitsschutz des ausübenden Künstlers, Baden-Baden 1998; Fischer, J, F. und St. A. Reich (Hrsg.): Der Künstler und sein Recht. Ein Handbuch für die Praxis. München 1992

Taxierung

Bewertung eines Kunstwerks durch Kunstsachverständige, z. B. bei → *Kunstauktionen*. Museen dürfen lediglich den kunsthistorischen Wert oder die Provinienz eines Kunstwerks bestimmen, nicht dagegen den Marktwert. Zu dieser Taxierung im engeren Sinne ist nur der Kunsthandel bzw. der Kunstauktionator berechtigt (→ *Bewertung von Kunstgegenständen*).

Technischer Direktor

Der Technische Direktor im → *Theater* ist verantwortlich für sämtliche technischen Abläufe im Theater, d. h. ihm sind alle technischen Abteilungen und die Werkstätten unterstellt, deren Arbeit er einteilt und beaufsichtigt. Dazu gehören Bühnentechnik (→ *Bühnenmeister*), Beleuchtung, Elektroakustik, Produktionswerkstätten, Transport und Lagerhaltung, Einkauf und Materialverwaltung, Fahrer sowie die allgemeine Haustechnik (Heiz- und Klimatechniker). In manchen Theatern sind ihm auch die Kostüm- und die Maskenbildnerabteilung unterstellt. Er entwickelt nach den Ideen des Regisseurs und den Entwürfen des Bühnenbildners das künstlerisch-technische Konzept der Aufführung. Er läßt dazu die Dekorationen erstellen, diese auf der Bühne einrichten und beleuchten und ihre Umbauten und Verwandlungen durchführen. In diesem Zusammenhang stellt er einen spielzeitbezogenen sowie einen längerfristig orientierten Haushaltsplan für den Bereich der Technik auf. Er berät darüber hinaus die Theaterleitung in künstlerisch-technischen und sicherheitstechnischen Fragen, da er für die Einhaltung der bestehenden → *Sicherheitsregelwerke* auf der Bühne, im Saal, den Werkstätten usw. gemäß der → *Versammlungsstättenverordnung* verantwortlich ist. Er hält den Kontakt zum kommunalen Bauamt, das die Bühnenbauten abnehmen muß sowie zur Feuerwehr, mit der er die entsprechenden Feuerschutzmaßnahmen abstimmen muß.

Lit.: Deutscher Bühnenverein: Berufe im Theater, Köln 1997

Teilfinanzierung

Im Gegensatz zur → *Vollfinanzierung* übernimmt der Zuwendungsgeber bei der Teilfinanzierung nur einen Teil der zu erwartenden Ausgaben; zu unterscheiden ist hierbei zwischen der → *Fehlbedarfsfinanzierung*, der → *Festbetragsfinanzierung* und der → *Anteilsfinanzierung* (vgl. → *Zuwendung*).

Theater

In keinem anderen Land der Erde ist die Infrastruktur des öffentlichen und privaten Theaters so entwickelt wie in der Bundesrepublik

Deutschland. Anders als in stark zentralistisch organisierten Ländern (wie etwa Frankreich, Schweden usw.) ist aus der historischen Tradition der deutschen Kleinstaaterei eine Vielzahl von zunächst höfischen Theaterzentren gewachsen, die durch bürgerliche Theatergründungen, vor allem im letzten Drittel des 19. Jahrhunderts, ergänzt wurden. So hat sich eine „Theaterlandschaft" herausgebildet, die heute als einzigartig in der Welt gelten kann. Zu den stehenden Theatern hinzu kommt noch die reiche Szene der → *Festspiele* bzw. → *Festivals* und → *Tourneetheater*.

Unterschieden werden kann nach den einzelnen (1) Sparten des Theaters (in erster Linie Schauspiel, Oper/Operette, Ballett/Tanztheater, Kinder- und Jugendtheater); nach der (2) Trägerschaft, d. h. einerseits öffentlich getragenen Theatern wie → *Staats- und Stadttheatern* und → *Landestheatern* bzw. *Landesbühnen* bzw. privat getragenen Theatern wie → *Amateurtheatern*, → *Tourneetheatern*, → *Privattheatern* und → *Freiem Theater*, sowie schließlich nach den (3) Rechtsformen (→ *Theater, Rechtsformen*) und (4) dem Spielplanprinzip: → *En-Bloc*, → *En-Suite* und → *Repertoiretheater*. An der Spitze eines Theaters steht in der Regel der → *Intendant*; die Betriebsstruktur gliedert sich in die drei großen Bereiche der künstlerischen Produktion (→ *Dramaturgie*, → *Betriebsbüro, Künstlerisches*, → *Regisseur*), der Technik (→ *Technischer Direktor*) sowie der Verwaltung (→ *Verwaltungsdirektor*). Im öffentlichen Theater organisieren sich die Träger bzw. Intendanten auf Arbeitgeberseite im → *Deutsche Bühnenverein*, auf Arbeitnehmerseite in der → *Genossenschaft Deutscher Bühnenangehöriger*.

Lit.: Schugk, M.: Betriebswirtschaftliches Management öffentlicher Theater und Kulturorchester, Wiesbaden 1996; Brauneck, M. und G. Schneilin (Hrsg.): Theaterlexikon. Begriffe und Epochen, Bühnen und Ensembles, Hamburg 3.Aufl. 1992; Kommunale Gemeinschaftsstelle: Führung und Steuerung des Theaters, Köln 1989; Deutscher Bühnenverein (Hrsg.): Theaterstatistik (erscheint jährlich)

Theatergastspiele

Der Begriff Gastspiel ist ein Oberbegriff, während man als sog. → *Abstecher* nur Gastpiele fester Theaterhäuser mit einem eigenen Ensemble, nicht aber Aufführungen von Tourneetheatern oder freien

Gruppen bezeichnet. Es lassen sich vier Arten von gastierenden Theatergruppen unterscheiden, die ihre Inszenierungen an Orten mit Theatergastspielen, d. h. in der Regel in Gemeinden ohne feste Ensembles, aufführen: → *Landestheater/Landesbühnen*, → *Tourneetheater*, → *Staats- und Stadttheater* mit Abstechern sowie → *Freie Theater*. Über 250 Theatergastspiele nachfragende Städte und Gemeinden sind in der → *Inthega*, der Interessengemeinschaft der Städte mit Theatergastspielen e.V., zusammengeschlossen.

▶ Theater, Rechtsformen

Unabhängig von der Bezeichnung „Staatstheater", „Stadttheater" oder „Landestheater" ist managementrelevant, d. h. für die Leitung und Steuerung der Theater bedeutsam, welche Rechtsform ein Theater besitzt. In diesem Zusammenhang kann unterschieden werden in öffentlich-rechtliche und in privatrechtliche Rechtsformen. Zu den öffentlich-rechtlichen Rechtsformen zählen (a) der → *Regiebetrieb* staatlicher oder kommunaler Hoheitsverwaltung; (b) der sog. befreite Regiebetrieb, d. h. der kommunale → *Eigenbetrieb* (c) der → *Zweckverband*, sowie schließlich (d) die → *Anstalt öffentlichen Rechts*, zu den privatrechtlichen (e) die → *Gesellschaft mit beschränkter Haftung (GmbH)*, (f) die BGB-Gesellschaft bzw. → *Gesellschaft bürgerlichen Rechts* bzw. der eingetragene → *Verein* (e.V.).

Lit.: Röckrath, G.: Vom Regiebetrieb zur GmbH. Rechtsformen für Kultureinrichtungen, dargestellt am Beispiel der Theater. In: HKM, H 4.2

▶ Theaterstatistik

Vom → *Deutschen Bühnenverein* jährlich herausgegebene Statistik, die die entsprechenden Daten der deutschen → *Theater* vor allem hinsichtlich Spielstätten, Rechtsform, Sitzplatzzahl, Veranstaltungen, Besucher, Personal, Einnahmen und Zuweisungen, Ausgaben usw. erfaßt.

▶ Theorie des Kulturmanagements → Kulturmanagementlehre und → Bezugsdisziplin

▸ Ticketsysteme

Die Bereitstellung bzw. der Vertrieb von Eintrittskarten und Tickets ist ein wesentlicher Bestandteil der → *Distributionspolitik* von Kultureinrichtungen. Hierbei kann - neben den herkömmlichen Methoden des Drucks von Eintrittskarten und deren Verkauf an entsprechenden Verkaufsstellen - im Rahmen des EDV-gestützen Tiketvertriebs unterschieden werden in Inhouselösungen und den Vertrieb über einen Netzbetreiber. Bei der Inhouselösung konzentrieren sich die einzelnen Kulturbetriebe allein auf den Absatz ihrer eigenen Produktionen bzw. Veranstaltungen mit Hilfe eines entsprechenden EDV-gestützten Ticketsystems, die gleichzeitig alle Anforderungen der Buchhaltung und Statistik erfüllen. Dabei handelt es sich um eine sog. Insellösung des jeweiligen Kulturbetriebs, die auf die internen Ansprüche dieser Einrichtung ausgerichtet werden kann. Aufgrund von Wartung, Pflege und Systembetreuung bindet die Inhousevariante erhebliche finanzielle und personelle Ressourcen. Bei dem Vertrieb über einen Netzbetreiber wird die entsprechende Dienstleistung als Serviceleistung eingekauft, also im Rahmen eines → *Outsourcing* betrieben. Die angeschlossenen Vorverkaufsstellen können nur vom jeweiligen Kulturbetrieb zum Kartenverkauf autorisiert bzw. selektiert werden, wobei der Aufwand für die Systembetreuung für den einzelnen Kulturbetrieb entfallen und durch eine entsprechende monatliche Grundgebühr bzw. Servicegebühren abgegolten werden. Eine Zwischenlösung stellt der Aufbau von „kleinen Netzen“ (z. B. Kölnticket, Frankenticket usw.) dar, die mit Hilfe eines zentralen Servers die Angebote möglichst aller Kulturbetriebe einer Stadtregion vertreiben.

Mittlerweile gibt es eine Vielzahl von Ticketsystemen auf dem Markt, von MUETHOS über ORESTES bis VIBUS, von ArtSoft/ SQL über Show Soft bis TicketSoft, von Easy Ticket Service über Ticket online bis Ticket Wizzard. Um für die eigene Kultureinrichtung das richtige Angebot auswählen zu können, haben P. Schneidewind und J. Pelz folgenden Kriterienkatalog entwickelt:

(1) Hardwarevoraussetzungen (zentraler Server, Datenbank, Arbeitsplatzgestaltung, PC oder Terminal)

(2) Aufbau der Softewarelösung (Baukastensystem mit Komponenten oder Komplettlösung)

(3) Schnittstellen (Internet, EC-Cash, Datenübernahme anderer Abrechnungssysteme, externe Aufbereitung)
(4) Notprogramm bei Systemausfall (Batteriepack)
(5) Entwicklung, Ausbaumöglichkeiten und -planungen
(6) Service (Hotline, Schulungen, garantierte Reparaturzeit, Vor-Ort-Dienste)
(7) Stammdaten (Anzahl von Spielstätten, Preiskategorien, Sonderkonditionen, Ermäßigungen)
(8) Bedienungsmöglichkeiten (Benutzeroberfläche, Benutzerführung, farbliche Darstellung)
(9) Abo-Verwaltung und -Betreuung (Abo-Ausweise, Rechnungen, Mitteilungen, Briefe, Umtausch)
(10) Vorverkauf (Anzahl der Vorverkaufsstellen, Veranstalter, Zugriffsberechtigte, Standortgebundenheit)
(11) Ticketgestaltung (persönliches Layout, wechselnde Werbung)
(12) Auswertungsmöglichkeiten (Standardstatistiken, Tantiemen, AVA, ÖPNV, kassiererbezogene Abrechnungen)
(13) Preis (Anschaffungskosten, monatliche Gebühren)
(14) Vorrangige Einsatzmöglichkeiten (Anwender, Theater, Konzertveranstalter)
(15) Kundenkreis (regional-, bundes-, europa- oder weltweit).

Diese detaillierte Auflistung macht nicht nur deutlich, welche Anforderungen an ein modernes Ticketsystem im Rahmen der Distributionspolitik gestellt werden, sondern auch, welche gravierenden (und kostenträchtigen!) Fehler die Kultureinrichtung machen kann, wenn sie sich mit unklaren Vorstellungen für ein entsprechendes System entscheidet und an dieses ggf. über einen längeren Zeitraum vertraglich gebunden ist.

Lit.: Schneidewind P. und J. Pelz: Das Ticket auf dem Weg zum Kunden. In: HKM, K 8.8

▸ Tourneetheater

Tourneetheater sind privatrechtlich verfaßte, am Gewinn orientierte gewerbliche Bühnenunternehmungen ohne festes Haus (→ *Theatergastspiele*). Tourneetheater unterscheiden sich von den ebenfalls überwiegend gastierenden → *Landestheatern/Landesbühnen* und → *Freien Theatern* dadurch, daß sie meist über keinen festen Produktionsort (etwa am Sitz der Gesellschaft) sowie über kein festverpflichtetes Ensemble verfügen und fast jede Inszenierung an einem anderen Ort und mit meist eigens dafür zusammengestellten künstlerischen Ensembles erarbeiten lassen. Bei Torneetheatern regelt sich der Preis weitestgehend nach Angebot und Nachfrage, wobei die hohen Produktionskosten wegen der Personalintensität der Theater, insbesondere aber das kollektiv-abhängige Musiktheater mit Orchester-, Chor- und ggf. Ballettmitwirkung und einem meist auch erhöhten szenischen Aufwand, für private Unternehmer existentielle Berechnungsgrenzen setzen, die nicht überschritten werden können. Dadurch sind den Tourneetheatern in „echter" privater Trägerschaft (→ *Privattheater*), die per se gewinnorientiert arbeiten müssen, unternehmerische Ziele gesetzt, die sie nur bei genauer Beachtung des Bedarfs bzw. der Nachfrage erfüllen können. Dies stellt insbesondere an das entsprechende → *Marketing* große Herausforderungen. Die strikte Trennung zwischen künstlerischem und kaufmännischem Management insbesondere bei Gastspieldirektionen und Tourneetheatern, bei denen künstlerische Vorstände nur für jeweils eine Inszenierung verpflichtet werden und entsprechende Verantwortung tragen, ist stark dem vor allem im anglo-amerikanischen Raum herausgebildeten Theatermanagement-Modell angepaßt.

Transportversicherung → Kunstversicherung

Trendextrapolation

Quantitative → *Prognosetechnik*, die mit mathematisch-statistischen Methoden aus der Fortschreibung von Daten der Vergangenheit zu Aussagen über die Zukunft kommt (→ *Prognose*). Dazu ist zunächst festzustellen, ob es in der Vergangenheit eine gleichbleibende Entwicklung über einen gewissen Zeitraum gab, die sich als Trend interpretieren läßt. Durch eine Regressionsanalyse (ein mathematisch-statistisches Verfahren, das die Abhängigkeit zweier oder mehrerer Merkmale voneinander beschreibt und in eine mathematische Funktion umwandelt) werden die Datenkombinationen der Vorperioden (der Trend) ausgewertet und in (lineare, exponentielle oder logarithmische) Funktionen umgeschrieben. Indem die Trendextrapolation unterstellt, daß sich dieser Trend auch in eine zeitlich begrenzte (und definierte) Zukunft hinein fortsetzt, entsteht aus der Fortschreibung der Funktion eine Prognose.

Die Vorteile dieses Verfahrens liegen in seiner Einfachheit (wenn man über die entsprechenden mathematisch-statistischen Kenntnisse verfügt!) und seiner Anschaulichkeit (in der grafischen Form der Funktionen). So kann die Methode beispielsweise in der → *Kulturentwicklungsplanung* (Entwicklung der Bevölkerungszahl eines Stadtteils und des sich daraus ergebenden Bedarfs an kultureller Grundversorgung) recht gewinnbringend eingesetzt werden. Als Nachteile sind zu nennen, daß man in hohem Maße abhängig ist von vorhandenen Vordaten und von einem erkennbaren Trend; da die → *Kulturstatistik* in den meisten Bereichen noch in den Anfängen steckt, scheitert die Trendextrapolation im Kulturmanagement häufig schon im Ansatz. Als weiterer Nachteil speziell für das Kulturmanagement ist zu nennen, daß sich qualitative Entwicklungen (Wertewandel, Moden usw.) und Einbrüche (z. B. der Rückgang der Kinobesuche in den sechziger Jahren) mit dieser Methode kaum prognostizieren lassen.

▶ **Türöffner** → Gatekeeper/Gateopener

▶ TV-Merchandising

Darunter versteht man alle Maßnahmen zur werblichen Positionierung eines Produkt im Fernsehen. Dazu gehören neben dem Produktnamen oder dem Produktsignet auf T-Shirts oder auf Film-Requisiten auch die Verknüpfung von Produkten mit Comic-Figuren oder mit bekannten Schauspielern (z. B. Manfred Krug und Telecom) oder Sport-Prominenten (z. B. Steffi Graf und Opel). Prominente aus dem engeren Kulturbereich (klassische Musik, Bildende Kunst, Theater, Autoren) scheuen aber noch davor zurück, sich für TV-Merchandising zur Verfügung zu stellen (vgl. auch → *Merchandising*, → *Licensing*).

U

▸ Umfeldanalyse

Die Umfeldanalyse als Bestandteil der → *Marketinganalyse* und des → *strategischen Kulturmanagements* untersucht sowohl die Rahmendaten im direkten als auch im weiteren Umfeld der eigenen Kultureinrichtung als auch die Konkurrenzsituation. Die Untersuchung (1) der sozio-demographischen Rahmendaten bezieht sich etwa auf die persönlichen Daten Alter, Geschlecht, Schulbildung, Beruf, Nationalität, Religion, Einkommen usw. möglicher Kunden bzw. Besucher im Umfeld der eigenen Unternehmung, aber auch auf allgemeine Kennzahlen zu Freizeitverhalten, Fremdenverkehrseinflüssen, zur Wirtschaftskraft der Region usw. Von besonderer Bedeutung im Rahmen der Umfeldanalyse ist seit einigen Jahren die Analyse des → *Lebensstils*. (2) Die → *Konkurrenzanalyse* fragt nach möglichen Konkurrenten im Einzugsbereich, ihren Stärken bzw. Schwächen, der Nähe ihres Angebotes zum eigenen, deren Entwicklungsmöglichkeiten, der Gefahr von möglichem Konkurrenzkampf bzw. der möglichen Chance zur Kooperation (gemeinsamer Vorverkauf, „Verstärkungseffekte" usw.). Zur Analyse der Umfeldsituation läßt sich die → *Portfolio-Analyse* verwenden.

▸ Umsatzerlöse

Als Umsatzerlöse bezeichnet man alle Einnahmen aus dem Verkauf von Waren und → *Dienstleistungen*, die typischerweise vom Betrieb produziert bzw. bereitgestellt werden. Im Kulturbereich gehören dazu (1) alle Entgelte für das Kulturangebot wie Eintritte in Theatern und Museen, Kursgebühren in Volkshochschulen, Schulgebühren in Musikschulen, Nutzungsgebühren in Bibliotheken usw. (2) Weiter gehören dazu alle Einnahmen aus dem Verkauf von Waren, die in engem Zusammenhang mit dem Kulturangebot stehen wie z. B. → *Merchandising*-Produkte im → *Museumsshop*. (3) Strittig ist die Frage, ob auch Mieten und Pachten zu den Umsatzerlösen gehören (z. B. die Pacht für ein Museumscafé) oder ob es sich nicht um → *sonstige betriebliche Erträge* handelt.

Angesichts finanzieller Engpässe in vielen öffentlichen und gemeinnützigen Kultureinrichtungen kommt den Umsatzerlösen zunehmend Bedeutung zu. Dabei sollte allerdings auch berücksichtigt werden, daß Umsatzerlöse nicht nur als Kostendeckungsmittel zu sehen sind, sondern sich auch hervorragend als preispolitisches → *Marketinginstrument* eignen.

Lit.: Heinrichs, W.: Kulturpolitik und Kulturfinanzierung. Strategien und Modelle für eine politische Neuorientierung der Kulturfinanzierung, München 1997:169–174

▶ Umsatzsteuer

Auch für die Umsatzsteuer gelten die grundsätzlichen Regelungen des → *Steuerrechts*. Soweit eine Steuerpflicht besteht, ist zu prüfen, ob der ermäßigte Steuersatz von 7 % (§ 12 des Umsatzsteuergesetzes) zur Anwendung kommt. Dies gilt beispielsweise für Umsätze folgender Wirtschaftsbereiche: (1) Bücher, Zeitschriften, Druckerzeugnisse, soweit sie nicht überwiegend Werbung enthalten, (2) Kunstgegenstände im kommerziellen Kunsthandel, (3) Theateraufführungen und Konzertveranstaltungen kommerzieller Kulturbetriebe, (4) Filmüberlassungen und Filmvorführungen, (5) Einräumung, Überlassung und Wahrnehmung von Urheberrechten beispielsweise von Autoren, (6) Zirkusvorführungen und unterhaltende Vorstellungen.

Von der Umsatzssteuerpflicht befreit (§ 4 des Umsatzsteuergesetzes) sind Umsätze aus (1) der Unterhaltung von Theatern, Orchestern, Kammermusikensembles, Chören, Museen, Archiven, Büchereien sowie Denkmälern der Baukunst, sofern sich die Einrichtungen in öffentlicher oder gemeinnütziger Trägerschaft befinden (gemeinnützige Institutionen müssen die Steuerbefreiung beim Finanzamt gesondert beantragen), (2) Vorträge, Kurse und andere Veranstaltungen wissenschaftlicher oder belehrender Art, (3) andere kulturelle Veranstaltungen, soweit das Entgelt in Teilnehmergebühren besteht (z. B. Musikwettbewerbe).

Lit.: Vermeulen, P. und K. Michel: Steuerpflichten für Kulturschaffende und Veranstalter. Schriftenreihe Kulturpraxis und Recht, Band 2, Köln 1994

▶ Umweg-Rentabilität

Die Rentabilität, die sich rechnerisch ergibt, wenn man Leistungen des Staates in Teilen des Kulturbetriebs aufrechnet gegen die Zahlungen (Steuern und Abgaben), die der gesamte Kulturbereich (auch der nicht bezuschußte) wieder an den Staat leistet. Die Umweg-Rentabilität (oder Netto-Übertragung) wurde in den achtziger Jahren als Thema entdeckt. Damals errechnete das Ifo-Institut (für 1988), daß in Deutschland den Zuwendungen der öffentlichen Hand von 8,77 Mrd. DM Rückflüsse aus dem gesamten Kulturbetrieb in Höhe von 19,13 Mrd. DM gegenüberstanden. Daraus ergab sich eine Umweg-Rentabilität zugunsten der öffentlichen Hand von 10,36 Mrd. DM. Daraus schloß man, daß Zahlungen an die Kultur keine → *Subventionen*, sondern Investitionen seien.

Der Optimismus, der sich in dieser Beurteilung zeigt, hielt allerdings einer kritischen Beurteilung nicht Stand; das Argument enthält sogar erheblichen „Sprengstoff": (1) Die Netto-Übertragung oder Umweg-Rentabilität kommt nur dadurch zustande, daß öffentliche und privatwirtschaftliche Kulturbetriebe in eine gemeinsame volkswirtschaftliche Berechnung aufgenommen werden. Öffentliche Betriebe erhalten Zuschüsse aus Steuermitteln, ohne aber Umsatzsteuer und Körperschaftsteuer zu zahlen, während privatwirtschaftliche Betriebe Steuern und Abgaben zahlen, ohne aber öffentliche Zuschüsse zu erhalten. Die sogenannte Netto-Übertragung ergibt sich aus dem Saldo von Steuern und Abgaben auf der einen Seite und öffentlichen Zuschüssen auf der anderen Seite. Folglich ist die Netto-Übertragung um so höher, je größer der Anteil der nicht bezuschußten, aber steuerpflichtigen privatwirtschaftlichen Kulturbetriebe in dieser Gesamtrechnung ist. Das sich daraus ergebende kulturökonomische Ziel wäre aber sicherlich nicht im Sinne der Künstler und Kulturschaffenden. (2) Würde es sich tatsächlich um Investitionen zur Wirtschaftsförderung handeln, müßte stets auch die Frage der Effektivität dieser Investitionen geprüft werden, d. h. man müßte sich immer wieder neu die Frage stellen, ob die mit der Investition erzielten wirtschaftlichen Effekte (Arbeitsplätze, Einkommen) nicht als Investitionen in eine andere Branche zu wesentlich besseren Ergebnissen führen würden.

Doch gewinnt das Argument der Umweg-Rentabilität dann wieder an Bedeutung, wenn man es richtig einsetzt. Das ist beispielsweise immer dann der Fall, wenn das kulturelle Angebot Gäste in eine Stadt oder Region lockt und sie zu Ausgaben veranlaßt, die sonst nicht oder in gänzlich anderen Ländern oder Regionen getätigt worden wären. Dann kommt es zu → *Multiplikatoreneffekten*, die sich im Rahmen einer → *Inzidenz-Analyse* feststellen lassen und die tatsächlich zu erheblichen steuerlichen Mehreinnahmen führen. Dies gilt z. B. für alle großen Festspiele, wie besonders die Untersuchungen zu den Salzburger Festspielen überzeugend gezeigt haben.

Lit.: Heinrichs, W.: Kulturmanagement. Eine praxisorientierte Einführung, Darmstadt 2. Aufl. 1999: 106–111; Gaubinger, B.: Die wirtschaftliche Bedeutung der Salzburger Festspiele. Eine Studie über Besucherstruktur und Umwegrentabilität, Salzburg 1998

Unternehmenskultur

Während traditionelle Managementtheorien (das „Scientific Management" in der Tradition Taylors und Fayols) wirtschaftliche Unternehmungen bzw. Organisationen generell in erster Linie als das Ergebnis eines rationalen Planungsprozesses, als den Entwurf einer „großen Maschine" (Social Engineering), betrachteten, wächst seit den achtziger Jahren das Bewußtsein über die Bedeutung und Funktionsweise einer spezifischen Unternehmens- bzw. Organisationskultur, die weit mehr ist als das bloß rational Planbare im Sinne des Scientific Managements. Wird unter „Kultur" ganz allgemein in der Tradition des ethnologischen bzw. anthropologischen Kulturbegriffes (→ *Kulturbegriff*) ein System von Wertvorstellungen, Verhaltensnormen, Denk- und Handlungsweisen verstanden, das von einem Kollektiv von Menschen erlernt und akzeptiert worden ist und das u. a. bewirkt, daß sich diese soziale Gruppe deutlich von anderen Gruppen unterscheidet, so lassen sich hieraus interessante Erkenntnisse über das Funktionieren von Organisationen und wirtschaftlichen Unternehmungen gewinnen. Der Begriff der Unternehmenskultur projiziert dabei die in den Kultur- und Sozialwissenschaften (vor allem der angelsächsischen Cultural bzw. Social Anthropology) gewonnenen allgemeinen Einsichten über das Entstehen und Wirken von kulturellen Normen und Werten, insbesondere ihres Einflusses auf menschliche Verhaltensweisen und Handlungen, auf wirtschaftliche Unternehmungen.

Zentrale Funktion der Unternehmenskultur ist die Integration vergangenheitsgeprägter Traditionen einerseits und aktueller Tendenzen des sozialen Systems „Unternehmung" andererseits. Erst diese gelungene Integrationsleistung schafft die Grundlage für zukünftige Innovationen. Erfahrungen, die eine Unternehmung in der Vergangenheit mit gelungenen bzw. mißlungenen Problemlösungen gesammelt hat (d. h. die kognitive, bewußtseinsmäßige Dimension von Kultur), werden in meist ungeschriebenen, informellen „Gesetzen" bzw. Regeln in die Gegenwart übertragen. Zu dieser Sicherung des kognitiven Erfahrungsbestandes treten bestimmte Werte und Einstellungen hinzu, die das Verhalten der Systemmitglieder prägen (affektive Dimension der Kultur). Dieses kulturelle „Hintergrundwissen", d. h. das grundlegende Muster von nicht mehr hinterfragten, selbstverständlichen Voraussetzungen des Verhaltens und Handelns im jeweiligen Unternehmen, wird über ein System von Symbolen, Mythen, Zeremonien, Ritualen und Erzählungen kommuniziert, sichtbar gemacht und als spezifische Unternehmenskultur an neue Mitarbeiter bzw. Mitglieder tradiert. Diese „glauben" an die subtil vermittelten Werte und richten implizit ihr Verhalten und ihre Handlungen an ihnen aus; Verstöße gegen die Unternehmenskultur finden demnach gewöhnlich Ahndung durch andere Mitarbeiter, weniger durch die Führungskräfte.

Bei der Analyse von Unternehmenskulturen sind zwei Dimensionen zu unterscheiden. (1) Zum einen wirtschaften Unternehmen in einem bestimmten kulturellen Umfeld, d. h. in einem durch spezifische kulturelle Normen und Wertvorstellungen geprägten „Kulturkreis". Diese allgemeinen gesellschaftlichen Normen, die meist historisch tief verwurzelt und deshalb nur schwer veränderbar sind, haben direkten Einfluß auf die Funktionsweise von Organisationen bzw. die Produktionsweise. Besonders deutlich wurde dies in den achtziger Jahren im direkten Vergleich amerikanischer und japanischer Managementmethoden, als sich erstmals zeigte, daß die von Taylor und Fayol als prinzipiell universell geltend entworfenen Organisationsregeln durch kulturelle bzw. nationale Besonderheiten relativiert werden mußten. (2) Zum anderen wird unter Unternehmenskultur aber auch die Binnenstruktur eines spezifischen Unternehmens verstanden, das sich von anderen Unternehmen der gleichen Branche deutlich unterscheidet. Das Werden einer Unternehmenskultur vollzieht sich dann besonders intensiv, wenn sie von großer Homogenität und Dauer der Gruppenzugehörigkeit innerhalb der Unternehmung getragen wird; so scheint die Interaktionsdichte in der Zeit neben der Intensität des persönlichen Erlebens von Situationen eine Hauptdeterminante von Unternehmenskultur zu sein. Aus diesen Überlegungen lassen sich bestimmte Ansatzpunkte für die Entwicklung spezifisch geprägter Unternehmenskulturen entnehmen, etwa daß kleinere, räumlich zusammenhängende Organisationseinheiten mit kontinuierlich zusammenarbeitenden Gruppen mit geringer Fluktuation, der vorzugsweisen Beförderung aus den eigenen Reihen sowie schließlich der Kontinuität einer starken Führung der Formierung einer starken Unternehmenskultur besonders förderlich sind.

Da → *kulturelle Einrichtungen* bzw. einzelne Kulturbetriebe, wenn schon nicht in jedem Falle „Unternehmungen", so doch ganz sicherlich „Organisationen" sind, kommen den Erkenntnissen der Unternehmenskultur bzw. Organisationskultur auch für die Gestaltung und Führung der jeweiligen Kulturunternehmung große Bedeutung zu. Gerade weil Kulturunternehmungen auf ein hohes Maß an Flexibilität und Kreativität angewiesen sind, kann ihre Steuerung weniger durch starre strukturelle Vorgaben und fixierte Regelungen als viel mehr durch den Erfahrungshintergrund einer gemeinsam entwickelten und gelebten „Unternehmenskultur" erfolgen.

Lit.: Schein, E.: Unternehmenskultur. Handbuch für Führungskräfte, Frankfurt 1995; Weck, M.: Die Kultur der Kulturverwaltung. Eine hermeneutische Analyse von Biographie und Verwaltungshandeln. Opladen 1995; Peters, Th. J. und R. H. Waterman: Auf der Suche nach Spitzenleistungen. Was man von den bestgeführten US-Unternehmen lernen kann, Landsberg/Lech 5. Aufl. 1994;

▶ Uraufführung (U/UA)

Die mit U oder UA abgekürzten Uraufführungen sind die erste Aufführung eines Bühnenwerkes überhaupt; manchmal wird mit dem Begriff auch die erste Aufführung einer Übersetzung oder einer

Bearbeitung bezeichnet. Diese Kennzeichnung ist für die Theater insofern von Bedeutung, als sie ihnen eine spezielle Beachtung der Kritik sichert (→ *Erstaufführung*).

Urheberrecht

Das Urheberrecht regelt im Urheberrechtsgesetz („Gesetz über Urheberrecht und verwandte Schutzrechte“ (UrhG) vom 9. 9. 1965, Bundesgesetzblatt I, Seite 1273, in der aktuellen Fassung) den Schutz von Werken, die als „persönliche geistige Schöpfungen“ angesehen werden können. Zu den geschützten Werken zählen: (1) Sprachwerke, wie Schriftwerke und Reden, (2) Werke der Musik, (3) pantomimische Werke, einschließlich der Werke der Tanzkunst, (4) Werke der Bildenden Kunst einschließlich der Werke der Baukunst und der angewandten Kunst und Entwürfe solcher Werke, (5) Lichtbildwerke, (6) Filmwerke sowie (7) Darstellungen wissenschaftlicher oder technischer Art, wie Zeichnungen, Pläne, Karten, Skizzen, Tabellen und plastische Darstellungen.

Im einzelnen regelt das Urheberrecht den Schutz des Werkes (beispielsweise bezüglich Veränderung, Bearbeitung oder eine Nutzung durch Dritte), das Urheberpersönlichkeitsrecht (einschließlich der Vergütungsansprüche der Urheber durch Tantiemen und Verwertungsrechte) sowie besondere Rechtsverhältnisse wie beispielsweise im Medienbereich. (Vgl. auch → *Aufführungsrecht*, → *Ausstattungsschutz*, → *Ausstellungsvertrag*, → *Bibliothekstantieme*, → *Folgerecht*, → *Geschmacksmuster*, → *GEMA*, → *GVL*, → *Leistungsschutzrechte*, → *Nutzungsrechte*, → *Tantieme*, → *Verwertungsgesellschaften*, → *Verwertungsrechte*.)

Lit.: Rehbinder, M.: Urheberrecht. Ein Studienhandbuch, München 10. Aufl. 1998; Schulze, G.: Meine Rechte als Urheber. Urheber- und Verlagsrecht. Beck-Rechtsberater im dtv, Bd. 5291, München 3. Aufl. 1998

V

Veranstaltungen → kulturelle Veranstaltungen

Verbundenheitsstrategie

Im Rahmen der → *Besucherbindung* versucht die Verbundenheitsstrategie – im Gegensatz zur → *Gebundenheitsstrategie* – die Nutzer kultureller Einrichtungen nicht durch langfristig wirkende vertragliche Regelungen (→ *Abonnementsystem*, Unterrichtsverträge in → *Musikschulen* etc.) an die jeweilige Kultureinrichtung zu fesseln, sondern bemüht sich, die Besucher durch hervorragende Programme und exzellente → *Servicepolitik* quasi tagtäglich neu zu gewinnen.

Verein

Der Verein ist im Sinne des BGB ein auf gewisse Dauer angelegter, → *körperschaftlich* organisierter und in seinem Bestand vom Wechsel der Mitglieder unabhängiger Zusammenschluß mehrerer Personen unter einem Gesamtnamen zur Verfolgung gemeinsamer Zwecke. Die Bildung eines Vereines unterliegt, soweit er keinen verbotenen Zweck verfolgt, keinen Beschränkungen. Aus diesem Grunde und wegen seiner vielseitigen Einsetzbarkeit ist der Verein die im Kulturleben sicherlich am häufigsten anzutreffende Organisationsform.

Zur Gründung eines Vereins sind mindestens sieben die Satzung unterschreibende Gründer nötig. Rechtsfähigkeit kann ein Verein durch die Eintragung in das Vereinsregister des zuständigen Amtsgerichtes erlangen, wenn er ein sog. Idealverein ist, dessen Zweck nicht auf einen wirtschaftlichen Geschäftsbetrieb gerichtet ist. Eine dem ideelen Hauptzweck untergeordnete wirtschaftliche Nebentätigkeit des Vereins ist vereinsrechtlich unschädlich, aber bei der Anerkennung der → *Gemeinnützigkeit* zu beachten. Neben der Anmeldung beim Amtsgericht zur Eintragung in das Vereinsregister ist die Anmeldung beim Finanzamt, in dessen Bezirk die Geschäftsführung stattfindet, nötig. Der Verein ist zunächst prinzipiell steuerpflichtig, kann aber von der Körperschaftssteuer im Rahmen der Gemeinnützigkeit befreit werden.

Organe des Vereins sind die Mitgliederversammlung und der Vorstand; die Mitgliederversammlung wählt den Vorstand und ist für alle Angelegenheiten zuständig, die nicht Gesetz oder Satzung dem Vorstand zuweisen. Der Vorstand vertritt den Verein gerichtlich und außergerichtlich; er führt die Geschäfte des Vereins. Auf den nichtrechtsfähigen Verein finden die Vorschriften über die → *Gesellschaft bürgerlichen Rechts (GbR)* Anwendung.

Lit.: Friedrich, W. J.: Vereine und Gesellschaften. Beck-Rechtsberater im dtv, München 8. Aufl. 1997; Sauter, E. u.a: Der Verein. Eine gemeinverständliche Erläuterung des Vereinsrechts unter besonderer Berücksichtigung der neuesten Rechtsprechung, München 1994; Ott, S.: Die Vereinssatzung (Becksche Musterverträge Band 11), München 1992; Feldmann, D.: Der Verein. Ein vielseitig einsetzbares Instrument der Kunst- und Kulturförderung. Grundlegende Informationen zur Vereinsgründung. In: HKM, H 4.1

▸ Verkaufsprovision

Vergütung des Kunsthändlers für geleistete Dienste, in der Regel prozentual zum Wert des verkauften Objekts. In kommerziellen Galerien beträgt die Verkaufsprovision in der Regel 50 % des Verkaufspreises, in öffentlichen Galerien und gemeinnützigen Kunstvereinen ist sie deutlich niedriger. Auf eine Verkaufsprovision verzichten sollte eine nicht-kommerzielle Galerie allerdings nicht, da es sonst zu Wettbewerbsverzerrungen – entweder zugunsten des Käufers oder des Künstlers – käme. Andererseits müssen → *kommunale Galerien* oder gemeinnützige → *Kunstvereine* berücksichtigen, daß Verkaufsprovisionen außerhalb des gemeinnützigen → *Zweckbetriebs* liegen und damit – bei einem Jahresumsatz von mehr als 60 000 DM – als wirtschaftlicher Geschäftsbetrieb zur → *Gewerbesteuer* und → *Körperschaftsteuer* herangezogen werden.

▸ Vermarkter → Künstlersozialabgabe

Verpflichtungsermächtigung

Während einer mehrjährigen Planungsphase von größeren investiven Maßnahmen kann im Vermögenshaushalt (→ *Haushaltsplan*) eine sogenannte Verpflichtungsermächtigung vorgesehen werden, d. h. die mit dem Projekt befaßten Ämter sind berechtigt, in einem vorgegebenen Umfang Ausgaben für ein Projekt zu tätigen, das erst zu einem späteren Zeitpunkt (während der Realisierungsphase) in den Haushalt eingestellt wird.

Leider sind solche Verpflichtungsermächtigungen nur im Vermögenshaushalt, nicht aber im Verwaltungshaushalt möglich. Das erschwert jede Planung kultureller Veranstaltungen. Opern- und Theaterinszenierungen, aber auch Theatergastspiele und Konzerte haben in der Regel einen längeren, oft mehrjährigen Vorlauf. Dann werden von den Kulturmanagern Verträge verbindlich abgeschlossen, obwohl dafür Haushaltsmittel nicht bereitstehen.

Versammlungsstättenverordnung

Kulturelle Veranstaltungen, zumal mit vielen Besuchern, in geschlossenen Räumlichkeiten (→ *Theater*, → *Konzertmanagement*, → *Kino* usw.) stellen stets eine große Herausforderung an die entsprechenden Sicherheitsvorschriften dar: Menschen sind in ihnen unbekannten Umgebungen und Gebäuden ortsunkundig; vorgegebene Rettungswege werden zunächst kaum beachtet; auf Bühnen und Szenenflächen befinden sich im allgemeinen hohe Brandlasten (Kostüme, Dekorationen, Requisiten usw.) und bilden damit ein großes Gefährdungspotential; Zuschauer unterliegen aufgrund des Bühnengeschehens häufig starken psychischen Reaktionen; wegen der Platzverhältnisse kann es zu Platzangst und panischen Reaktionen kommen. Vor diesem Hintergrund und aufgrund zahlloser negativer Erfahrungen mit Theaterbränden verfaßte man Rechtsnormen, die in die heute gültigen Versammlungsstättenverordnungen der einzelnen Bundesländer mündeten.

Versammlungsstätten sind bauliche Anlagen oder Teile baulicher Anlagen, die für die gleichzeitige Anwesenheit vieler Menschen bei Veranstaltungen erzieherischer, geselliger, kultureller, künstlerischer, politischer, sportlicher oder unterhaltender Art bestimmt sind.

Unterschieden wird dabei in Versammlungsstätten (1) mit → *Bühnen* oder Szenenflächen und Versammlungsstätten für Filmvorführungen, wenn die zugehörigen Versammlungsräume jeweils mehr als 100 Besucher fassen; (2) mit nicht überdachten Szenenflächen, wenn sie mehr als 1000 Besucher fassen; (3) mit nicht überdachten Sportflächen, wenn sie mehr als 5000 Besucher fassen und (4) mit Versammlungsräumen, die einzeln oder zusammen mehr als 200 Besucher fassen; maßgebend ist hierbei die Benutzungsart, welche die größte Besucherzahl zuläßt. Die Vorschriften gelten nicht für Räume, die überwiegend für den Gottesdienst bestimmt sind bzw. Ausstellungszwecken dienen.

Die Versammlungsstättenverordnung, kurz VStättVO, wird unterteilt in Bau- und Betriebsvorschriften. In den (1) Bauvorschriften werden alle bautechnischen Kriterien beschrieben, die vor allem der Neu- und Umbauplanung dienen. In den (2) Bestimmungen für den Betrieb von Versammlungsstätten (Betriebsvorschriften) kommt dagegen eher der organisatorisch bestimmten Sicherheit besondere Bedeutung zu. Unberührt von diesen Betriebsvorschriften bleiben die sonstigen Vorschriften des Arbeits- und Unfallschutzes. Die Betriebsvorschriften betreffen vor allem (1) das Freihalten von Wegen und Flächen; (2) Dekorationen, das Lagern von Gegenständen, Rauchverbote sowie die Höchstzahl der Mitwirkenden; (3) die Reinigung der Räume, Bedienung und Wartung der bühnentechnischen Einrichtungen; (4) die Anwesenheit und Belehrung der verantwortlichen Personen, z. B. des Betreibers, technischer Fachkräfte, Feuersicherheitswache und Wachdienst; (5) sonstige Betriebsvorschriften, z. B. Probe vor Aufführungen, → *Bestuhlungsplan* sowie (6) Filmvorführungen.

Lit.: Mäcken, W.: Verordnete Verantwortung. Sicherheitsregelwerke im Kulturbetrieb. In: HKM, H 10.1

Versicherungswert → Kunstversicherung

Versteigerung → Kunstauktion

Verwaltung kultureller Angelegenheiten

Die Verwaltung der kulturellen Angelegenheiten der öffentlichen Hand obliegt speziellen Einrichtungen; auf der Ebene der Kommunen bzw. der Landkreise sind dies in erster Linie die kommunalen → *Kulturämter* bzw. Kulturabteilungen; auf der Länderebene sind dies eigenständige Ministerien (in der Regel zuständig für Wissenschaft und Kunst) bzw. Abteilungen innerhalb größerer Ministerien (z. B. innerhalb entsprechender Ministerien für Wissenschaft und Kunst). Da der föderale Aufbau der Bundesrepublik im Prinzip keine eigenständige → *Kulturpolitik des Bundes* vorsieht, waren hier die (allerdings begrenzten) Kompetenzen und finanziellen Ressourcen bis 1998 auf verschiedene Ministerien (z. B. Innenministerium, Auswärtiges Amt usw.) verteilt. Ende 1998 hat die Regierung Schröder erstmals in der Position eines → *Staatsministers für die Angelegenheiten der Kultur und der Medien im Bundeskanzleramt* die Verwaltung kultureller Aufgaben des Bundes weitgehend zusammengefaßt.

Lit.: Hill, H. und I.Magdowski (Hrsg.): Neue Wege für Kultureinrichtungen, Stuttgart 1997

▸ Verwaltungsleiter/Verwaltungsdirektor

Der Verwaltungsleiter bzw. Verwaltungsdirektor ist für alle betriebswirtschaftlichen, juristischen (vor allem personalrechtlichen) und administrativen Aufgaben eines → *Theaters* zuständig. Zur Allgemeinen Verwaltung zählen in der Regel die Personalabteilung, Theaterbetriebsführung, Abonnementsbüro (→ *Abonnementsystem*), Tages-/abendkassen, Haushalt, Hauptkasse, Gehalts-/Lohnbüro, Registratur/Archiv, Einkauf, Botenmeisterei, Kraftfahrer; zur Hausverwaltung gehören vor allem Hausmeister, Handwerker, Pförtner, Logenschließer, Gardrobieren, Reinigung, Kantine. Der Verwaltungsleiter strukturiert und überwacht den Haushalt, verhandelt über die → *Gagen* und → *Entgelte*; er achtet auf die Einhaltung der Tarif- und Arbeitsverträge, die → *Nutzungsrechte* von → *GEMA* und Verlagen (→ *Tantiemen*) und entscheidet über größere Anschaffungen. Nicht selten steht er in der Hierarchie des Theaters mit dem → *Intendanten* auf derselben Stufe („Doppelspitze“).

Lit.: Deutscher Bühnenverein: Berufe im Theater, Köln 1997

Verwendungsnachweis

Von Zuschußempfängern öffentlicher Mittel wird in aller Regel die Dokumentation der ordnungsgemäßen Führung von Ausgaben und Einnahmen im Rahmen des → *Zuwendungsbescheides* gefordert. In seiner Anlage finden sich gewöhnlich Richtlinien zur sach- und ordnungsgemäßen Verwendung der → *Zuwendungen*, die innerhalb bestimmter Fristen in einem detaillierten Verwendungsnachweis vorgelegt werden müssen, dessen äußere Form oft durch Formblätter vorgegeben ist.

Bestandteile des Verwendungsnachweises sind der inhaltliche Sachbericht und der rechnerischer Bericht. Der (1) Sachbericht umfaßt die inhaltliche Beschreibung der im → *Zuwendungsbescheid* bewilligten und in die Praxis umgesetzten Aktivitäten in einem Umfang von gewöhnlich ein bis zwei Seiten. In einer Anlage zu diesem Bericht empfiehlt es sich allerdings, weitere Dokumente (Programmheft, Pressedokumentation etc.) beizufügen, um dem Zuschußgeber die Möglichkeit zur weiteren Information darüber zu geben, daß die gewährten Gelder sinnvoll verausgabt wurden. Die (2) Abrechnung bzw. der rechnerische Bericht listet, getrennt nach Einnahmen und Ausgaben, detailliert alle Buchungsvorgänge auf. Die Ausgaben müssen in der Regel durch beigefügte Belege begründet werden, um sie überprüfen zu können. Verwendungsnachweise werden entweder von den entsprechenden Prüfungsinstitutionen des Zuwendungsgebers (etwa Rechnungshöfe der Bundesländer) überprüft oder den Prüfungsinstitutionen des Zuwendungsempfängers (etwa kommunale Rechnungsprüfungsämter) zur Prüfung übergeben und in deren Bericht dann übernommen.

Lit.: Nagel, H.-G.: Wer Kultur sagt, muß auch Verwaltung sagen. In: HKM, F 2.1

Verwertungsgesellschaften

Die Rechte der Urheber im Sinne des → *Urheberrechts* werden auf der Grundlage des Gesetzes über die Wahrnehmung von Urheberrechten und verwandten Schutzrechten von sog. Verwertungsgesellschaften (VG) wahrgenommen. Es handelt sich um wirtschaftliche Vereine im Sinne des Bürgerlichen Gesetzbuches, die der Aufsicht des Patentamtes unterstehen. Im einzelnen sind folgende Verwertungsgesellschaften zu nennen:

(1) → *GEMA* (Gesellschaft für musikalische Aufführungs- und mechanische Vervielfältigungsrechte), für urheberrechtliche → *Nutzungsrechte* an Musikwerken für Komponisten, Textdichter und Musikverleger; (2) VG Wort für Nutzungsrechte an Sprachwerken von Autoren, Journalisten, Buch- und Bühnenverlegern, Übersetzern; (3) VG Bild-Kunst zur Wahrnehmung von Reproduktionsrechten bei Werken der Bildenden Kunst; (4) GVL (Gesellschaft zur Verwertung von Leistungsschutzrechten), die Vergütungsansprüche aus der Sendung und öffentlichen Wiedergabe von Tonträgern (z. B. CD, MC, Schallplatten) für ausübende Künstler und Tonträgerhersteller sichert; (5) IMHV (Interessengemeinschaft musikwissenschaftlicher Herausgeber und Verleger) für die Wahrnehmung der Leistungsschutzrechte an wissenschaftlichen Ausgaben und nachgelassenen Werken; (6) GÜFA (Gesellschaft zur Übernahme und Wahrnehmung von Filmaufführungsrechten); (7) VFF (Verwertungsgesellschaft für Film- und Fernsehproduzenten); (8) VGF (Verwertungsgesellschaft für Nutzungsrechte an Filmwerken); (9) GWFF (Gesellschaft zur Wahrnehmung von Film- und Fernsehrechten); (10) ZPÜ (Zentralstelle für private Überspielungsrechte), ein Zusammenschluß der Verwertungsgesellschaften zur Wahrnehmung von Ansprüchen aus der Vervielfältigung zum persönlichen Gebrauch.

▸ Verwertungsrechte

Das → *Urheberrechtsgesetz* regelt auch das sogenannte Verwertungsrecht (§§ 15 ff. UrhG). Dazu gehören das Vervielfältigungsrecht (§ 16), das Verbreitungsrecht (§ 17), das Ausstellungsrecht (§ 18) sowie das Recht der öffentlichen Wiedergabe durch Bild- und Tonträger, Hörfunk oder Fernsehen (§§ 19 bis 22). Erfolgt eine Verwertung eines Werks im Sinne des Urheberrechts, so entsteht eine Verpflichtung des Nutzers, diese Verwertung dem Urheber in angemessener Weise zu vergüten. Die Verwertungsrechte werden im Auftrag der Urheber von den → *Verwertungsgesellschaften* wahrgenommen.

Lit.: Schulze, G.: Meine Rechte als Urheber. Urheber- und Verlagsrecht. Beck-Rechtsberater im dtv, München 3.Aufl. 1998

▸ Videoclip

Musikvideo, das zur Visualisierung eines Pop- oder Rocksongs eingesetzt wird. Dazu werden grafische, dokumentarische und freie szenische Elemente eingesetzt. Von den Gestaltungskonzepten her kann man unterscheiden (1) freie Assoziationsvideos, die Bildmotive frei zur Musik montieren, (2) narrative Videos, die den Inhalt des Songs visualisieren, (3) Mischformen mit narrativen und assoziativen Elementen sowie (4) dokumentarische Videos (Performance Videos), die während eines Live-Auftritts entstanden sind. Videoclips sind in kürzester Zeit außerordentlich populär geworden und werden inzwischen als eigene Kunstform angesehen. Nicht zuletzt Musikkanäle wie MTV und Viva tragen zur Verbreitung von Videoclips bei.

▸ Video-on-demand

Video auf Anforderung; Möglichkeit zur Auswahl von Videofilmen über einen Online-Anschluß im Rahmen eines → *interaktiven Fernsehens*. Mit Hilfe des Video-on-demand können aus einem zentralen Video-Archiv alle Videofilme abgerufen und direkt auf dem heimischen Bildschirm gesehen werden. Voraussetzung ist ein leistungsfähiges ISDN-Kabel und ein entsprechend ausgestattetes Fernsehgerät.

Prognosen gingen ursprünglich davon aus, daß Video-on-demand bis zum Jahr 2000 in vielen Haushalten möglich sein werde. Doch ähnlich wie beim interaktiven Fernsehen scheint die tatsächliche Nachfrage nach einem solchen Angebot geringer zu sein als von den Marktforschern erwartet worden war. Folglich wurde auch das Angebot der → *Videotheken* und → *Mediotheken* nicht in dem Maße bedrängt, wie dies noch Mitte der neunziger Jahre befürchtet worden war. Eine Mischform zwischen traditionellem Programm-Fernsehen und Video-on-demand startete der Pay-TV-Sender Premiere Anfang 2000 mit seinem Angebot Premiere World.

▸ Videothek

Videotheken sind privatrechtlich-kommerzielle oder öffentliche (im Rahmen von → *Bibliotheken* bzw. → *Mediotheken*) Ausleihstellen für Videofilme. Öffentliche Videotheken bieten über Spielfilme hinaus in der Regel Sachfilm-Videos beispielsweise zur beruflichen Fortbildung, zum Erwerb von Fremdsprachenkenntnissen oder zur Vorbereitung von Studienreisen an.

▸ Virtuelle Gemeinschaft

(engl. *virtual community*) Ort im Internet, an dem – ähnlich zur realen Welt – Menschen zusammentreffen, um sich zu informieren, sich auszutauschen (privat und beruflich), Transaktionsprozesse durchzuführen oder sich einfach nur unterhalten zu lassen. Dabei wird durch die Mitglieder einer Community ein sogenannter Zusatznutzen durch die Generierung von neuen Inhalten erzeugt. Die Gemeinschaft hat wie ein Produkt bestimmte Eigenschaften, und ihre Zielgruppe erschließt sich aus dem thematischen Zusammenhang. Für ein künftiges → *Kulturmarketing* sind solche virtuellen Gemeinschaften als Zielgruppen von besonderem Interesse.

Lit.: Hagel III, John; Armstrong, Arthur G.: Net gain. Expanding markets through virtual communities, Boston, Mass. (Harvard Business School Press) 1997; Fichte, G.: Virtual Communities im Museumsmanagement. In: HKM K 8.12

▸ Virtuelle Realität

Simulation einer dreidimensionalen Wirklichkeit mit Hilfe aufwendiger Computertechnik. Hochleistungsrechner schaffen hierzu einen dreidimensionalen Raum (Cyberspace), in den der Benutzer (Cybernaut) scheinbar eintauchen kann. Dazu steht ihm ein Visettenhelm zur Verfügung, der in Höhe der Augen zwei hochauflösende Monitore mit leicht versetzten Bildern enthält, so daß sich der Eindruck eines dreidimensionalen Bildes ergibt. Zusätzlich ist der Visettenhelm mit vier Lautsprechern ausgestattet, weshalb auch der Name Eye Phone – Bildschirm und Lautsprecher – für den Helm gebräuchlich ist. Weiter benötigt der Cybernaut einen Datenhandschuh (Data Glove) bzw. einen Datenanzug (Data Suit) sowie einen Joystick, um Bewegungen der Hand oder des Körpers über den Rechner auf die Monitore im Visettenhelm übertragen zu können. Die Simulation besteht darin, daß sich der Cybernaut scheinbar im

Raum bewegt, weil jede Bewegung des Kopfes und jede Steuerung der Hand auf den Bildern des Monitors im Helm automatisch zu einer Perspektivenverschiebung führt. Von Simulationen (beispielsweise im Flugsimulator), bei denen der Benutzer das simulierte Ereignis auf einer Leinwand erlebt, unterscheidet sich die virtuelle Realität dadurch, daß der Cybernaut wirklich den Eindruck hat, sich in einem dreidimensionalen Raum zu bewegen.

Virtuelle Realitäten wurden zunächst in der Raumfahrt entwikkelt, um komplizierte Arbeitsprozesse trainieren zu können. Sehr bald fanden sie auch in technischen oder medizinischen Arbeitsvorgängen sowie Forschungsprojekten Anwendung. Dennoch ist die virtuelle Realität heute am weitesten in der Unterhaltungselektronik verbreitet; hier deutet sich ein Markt mit ganz erheblichen Umsatzsteigerungen an.

Für den Kulturbereich sind virtuelle Realitäten bzw. Cyberspace in der → *Medienkunst* von großem Interesse. So entwickelte beispielsweise Jeffrey Shaw 1992/93 an der Karlsruher Hochschule für Gestaltung ein virtuelles Museum, das dem Oberösterreichischen Landesmuseum in Linz nachempfunden war. Über einen Cyberspace kann der Besucher das virtuelle Museum betreten und dort (virtuell) durch die Museumsräume gehen und Exponate betrachten. Ein anderes Beispiel ist eine ebenfalls in Karlsruhe entwickelte virtuelle Ballettaufführung, zu der eine Choreografie des Frankfurter Balletts unter William Forsythe digitalisiert und für den Cyberspace aufbereitet wurde. Ziel ist es, dem Cybernauten eine direkte Beteiligung an der Ballettaufführung zu ermöglichen, so daß er den Eindruck gewinnt, selbst einer der Tänzer zu sein. Dadurch würde eine besonders intensiv erlebbare Form von Interaktivität in der Kunst entstehen; die Schranken zwischen Kulturproduktion und Kulturkonsum wären weitgehend aufgehoben.

▸ Virtuelle Unternehmen → E-lance-Economy

▸ Volkshochschule

Volkshochschulen (VHS) sind öffentliche, der → *Weiterbildung* dienende → *kulturelle Einrichtungen*, deren finanzielle Mittel im kommunalen → *Kulturhaushalt* veranschlagt sind. Volkshochschulen verfolgen eigene, erwachsenengemäße Bildungsziele (wie etwa Allgemeinbildung, Berufsfortbildung, politisch-gesellschaftliche Bildung, musisch-kreative Bildung → *kulturelle Bildung*, Förderung von Spezialinteressen usw.). Im öffentlichen Bereich berühren sich allerdings angesichts einer Vielzahl von Trägern und Anbietern im Bereich der Weiterbildung die Aufgaben der VHS u. a. mit der außerschulischen Jugendbildung, dem allgemeinen Schulwesen, der Hochschule, der Sportförderung, den anderen kulturellen Einrichtungen, den staatlichen Zentralen für politische Bildung, den Maßnahmen nach dem Arbeitsförderungsgesetz und dem Berufsbildungsgesetz sowie dem Bildungsurlaub und dem Fernunterricht. Demgegenüber hat das Präsidium des Deutschen Städtetages in seinen Erklärungen von 1969 bzw. 1976 festgestellt, (1) daß die VHS in einem Gesamtsystem der Erwachsenenbildung, das durch Koordinierung und Kooperation zwischen den verschiedenen Trägern zu entwickeln ist, das geistige, pädagogische und organisatorische Zentrum bleiben muß; (2) daß sie als fester Bestandteil des Bildungsangebots einer Stadt anzusehen ist; (3) daß ihre Arbeit durch die Offenheit gegenüber Themen, Teilnehmern und Dozenten gekennzeichnet ist. Um diesen Aufgaben gerecht zu werden, beschäftigen sich die Volkshochschulen zunehmend mit Fragen des → *Marketing* und entwickeln ein eigenständiges Weiterbildungsmarketing.

Die rechtliche Situation der VHS ist nicht bundeseinheitlich geregelt. In einigen Ländern gehören Weiterbildungseinrichtungen zu den Pflichtaufgaben der Gemeinden (so in Nordrhein-Westfalen, Hessen, Bremen und Niedersachsen). In diesen Ländern sind die Gemeinden verpflichtet, ein flächendeckendes Weiterbildungsangebot bereitzustellen, das mit relativ hohen Landesmitteln unterstützt wird. Die Einrichtung des Weiterbildungsangebotes kann innerhalb einer Gemeinde geschehen, wenn sie über eine bestimmte Mindestgröße verfügt, bzw. als interkommunale Einrichtung (z. B. → *Zweckverband*) unter Beteiligung mehrerer Gemeinden. Teilweise sind auch Landkreise Träger der VHS. In den anderen Bundesländern „sollen" die Gemeinden VHS einrichten, d. h. es bleibt ins Ermessen der Gemeinden gestellt, ob sie jeweils VHS einrichten oder nicht. Dort werden von Landesseite erheblich geringere Zuschüsse gezahlt. Träger der VHS können aufgrund der fehlenden einheitlichen juristischen Normierung sowohl Gemeinden, Kreise oder sonstige Vereinigungen, in der Regel → *Vereine,* sein. Die VHS der Bundesrepublik sind im 1953 gegründeten Deutschen Volkshochschul-Verband zusammengeschlossen.

Zur inneren Organisation der VHS hat die Kommunale Gemeinschaftsstelle für Verwaltungsvereinfachung (KGSt) 1973 einen Gliederungsplan erarbeitet, der insgesamt sieben Fachbereiche vorsieht und damit gleichzeitig einen Überblick über die mögliche Themenvielfalt des Weiterbildungsangebotes innerhalb der VHS gibt: (1) Sozialwissenschaften (Gesellschaft, Politik, Recht, Geschichte); (2) Erziehungs- und Geisteswissenschaften (Pädagogik, Psychologie, Religion, Philosophie, Literatur, Kunstgeschichte, Heimat- und Völkerkunde); (3) Sprachen (Deutsch als Grundsprache bzw. Fremdsprache, Fremdsprachen); (4) Wirtschaft/Kaufmännische Praxis (Volkswirtschaftslehre, Betriebswirtschaftslehre, Buchführung, Stenographie, Schreibmaschine, Bürokunde); (5) Mathematik/Naturwissenschaften/Technik (Mathematik, Physik, Chemie, Botanik, Zoologie, Elektronik, Elektrotechnik); (6) Kreatives Gestalten/Freizeitaktivitäten (Spielen und Gestalten, Malen, Singen, Musizieren, Werken, Sprechen und Laienspiel); (7) Gesundheit/Gymnastik/Körperpflege/Haushaltsführung (Gesundheitsfragen, Erste Hilfe, Krankenpflege, Gymnastik, Sport, Kosmetik, Haushaltsökonomie, Küche und Garten).

1996 wurden durchschnittlich 47,1 % der Etats der 1010 kommunalen Volkshochschulen aus selbst erwirtschafteten Einnahmen (→ *Umsatzerlöse*) gedeckt. Davon entfielen wiederum 33,2 % auf Kurs- und Vortragsentgelte und 13,9 % auf sonstige Einnahmen (z. B. Nutzungsentgelte). 20,9 % der Etats wurden durch Landeszuschüsse gedeckt, während die Trägerkommunen 32,0 % aus eigenen Mitteln einbrachten. Im Verlauf der letzten Jahre ist der Eigenfinanzierungsanteil (Teilnehmerentgelte und sonstige Einnahmen) in den Etats der Volkshochschulen deutlich gestiegen.

Mit der Novellierung des Weiterbildungsgesetzes in Nordrhein-Westfalen durch das „Gesetz zur Modernisierung der Weiterbildung" aus dem Jahr 2000, dem früher oder später auch andere Bundesländer folgen dürften, wurde der Charakter der Volkshochschularbeit allerdings grundlegend verändert. Deutlich erkennbar ist nun eine Orientierung hin zu einer arbeitsmarkt- und berufsbezogenen Weiterbildung sowie einer politischen Bildung. Das wird zur Folge haben, daß eine beruflich nicht verwertbare freizeitorientierte oder kulturelle Bildung ab dem Jahr 2005 in Nordrhein-Westfalen nicht mehr gefördert werden wird. Nach Berechnungen des Volkshochschulverbandes wird dies zur Folge haben, daß etwa 80 % des heutigen Angebots ab 2005 nicht mehr gefördert werden und demnach nur bei wesentlich erhöhten Teilnehmergebühren bestehen bleiben können.

Lit.: Lamers, B. und J. Lange: Neue Wege der Weiterbildung. Modelle und Projekte für die Volkshochschule, Essen 1996; Nellen, D. und R. Strauch (Hrsg.): Zukunft Weiterbildung. Perspektiven für die Volkshochschule, Essen 1996; Deutsches Handbuch der Erwachsenenbildung, hrsg. von J. Hacker und G. Olzog, Landsberg 1993

▶ Vollfinanzierung

Begriff aus dem Zuwendungsrecht (→ *Zuwendung*), der besagt, daß alle mit einer bestimmten Institution bzw. einem bestimmten Projekt verbundenen Kosten vom Zuwendungsgeber komplett übernommen werden. Bei freien Trägern ist eine Vollfinanzierung durch die öffentliche Hand eher selten, es sei denn, er gewährleistet die vollständige Abdeckung bestimmter Aufgaben von Politik und Verwaltung.

Lit.: Vermeulen, P.: Die Kunst, Kultur zu finanzieren. Kommunale Projektförderung im Überblick und Hinweise zur Antragsstellung. In: HKM, E 1.1

▶ Vorgelagerte Bereiche

Aus kulturökonomischer Sicht solche Wirtschaftsbereiche, die die technischen Voraussetzungen für die Schaffung von Kunst und Kultur bieten. Nach der Ifo-Studie von 1988 (Hummel/Berger: Die volkswirtschaftliche Bedeutung von Kunst und Kultur) gehören hierzu: Teile der Herstellung von Papier, der Druckereien, der Buchbindereien, der Herstellung foto- und filmtechnischer Erzeugnisse, der Instrumentenbauer, der Foto-, Projektions- und Kinogeräte usw. (→*Wirtschaftsfaktor Kultur*, → *Arbeitsmarktfaktor Kultur*)

▶ Vorleistungsverflechtungen → Inzidenz-Analyse

W

Weiche Standortfaktoren → Standortfaktor Kultur

Weiterbildung

Als Weiterbildung bezeichnet man die systematische Erweiterung der Qualifikation außerhalb eines ausgeübten Berufs (wenn jemand z. B. einen Sprachkurs zur Vorbereitung einer Urlaubsreise besucht), im Gegensatz zur → *Fortbildung.* § 2 Abs. 2 des Weiterbildungsgesetzes von Nordrhein-Westfalen (in seiner alten Fassung) definiert Einrichtungen der Weiterbildung als „Bildungsstätten in staatlicher oder in kommunaler Trägerschaft und anerkannte Bildungsstätten in anderer Trägerschaft, in denen Lehrveranstaltungen zur Fortsetzung und Wiederaufnahme organisierten Lernens unabhängig vom Wechsel des pädagogischen Personals und der Teilnehmer geplant und durchgeführt werden. Diese Einrichtungen decken einen Bedarf an Bildung neben Schule oder Hochschule sowie der Berufsausbildung und der außerschulischen Jugendbildung. Als Bedarf (...) gelten sowohl die Vertiefung und Ergänzung vorhandener Qualifikationen als auch der Erwerb von neuen Kenntnissen, Fertigkeiten und Verhaltensweisen."

Zwar hat Weiterbildung im Sinne dieser Rechtsdefinition in Deutschland eine lange Tradition, die bis in das 19. Jahrhundert zurückreicht, doch erlebte die Weiterbildung in der Bundesrepublik Deutschland ihren entscheidenden Aufbruch in den siebziger Jahren. Im Vordergrund standen damals aufklärerische und emanzipatorische Aspekte, die ausschließlich gesellschaftspolitisch legitimiert waren, weshalb Weiterbildungsangebote auch in erster Linie als eine staatliche Aufgabe angesehen wurden. Kirchen oder andere gesellschaftlich relevante Gruppen oder gar private Anbieter kamen in diesem etatistischen Konzept dem Grundsatz nach nicht vor. Zwar konnten die Kirchen und Gewerkschaften auch für ihr Weiterbildungsangebot eine staatliche Förderung erstreiten, doch fanden sie in den intensiven Diskussionen der Kultur- und Bildungspolitiker wenig Beachtung; die Regie für die Weiterbildungsdiskussionen der siebziger Jahre lag eindeutig beim Staat und hier vor allem bei den Kommunen und dem Deutschen Volkshochschulverband.

Diese Situation hat sich in den neunziger Jahren grundlegend geändert; Weiterbildung wurde vor allem (wenn auch nicht nur) zu einem Anliegen der beruflichen → *Fortbildung*, was angesichts der seit mehr als zehn Jahren anhaltenden Massenarbeitslosigkeit ein besonders überzeugendes Argument ist. Allein von 1991 bis 1996 stieg denn auch die Zahl der Teilnehmer in den Angeboten zur beruflichen Fort- und Weiterbildung von 5,74 Mio. auf 7,08 Mio. Das hatte zur Folge, daß neben den traditionellen Anbietern von Weiterbildung wie Volkshochschulen, kirchlichen Bildungswerken und Gewerkschaften vor allem die Industrie- und Handelskammern sowie die Wirtschaftsverbände als Mitbewerber auftraten.

1972 konnte in den Weiterbildungsangeboten der Kammern, Innungen und Wirtschaftsverbände nur etwa ein Drittel jener Teilnehmer registriert werden, die die Volkshochschulen meldeten. In den neunziger Jahren haben sich die Teilnehmerzahlen beider Anbietergruppen deutlich angenähert; 1996 standen den etwa 9 Mio. VHS-Besuchern mehr als 7 Mio. Teilnehmer beruflicher Weiterbildungsangebote der Wirtschaft gegenüber. Und während die Volkshochschulen zwischen 1991 und 1996 ihre Belegungen nur um 0,7 % steigern konnten, legten die Kammern, Innungen und Wirtschaftsverbände im gleichen Zeitraum um mehr als 23 % zu. Auf diese veränderte Marktlage will das „Gesetz zur Modernisierung der Weiterbildung" in Nordrhein-Westfalen aus dem Jahr 2000 reagieren (→ *Volkshochschulen*), doch kommt es möglicherweise schon zu spät.

Allerdings sind auch neue staatliche Anbieter hinzugekommen. Hier sind vor allem die Universitäten und Fachhochschulen zu nennen, die die Weiterbildung seit einigen Jahren als ein interessantes Betätigungsfeld entdeckt haben. Weitgehend neue Anbieter von Weiterbildung sind auch die Fernschulen, die es in den siebziger Jahren erst in Ansätzen gab. Dabei ist weniger an die Fernuniversität Hagen zu denken als vielmehr an die zahlreichen privaten Fernschulen, die zu fast allen Weiterbildungsthemen ihre Angebote bereithalten. Nach dem letzten Berufsbildungsbericht waren 1997 in Deutschland 177 Fernlehrinstitute zugelassen, die insgesamt 1283 Fernlehrgänge anboten. Allein gegenüber 1996 stieg die Zahl der zugelassenen Lehrgänge um 12,4 %, weshalb man zweifellos von einem interessanten Wachstumsmarkt sprechen kann. Die stärksten Steigerungsraten sind hier mit 15,7 % im Segment der berufsbildenden Fernlehrgänge zu verzeichnen, was wiederum auf die wachsende Bedeutung der beruflichen Fort- und Weiterbildung hinweist. Insgesamt waren 1997 mehr als 130 000 Teilnehmer in Fernlehrgängen eingeschrieben, davon allein 43 % im Fächerbereich „Wirtschaft und kaufmännische Praxis".

Neu hinzugekommen ist in jüngster Zeit eine kaum noch überschaubare Anzahl von privaten Anbietern unterschiedlichster Art, die Weiterbildungsveranstaltungen als eine willkommene Ergänzung ihrer traditionellen Produktpalette entdeckt haben. Dies gilt beispielsweise für Unternehmensberater, Büros, die Tagungen, Kongresse oder Messen organisieren, Event- und Marketingagenturen sowie auch für eine zunehmende Anzahl von Verlagen.

Im Gegensatz zur Fortbildung werden die Kosten der Weiterbildung in Volkshochschulen und anderen aus Steuermitteln bezuschußten Einrichtungen anteilsmäßig aus öffentlichen Mitteln gedeckt, um dadurch die gesellschaftspolitische Bedeutung von Weiterbildung im Sinne von Aufklärung und Emanzipation zu verdeutlichen. Da sich Weiterbildung nicht auf einen ausgeübten Beruf, sondern auf die Allgemeinbildung ausrichtet, sind die Kosten der Weiterbildung auch nur als Sonderausgaben und nur bis zu einer bestimmten Höchstgrenze steuerlich absetzbar (vgl. auch → *Aus- und Fortbildung*).

Lit.: Faulstich, P. und C. Zeuner: Erwachsenenbildung. Eine handlungsorientierte Einführung, Weinheim 1999; Heinrichs, W.: Weiterbildungsmarkt am Beginn des 21. Jahrhunderts. In: Müller, H.A. (Hrsg.): Der Bildung ein Haus. Zwanzig Jahre Hospitalhof Stuttgart und Evangelisches Bildungswerk, Stuttgart 2000:122–132

Werbemittel

Verbreitung identifikationsfähiger Produkte (Personen, Namen usw.) ohne Verwertung (ohne Verkauf). Der Unterschied zum → *Merchandising* besteht mithin darin, daß Merchandising-Produkte verkauft werden (z. B. der Kunstdruck eines Museumsexponats im → *Museumsshop* oder die Einspielung einer Opernaufführung des Theaters auf CD im Theatershop), während Werbemittel frei abgegeben werden (z. B. ein Lesezeichen mit dem Logo und den Öffnungszeiten der Bibliothek beim Erwerb einer Jahreskarte).

▶ Wiederaufnahme

Die als WA abgekürzte Wiederaufnahme bezeichnet im → *Theater* eine Inszenierung, die längere Zeit nicht gespielt wurde und nun aus dem → Repertoire wieder in den → *Spielplan* aufgenommen wird. Hierzu sind sog. Wiederaufnahme-Proben notwendig; der Begriff „Neueinstudierung" ist dagegen nur im Musiktheater gebräuchlich. Werden Besetzung und Konzept dagegen wesentlich verändert, spricht man von einer Neuinszenierung.

▶ Wiederbeschaffungswert

Im Versicherungsfall (z. B. bei Beschädigung oder Verlust eines Kunstwerks, → *Kunstversicherung*) geht die Versicherung davon aus, daß das Kunstwerk wiederbeschaffbar ist und legt deshalb den Marktwert eines Werkes zugrunde, nicht aber den Wert, den das Kunstwerk für den Eigentümer hatte (Liebhaberwert).

▶ Wirtschaft als Kulturfaktor

Damit soll zum Ausdruck gebracht werden, daß viele künstlerische Entwicklungen ohne vorausgegangene technologische Entwicklungen nicht möglich gewesen wären. Das gilt für das Hörspiel, das ohne Radio nicht denkbar ist, ebenso wie für die neue Medienkunst, die von der Entwicklung der Computertechnik abhängig ist. Durch diese – durchaus richtige Argumentation – soll die enge Verbindung zwischen Kultur und Wirtschaft – diesmal aus der Sicht der Wirtschaft und Technik – zusätzlich deutlich gemacht werden.

▶ Wirtschaftlichkeitsprinzip

Optimierung des Verhältnisses zwischen Mitteleinsatz und Zielerreichung bzw. von → *Kosten* und → *Erlösen*. Zu unterscheiden sind das Minimalprinzip (einen Erfolg mit dem geringstmöglichen Mitteleinsatz erzielen) und das Maximalprinzip (mit einem bestimmten Mitteleinsatz den größtmöglichen Erfolg erzielen). Wirtschaftlichkeit sollte auch in nicht-erwerbswirtschaftlichen Kulturbetrieben angestrebt werden, also auch dort, wo es nicht um → *Produktivität* oder → *Rentabilität* geht.

◆ Wirtschaftsfaktor Kultur

Wie jeder andere Wirtschaftszweig leistet auch der Kulturbereich einen Beitrag zur Volkswirtschaft. Was dem Grundsatz nach unbestritten ist, überraschte doch angesichts der Größenordnungen, die sich in ersten volkswirtschaftlichen Berechnungen Mitte der achtziger Jahre ergaben. Da volkswirtschaftliche Leistungen öffentlicher Betriebe und privater Wirtschaftsbetriebe allerdings nur schwer vergleichbar sind, wählte man als Bezugsgröße die → *Bruttowertschöpfung*. Demnach zeigte sich in einer volkswirtschaftlichen Berechnung des Ifo-Instituts von 1988, daß der Anteil der → *Kulturwirtschaft* an der Bruttowertschöpfung der gesamten (west-)deutschen Volkswirtschaft ca. 2,3 %, der Anteil an der Erwerbstätigkeit ca. 2,7 % (→ *Arbeitsmarktfaktor Kultur*) und der Anteil an den → *Anlageinvestitionen* ca. 1,4 % ausmachen.

Diese volkswirtschaftliche Größenordnung des gesamten Kulturbetriebs berücksichtigt nicht nur die unmittelbaren Umsätze der verschiedenen Kulturbetriebe, sondern bezieht auch die Folgewirkungen mit ein, die in einer klar umgrenzten Region des Wirtschaftsbetriebs anfallen. Diese Folgewirkungen - auch → *Multiplikatoreneffekte* genannt - werden in einer sogenannten → *Inzidenz-Analyse* ermittelt, bei der beispielsweise zu den Umsätzen eines Theaterbesuchs auch die Kosten für Anreise, Parken, Abendessen und Übernachtung hinzugerechnet werden. Einige Berechnungen gehen sogar so weit, den Friseurbesuch und Anteile an den Ausgaben für Kleidung und Schmuck hinzuzurechnen. Dadurch ergeben sich bis zu 200 % induzierte wirtschaftliche Multiplikatoreneffekte, d. h. das Doppelte dessen, was das Theater die öffentliche Hand kostet, wird als Folgewirkung dieses Theaterbetrieb volkswirtschaftlich zusätzlich umgesetzt. Kulturelle Einrichtungen sind demnach Produktionsstätten, die zahlreiche externe Effekte auslösen und die wegen der Steuern und Abgaben, die an anderer Stelle anfallen, zu einer Art Umweg-Rentablität führen.

Trotz der erheblichen Einschränkungen, die zur Argumentation einer scheinbaren Umweg-Rentabilität zu machen sind (→ *Umweg-Rentabilität*), bleibt die Erkenntnis, daß Kultur ein wesentlicher Wirtschaftsfaktor ist. Dieser Wirtschaftsfaktor aber wird maßgeblich gesichert durch die Kulturförderung der öffentlichen Hand. Das betrifft natürlich zunächst einmal den unmittelbaren Anteil öffentlicher Kulturausgaben an der Bruttowertschöpfung, zum andern aber auch den Folgeeffekt, der von der öffentlichen Kulturförderung ausgeht. Beispielsweise wäre eine Musikwirtschaft mit ihren Umsätzen in der Tonträgerproduktion oder mit der Musikinstrumentenproduktion und dem Musikalienhandel überhaupt nicht denkbar, wenn nicht durch öffentlich finanzierten Musikunterricht an den allgemeinbildenden Schulen, durch Instrumentalunterricht an den Musikschulen und den Musikhochschulen, durch kommunale und staatliche Orchester und Opernhäuser nicht in erheblichem Umfang sowohl die Musikproduktion ermöglicht als auch eine Nachfrage nach Musikangeboten geschaffen würde.

Lit.: Ministerium für Wirtschaft, Mittelstand, Technologie und Verkehr des Landes Nordrhein-Westfalen (Hrsg.): Kulturwirtschaft in Nordrhein-Westfalen (3 Berichte), Düsseldorf 1992–1998; Hummel, M. und C. Waldkircher: Wirtschaftliche Entwicklungstrends von Kunst und Kultur. Schriftenreihe des Ifo-Instituts für Wirtschaftsförderung, Band 132, Berlin/München 1992; Hummel, M. und M. Berger: Die volkswirtschaftliche Bedeutung von Kunst und Kultur. Schriftenreihe des Ifo-Instituts für Wirtschaftsförderung, Band 122, Berlin/München 1988

▸ Wirtschaftsordnung

Gesamtheit der rechtlichen, politischen und sozialen Rahmenbedingungen innerhalb derer Wirtschaftsprozesse ablaufen. Zu den bestimmenden Faktoren gehören die Wirtschaftsverfassung, die soziokulturelle und ethische Ordnung sowie die realisierte Wirtschaftspolitik. Wichtigste Grundformen einer Wirtschaftsordnung sind einerseits die → *Marktwirtschaft* und andererseits die Zentralverwaltungswirtschaft.

Die Wirtschaftsordnung hat große Bedeutung auch für kulturökonomische Zusammenhänge. Nur in einer Wirtschaftsordnung, in der der Freiheitsbegriff sehr weit gefaßt wird (beispielsweise auch als Gewerbe- und Berufsfreiheit), wird es auch eine → *Kunstfreiheit* und ein freies Kulturleben geben. Insofern besteht durchaus eine Ordnungskonformität zwischen der Wirtschaftsordnung und der verfassungsrechtlichen Ordnung des Kunst- und Kulturlebens. Umgekehrt wird aber auch die Wirtschaftsordnung ganz wesentlich bestimmt von kulturellen Traditionen. Jede Form des Wirtschaftens ist geprägt von der Kultur, die einer Wirtschaftsordnung zugrunde liegt.

Lit.: Heinrichs, W.: Kulturpolitik und Kulturfinanzierung. Strategien und Modelle für eine politische Neuordnung der Kulturfinanzierung, München 1997; Bendixen, P.: Fundamente der Ökonomie, Ökologie und Kultur, Wiesbaden 1991

Z

▸ Zielgruppen

In der → *Marketing*-Theorie bezeichnet der Begriff „Zielgruppe" den Kreis von tatsächlichen oder möglichen Nachfragern, auf die die eigenen Markttätigkeiten ausgerichtet bzw. die mit bestimmten Marketingaktivitäten angesprochen werden (sollen). Die Bestimmung von Zielgruppen ist abhängig von der eigenen Zielorientierung der Unternehmung (wer soll erreicht werden?) und der tatsächlichen Marktsegmentierung (d. h. welche Gruppen lassen sich auf dem Markt nach welchen Merkmalen erkennen und gruppieren?). Wichtiges Hilfsmittel hierbei ist die → *Marktforschung*, die nach spezifischen Klassifizierungsmerkmalen sucht, um Zielgruppen genauer definieren und ansprechen zu können. Dabei konzentriert sich die Forschung bei der Ermittlung und Beschreibung jeweiliger Zielgruppen einerseits auf sog. soziokulturelle Merkmale (Kulturkreis, soziale Bezugsgruppen, Milieus, „Szenen") und andererseits auf persönliche Faktoren (Beruf, wirtschaftliche Verhältnisse, Lebenszyklus).

Als von besonderer Bedeutung für die Herausbildung von Zielgruppen hat die Forschung seit Mitte der siebziger Jahre das Konzept der „Lebensstilorientierung" entdeckt. In die jeweiligen → *Lebensstile* bestimmter Gruppen bzw. Milieus fließen sowohl soziokulturelle als auch persönliche Merkmale und Einstellungen der Gruppenmitglieder ein, wobei kulturelle Orientierungen eine wichtige Rolle spielen. Von zentraler Bedeutung ist die Bestimmung von Zielgruppen nicht zuletzt für die → *Kommunikationspolitik* einer Unternehmung und eines Betriebes. Zur Vermeidung von sog. Streuverlusten werden sinnvollerweise nur diejenigen aus dem Umfeld insgesamt möglicher Werbeträger ausgewählt, die die jeweils angestrebten Kundenkreise am besten erreichen.

Aus der Perspektive der → *Kulturpolitik* bzw. des → *Kulturmanagements* hat der Begriff der Zielgruppenarbeit eine wesentlich andere Bedeutung. Hier geht es, anders als im oben skizzierten Konzept, gerade nicht darum, neue Zielgruppen zu entdecken, sondern diese werden, aufgrund bestimmter, meist sozialer Faktoren, als gegeben betrachtet. Zielgruppenarbeit im Kulturbereich versteht sich dementsprechend als die (möglichst) gezielte Ausrichtung kultureller Angebote auf Bevölkerungsgruppen, die nicht so selbstverständlich wie andere an der Kultur teilnehmen, besonderer Ansprache bedürfen, Hilfestellung verdienen, in ihrer kulturellen Betroffenheit aufgesucht werden wollen (oder sollen). Als Beispiele hierfür gelten Kinder und Jugendliche, ältere Menschen, ausländische Mitbürger sowie darüber hinaus ganz allgemein sozial und beruflich Benachteiligte. Insbesondere das kulturpolitische Konzept einer → *Kultur für alle* orientiert sich an diesem Zielgruppenentwurf.

Zielsetzung

Von Zielsetzung spricht man im Kulturmanagement in zweifacher Hinsicht: (1) Zunächst einmal ist damit die kulturpolitische Zielsetzung (→ *Kulturpolitik*) gemeint, die gerade in Kulturbetrieben der öffentlichen Hand von besonderer Bedeutung ist. Da in solchen Betrieben Kriterien wie die Gewinnorientierung oder → *Rentabilität* fehlen, ist das Management öffentlicher Kulturbetriebe in erster Linie als Umsetzung kulturpolitischer Ziele zu verstehen (vgl. auch → *strategisches Kulturmanagement*, → *Bezugsdisziplin*). (2) Zum andern versteht man auch im Kulturmanagement unter der Zielsetzung den Einstieg in die → *Planung* eines Vorhabens. In diesem Sinne ist das gesetzte Ziel der zukünftige Zustand, der angestrebt wird und dessen Eintritt nicht automatisch, sondern nur mit Hilfe von Handlungen oder Unterlassungen erfolgen wird. Zur konkreten Zielbildung ist es häufig sinnvoll, das Ziel hinsichtlich seiner Haupt- und Teilziele zu analysieren und zu gliedern. Hat man es mit mehren Teilzielen zu tun, sollten Prioritäten gesetzt werden. Nur wer genau weiß was er will, wird auch Wege finden, sein Ziel zu erreichen. Mit Blick auf eine künftige → *Führung* im Sinne von Management durch Zielvereinbarung (→ *Management by objectives*, → *Dezentrale Ressourcenverantwortung*) kommt es darauf an, die Ziele frühzeitig nach Erreichungsgrad, Zeitraum und Zuständigkeit zu operationalisieren. Zudem ist nur bei klarer Zielsetzung ein → *Controlling* möglich, da Controlling ganz wesentlich darauf ausgerichtet ist, die Unternehmensleitung bei der Zielerreichung zu unterstützen.

▸ Zuwendung

Aus haushaltsrechtlicher Sicht sind Zuwendungen Zahlungen an Dritte (also nicht an Institutionen in eigener Trägerschaft), die nur unter den Voraussetzungen von § 23 Bundeshaushaltsordnung/Landeshaushaltsordnung bewilligt werden dürfen: „Ausgaben und Verpflichtungsermächtigungen für Leistungen an Stellen außerhalb der Bundesverwaltung/der Verwaltung zur Erfüllung bestimmter Zwecke (Zuwendungen) dürfen nur veranschlagt werden, wenn der Bund/das Land an der Erfüllung durch solche Stellen ein erhebliches Interesse hat, das ohne die Zuwendungen nicht oder nicht im notwendigen Umfang befriedigt werden kann." Gleiches gilt übertragen auch für die Gemeinden und Landkreise.

Zwei Merkmale sind besonders hervorzuheben: (1) Es muß sich um Zahlungen an Dritte handeln, also beispielsweise des Bundes oder eines Landes an eine kommunale Einrichtung oder der Kommune an einen gemeinnützigen Kulturverein. Handelt es sich dagegen um Zahlungen des Trägers an eine eigene Einrichtung, so spricht man nicht von Zuwendungen, sondern von Zuschüssen oder – im Sinne des Haushaltsrechts – vom Zuschußbedarf (Fehlbedarfsfinanzierung). (2) Es muß ein „erhebliches Interesse", wie es im Gesetz heißt, vorhanden sein, d. h. die Veranstaltung muß im Interesse einer breiteren Öffentlichkeit liegen und es muß erkennbar sein, daß die Veranstaltung ohne die Zuwendung nicht stattfinden könnte.

Zu unterscheiden ist zunächst zwischen (1) → *Projektzuwendung* und (2) institutioneller Zuwendung (→ *Zuwendung, institutionelle*). Bezüglich der Finanzierung ist zu differenzieren zwischen (1) → *Vollfinanzierung* und (2) → *Teilfinanzierung*; bei der Teilfinanzierung ist wiederum zu unterscheiden zwischen (1) → *Fehlbedarfsfinanzierung*, (2) → *Festbetragsfinanzierung* und (3) →*Anteilsfinanzierung*. Voraussetzung für den Erhalt einer Zuwendung sind zunächst die Einreichung eines entsprechenden → *Zuwendungsantrages* sowie, bei positiver Entscheidung, der Erhalt eines entsprechenden → *Zuwendungsbescheides*. Nach Abschluß der Maßnahme bzw. des entsprechenden Haushaltsjahres ist vom Zuwendungsempfänger gegenüber dem Zuwendungsgeber ein → *Verwendungsnachweis* zu erbringen.

Lit.: Nagel, H.-G.: Wer Kultur sagt, muß auch Verwaltung sagen. In: HKM, F 2.1

Zuwendung, institutionelle

Die institutionelle Zuwendung dient zur Deckung der gesamten oder eines nicht abgegrenzten Teils der Ausgaben einer kulturellen Einrichtung. Im Gegensatz zur → *Projektzuwendung*, die sich auf zeitlich und inhaltlich begrenzte Maßnahmen bezieht, ist die institutionelle Zuwendung in der Regel zeitlich unbegrenzt und bezieht sich auf eine Förderung der gesamten Einrichtung oder Organisation, d. h. gefördert werden sowohl Personalkosten, Betriebskosten, Sachmittel, investive Maßnahmen usw. Sie wird in der Regel nur dann gewährt, wenn dafür eine besondere gesetzliche Grundlage gegeben ist (z. B. institutionelle Zuwendungen des Landes an Volkshochschulen aufgrund eines Weiterbildungsgesetzes). Diese Zuwendungen, die allgemein als Bundes-, Landes- oder kommunale Zuschüsse bezeichnet werden, werden in der Regel als → *Festbetragsfinanzierung* gezahlt, d. h. es wird ein fester Betrag beispielsweise pro Unterrichtsstunde gezahlt.

Ansonsten sind institutionelle Zuwendungen eher selten anzutreffen, da sich Bund, Länder und Kommunen scheuen, durch eine institutionelle Zuwendung in die Trägerschaft einer Einrichtung gedrängt zu werden, die sie selbst möglicherweise nicht gewollt hat.

Zuwendungsantrag

Zur Erhaltung öffentlicher → *Zuwendungen* zur Förderung einer kulturellen Einrichtung (→ *Zuwendung, institutionelle*) oder eines Projektes (→ *Projektzuwendung*) bedarf es eines schriftlichen Zuwendungsantrages an die entsprechende kommunale, Landes- oder Bundesbehörde. Dieser Antrag kann entweder formlos oder auf einem Vordruck gestellt werden. Er sollte enthalten (1) Absender, d. h. Name, Alter, Beruf sowie besondere für das Projekt bzw. die Institution wichtige Kenntnisse und Interessen sowie Erfahrung bei vergleichbaren Veranstaltungen sowie ggf. Referenzen; (2) Projektbeschreibung, d. h. kurze inhaltliche Beschreibung des Geplanten und Begründung der Relevanz für öffentliche Förderung; (3) Ortsbestimmung, d. h. Festlegung, wo das Projekt stattfinden soll und Klärung der ggf. damit verbundenen Probleme, etwa bei Freilichtveranstaltungen etc.; (4) Terminfestlegung; (5) Gesamtfinanzierung, d. h. Gesamtaufstellung der zu erwartenden Einnahmen und Ausgaben sowie (6) Festlegung des erwarteten Zuwendungsbetrages mit Begründung für die Höhe der erwarteten Zuwendung (wichtig für die Prüfung seitens des Zuschußgebers von „Notwendigkeit und Angemessenheit" des Projektes). Dem Antrag sind ein detaillierter → *Finanzierungsplan* (so weit als möglich) und eine Erklärung darüber beizufügen, daß mit dem Projekt noch nicht begonnen wurde.

▸ Zuwendungsbescheid

Im Rahmen von öffentlichen Förderungen sind → *Zuwendungen* in aller Regel an die Erteilung eines entsprechenden Bewilligungsbescheides geknüpft. Der Bewilligungs- bzw. Zuwendungsbescheid ist ein Verwaltungsakt, der schriftlich zu ergehen hat. Er legt den maximalen Betrag der gewährten Zuwendung fest und beschreibt die Bezugsgrößen, die in der Regel auf den eingereichten Finanzplan zurückgehen. Die Anlage enthält eine Rechtsbelehrung über die Verwendung der erteilten Zuwendungen sowie die Setzung einer Frist zur Einreichung eines entsprechenden → *Verwendungsnachweises*. Der Empfang bzw. die Akzeptanz des Zuwendungsbescheides ist vom Zuschußempfänger gegenüber dem Zuschußgeber durch die Ausstellung einer entsprechenden Empfangsbestätigung zu dokumentieren.

Mit dem Zuwendungsbescheid ist für den Empfänger eine Reihe von Rechten, vor allem aber Pflichten verbunden. Der Zuschußempfänger hat das Recht (wenn er mit der Herabsetzung und/oder Nichtanerkennung bestimmter Ausgaben im von der Verwaltung bearbeiteten → *Finanzierungsplan* nicht einverstanden ist), vom Rechtsbehelf Gebrauch zu machen und Widerspruch gegen den Bescheid einzulegen. Umfangreicher sind allerdings die Pflichten, die sich aus der (1) Nachweispflicht (→ *Verwendungsnachweis)*, der

(2) → *Mitteilungspflicht*, der (3) → *Aufzeichnungspflicht* sowie schließlich der (4) → *Inventarisierungs*- bzw. Sorgfaltspflicht ergeben.

Lit.: Nagel, H.-G.: Wer Kultur sagt, muß auch Verwaltung sagen. In: HKM, F 2.1

Zuwendungsbestätigung

Die Zuwendungsbestätigung ersetzt seit dem 1. 1. 2000 das frühere → *Durchlaufspendenverfahren*, d. h. Körperschaften, Personenvereinigungen und Vermögensmassen können unmittelbar steuerbegünstigte → *Spenden* entgegennehmen und eine → *Spendenbescheinigung* ausstellen.

Zweckbetrieb

Eine gemeinnützige Einrichtung (z. B. ein → *Kulturverein*) kennt aus steuerlicher Sicht vier Betätigungsfelder: (1) den ideelle Bereich (Mitgliedsbeiträge, → *Spenden*, öffentliche → *Zuwendungen*, → *Schenkungen*, Erbschaften); (2) die Vermögensverwaltung (z. B. Zinsen aus Bankguthaben und langfristige Vermietung von Vereinsvermögen, z. B. der Vereinsgaststätte); (3) den steuerbegünstigten Zweckbetrieb (z. B. Eintritte zu kulturellen Veranstaltungen, aber auch maximal zwei genehmigte Lotterien); (4) den steuerpflichtigen wirtschaftlichen Geschäftsbetrieb (z. B. selbstbewirtschaftende Vereinsgaststätte, selbst durchgeführte kommerzielle → *Werbung* einschließlich → *Sponsoring*, Verkauf von Speisen und Getränken bei Vereinsfesten usw.).

Als Zweckbetrieb im Sinne der Abgabenordnung gelten die Tätigkeitsbereiche, die unmittelbar dem gemeinnützigen Zweck dienlich sind. Dazu zählen die oben genannten Bereiche (1) bis (3); Erträge aus diesen Tätigkeiten sind deshalb steuerfrei. Lediglich der Bereich (4) gehört nicht mehr zum Zweckbetrieb; hier tritt folglich eine Steuerpflicht ein, sofern die Umsätze aus dem wirtschaftlichen Geschäftsbetrieb 60 000 DM im Jahr übersteigen. Der aus diesen Umsätzen sich ergebende Überschuß (Gewinn) ist in vollem Umfang bei der → *Körperschaftsteuer* geltend zu machen.

Zweckverband

Der Zweckverband ist ein Zusammenschluß von Gemeinden und Gemeindeverbänden zur gemeinsamen Erfüllung bestimmter Aufgaben, zu deren Durchführung sie verpflichtet oder berechtigt sind (z. B. der gemeinsame Betrieb von Theater, Orchester, Musik- und Volkshochschulen durch mehrere Gemeinden). Zweckverbände sind rechtsfähige → *Körperschaften des öffentlichen Rechts* mit Selbstverwaltung. In der Verbandssatzung, die unter anderem Aufgaben, Name und Sitz des Verbandes sowie den Umfang bestimmt, nach dem die Verbandsmitglieder zur Deckung des Finanzbedarfs beizutragen haben (Verbandsumlage), werden die rechtlichen Grundlagen des Zweckverbands gelegt, die der Zustimmung durch die Aufsichtsbehörde bedürfen. Oberstes Organ ist die Verbandsversammlung, in der alle beteiligten Gemeinden vertreten sein müssen.

Lit.: Gern, A. Deutsches Kommunalrecht, Baden-Baden 1994: 488–493

Buchanzeigen

Bruhn
Kundenorientierung

Bausteine eines exzellenten Unternehmens.

1.A.1999. 382 S.
DM 24,90. dtv 50808

Schneck
Lexikon der Betriebswirtschaft

Über 3000 grundlegende und aktuelle Begriffe für Studium und Beruf.

4.A. 2000. 1113 S.
DM 36,50. dtv 5810

Becker
Lexikon des Personalmanagements

Über 1000 Begriffe zu Instrumenten, Methoden und rechtlichen Grundlagen betrieblicher Personalarbeit.

1.A.1994. 455 S.
DM 24,90. dtv 5872

Schwan/Seipel
Personalmarketing für Mittel- und Kleinbetriebe

1.A.1994. 295 S.
DM 16,90. dtv 5841

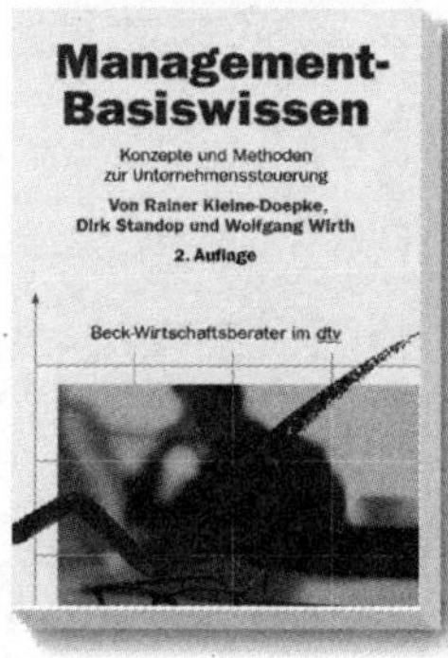

Kleine-Doepke/Standop/Wirth
Management-Basiswissen

Konzepte und Methoden zur Unternehmenssteuerung.
Strategische Planung, Marketing, Kostenrechnung und Kostenmanagement, Investitionsrechnung, Bilanz- und Finanzanalyse.

2.A. 2001. 292 S.
DM 24,90. dtv 5861

Füser
Modernes Management

Lean Management, Business Reengineering, Benchmarking und viele andere Methoden.
Dieser Wirtschaftsberater führt durch den Dschungel moderner Managementansätze und -theorien.

2.A.1999. 224 S.
DM 16,90. dtv 50809

Daschmann
Erfolge planen

Strategische Managementansätze und Instrumente für die Praxis.

1.A.1996. 265 S.
DM 16,90. dtv 5895

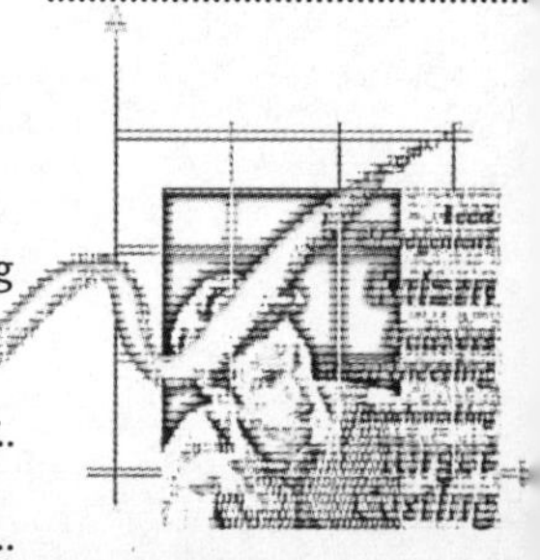

P119065-S41

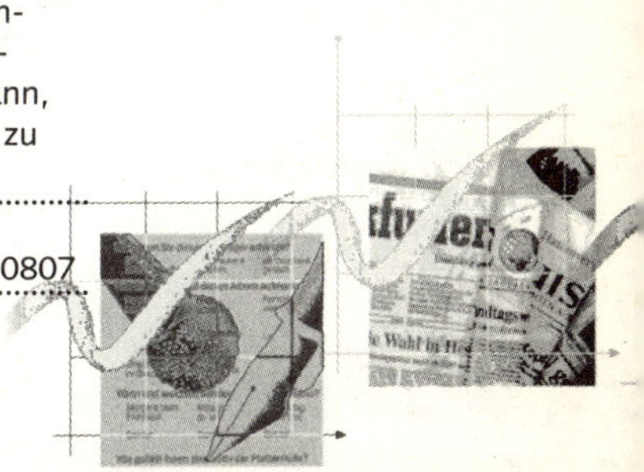

Pepels
Lexikon der Marktforschung
Über 1000 Begriffe zur Informationsgewinnung im Marketing.
1.A.1997. 358 S.
DM 24,90. dtv 50803

Rota
PR- und Medienarbeit im Unternehmen
Instrumente und Wege effizienter Öffentlichkeitsarbeit.
2.A.1994. 203 S.
DM 14,90. dtv 5814

Klein
Kultur-Marketing
Das Marketingkonzept für Kulturbetriebe.
1.A. 2001. Rd. 500 S.
Ca. DM 29,50. dtv 50848
In Vorbereitung für Sommer 2001

Kastin
Marktforschung mit einfachen Mitteln
Daten und Informationen beschaffen, auswerten und interpretieren.
2.A.1999. 409 S.
DM 29,90. dtv 5846

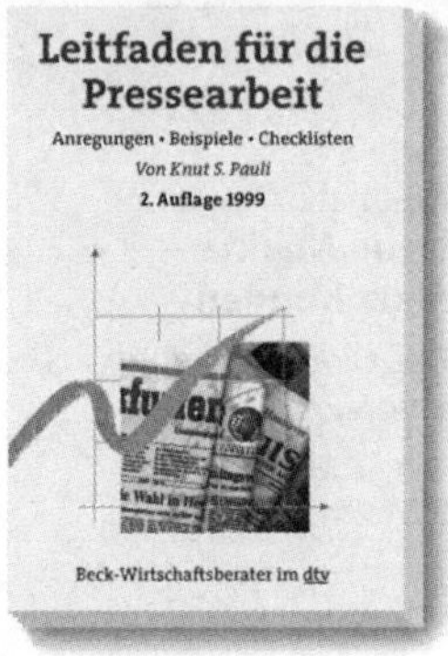

Pauli
Leitfaden für die Pressearbeit
Anregungen, Beispiele, Checklisten.
2.A.1999. 223 S.
DM 16,90. dtv 5868

Mehrmann/Plaetrich
Der Veranstaltungs-Manager
Organisation von betrieblichen Veranstaltungen, Messen, Ausstellungen, Kongressen und Tagungen.
1.A.1993. 191 S.
DM 12,90. dtv 5867

Heinrichs/Klein
Kulturmanagement von A–Z
600 Begriffe für Studium und Praxis.
2.A. 2001. 427 S.
Ca. DM 19,90. dtv 5877
Erscheint im Mai 2001

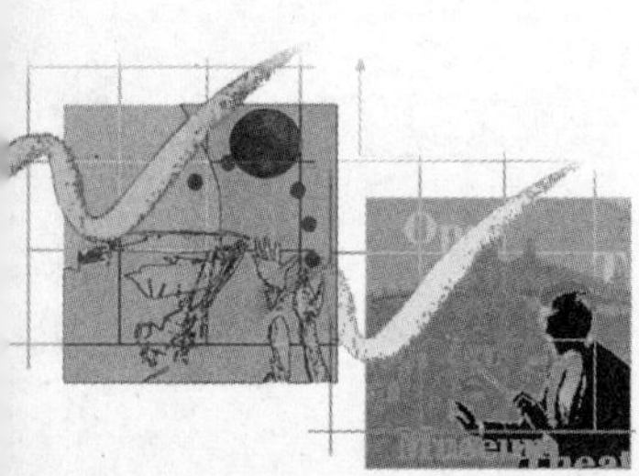